INAE

INSTITUTO NACIONAL DE ALTOS ESTUDOS

MINIFÓRUM ESPECIAL 2004:

Cinco décadas de questão social e Crescimento sustentado – questões-chave

Rio de Janeiro, 09 de setembro de 2004

PATROCÍNIO

GRANDES BENEMÉRITOS

ipea Instituto de Pesquisa Econômica Aplicada

BID BANCO INTERAMERICANO DE DESENVOLVIMENTO

BANCO MUNDIAL

BNDES O Banco do Desenvolvimento

FINEP FINANCIADORA DE ESTUDOS E PROJETOS MINISTÉRIO DA CIÊNCIA E TECNOLOGIA APOIO DO FNDCT

BANCO DO BRASIL

BR PETROBRAS

CAIXA CAIXA ECONÔMICA FEDERAL BRASIL UM PAÍS DE TODOS GOVERNO FEDERAL

Banco do Nordeste

SEBRAE

CORREIOS

Telefónica

ODEBRECHT

EMBRAER

Companhia Vale do Rio Doce

Bradesco

IBMEC MERCADO DE CAPITAIS

PATROCINADORES ESPECIAIS

CNI

FIRJAN CIRJ SESI SENAI IEL

FIESP

gradiente

ULTRA

Agradecimento: PREVI

INSTITUTO NACIONAL DE ALTOS ESTUDOS - INAE

RUA SETE DE SETEMBRO, 71 - 8º ANDAR - CENTRO - CEP: 20050-005 - RIO DE JANEIRO / RJ

TEL.: (21) 2507-7212 - FAX: 2232-1667 - e-mail: inae@inae.org.br - site: www.inae.org.br

Cinco Décadas de Questão Social e os Grandes Desafios do Crescimento Sustentado

João Paulo dos Reis Velloso e
Roberto Cavalcanti de Albuquerque
(coordenadores)

Guido Mantega • Ricardo L. Santiago • Sonia Rocha •
Amélia Cohn • José Pastore e Nelson do Valle Silva • Marcelo Neri •
Francisco Eduardo Pires de Souza • João Furtado •
Antonio Barros de Castro • Mark Roland Thomas e Vinod Thomas •
Renato Fragelli Cardoso • Paulo Mansur Levy •

Cinco Décadas de Questão Social e os Grandes Desafios do Crescimento Sustentado

JOSÉ OLYMPIO
EDITORA

Reservam-se os direitos desta edição à
EDITORA JOSÉ OLYMPIO LTDA.
Rua Argentina, 171 – 1° andar – São Cristóvão
20921-380 – Rio de Janeiro, RJ – República Federativa do Brasil
Tel.: (21) 2585-2060 Fax: (21) 2585-2086
Printed in Brazil / Impresso no Brasil

Atendemos pelo Reembolso Postal

ISBN 85-03-00860-2

Capa: Luciana Mello e Monika Mayer

CIP-Brasil. Catalogação-na-fonte
Sindicato Nacional dos Editores de Livros, RJ.

C517 Cinco décadas de questão social e os grandes desafios do crescimento sustentado / João Paulo dos Reis Velloso e Roberto Cavalcanti de Albuquerque (coordenadores). – Rio de Janeiro: José Olympio, 2005.

Trabalhos apresentados Minifórum em complemento ao XVI Fórum Nacional (que teve lugar em maio), realizado em setembro de 2004.

ISBN 85-03-00860-2

1. Brasil – Política econômica – 2003-. 2. Brasil – Política e governo – 2003-. 3. Brasil – Condições sociais. 4. Brasil – Política social. 5. Desenvolvimento sustentável. I. Velloso, João Paulo dos Reis, 1931-. II. Albuquerque, Roberto Cavalcanti de, 1939-.

CDD – 330.981
05-0132 CDU – 330(81)

SUMÁRIO

SEGUNDA PARTE

OS GRANDES DESAFIOS DO CRESCIMENTO SUSTENTADO — ALÉM DAS AGENDAS MACRO E MICROECONÔMICAS

INTRODUÇÃO

A questão social e o crescimento sustentado: novos enfoques sobre duas dimensões básicas do desenvolvimento

*João Paulo dos Reis Velloso**

* Coordenador-geral do Fórum Nacional (Inae), presidente do Ibmec — Mercado de Capitais, professor da EPGE (FGV). Ex-ministro do Planejamento.

EM SETEMBRO DE 2004, o Fórum Nacional realizou um Minifórum (um dia apenas), em complemento ao XVI Fórum Nacional, que teve lugar em maio.

Para o Minifórum, houve a preocupação de escolher dois grandes temas (para os dois painéis realizados), por se tratar de homenagem ao 40 anos do Ipea, criado no segundo semestre de 1964, por iniciativa de Roberto Campos, então ministro do Planejamento. Por isso, na abertura, o Coordenador-geral do Fórum, e criador do Ipea, recordou as idéias que haviam orientado a sua instituição: pensar o Brasil a médio e longo prazos (sem envolver-se com o dia-a-dia do Ministério), liberdade de pensamento e criação, orientação voltada para subsidiar a formulação de políticas públicas e do planejamento estratégico. E até hoje é esse o fundamento da vida do Ipea.

A seguir, os dois temas e pontos básicos das manifestações havidas nos respectivos painéis.

CINCO DÉCADAS DE QUESTÃO SOCIAL NO BRASIL

Na abertura do primeiro painel, o ministro Guido Mantega, do Planejamento, falou sobre "A questão social e o planejamento do governo Lula."

O ministro começou colocando a questão: "Como o governo Lula está enfrentando a questão social no Brasil? Qual é a estratégia de desenvolvimento que está sendo seguida para enfrentar esse enorme desafio?"

Sua resposta foi no sentido de que, essencialmente, a estratégia adotada considera que "o primeiro e mais poderoso instrumento", para esse fim, é "garantir o crescimento sustentado" (isto é, a taxas suficientemente elevadas, ao longo dos anos), mas desde que seja acoplado a "políticas sociais abrangentes e efetivas, em particular aquelas voltadas para as regiões de baixos níveis de renda e para as grandes concentrações de pobreza".

Por que — indagou o ministro — o crescimento sustentável é o principal instrumento para enfrentar a questão social? Essencialmente, porque, de um lado, "é capaz de gerar empregos". E, de outro, elevando a arrecadação tributária, proporciona "ao Estado os meios para ampliar sua atuação econômica e social".

O ponto seguinte foi que a primeira condição para o crescimento sustentado é "que a dívida pública seja sustentável". Mas também é preciso diminuir a vulnerabilidade externa, particularmente pela manutenção, por curto período, de superávit comercial "expressivo", ou relação "dívida externa/exportações mais favorável". A terceira condição é "ter-se a economia estabilizada, com a inflação sob controle".

O que se pode dizer a essa altura, segundo o ministro, é: "Fortalecemos os fundamentos. Eles hoje já estão sólidos."

Seu próximo passo foi esclarecer que, para obter-se um tipo de crescimento "que gere emprego, o que, hoje, não se dá espontaneamente", "é preciso que o governo dê condições para que as micro, pequenas e médias empresas tenham um papel importante nesse processo". "Isso significa a concessão de mais crédito a esses empresários." Nesse sentido, o governo "procurou orientar as suas instituições financeiras — Banco do Brasil, BNDES, Banco do Nordeste e para aumentarem o volume de crédito fornecido a micro, pequenas e médias empresas". É o que já está acontecendo.

"Um outro segmento gerador de emprego, é a agricultura, a pequena agricultura familiar, principalmente, está também sob o alvo de um volume considerável de crédito, a partir do Pronaf" (Programa Nacional de Agricultura Familiar).

Ao lado da geração de emprego, segundo o ministro, coloca-se a questão de como assegurar mais recursos para a ampliação das políticas sociais.

Enfrentando dilemas orçamentários, e administrando a escassez, "em 2004, quase 70% desses recursos [livres] estavam sendo alocados em políticas sociais [sem prejuízo do aumento ocorrido na área de Infra-estrutura]". E, em 2005, espera-se fazer algo parecido. Dentro dessa orientação, cabe destacar a ampliação dos recursos para o Programa Bolsa Família, que é "focado na população realmente mais pobre".

Outro programa importante é o de Revitalização do Rio São Francisco, "com a construção de canais para levar água às regiões mais secas do Nordeste", beneficiando a região semi-árida. Para ele também tem havido maior aporte de recursos.

Por aí se vê que os "orçamentos estão procurando compatibilizar as duas necessidades, a infra-estrutura e as questões sociais".

O pronunciamento de Ricardo L. Santiago, gerente de operações do BID (na região concernente ao Brasil) foi sobre "O BID e a questão social no Brasil." De passagem, Ricardo foi presidente do Ipea, na primeira metade dos anos 1990.

Sua apresentação se dividiu em duas partes. A primeira cobriu a estratégia de desenvolvimento social do BID, com as seguintes prioridades: Reformas de Saúde, Educação e Habitação; desenvolvimento humano com foco no ciclo de vida; inclusão social e prevenção de males sociais; serviços integrados com focalização espacial.

A segunda parte referiu-se ao BID e o Brasil: um esforço conjunto para combater a pobreza e a desigualdade. "Para tanto, no que toca aos esforços para promoção do desenvolvimento social, o banco concentrará sua ação no Brasil nas áreas de pobreza, eqüidade e formação de capital humano e em condições de vida e eficiência nas cidades."

"Em paralelo, a estratégia do banco [no Brasil] também privilegia investimentos em setores estratégicos, como os de infra-estrutura e turismo, programas de crédito para o apoio a micros e pequenas empresas e investimentos e atividades de fortalecimento institucional, modernização do Estado e estímulo à participação da sociedade civil com vistas a promover maior eficiência, transparência e controle social na gestão da coisa pública".

Roberto Cavalcanti de Albuquerque apresentou *paper* sobre "A questão social: balanço de cinco décadas e agenda para o futuro", abordando três temas: o balanço econômico-social do século XX; cinco décadas de questão social; e uma agenda para o futuro.

No tocante ao primeiro tema, a grande síntese, segundo o autor, é: "Considerado em seu conjunto, foi grande o progresso obtido pelo Brasil no século XX." Só que, como mostra o próprio *paper*, esse sumário do século revela e esconde muito.

Se tomarmos a dinâmica econômica (melhor, econômico-social)[1], o PIB (a preços constantes) em 2000 era cerca de 125 vezes o de 1900. Seu crescimento médio foi de 4,95% ao ano. E o PIB per capita, era quase 13 vezes, no final do século, o do início do século, a despeito da explosão demográfica havida, principalmente entre 1940 e 1980.

Uma palavra sobre a dinâmica demográfica. Em 1900, o Brasil tinha pouco mais de 17 milhões de habitantes; em 2000, cerca de 170 milhões, ou seja, *quase dez vezes a população do início do século*. Como elemento de comparação, a população da Europa, no século da Revolução Industrial, entre os inícios dos séculos XIX e XX, apenas dobrou. Para registro, o crescimento médio demográfico no Brasil, ao longo do século XX, foi de 2,3% ao ano.

Atualmente, o Brasil é "o quinto país [do mundo] em porte demográfico", após China e Índia, Estados Unidos e Indonésia.

A fase de explosão demográfica que destacamos — 1940 a 1980 — se caracterizou por uma dinâmica em que a imigração já era inexpressiva e houve "queda persistente da taxa de mortalidade", mantendo-se a taxa de natalidade no patamar de 4% até 1970 (para depois começar a cair, também de forma persistente). Daí os picos de crescimento populacional: 2,3% ao ano; 3,2%, 2,7% e 2,5%, nas décadas de 1940, 1950, 1960 e 1970, respectivamente. Para dar o final da história, o crescimento demográfico estimado para os anos 2000/2003 foi de 1,4% ao ano. Talvez Deus seja mesmo brasileiro: imaginem (em termos de conseqüências econômicas e sociais) se tivéssemos tido aumento populacional da ordem de 3% nas chamadas "décadas perdidas". Seria um dilúvio... de desemprego e informalidade.

Voltando à linha de raciocínio: quanto à dinâmica econômica, tem-se uma melhor visão do desempenho do século se considerarmos os dados de crescimento *anual* do PIB, população e PIB per capita (contidos na Tabela 1: Brasil, indicadores socioeconômicos — 1900/2002).

Podem-se, desde logo, identificar, ao longo do século XX, três grandes períodos.

O primeiro vai de 1900 até o final dos anos 1920 (mais exatamente, 1929, véspera da Grande Depressão). O que salta aos olhos é a grande volatilidade

[1]Claro, há problemas metodológicos na comparação entre os dados do PIB entre o período até metade dos anos 1940 e a fase posterior, quando se montou o primeiro sistema de Contas Nacionais (FGV). Mas há razoável consistência dentro de cada um desses períodos.

das taxas de crescimento, ou, mais exatamente: alguns anos de elevadíssimas taxas de crescimento (14,4% em 1901; 12,7% em 1906; 10,3% em 1901; 9,4% em 1917; 12,5% em 1920; 10,8% em 27 e 11,5% em 28), seguidos de vários anos com taxas baixíssimas (ou até negativas) de crescimento.

Apenas como pista, estamos no período em que a ação do governo na economia era *ad hoc*, em função das circunstâncias (salvo quanto ao café), sem caráter estruturante, e o modelo de crescimento era, sabidamente, de agricultura de exportação (à base do café e alguns outros produtos agrícolas), com uma industrialização ainda complementar ao motor principal (agroexportação).

O segundo grande período vai, *grosso modo*, do início dos anos 1930 até talvez, 1985 (ou 1986)[2]. É a época do que denominamos Antigo Modelo, por alguns chamado de "nacional-desenvolvimentismo". Nele se podem identificar, talvez, sete fases de alto crescimento. Os pequenos intervalos são períodos de ajuste (início da II Guerra, crise do Jango, recuo tático de 1981/1983). E existe, a destacar, em termos quantitativos, a fase do supercrescimento — o "Milagre brasileiro", de 1968 a 1973. Outro destaque seria a década de 1970 (embora o uso de décadas seja arbitrário): crescimento médio do PIB de 8,6% ao ano e (a despeito da expansão demográfica de 2,5% ao ano) aumento do PIB per capita de 6% ao ano — o melhor desempenho por década, no século, com grande vantagem sobre qualquer outra.

O que está por trás do desempenho, numa primeira aproximação, desse grande período (1930 a 1980) é uma ação de governo crescentemente mais estruturante; grande vitalidade do setor privado; sucessão de governos em que a um grande pecador contra os "fundamentos" da economia (e/ou a estabilidade política) se sucedia um outro disposto a fazer os necessários ajustes; e... sorte (como: fatores externos muito favoráveis).

O terceiro grande período, obviamente, vai de 1986 (ou 1987) a 2003. É a época da perda do *know-how* de crescimento sustentado: baixo e instável crescimento do PIB (crescimento "rastejante", segundo documento recente do BNDES). O que não significa negar os importantes avanços realizados nos anos 1990: realização do Plano Real e advento da estabilidade como valor social;

[2]Em verdade, a fase a partir de setembro de 1979 até o final desse período é de transição, pelo fato de ter havido uma forte descontinuidade com início nesta data, com a saída de Simonsen do Planejamento e sua "ida para a praia de Ipanema" (na expressão dele próprio).

abertura às importações (embora tardia e tumultuada); absorção do novo paradigma industrial e tecnológico, embora com o "calcanhar-de-aquiles" da falta de uma boa base no complexo eletrônico (as TIs, Tecnologias da Informação). Só que acompanhados da "dúvida hamletiana" (fazer ou não fazer política industrial e tecnológica ativa?), até 2002.

Roberto Cavalcanti de Albuquerque complementa esse balanço econômico-social do Brasil com a apresentação do IDH — Índice de Desenvolvimento Humano, e suas três dimensões (Expectativa de vida ao nascer, Indicadores educacionais [ou pelo menos a Taxa de alfabetização] e PIB per capita).

Nesse aspecto, a visão panorâmica é que entre 1900 e 1942 o Brasil tinha IDH "muito baixo"; estávamos na mesma classificação que países como Serra Leoa, Etiópia e Moçambique. O detalhe [vergonhoso] é "que a Primeira República, malgrado o ideário positivista que a inspirou(...) convivendo por três décadas com população constituída por ⅔ de analfabetos". "Somente no limiar da segunda metade do século (1951) o número de alfabetizados superou o de analfabetos." Já estávamos portanto, no segundo governo Vargas.

Passamos à etapa de IDH "baixo" em 1943, tendo como companheiros de categoria o Congo e a Nigéria. Em 1957 alcançamos a categoria de IDH "médio baixo", ao lado do Paquistão e Índia.

E, em 1977, a de IDH "médio alto", acompanhados pela Indonésia e Paraguai. É por isso que, ao publicar o seu primeiro Relatório de Desenvolvimento Humano, em 1989, o PNUD (ONU) considerou o Brasil "um caso de oportunidade perdida de desenvolvimento humano" (diferentemente da Coréia). Hoje estamos no limite superior da citada categoria, com IDH, em 2003, de 0,78. O nível "alto" começa em 0,801 (o México está em 0,82).

A apresentação do segundo tema do *paper* — "Cinco décadas de questão social" — começa, a título de pano de fundo, com uma visão espacial da dinâmica brasileira de 1950 para cá, a nível de grandes regiões e alguns estados selecionados.

A conclusão geral é que, nesse ângulo, houve uma dinâmica econômica diferenciada, como é natural. A síntese é o seguinte: no período 1950/2002, a região Sudeste, considerada o núcleo básico de desenvolvimento do Brasil, cresceu a uma taxa média consideravelmente inferior à do país: 4,98 e 5,25%, respectivamente. E, por isso mesmo, a sua participação "no PIB brasileiro despencou de 65,5% em 1950 para 57,1% em 2002, uma perda de 8,4 pontos percentuais". E esse menor dinamismo vem dos anos 1970, e se manifestou, persistentemente, em todas as décadas, até 2002.

O mesmo não aconteceu com a região Sul (a outra região mais desenvolvida do país), que nas cinco décadas cresceu um pouco mais que a média brasileira (5,4% e 5,25%, respectivamente), aumentando a sua participação, de 16,3% para 17,8%.

Das regiões menos desenvolvidas, o melhor desempenho, como era de esperar, foi do Centro-Oeste, que nesse meio século cresceu à taxa média de 8,14%, para os citados 5,25% do país. Com isso, sua participação no PIB nacional saltou de 1,8% para 7,2%. A região Norte vem a seguir, com um crescimento médio de 7,34%, e, conseqüentemente, o aumento de sua participação, de 1,7% para 4,7%, "em parte, é certo, por que agregou ao seu PIB os estados de Rondônia, Acre, Roraima, Amapá e Tocantins".

Observa Roberto Cavalcanti: "As trajetórias exibidas pelo Norte e Centro-Oeste refletem o efeito de impulsos econômicos específicos, no primeiro caso representados pela Zona Franca de Manaus e a maturação dos grandes projetos de mineração dos anos 1970 (no Pará, principalmente); e, no segundo, pelo desenvolvimento da agricultura e do agronegócio, em particular nos cerrados, mais intenso a partir dos anos 1990."

Daí a conclusão: "Dessas trajetórias diferenciadas (...) resultou no período alguma atenuação das desigualdades regionais."

Já o Nordeste não conseguiu o mesmo resultado: o crescimento médio de 5,01% ao ano levou a uma redução da sua participação, "de 14,6% para 13,1% no mesmo período".

Ao nível de estados, os fatos marcantes são a perda (grande) de participação de Rio de Janeiro, São Paulo, Pernambuco, Rio Grande do Sul e Minas Gerais. E o ganho de participação de Amazonas, Goiás, Pará e Bahia, além de vários estados pequenos.

O aspecto seguinte do segundo tema do *paper* diz respeito ao fato de que, "no contexto dessas trajetórias diversas de crescimento", "ocorreu durante a segunda metade do século XX significativa convergência de indicadores sociais de desempenho entre as regiões e os estados, fenômeno que se verificou tanto no período de crescimento médio anual acelerado (1950-1980) quanto, embora em menor amplitude, na fase subseqüente, de anemia e labilidade econômicas".

Isso se revela no comportamento do IDH entre 1950 e 2000, que evidencia tanto "o salto no desenvolvimento humano do país" como a citada convergência.

Assim, nesses 50 anos, o IDH do Brasil cresceu 81%, e o das regiões menos desenvolvidas teve "desempenho ainda mais elevado: 92% para o Norte, 99% para o Centro-Oeste e 134% para o Nordeste, fenômeno semelhante tendo ocorrido com os estados que as integram".

Aquela convergência se manifesta principalmente nas dimensões do IDH relativas à Expectativa de vida e à Educação (neste caso, duas variáveis: índice de alfabetização e taxa bruta das matrículas nos ensinos de primeiro, segundo e terceiro graus), sendo menos intensa na terceira dimensão, correspondente à evolução do PIB per capita.

A preocupação com um indicador que retratasse de forma mais abrangente a situação social do país e sua evolução levou Roberto Cavalcanti a construir o IDS — Índice de Desenvolvimento Social, constituído por cinco dimensões (ou componentes): componente Educação (4 variáveis), componente Saúde (2 variáveis), componente Trabalho (2 variáveis), componente Rendimento (2 variáveis) e componente Habitação (ou Condições de domicílio, 4 variáveis). Estamos, portanto, lidando com um total de 14 variáveis, que já constituem um quadro bastante amplo da situação social, tornando possível melhor análise do período de 1970 a 2000.

Na década de 1970, o IDS cresceu a uma taxa média de 3,2% ao ano; na de 1980, 1,6% ao ano; na de 1990, 0,8% ao ano. Para o período como um todo, o aumento médio foi de 1,8%. Pode-se observar, quanto aos componentes: "A década de 1970 exibiu melhores resultados em quatro [dos cinco] componentes. A exceção esteve por conta do componente educação, afetado pelo grande afluxo de pessoas em idade escolar que bateu às portas da escola nesse decênio, em decorrência do grande crescimento demográfico nos anos 1950 e 1960." *Ao lado disso, a "década de 1970 respondeu por 79% do crescimento do IDS ocorrido entre 1970 e 2000...*" (grifo nosso).

Em termos regionais, o IDS do Nordeste teve, no período, crescimento médio anual de 2,9% (em comparação com 1,8% do Brasil); a região Centro-Oeste, 2,2%; a Norte, 1,96%. Enquanto isso, o do Sul foi 1,6% e o do Sudeste, 1,25%. "Verifica-se, portanto, com o IDS [um indicador muito mais abrangente e representativo] a mesma tendência convergente observada para o IDH-2..."

Aspecto também a destacar é: "Foi importante o desempenho quantitativo da escolaridade no país entre 1970 e 2000. O percentual das pessoas com quatro anos e mais de estudo elevou-se de 28,5% para 69,9%; o das pessoas com oito anos e mais de escolaridade, de 8% para 35%; e o daqueles com 11 anos e mais, de 3,8% para 19,8%. O componente educação, que é a média ponderada desses percentuais e da taxa de alfabetização, evoluiu, no mesmo período, de 0,225 para 0,475."

Uma palavra sobre o problema do desemprego, "que integra com centralidade a questão social brasileira desde meados dos anos 1980". A taxa de desemprego estava em 9,7% em 1970, passou a 2,2% em 1980, "possivelmente apenas friccional"; mas em 1991 já estava em 5,4% e, em 2000, 15,3%.

Indispensável uma referência ao problema da pobreza. Em 1970, era ainda muito alta a incidência de pobreza (significando: insuficiência de renda familiar per capita para atender às necessidades básicas) no Brasil: 68,4% da população. "Naquela década, de alto crescimento, houve redução de 48% nesse indicador, que foi para 35,3% em 1980. Em 1990, estava em 29,9%. Caiu para 20,6% em 1995, por efeito do Plano Real, e, em 1999, estava em 21,1%."

Sobre a pobreza extrema (insuficiência de renda familiar per capita para atender às necessidades alimentares), apenas a observação de que sua incidência era de 12,9% da população, correspondendo a 21,7 milhões de pessoas, no ano 2000.

Roberto Cavalcanti apresenta ainda o ICH — Índice de Capital Humano, variável-estoque, resultante do produto do componente educação (do Brasil, suas regiões e estados) pela correspondente população (de 15 anos e mais). Reflete, pois, a dimensão demográfica (do país, região ou estado) e sua qualificação.

O ICH cresceu à taxa média anual de 5,3% entre 1970 e 2000, sendo de assinalar que o subcomponente população cresceu, no mesmo período, a 2,7% ao ano; e o subcomponente educação, a 2,5%. Então, ao longo das três décadas, o ICH passou do nível 21,15 para o nível 100.

Interessante comparar a evolução do ICH com a do PIB. Entre 1970 e 2000, como dito, o ICH cresceu a uma taxa média anual de 5,32%, enquanto o PIB, a uma taxa de 4,24%. Na década de 1970, as taxas de crescimento foram de, respectivamente, 6% e 8,6%; na de 1980, de 5,6% e 1,5%; na de 1990, 4,18% e 2,83%.

"Esse comportamento está compatível com o que efetivamente sucedeu na década de 1970: intenso uso produtivo do capital humano, que se confirma pelos elevados e crescentes níveis de ocupação então prevalecentes. *O contrário do que ocorreu para o país na década seguinte e, embora em menor grau, nos anos 1990"* (grifo nosso).

O terceiro tema do *paper* refere-se a "Uma agenda para o futuro", que é apresentada em termos de "um número limitado de objetivos-metas, todos eles expressando, ou vinculando-se estreitamente, ao trinômio-síntese do drama social brasileiro contemporâneo [desigualdade-pobreza-desemprego]". Objetivos-metas que permitiriam "formular uma imagem-objetivo de futuro — para o ano 2015, por exemplo" e avaliar a plausibilidade das trajetórias a serem seguidas.

Em resumo, tal agenda quantitativa (que reconhece: "o futuro nunca repete o passado", e a necessidade de políticas apropriadas para alcançar cada um dos objetivos-metas) envolve, principalmente: crescimento médio anual do PIB de 5% (a média aproximada do país no século XX); tendência de crescimento da população a, no máximo, 1,1% ao ano. Isso implica aumento do PIB per capita a cerca de 3,9% ao ano, "valor médio que, no século XX, somente foi superado na década de 1970".

Pode-se adicionar: crescimento do IDS a 2,3% anuais (componente educação: 2,3%; saúde, 4,1%; trabalho, 0,6%; rendimento, 2,8%; habitação, 2,2%).

Essencial: como assinalado, não se trata de simples definição de objetivos-metas para alcançar um resultado que fique bem no papel. Trata-se de fazer tal definição com senso de realismo. E mais, estabelecer estratégias e procurar executá-las, efetivamente, lembrando um ponto básico: "Após o balanço de mais de 100 anos de progresso, empreendido neste estudo, não mais parecerá necessário ressaltar os efeitos do crescimento sobre o desenvolvimento social: particularmente na redução da pobreza e dos níveis de desocupação, bem como na melhoria geral das condições de vida, mesmo que se reconheça tenderem os novos padrões de crescimento a ser menos geradores de emprego e, eventualmente, mais concentradores de renda." Então, crescimento não é tudo. Longe disso. Mas, sem crescimento sustentado — nada feito.

O *paper* a seguir apresentado foi de Sonia Rocha, com o título: "Pobreza no Brasil: o que mudou nos últimos 30 anos?"

Começa ela com a observação de não haver "quaisquer evidências que dêem embasamento à afirmativa de que ocorreu agravamento da pobreza" de 1970 para cá. Pelo contrário, "houve melhorias importantes nos últimos 30 anos".

O tema inicial coberto no *paper* foi "Renda e pobreza numa perspectiva de longo prazo — 1970/2002." Nesse período, houve "três quedas marcantes da pobreza brasileira", mas com características bem distintas.

A primeira ocorreu ao longo da década de 1970. As duas outras, por ocasião do Plano Cruzado (1986) e do Plano Real (1994), foram pontuais, e de caráter *once and for all* (de uma vez para todas), e não de forma contínua, ao longo de certo período.

Na altura de 1970, o Brasil era "um país essencialmente pobre, já que a proporção de pobres[3] na população total chegava a 68,4%, ou 61,1 milhões de pessoas. A pobreza brasileira era preponderantemente rural — pouco mais da metade dos pobres vivia em área rural (51,5%)". E ainda: "(...) onde a pobreza era mais crítica, como na área rural do Nordeste, a proporção de pobres chegava a 90% da população, sendo que a maioria da população ativa tinha renda zero, isto é, vivia em condições de uma economia de subsistência fora do circuito monetário".

Mas "as metrópoles, áreas de irradiação das transformações sociais, econômicas e culturais por que passava o país, e focos de atração para os grandes contingentes de migrantes rurais, eram, elas próprias, áreas de elevada concentração de pobreza, com 53% da sua população sendo pobre".

O excepcional crescimento econômico durante a década de 1970 "permitiu aumentos generalizados de rendimentos", de tal modo que não somente houve enorme "queda da proporção de pobres (de 68% em 1970 para 35% em 1980), mas também a redução no número absoluto de pobres (de 61,1 milhões para 41,3 milhões), apesar de o crescimento demográfico ter se situado no patamar elevado de 2,5% ao ano".

Sonia Rocha faz um balanço da evolução da pobreza do Brasil no longo prazo, com os seguintes principais destaques:

- "Uma forte queda na incidência de pobreza, do ponto de vista de renda, de 68,4% em 1970 para 20,7% em 2002." Esse "resultado final decorre essencialmente da evolução dos anos 1970 e da queda pontual após o Plano Real".

[3]Pobreza absoluta, ou pobreza crítica, concebida como insuficiência de renda per capita familiar para atender às necessidades básicas.

- Esse processo tem características de espacialização bem precisas: cai drasticamente a participação dos pobres rurais na pobreza brasileira, de modo que em 2002 os diferenciais de pobreza entre áreas rurais, de um lado, e áreas urbanas e metropolitanas, de outro, "são pequenos"[4], "sendo notável que a proporção de pobres nas áreas metropolitanas é superior ao das áreas rurais".
- "Do ponto de vista das cinco regiões brasileiras, não houve uma mudança radical, pois se mantém a dicotomia entre Sudeste/Sul e Norte/Nordeste, o Nordeste se mantendo como a região pobre por excelência."
  "Cabe destacar, ainda, a evolução favorável da região Centro-Oeste", que se está desgarrando do Norte.
- "As condições de vida dos pobres melhoraram muito em todos os aspectos, tanto no que concerne ao acesso a serviços públicos, como à posse de itens vinculados à renda das famílias. Isto se deve a uma série de fatores, como a focalização nos mais pobres, a redução do preço ao consumidor dos bens duráveis, as facilidades de acesso ao crédito. Em particular, reduziu-se de maneira generalizada o diferencial entre pobres e não-pobres, que muitas vezes está ligado à universalização do acesso ao bem ou serviço."

E finalmente: "Embora ao longo dos mais de 30 anos as mudanças tenham sido enormes e positivas, há muito o que fazer. A vantagem é que já se sabe tudo [de essencial] o que é necessário saber sobre a pobreza no Brasil: a sua espacialização, as diversidades dos perfis dos pobres, a situação crítica dos bolsões no Nordeste rural e nas periferias metropolitanas, a vulnerabilidade das crianças, a importância da educação."

O complemento: "Embora o crescimento econômico não seja uma panacéia, garantir um ritmo sustentado da expansão da renda nacional tornaria, sem dúvida, mais fácil estabelecer os mecanismos institucionais necessários ao combate à pobreza, já que a persistência de pobreza absoluta no Brasil está vinculada à elevada desigualdade de renda e a uma estrutura inadequada do gasto social."

A intervenção de José Pastore[5] analisa a mobilidade social entre gerações, no Brasil, comparando dados (sobre *status* socioeconômico), em dois momentos

[4]Deve-se registrar o complicador que José Eli da Veiga coloca em seu livro sobre *Cidades imaginárias* (Editora Autores Associados, Campinas, 2002): "O Brasil é menos urbano do que se calcula".

[5]Baseada no comentário de sua autoria e de Nelson do Valle Silva ("Nota sobre a mobilidade social no Brasil", neste volume).

do desenvolvimento nacional — 1973 e 1996. A conclusão básica é o seguinte: ao longo do século XX, "a mobilidade social no Brasil foi intensa": Mas a maioria percorreu distância social curta e a minoria uma longa distância social. É por isso que a grande mobilidade social havia se mostrado compatível com a persistência da alta desigualdade.

Algumas características desse processo devem ser assinaladas.

Primeiro, a mobilidade social da primeira fase (décadas de 1950 a 1970) era predominantemente "estrutural". Ou seja, resultava de novas oportunidades, e estava muito ligada à intensa migração rural-urbana e grande geração de emprego (ocupação) do período. No Brasil atual, a mobilidade "circular" aumentou. Ou seja, "para uma pessoa subir, outra tem de desocupar".

Em segundo lugar, a "estrutura social brasileira está se abrindo gradualmente".

"O fenômeno mais notável foi o encolhimento da base da pirâmide social. Entre os pais dos chefes de família de 1973, 65% pertenciam ao estrato baixo-inferior (...). Já entre seus filhos, esse percentual caiu para 32%". Nas de 1996, cerca de 55% dos pais e 24% dos filhos, respectivamente.

Na estrutura de 1973, somente 30% dos pais estavam numa categoria que, grosseiramente, poderíamos considerar "média" (soma de estrato baixo superior, médio inferior e médio médio); os filhos, nessa categoria "média", chegavam a 53%. Na de 1996, os percentuais eram de 33 e 64%, respectivamente.

Através dessas mudanças, duas coisas ficam claras: a grande mobilidade entre as duas gerações, e a considerável ampliação da categoria "média".

Finalmente, na categoria "alta" (soma de média superior e alta), em 1973 os pais representavam 5% e os filhos, quase 10%. Em 1996, as participações eram de 6% e 12% respectivamente. Outra vez, grande mobilidade entre gerações e razoável ampliação da categoria alta.

Por outro lado, fato também importante: considerando a estrutura de 1996, no estrato alto, "mais de 80% chegaram naquela posição, vindos de estratos mais baixos". Quer dizer: a categoria de *status* econômico-social mais elevada é bastante aberta.

Claro, existem os problemas conhecidos (além da enorme desigualdade social, que permanece): "70% dos chefes de família homens começaram a trabalhar com menos de 14 anos" e a "maior dificuldade de ascensão social que afeta os brasileiros negros e pardos". Só para exemplificar: "entre os brancos, 16,5% estão no estrato mais baixo da estrutura social". Os demais 83,5% são negros e pardos.

O *paper* de Amélia Cohn fala sobre "Transferência de renda e questão social." Uma síntese perfeita de sua colocação básica está no seguinte trecho, que, por isso, damos na íntegra: "Dessa forma, o PBF [Programa Bolsa Família] tem como pressuposto na sua formulação que não se trata de um programa de transferência de renda com condicionalidades como um fim em si, voltado para si mesmo, mas como um programa que, para ter êxito, tem que obedecer a duas premissas básicas: primeiro que, ao responder ao tempo do governo, crie raízes que vinculem a ele as políticas de inserção social, seja no que diz respeito a políticas de geração de ocupação e renda, seja no tocante a políticas setoriais na área social, levando em conta a integração territorial da população; segundo, que seja parceira de um processo mais amplo de tornar as políticas públicas virtuosas entre si, ao contrário do velho padrão de serem competitivas, seja no que diz respeito aos respectivos públicos-alvo, seja no que diz respeito às fontes orçamentárias. Neste ponto o que está em jogo é mais do que um novo padrão de relação entre o Estado e a sociedade na forma da ação estatal, capaz de transformá-la em efetivamente republicana. Trata-se também de traduzir as políticas públicas em mecanismos transformadores e promotores do desenvolvimento social no Brasil a partir da heterogeneidade dos seus problemas e das suas potencialidades."

Marcelo Neri apresentou texto sobre "Meio século de vida social brasileira: uma abordagem geracional", que constitui uma resposta ao desafio básico proposto pelo painel, "de estudar as mudanças da sociedade brasileira ocorridas nos últimos 50 anos". Notadamente: urbanização, industrialização, provisão de infra-estrutura (de serviços públicos) e escolarização.

Na sua colocação: "Fazemos aqui a leitura das trajetórias destes processos ao longo das vidas de diferentes gerações de brasileiros. Daremos destaque às mudanças vivenciadas pela geração que nasceu nos anos 1940 e alcançou os 50 anos em 2000. Esta é a coorte de Lula, um *baby-boomer* de primeira hora, nascido em 1945, meses após o fim da Segunda Guerra. Para entendermos o feito do filho de analfabetos que sai da pobre Garanhus até a presidência, captamos o contexto do país e a história de sua geração."

No tocante à urbanização, o panorama geral é "que a taxa de urbanização, que em 1950 variava entre 29% para os grupos mais jovens e 42% para os cinquentões de 1950, esta taxa cresce e se torna mais homogênea variando entre 79% e 82% em 2000". "Com o passar de meio século, a população brasileira essencialmente rural foi se tornando cada vez mais urbana, resultado observado em todas as idades e gerações."

E a forma como afetou a geração de Lula: "(...) a trajetória desta geração, ...representa bem aquela da taxa de urbanização brasileira de 29% em 1950 para 82% em 2000".

Para poder cobrir todo o período, o processo de escolarização foi examinado através da taxa de alfabetização. Veja-se a geração de Lula: "A taxa de alfabetização de quem tinha entre 50 e 59 anos em 2000 era 78,32%, contra 72,58% observado para a mesma geração em 1970" (em 1950, Lula tinha cinco anos).

Examinando as transformações trazidas pela industrialização, Marcelo Neri se detém na indústria automobilística, mais importante complexo da área de bens duráveis de consumo. E refere "o acesso das diversas gerações ao automóvel". Na geração de Lula, em 2000, cerca de 39% tinham automóvel, contra 9% em 1970 (nos anos 1950, claro, a indústria automobilística brasileira estava nascendo).

No tocante à infra-estrutura, as "taxas de acesso a diferentes serviços públicos (...) crescem substancial e homogeneamente ao longo do ciclo de vida de diferentes gerações durante o período de 1970 a 2000" (exemplos: energia elétrica, abastecimento de água etc.).

Falando de acesso à habitação, informa que, por exemplo, "em 2000, 83,3% da população entre 50 e 59 anos [lembrando: geração de Lula] possuíam casa própria. A proporção comparável foi de 53% em 1970...".

OS GRANDES DESAFIOS DO CRESCIMENTO SUSTENTADO — INDO ALÉM DA AGENDA MACRO E DA AGENDA MICRO

No *paper* de Introdução ao segundo painel, procuramos fazer uma reflexão sobre os grandes desafios do crescimento sustentado (digamos, crescimento de pelo menos 4 a 5% ao ano, por um período prolongado). Trata-se de um "grande enigma": em 2004, está havendo sinais inequívocos de retomada do crescimento (provavelmente 5%); a questão é: desta vez haverá o crescimento sustentado?

Segundo acentuamos, isso vai depender do nosso "engenho e arte": não há fórmulas feitas e perdemos o *know-how* do crescimento sustentado. O que se pode dizer, de antemão, é que a trajetória vai ser uma senda estreita, pela necessidade de adotar estratégia capaz de conciliar a resposta a dois grandes desafios.

O primeiro refere-se a concluir a preparação das condições fundamentais para o crescimento rápido e prolongado. É o terreno das agendas macro e microeconômica, que constituem o grosso da discussão corrente. E, para alguns, a sua totalidade.

Quanto aos "fundamentos", deve-se registrar o fator favorável constituído pelas novas famílias de políticas macroeconômicas, a partir de 1999 (e que, no geral, têm sido mantidas pelo atual governo, com as necessárias atualizações e adaptações): ajuste fiscal, regime de metas de inflação, política de câmbio flutuante. Outro desenvolvimento favorável refere-se ao esforço de aumentar a participação do crédito no PIB (anormalmente baixa no Brasil) e o apoio efetivo do atual governo ao Plano Diretor do Mercado de Capitais.

Mas há riscos macroeconômicos, e cabe uma palavra sobre o assunto.

O principal é o risco de novas crises financeiras externas (a despeito de todos os indicadores favoráveis, atualmente) por causa da Síndrome Pastore/Raul. De que se trata?

Segundo os *papers* de Affonso Pastore e Raul Velloso para o XVI Fórum Nacional (maio de 2004), a idéia básica é que temos tido um risco-país muito alto, em média (se comparado ao de outros países emergentes), e sujeito a grande volatilidade. Isso resulta de termos uma relação dívida líquida/PIB muito elevada e com excessiva proporção ligada ao câmbio e à taxa Selic, tornando-a altamente sensível a mudanças no quadro macroeconômico.

Conclusão: certa vulnerabilidade externa, que torna o país sujeito a freqüentes crises financeiras externas. Verdade é que, ao longo do corrente ano, a relação dívida/PIB caiu e o risco-país também. Mas a síndrome ainda tem bastante força.

Referência deve ser feita, ademais, a uma conseqüência do "drama fiscal brasileiro" — aquilo que chamamos de "bloqueio fiscal". Em conseqüência, principalmente, de opções sociais feitas na Constituição de 1988 (e leis que a regulamentaram), a despesa pública cresceu demais, e não foi para apoiar o desenvolvimento.

Dois indicadores tornam isso claro: no período 1987/2003, a participação dos investimentos na receita líquida da União caiu de 16% para 2%, enquanto a participação do conjunto representado por transferências a pessoas (Benefícios Previdenciários — INSS —, Inativos e Pensionistas — Previdência Pública — e Benefícios Assistenciais e Subsidiados) se elevou de 25% para 54%.

Então, a sociedade brasileira precisa refletir sobre tais opções, e duas coisas se afiguram inevitáveis: conter gastos correntes e estabelecer limites ao crescimento dos gastos assistenciais.

Outro risco macroeconômico a ser mencionado é a opção "na dúvida, contra o réu". Nos anos 1990, em certo período, de ajuste fiscal precário, as ameaças inflacionárias eram tratadas com violentas escaladas dos juros reais.

Não nos parece seja essa a orientação atual do governo (inclusive o Banco Central). Mas há uma situação complexa, por fatores internos (preços administrados) e externos (elevação dos preços do petróleo, risco de aumento da taxa de juros nos estados Unidos). Por isso, é bom lembrar que, embora a função básica do BC seja manter a inflação sob controle, deve ele sempre ter um olho voltado para a situação do crescimento e do emprego (como fazem os bons bancos centrais).

Antes de passar adiante, uma palavra sobre o espaço de transição entre as duas agendas — a modernização da infra-estrutura e logística. Trata-se apenas de salientar as duas grandes prioridades dessa área (que tem agora o apoio das PPPs): manter a fluidez dos corredores de exportação, eliminando gargalos; e atenção para a necessidade (e viabilidade) de uma nova matriz energética (independentemente da proximidade da auto-suficiência em petróleo).

O segundo desafio diz respeito à agenda para impulsionar o crescimento sustentado.

Sem bons fundamentos, principalmente num mundo globalizado financeiramente, não dá nem para começar. Mas cuidar da agenda macro e da agenda micro é concluir, como dito, a preparação das condições fundamentais. Fundamentais, necessárias, mas não suficientes.

Daí a importância de, simultaneamente, desenvolver a agenda que se volta diretamente para acionar o crescimento sustentado, dentro das regras da economia de mercado. Com a colocação preliminar: não se trata de repetir as receitas do passado, pelo simples fato de que mudou o mundo e mudou o Brasil.

Nesse outro campo, a primeira questão-chave é: como criar uma DINÂMICA ECONÔMICA favorável ao crescimento sustentado. O objetivo básico é ampliar os efeitos do impulso inicial de crescimento e criar a realimentação do processo.

No período do Antigo Modelo, isso se fez, nos três momentos de alto crescimento, pela realização de um grande bloco de investimentos, carregados de interligações entres setores (*à la* Albert Hirschman), que acionavam pelo menos duas das três fontes de crescimento industrial (ou seja, substituição de importações, expansão das exportações e expansão da demanda interna). Com a condição de uma delas ser a demanda interna, que representava pelo menos 80% da demanda por produtos industriais.

Dissemos, já, que o mundo e o país são, hoje, muito diferentes. Sem embargo, devemos explorar a possibilidade de, agora, criar, uma nova dinâmica econômica favorável, adaptada às atuais condições da economia internacional e da economia brasileira.

Como? Através de estratégia que, ao lado dos estímulos à recuperação do crescimento (já em curso), procure dar origem à geração de um conjunto de investimentos, por certo período, com forte conteúdo de interligações ao gênero de hoje — as redes de conexões (*networks*), tirando proveito das TICs (Tecnologias de Informação e Comunicações):

- Interligações a nível de setores (ótica ainda dominante, no Brasil), ou de linhas de produtos, em certos setores ou cadeias produtivas (às vezes associadas a redes de serviços).
- Interligações a nível de *clusters* (aglomerados produtivos): *clusters* de Inovação (os "parques industriais", tipo Embraer/CTA/ITA) ou APLs (Aglomerados Produtivos Locais).
- Interligações a nível de empresas (*subcontracting networks*, a chamada terceirização; ou alianças estratégicas).

Novamente, o papel estratégico pode ser desempenhado pela atuação sobre fontes de crescimento ligadas à competitividade internacional (expansão de exportações e substituição competitiva de importações), mas sempre procurando acionar a expansão da demanda interna, que continua sendo, quantitativamente, a fonte de demanda muito mais importante.

E atuando nas três etapas naturais do ciclo de investimento: aumento da capacidade de produção, geração de emprego (e renda) e consumo. Assim, além da ampliação do impulso inicial, tem-se a realimentação, e o processo se reinicia, gerando um ciclo prolongado de crescimento.

Para que esse conjunto de investimentos possa acontecer, faz-se necessário elevar, gradualmente, a taxa de investimentos do país, objetivando, digamos, atingir um nível de 22% do PIB. Mas isso não será suficiente, ainda que consigamos obter rendimentos crescentes ao investimento, por algum tempo. Daí a necessidade de procurar atuar, também, sobre a Produtividade Total dos Fatores (PTF)[6], para melhorar a produtividade dos diferentes fatores de produção na economia.

A segunda questão-chave consiste na inovação como centro da política industrial (e tecnológica, e de comércio exterior, ou seja, das políticas de competitividade), segundo, aliás, definido pelo próprio governo[7].

Pode-se operacionalizar tal força dinâmica através da orientação proposta por Antonio Barros de Castro (e Jorge de Paula Costa Ávila), em seu *paper* apresentado ao citado XVI Fórum: uma política industrial e tecnológica "voltada para apoiar o potencial das empresas". Para isso, a sugestão foi de utilizar os Planos de Desenvolvimento Industriais (PDIs) das próprias empresas, já previstos na legislação relativa à área do Ministério da Ciência e Tecnologia.

Ao mesmo tempo, deve-se atuar na ótica complementar, executando estratégias para cada uma das "prioridades estratégicas" da nova política industrial, com o objetivo de sanar o "calcanhar-de-aquiles" da competitividade brasileira (complexo eletrônico, segundo João Furtado). A idéia é desenvolver vantagens comparativas em certas linhas de produtos dos referidos setores, dentro de uma estratégia geral para criar, no Brasil, forte base nas TICs — as tecnologias genéricas do novo paradigma industrial e tecnológico.

A terceira questão-chave refere-se à definição do ESPAÇO INTERNACIONAL do Brasil, a começar do aprofundamento da nossa Inserção Internacional, com aumento da participação do fluxo de comércio no PIB, de forma sustentável (com exportações crescendo mais que importações, no médio prazo).

Além disso, no lado da demanda, trata-se de procurar vender o que o resto do mundo mais está querendo comprar, ou seja, aumentar nossa participação na lista de "produtos dinâmicos" no comércio mundial.

---

[6]Ver, a propósito, o comentário de Mark Roland e Vinod Thomas, analisado mais adiante.

[7]Artigo dos ministros do Desenvolvimento, Fazenda, Ciência e Tecnologia e da Casa Civil, no *Estado de S. Paulo*, em 31/3/2004, p. 2.

A implicação para as políticas de competitividade é que não podem ser definidas considerando apenas o lado da oferta, para escolher em que linhas de produtos desejamos ser competitivos. Faz-se necessário considerar também o lado da demanda, como já mencionado, pesquisando o que tem procura mais dinâmica no comércio internacional (segundo *paper* de Cláudio Frischtak, também para o Fórum de maio/2004).

Outro ângulo a considerar, no tocante ao nosso espaço internacional, refere-se ao lado da concorrência: estar atento aos setores, e linhas de produtos, em que nossos competidores mais próximos, principalmente os grandes emergentes, estão desenvolvendo a sua competitividade.

Temos, pois, relação dupla com os grandes concorrentes.

De um lado, eles são nossos aliados, e parceiros de comércio, com quem devemos procurar aumentar o fluxo de comércio. De outro, são, como dito, nossos competidores próximos, pois podem estar procurando vender ao resto do mundo — e em particular aos desenvolvidos — aquilo que, com freqüência, estamos também tentando vender.

Em particular, devemos considerar o desafio da China e Índia, que, em fase recente, deram saltos de competitividade em setores nos quais somos, ou estamos procurando ser, competitivos.

Será esse o tema básico do próximo Fórum Nacional.

O *paper* apresentado por Antonio Barros de Castro, sobre "A hipótese do crescimento rápido e sustentável", começa pela colocação de que ultimamente a questão que se vai impondo é: "a que taxa pode, afinal, expandir essa economia [a nossa], caso logre ingressar numa rota de crescimento sustentado? Trata-se de saber a que ritmo pode crescer, sem colocar em risco os seus equilíbrios macroeconômicos."

A esse respeito, o que interessa é "mostrar que faz pouco ou nenhum sentido supor que a economia não deverá crescer mais do que a tendência implícita no desempenho passado — referimo-nos, sobretudo, aos 3 a 3,5% ao ano, em torno dos quais se situam as estimativas de crescimento obtidas por métodos estatísticos. Estaremos, em particular, empenhados em introduzir no debate a hipótese de que a longa quase-estagnação, por maiores que sejam os problemas dela herdados, afeta, também, positivamente, o desempenho que pode ser alcançado pela economia daqui para a frente".

Castro apresenta um retrospecto do período 1980/2003, em três fases, destacando na última, "que se estende de 1999 ao presente", a criação de uma nova família de políticas macroeconômicas. Essa fase "está inequivocamente associada à exitosa desvalorização de 1999. Convém frisar que à desvalorização combinou-se pelo menos uma mudança de fundamental importância: a adoção, da segunda metade de 1998 até o presente, de uma política fiscal crescentemente severa. Além disto, o novo quadro traria consigo a adoção do chamado regime de metas inflacionárias".

E acentua que durante "o longo período de quase-estagnação (...) diversos surtos de reaquecimento e expansão, alcançando, no máximo, duração de 22 meses (de maio de 1999 a março de 2001), foram abortados". Mas o entendimento adequado desses surtos é que sempre interferia um fator que o fazia frustrar-se. Ou seja, o surto não morria por si mesmo. Não havia, portanto, uma tendência, na economia, a ciclos de baixo crescimento.

Para evitar repetições, diremos tratar-se da Síndrome Macroeconômica já explicada.

Ponto relevante da argumentação apresentada por Castro é que em anos recentes tem havido importantes reposicionamentos, no quadro da economia brasileira.

"O mais importante reposicionamento ocorrido em meio às frustrações verificadas de 2001 a 2003 foi a incorporação das exportações na estratégia de empresas industriais que, até então, pouca atenção davam à construção de posições no exterior."

O segundo grande reposicionamento se refere ao Estado, "o que dele se espera, e o desenvolvimento de novas competências na esfera pública". Tal mudança começou no governo FHC (principalmente no segundo mandato) e continua no governo Lula.

Está-se, assim, passando para as empresas, pela "atitude mais pragmática do governo", "a idéia de que, respeitados os limites impostos pela gestão macroeconômica, elas podem voltar a contar, como no passado (e nas economias capitalistas bem-sucedidas), com o empenho dos órgãos públicos em buscar soluções para as suas dificuldades". Exemplo importante disso é a política industrial, tecnológica e de comércio exterior, "anunciada em março de 2004, e que começa, apenas, a ser implementada".

A conclusão: “Se este governo efetivamente passar a imagem de que não mais haverá *stops*, estará dando uma contribuição decisiva para o crescimento. E quanto à sua aceleração, é importante lembrar que se discutiu, exaustivamente, neste país, nos últimos anos, inflexões — para baixo e para cima. Caberia discutir a fundo, daqui por diante, as novas tendências e oportunidades — de cujo aproveitamento pode resultar a aceleração do crescimento”. Oportunidades, até, no tocante às “vantagens da estagnação” (desperdício de capital humano e outros elementos do potencial inexplorado das empresas).

No seu *paper*, Francisco Eduardo Pires de Souza tratou de “A retomada do investimento: estrutura e preços relativos.”

Sua observação inicial foi: “Olhando para trás, o desempenho do investimento nos últimos 25 anos revela um quadro a princípio desolador.” E continua dizendo que “(...) a formação bruta de capital fixo se encontra presentemente num nível real absoluto inferior ao de 1980”. Nos últimos 15 anos (ou seja, a partir do início da década de 1990), “mesmo nos momentos em que o investimento respondeu mais rapidamente a processos (efêmeros) de expansão da demanda, não chegou a atingir taxas consistentes com um ritmo de crescimento elevado para a economia.”

Sem embargo, Francisco Eduardo esclarece que isso não significa “atribuir ao baixo investimento a responsabilidade pelo reduzido crescimento da economia brasileira no último quarto de século”. Os fatos “*parecem sugerir que o sentido da causalidade foi o inverso*” (grifo nosso). “Em suma, tendo passado por processos de altíssima inflação e por sucessivos choques externos e de política econômica, a economia do país cresceu muito pouco, o que levou a que o investimento se situasse também em níveis muito baixos — como conseqüência e não causa do baixo dinamismo.”

Nas conclusões, coloca ele o ponto de que no “momento em que a economia brasileira retoma um processo de crescimento, que se espera seja sustentável e a taxas elevadas, é hora de se analisar os possíveis obstáculos associados ao investimento requerido para viabilizar este processo. No presente texto colocou-se o foco na questão dos preços e da estrutura do investimento”.

Prossegue lembrando que, segundo diversas análises feitas, “o custo do investimento subiu muito no Brasil desde 1980.” E que, a propósito, a primeira verificação feita foi de que, primeiramente, “a principal causa foi o encarecimento da construção civil. Mas constatamos também que o preço relativo dos bens de capital, embora cadente a partir do pico do final dos anos 1980, baixou bem menos do que se poderia esperar, com base na comparação internacional. De tudo isso resultou uma evolução desfavorável do preço relativo do investimento no Brasil quando comparado aos padrões internacionais, nas últimas duas décadas, muito embora, apesar de tudo, este custo ainda seja relativamente baixo".

Por isso, se a experiência dos Estados Unidos é válida em sentido geral, "na medida em que se amplie a atividade inversora em resposta ao crescimento da demanda, podemos esperar dois movimentos benignos do ponto de vista dos problemas aqui discutidos: um aumento da participação de máquinas e equipamentos na formação de capital pelas empresas e uma redução do custo do investimento".

Entretanto, para não ficarmos dependendo apenas dessa possibilidade, o *paper* sugere atacar fatores que possam ser objeto de política econômica: "custos derivados da legislação que conduzem a opções econômicas irracionais", a falta de competição em alguns setores importantes, especialmente os produtores de insumos da construção civil; o alto custo do crédito; os "rendimentos decrescentes no caso de alguns setores de infra-estrutura"; e, por fim, a questão da taxa de câmbio.

A esse respeito, sua posição é que, inclusive "para evitar que se reverta o processo de redução da vulnerabilidade externa ora em curso, não seria aconselhável adotar o caminho da apreciação do câmbio (por exemplo, através de uma política de 'negligência benigna' frente aos efeitos cambiais de um eventual aumento do ingresso de capitais na economia)".

E a palavra final: "Possivelmente, um caminho bem mais profícuo seria o de avançar na direção que já vem sendo seguida, de desonerar o investimento em máquinas e equipamentos, através da redução de impostos, e de reduzir seu custo total, via barateamento do crédito para a inversão."

O *paper* de João Furtado voltou-se para a avaliação do "O comportamento inovador das empresas industriais" e, a partir dessa base, a definição das características que deve assumir uma política de inovação, no país.

Furtado parte da colocação de que a inovação e o desenvolvimento tecnológico "foram habitualmente considerados fenômenos dos setores tecnologicamente avançados, um avanço que estava associado à fronteira tecnológica e guardaria relação direta com o desenvolvimento científico". Mas, observa: "Inovação é muito diferente de P&D — é mais e é menos, ao mesmo tempo".

É mais, no sentido de não bastar ter uma estratégia em termos de P&D. "A estratégia de inovação está necessariamente integrada à estratégia comercial, à proteção da propriedade intelectual, aos marcos legais e regulatórios, às capacidades de produzir."

É menos, no sentido de ser possível ter uma "estratégia inovadora sem ter necessariamente uma predominância do vetor tecnológico. Existem mesmo inovações — pontuais, certamente; às vezes encadeadas — que prescindem de um peso relevante da dimensão tecnológica".

Pesquisas recentes (do IBGE, da Finep) procuram verificar a realidade da inovação no Brasil. E o resultado foi que "a inovação está muito mais difundida entre os setores industriais, embora longe de abarcar o universo de suas empresas".

As questões que se colocam, a partir dessa verificação, são: "Como tornar irreversível este movimento ainda incipiente?" "Como concatená-lo de forma efetiva com as peças do Sistema Nacional de C, T & I?" "Sobretudo, *como fazer das políticas de inovação um motor do crescimento e do desenvolvimento*" (grifo nosso).

Para dar-lhes resposta, o *paper* passa a analisar os "padrões setoriais de inovação na indústria brasileira", partindo da constatação de que mais uma das conseqüências da virtual falta de crescimento brasileiro dos anos 1980 e 1990 foi ter impedido que a indústria prosseguisse a "sua *trajetória de constituição dos alicerces de uma estrutura e uma dinâmica mais contemporâneas* [grifo nosso]. Eles significariam um peso mais elevado dos setores portadores de progresso técnico e de um fortalecimento do padrão competitivo baseado na criação e incorporação de conhecimento, de tecnologias e de novos produtos e processos".

Para João Furtado, "aquilo que podemos designar como a *fortaleza industrial brasileira*", compreende, principalmente, a metalmecânica e a agroindústria, dentro de suas identidades distintas. Tais complexos estão associados "a notáveis avanços competitivos e encontram-se num momento muito fértil do seu desenvolvimento".

Diferença importante: o sistema industrial metalmecânico "está bastante contido nas empresas". A "inovação tem sido um processo levado a cabo pelas empresas como parte integrante das suas estratégias competitivas e de desenvolvimento empresarial". Em conseqüência, "a política industrial, com ênfase na dimensão tecnológica e inovativa, poderá apresentar os melhores resultados se conseguir irrigar este sistema tão fértil".

Enquanto isso, a agroindústria, "habitualmente considerada (...) a força mais competitiva da indústria e da economia brasileira" — apresenta uma identidade distinta, em que é muito importante o "papel que as instituições extra-empresariais desempenham" no seu processo de desenvolvimento, "sobretudo em termos tecnológicos": institutos públicos (e, secundariamente, privados) de pesquisa, extensão rural, infra-estrutura de armazenagem, transporte, beneficiamento, sistemas de proteção da propriedade intelectual (cultivares).

No tocante aos padrões de inovação nas indústrias com deficiências competitivas, o texto destaca a indústria farmacêutica e a eletroeletrônica.

No primeiro caso, que "representa uma das principais fragilidades do nosso sistema industrial", o setor está formado "por empresas com características muito diferentes daquelas que definem o padrão internacional dessa indústria". Principalmente no que diz respeito a centros de P & D.

"Quer isto dizer que a indústria brasileira de fármacos e medicamentos não possui qualquer possibilidade de inovar ou desenvolver-se com elementos diferenciados"? A resposta é: "A despeito das grandes fragilidades que esta indústria apresenta no seu desempenho conjunto, existem capacidades de produção relevantes e, mais importante, as empresas desenvolveram ao longo dos anos estratégias de inovação pertinentes."

Explicitando: "Na indústria farmacêutica brasileira existem estratégias de inovação [no sentido aqui utilizado] que permitem às empresas diferenciar-se e conquistar posições relevantes no mercado, apesar de suas visíveis fragilidades tecnológicas."

Uma das estratégias de inovação consiste em identificar, nas práticas rotineiras dos médicos, "combinações com potencial clínico e comercial, desenvolvendo pesquisas clínicas que permitam identificar de forma consistente as melhores combinações e as suas características" (chegando até, em caso concreto, à obtenção de patente e de mercado relevante).

"Uma segunda estratégia consiste no aproveitamento dos chamados conhecimentos *populares.*"

No caso da indústria eletroeletrônica, estamos, possivelmente, diante da "mais grave fragilidade [tecnológica] da estrutura industrial brasileira". Com duas dimensões: foi "neste conjunto de atividades que o Brasil se afastou mais das tendências internacionais"; e, além disso, "a eletrônica está no centro do sistema industrial", atualmente.

A despeito disso, existe um "leque bastante amplo de possibilidades, lastreadas, em muitos casos, numa aposta com relação ao potencial que pode ser desempenhado pelo desenvolvimento tecnológico e pela inovação".

Como exemplo dessa aposta, destaca-se o sistema de televisão digital (lembrando: "mesmo escolhendo uma solução existente, é possível alcançar contrapartidas em várias áreas, ligadas ao sistema escolhido ou em outras do complexo eletrônico").

"Mas", continua o texto, "o elemento mais importante — porque revelador de possibilidades de mercado, dos agentes empresariais, das suas percepções e estratégias — consiste nas estratégias inovadoras de algumas das principais empresas — nacionais e estrangeiras".

"As nacionais vêm buscando um papel mais ativo da dimensão tecnológica, para a qual estabeleceram institutos de pesquisa. Os resultados desses investimentos estão longe de poderem ser adequadamente apreciados, mas é notável que a paisagem do setor tem agora outras cores e novos contornos."

Quanto às multinacionais, teve início uma estratégia que pode dar bons resultados. No caso considerado, a filial da empresa estrangeira assumiu "a responsabilidade por um projeto", e assumiu-a de forma exclusiva.

"É desejável que as políticas públicas possam auxiliar neste processo" relativo a esse tipo de estratégia, que "envolve o reconhecimento de capacidades tecnológicas existentes [nas filiais brasileiras]."

Nas considerações finais, João Furtado destaca a necessidade de conciliar "duas balizas que devem nortear uma política de inovação". A saber: de um lado, "criar as condições para que a inovação e a sua difusão ocorram em ritmo suficientemente veloz para que os benefícios possam espraiar-se, sobretudo, nas circunstâncias brasileiras, sob a forma de consumo ampliado".

Mas de, outro, "ela deve impedir que esta difusão ocorra de forma a serem minados os estímulos do processo". Ou seja, "evitando" que os frutos privados da inovação sejam tão modestos que não cumpram o seu duplo papel" — de "alimentar, com lucros, os investimentos futuros"; e de estimular, pelo desejo de lucro e pela emulação, "a adoção de trajetórias análogas por parte de outras empresas".

Em conseqüência, "as políticas de inovação devem ser capazes de oferecer às empresas os estímulos adequados para que elas reforcem gradativamente os elementos tecnológicos e inovadores presentes em suas estratégias competitivas".

Com esse objetivo "é necessário mergulhar nas dimensões estruturais e nas dinâmicas competitivas".[8] "As ações mais consistentes podem ser feitas com uma percepção mais clara do estado da concorrência, do papel que já desempenha o desenvolvimento tecnológico e a inovação em cada agrupamento industrial que disputa determinados espaços de mercado. É graças a esse esforço analítico e de monitoramento que é possível regar o terreno fértil", em vez de fazer a "semeadura no deserto".

Na parte relativa aos comentários, Mark Roland Thomas, em texto (com Vinod Thomas) sobre "Estratégias de crescimento para o Brasil de hoje", começa pela observação de ser "muito mais fácil *dar a partida* em uma breve arrancada para o crescimento econômico do que *sustentar* um período de crescimento de, digamos, dez anos" (grifo no original).

No tocante à segunda etapa, ressalta: "As exigências para o crescimento de longo prazo são mais difíceis de serem claramente definidas, além de serem mais específicas para cada país." Por outro lado, estudo do Banco Mundial mostra que dar a partida ao crescimento depende de investimentos físicos, enquanto o crescimento sustentado depende de "aumentos contínuos na produtividade total dos fatores."

Desta forma, "o desafio é definir uma *estratégia de crescimento* para o Brasil moderno (grifo no original)", "que se baseie nos pontos fortes do Brasil, em sua história e suas instituições".

Mark Thomas faz, a seguir, três observações sobre o Brasil, como "passos iniciais" para a definição de tal estratégia. São elas:

- "O Brasil tem uma economia diversificada e uma população empreendedora."
- "O Brasil conta com significativo patrimônio em termos de recursos naturais, muitos dos quais geram externalidades internacionais (em especial a Amazônia)."
- "O Brasil historicamente teve instituições governamentais federais sólidas em planejamento e finanças (por exemplo, Ministério da Fazenda — MF, Ministério do Planejamento, Orçamento e Gestão — MPOG e BNDES)."

[8] "É possível fazer políticas genéricas de inovação. Aliás, muitas delas são desejáveis". Mas não devemos limitar-nos a essa linha de ação, segundo o autor.

Quanto ao primeiro elemento, a colocação dos autores é sobre a necessidade de "algum tipo de *reforma política*" (grifo no original), para evitar a "tirania da situação atual", que prejudica, por exemplo, a realização de reformas, como uma nova etapa da Reforma da Previdência. E, a propósito de reforma política, a "economia política afirma que, para que sistemas descentralizados [como o atual, no Brasil] funcionem com eficiência, o poder de taxar e a responsabilidade de gastar deveriam ser equilibrados em cada nível do sistema".

A segunda observação sugere que o país, devido a seus centros de excelência em pesquisa agrícola e genética, pode ir além da situação de "líder na exportação de produtos agrícolas", pois tem "uma oportunidade bastante real de liderança em indústrias de altas taxas de crescimento [mundialmente], adicionando valor às suas abundantes exportações primárias". Ao lado disso, a "biodiversidade brasileira lhe propicia mais uma oportunidade de crescimento", em contexto de sustentabilidade ecológica.

A terceira observação "sugere um corolário simples: qualquer estratégia de crescimento para o Brasil deveria fazer o melhor uso possível desta capacidade como ingrediente para o sucesso". Isso se aplica principalmente a reconsiderar "a vocação das grandes instituições financeiras do setor público e, em especial, devido à sua grande importância, a do BNDES". Reconsideração, notadamente, no sentido de que sejam vistas "em termos de seus ativos humanos e de seu potencial para o crescimento, e não meramente em termos de seus papéis financeiros".

O comentário de Renato Fragelli Cardoso sobre "Precondições para o crescimento econômico de longo prazo", após um rápido balanço do "desenvolvimentismo à brasileira" (em que se destaca o fracasso da Lei de Informática, que, "ao ambicionar a implantação simultânea de duas indústrias — a de *hardware* e a de *software* — inviabilizou ambas"), refere-se à "mudança de rumo após 1999" e faz a "defesa da Política Macroeconômica atual".

Depois sublinha que a "notável combinação de três resultados alvissareiros em 2004 — crescimento, inflação contida e equilíbrio externo — é conseqüência direta de três políticas responsáveis — superávit primário elevado, metas para a inflação e câmbio flexível".

Em seguida, observa: "Embora a semente para o crescimento estável tenha sido plantada a partir de 1999, infelizmente ainda falta muito para que o ritmo atual de 4% ao ano possa se tornar os 7% que recolocariam o Brasil na galeria dos tigres de crescimento. A experiência internacional mostra que estabilidade macroeconômica, embora seja condição necessária para o crescimento sustentado, não é condição suficiente."

"Crescimento sustentado é um fenômeno microeconômico, ligado aos incentivos econômicos que estimulam o trabalho, a acumulação de fatores de produção e o empreendorismo."

Sua conclusão é: "As reformas microeconômicas necessárias para que o país eleve sua taxa de crescimento para 7% não se limitam à contenção das despesas primárias, com conseqüente redução de impostos que desestimulam o empreendedor formalizado. Além das já mencionadas mudanças institucionais que atrofiam os mercados de crédito, de ações e de trabalho, é preciso também reduzir as incertezas regulatórias que inibem o investimento privado em muitos setores. Mais especificamente, os setores de infra-estrutura precisam, com urgência, de pesados aportes de capital, os quais só virão por intermédio do setor privado."

Em seu comentário, Paulo Mansur Levy fez uma apreciação de pontos mais relevantes das intervenções dos demais participantes do painel.

Quanto à apresentação de Francisco Eduardo Pires de Souza, destacou a importância de elevar a taxa de investimento para que possa haver a esperada aceleração do crescimento do PIB, embora se saiba não haver "uma fórmula fixa para determinar o volume de investimento necessário para sustentar uma determinada taxa de crescimento".

Referiu-se também à questão da poupança, "enfatizada na apresentação de Mark Thomas"; às "observações do professor Antonio Barros de Castro sobre o potencial de expansão e inovação que hoje se observa em nível de empresas, como herança das sucessivas crises" e à Introdução ao painel feito por Reis Velloso, em que se mencionam os investimentos em infra-estrutura, como etapa crucial da transição para a "consolidação do crescimento sustentado". E destacou, a propósito, que as limitações na área do investimento público tornam "imperativo o desenho de marcos regulatórios capazes de atrair o investimento privado para esses setores" (a exemplo das PPPs).

PRIMEIRA PARTE

CINCO DÉCADAS DE QUESTÃO SOCIAL NO BRASIL

A questão social e o planejamento do governo Lula[1]

*Guido Mantega**

[1]Versão transcrita de gravação e editada sem revisão pelo autor.

*Ministro do Planejamento, Orçamento e Gestão.

CINCO DÉCADAS DE QUESTÃO SOCIAL no Brasil: eis um tema oportuno também do ponto de vista do governo Lula, que colocou a questão social no centro das suas preocupações. Governo de um presidente que assumiu compromisso público de reduzir a pobreza, as desigualdades sociais, as desigualdades regionais brasileiras.

Esse compromisso distingue o atual governo de governos passados, para os quais essa questão não era tão fundamental, ou foi colocada numa posição secundária. Foi em decorrência disto, de preocupação menor com a questão social, que o Brasil acumulou ao longo de décadas, problemas sociais cada vez mais graves, um enorme déficit social, a manutenção das desigualdades regionais.

Como o governo Lula está enfrentando a questão social no Brasil? Qual é a estratégia de desenvolvimento que está sendo seguida para enfrentar esse enorme desafio?

Um retrato da questão social, especificamente das desigualdades na distribuição da renda entre as pessoas, é o que está colocado no Quadro 1. Suas linhas mais parecem o eletrocardiograma de um defunto: elas são retas, horizontais, ao longo de duas décadas — de 1980 e 1990. Veja-se que 1% dos mais ricos continuaram absorvendo uma parcela importante da renda nacional, acima dos 10%. Os 50% mais pobres, uma parcela um pouco menor; e os 10% mais ricos detêm cerca de 45% da renda. Só para dar o retrato da situação de má distribuição de renda nacional. A situação não seria muito diferente se retroagíssemos no tempo, de modo a cobrir os 50 anos de questão social que estão sendo analisados neste livro.

QUADRO 1

EVOLUÇÃO DA PORCENTAGEM DA RENDA APROPRIADA PELOS DIVERSOS SEGMENTOS SOCIAIS

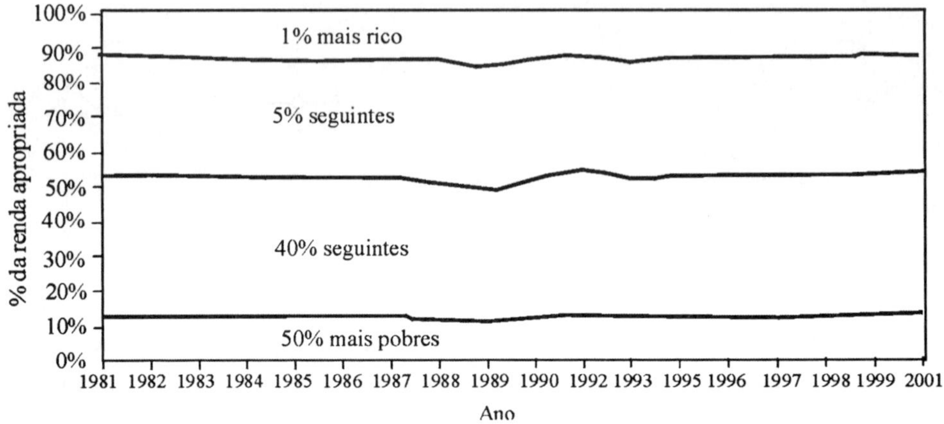

FONTE: Pesquisa Nacional por Amostra de Domicílios (PNAD), 1981 a 2001.
NOTA: Nos anos de 1991, 1994 e 2000, a PNAD não foi a campo.

O Quadro 2 apresenta o coeficiente de Gini, que se mantém, durante os anos 1980 e 1990, no elevadíssimo patamar de 60%, com pequenas variações para mais ou para menos. Abaixo dele há a incidência de extrema pobreza — pobreza absoluta. Esse percentual apresenta algumas oscilações: uma pequena melhora em 1984-1986, o retorno ao patamar de 20% em 1988 e nova melhora em 1995, que se mantém nos anos seguintes.

Qual é a estratégia de desenvolvimento que o governo Lula pretende implementar para fazer frente a essa questão social?

O primeiro e mais poderoso instrumento para enfrentá-la, diminuindo as desigualdades, melhorando a situação social, aumentando a inclusão social, é garantir o crescimento sustentado: mantê-lo a taxas suficientemente elevadas para ensejar a inclusão social. É claro que não é qualquer tipo de crescimento sustentável o que se deseja. Há, por exemplo, crescimento com criação de menos emprego e crescimento com criação de mais emprego. E, é claro, é este último que interessa. Para que se alcance este tipo de crescimento é muito importante a participação do Estado, a forma como o Estado executa as políticas econômicas, acopladas a políticas sociais abrangentes e efetivas, em particular aquelas voltadas para as regiões de baixos níveis de renda e para as grandes concentrações de pobreza.

QUADRO 2

EVOLUÇÃO DA EXTREMA POBREZA E DO GRAU DE DESIGUALDADE NO BRASIL

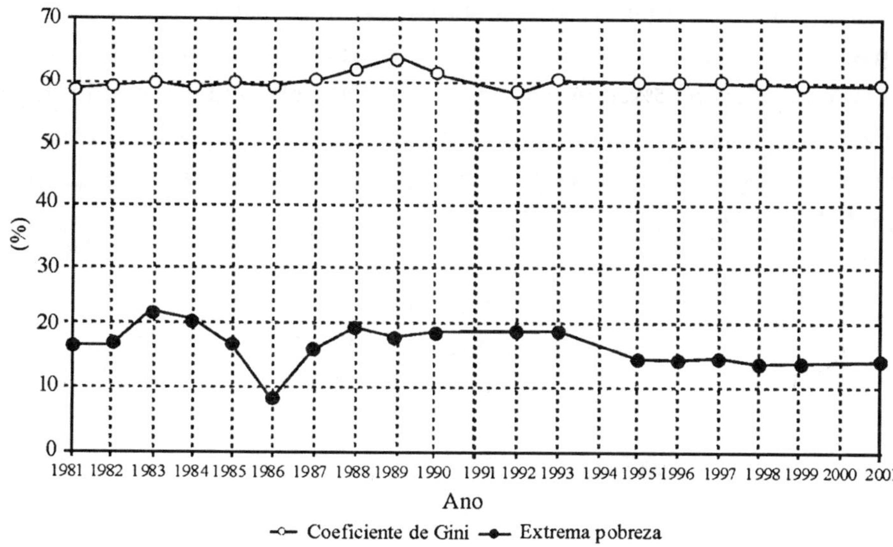

FONTE: Pesquisa Nacional por Amostra de Domicílios (PNAD), 1981 a 2001.

Por que o crescimento sustentável é o principal instrumento para enfrentar a questão social? Em primeiro lugar, pelos empregos que é capaz de gerar. Eles podem ser uma das armas principais de redução da pobreza: desde que a renda e a riqueza produzidas sejam bem distribuídas socialmente. E, em segundo lugar, porque o crescimento sustentável eleva a arrecadação tributária, proporcionando ao Estado os meios para ampliar sua atuação econômica e social. Mas é preciso que se alcance um crescimento vigoroso e que se mantenha em patamar elevado. E não um crescimento medíocre de 2%, 2,5%, 3%. Crescimento que seja alto e continuado, que não deve ser interrompido a cada momento, o que, lamentavelmente, ocorreu no país nos últimos 20 anos: um repetido *stop and go*, em que a economia começa a crescer para, logo em seguida, despencar com o resultado de algum evento interno ou externo. Desta maneira não se consegue ganhar escala, não se obtêm os efeitos necessários.

Só para mostrar uma correlação entre crescimento e distribuição de renda, embora não muito precisa: veja-se a evolução das desigualdades de renda no mundo, exclusive China e Índia, de acordo com o coeficiente de Gini (Quadro 3): observa-se uma diminuição delas no início dos anos 1980 e, a partir de então, um aumento significativo, em todo o mundo ocidental, exceto na China e na Índia. Esses dois países apresentaram crescimento elevado no período considerado, e a ele acoplaram programas sociais importantes. Por isso obtiveram uma combinação virtuosa entre crescimento econômico e redução das desigualdades sociais.

QUADRO 3
DESIGUALDADE NO MUNDO
(COEFICIENTE DE GINI)

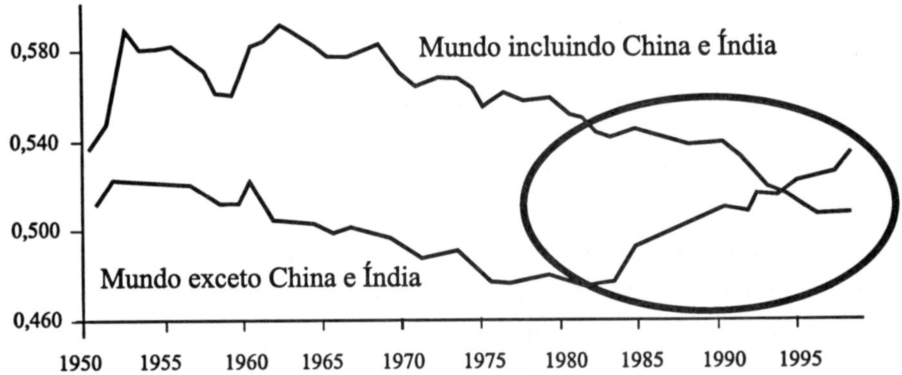

FONTE: Branko Milanovic, *World Income Inequality in the Second Half of the 20th Century*, Washington, D.C., World Bank, 2001.

A primeira condição é, portanto, que o crescimento seja sustentável, mantendo-se em patamares elevados ao longo dos anos. Para que isso aconteça é preciso, em primeiro lugar, que a dívida pública seja sustentável, porque com suspeitas sobre a solvabilidade da dívida pública não é possível haver crescimento: a cada momento ele estará sendo ameaçado por alguma turbulência, por alguma especulação sobre o futuro. É, assim, importante assegurar que a dívida seja sustentável. E foi isto, precisamente, o que o governo Lula procurou fazer no primeiro ano de governo, alcançando um superávit primário mais elevado, equilibrando as contas públicas. É uma coisa dolorosa, porque compromete grandes, importantes investimentos. Porém é necessária para garantir crescimento posterior sólido e sustentado. O Quadro 4, primeira parte, mostra a reversão da trajetória da dívida pública, hoje descendente.

QUADRO 4

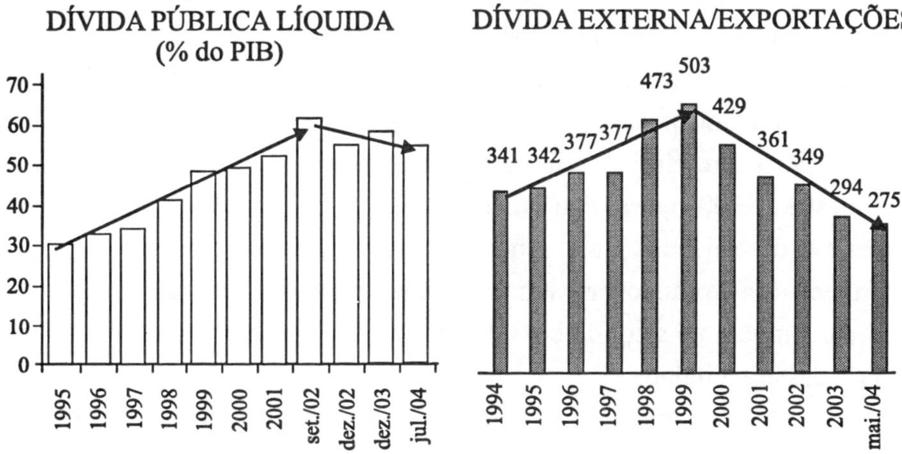

FONTES: Bacen e MDIC-Secex.

Mas também é preciso, para ter-se um crescimento sustentável, diminuir a vulnerabilidade externa, o calcanhar-de-aquiles da economia brasileira durante muitos anos, responsável pela reversão do crescimento em várias ocasiões, ao longo da década de 1990. Uma trajetória sólida de crescimento não pode prescindir de redução da exposição externa, uma vulnerabilidade menor e que se corrige, entre outras medidas, mediante um saldo comercial mais expressivo ou uma relação dívida externa/exportações mais favorável. Estamos caminhando no final de 2004 para uma relação em torno de 200 pontos, portanto, nos aproximando do patamar considerado razoável pelos padrões internacionais. É uma condição considerada indispensável à obtenção de um crescimento sustentável. É claro que se pode ter um crescimento pontual, uma bolha de crescimento, um crescimento passageiro, tendo um grande desequilíbrio das contas externas, principalmente em momentos de oferta abundante de recursos financeiros no mercado internacional. Na primeira esquina, entretanto, essa situação pode ser revertida: por turbulências que ocorrem, com freqüência, no mercado internacional.

A terceira condição para que o crescimento seja sustentável é ter-se a economia estabilizada, com a inflação sob controle. Também é possível crescer com inflação elevada ou em ascensão, porém essa expansão econômica terá vida curta pelas mesmas razões já mencionadas anteriormente. Considerando tudo isso, o governo Lula procurou criar as condições que permitissem superar esses desequilíbrios, essas ameaças a um crescimento sustentável. Fortalecermos os fundamentos. Eles hoje já estão sólidos. Em decorrência, há uma recuperação do crescimento. Ela começou desde o ano passado. Foi no terceiro trimestre de 2003 que se deu a mudança de tendência na curva da produção, que estava descendente. Hoje, sem dúvida há no país um processo de crescimento econômico que ocorre em praticamente todas as atividades. Ele está presente também no setor de bens de capital, que é importante e reforça sua própria sustentabilidade.

O tipo de crescimento que o governo tem que promover é um crescimento que gere emprego, o que, hoje, não se dá espontaneamente: é preciso que ele seja acelerado e que gere mais emprego. Para que haja crescimento intensivo em emprego é preciso que o governo dê condições para que as micro, pequenas e médias empresas tenham um papel importante nesse processo. Isso significa a concessão de mais crédito a esses empresários, o que, aliás, é um problema crônico, um problema sério no Brasil. Micros, pequenos e médios empresários não obtêm crédito no Brasil há muito tempo. Por isso, o governo procurou orientar as suas instituições financeiras para aumentarem o volume de crédito fornecido a micros, pequenas e médias empresas. O Banco do Brasil (Quadro 5) aumentou em alguns bilhões de reais o crédito oferecido a micros e pequenas empresas; o BNDES e o Banco do Nordeste, também.

Um outro segmento gerador de emprego, a agricultura, a pequena agricultura familiar principalmente, está também sob o alvo de um volume considerável de crédito, a partir do Pronaf (Quadro 6).

QUADRO 5
CRESCIMENTO COM EMPREGO: APOIO AO MICRO, PEQUENO E MÉDIO EMPRESÁRIOS

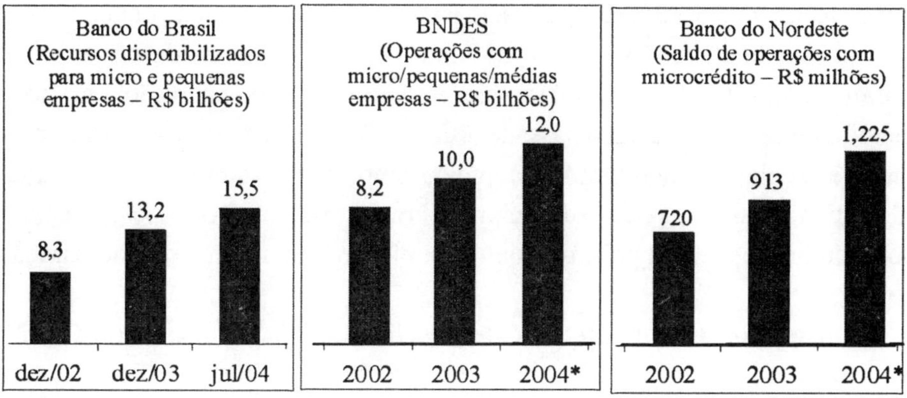

*Estimativa.

QUADRO 6
CRESCIMENTO COM EMPREGO: FORTALECIMENTO DA AGRICULTURA FAMILIAR (RECURSOS DO PRONAF (R$ MILHÕES)

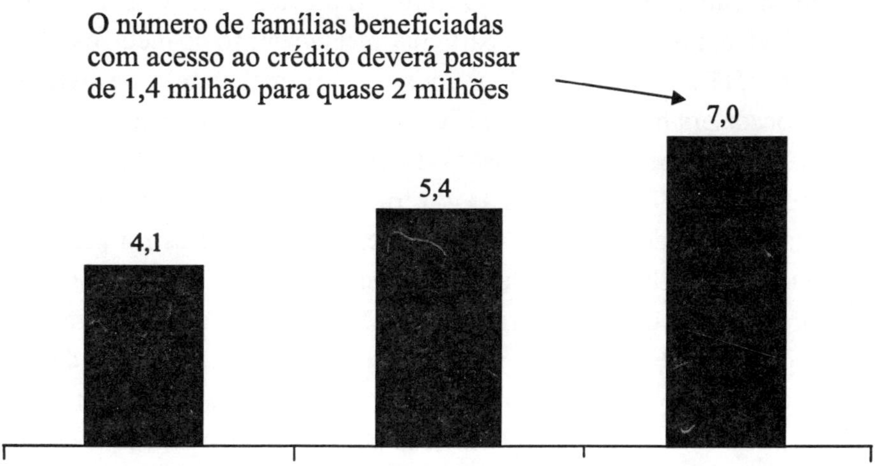

Essas iniciativas governamentais já estão chegando a ter repercussão no mercado de trabalho. A taxa de desemprego elevada do país vem se elevando há muito tempo; no ano passado até houve uma piora, mas já se encontra em franca recuperação. Além do mais, a massa salarial da população ocupada também já está se elevando. De acordo com o IBGE, os níveis de desemprego caíram para 11,2%. E cabe lembrar que se adotou, nessa mensuração, uma nova metodologia: a partir do ano passado, quando as formas de semi-emprego passaram a ser classificadas também como desemprego. Portanto, pela conceituação antiga, estaríamos com o desemprego em torno de uns 7 ou 7,5%. É sempre bom lembrar este fato, pois, do contrário, não se tem o termo de comparação correto.

Tem-se agora de garantir que esse crescimento seja acompanhado de políticas sociais porque, sem elas, não se consegue combinar crescimento com distribuição de renda e com melhoria dos segmentos mais pobres da população. É aí que nos colocamos diante dos velhos dilemas orçamentários, tão comuns a tantos quanto já lidaram com os orçamentos públicos! Como distribuir os recursos orçamentários: alocar mais recursos à infra-estrutura ou aos programas sociais? Aumentar mais o salário mínimo ou investir em infra-estrutura? Elevar as dotações para a saúde ou para o Ipea fazer mais pesquisa? São todas questões importantes!

Como encontrar um ponto de equilíbrio? É preciso, enfim, administrar a escassez. E vivemos um momento particularmente penoso de recursos públicos escassos. Há pelo menos uns 20 anos que vivemos uma crise fiscal do Estado. Trocada em miúdos, ela significa que o dinheiro não dá para todas as necessidades, para todas as prioridades. Então, como reparti-lo? É claro, temos de buscar novos instrumentos. O governo, para viabilizar um crescimento sustentável, tem de ampliar os investimentos em infra-estrutura, que é necessária para viabilizar taxas de crescimento de 4,5%, 5%, 5,5%, 6%, de que nós precisamos no país. A infra-estrutura é necessária para viabilizar a diminuição da vulnerabilidade externa, permitir o aumento importante das exportações que está se realizando, com um crescimento de 30, 35% por ano, o que produz uma demanda incrível sobre os portos, as ferrovias, as rodovias. Nesse sentido, o governo se vê na obrigação de suprir uma parte dessa demanda de infra-estrutura e, ao mesmo tempo, avançar nos programas sociais.

O que fazer? Cabe uma demonstração prática de como o governo tem repartido os seus parcos recursos ao longo dos últimos três anos, na verdade nos últimos três anos: 2003, 2004 e 2005. Os recursos constantes do Quadro 7 são relativos às chamadas "outras despesas, correntes de capital", a que alguns chamam de despesas discricionárias. Ou seja, é o orçamento todo da União, excluindo transferências, despesas com pessoal e gastos com o sistema previdenciário. O que nos resta são esses recursos residuais, que foram divididos da forma apresentada no Quadro 7. Vamos nos focar em 2004 e 2005. Em 2004 quase 70% desses recursos estavam sendo alocados em política social (nas quatro áreas de governo do Quadro 7 estão contemplados todos os ministérios). Em Política Social estão os Ministérios da Saúde, da Educação, Desenvolvimento Social etc. A infra-estrutura corresponde aos Ministérios dos Transportes, Integração Nacional, Cidades etc. Poderes de Estado e Administração incluem os chamados Ministérios meio: Fazenda, Planejamento, Justiça (com um programa importante — o programa de segurança). E na área de produção, os Ministérios do Desenvolvimento, da Agricultura, do Desenvolvimento e da Reforma Agrária.

QUADRO 7
CARACTERÍSTICAS DO ORÇAMENTO 2005

Aumento de R$ 6 bilhões na área social

R$ milhões

Área de Governo	2003	Reprog. 2004	Var. %	Proposta 2005	Var. %
Política Social	35.218,7	43.227,4	23%	49.154,7	14%
Infra-estrutura	6.086,5	7.441,2	22%	10.444,1	40%
Poderes de Estado e Adm.	7.634,4	9.282,6	22%	11.491,0	24%
Produção	1.905,3	2.785,0	46%	3.709,6	33%
Total	50.844,9	62.736,1	23%	74.799,3	19%

Observa-se que a política social detém a maior fatia do total desses recursos. E que, de 2004 para 2005, há um aumento de 14%, equivalente a seis bilhões de reais a mais, reforçando um aumento real de recursos para a área social. Mas repare-se que estamos aumentando também o setor de infra-estrutura em 40% para evitar um gargalo que pode se transformar num obstáculo importante para o crescimento sustentável do PIB brasileiro. Também se tem aumento de recursos considerável na produção.

Dessa forma, busca-se uma distribuição equilibrada de recursos, ao mesmo tempo contemplando o crescimento da produção, garantindo que o PIB vai crescer a taxas consideráveis, dando conta dos vários programas sociais.

Vale dar um exemplo de programa social importante do governo. O Programa Bolsa Família é de combate à pobreza, beneficiando a população de mais baixa renda, talvez aquela que não seria imediatamente impactada por um aumento do emprego e que, portanto, requer uma intervenção imediata do governo, porque vive dificuldades básicas, não tem alimentação suficiente. Esse programa é talvez o programa social mais focado do governo. Não é o mais volumoso em recursos porque o programa de saúde, com gastos de 31 bilhões de reais, é mais expressivo. Mas é focado na população realmente mais pobre. Pode-se ver a evolução dos recursos desse programa (Quadro 8) — ele triplica em três anos, e o objetivo é em 2005 atingir 8,7 milhões de famílias. Calcula-se que cerca de 10,11 milhões de famílias estejam abaixo da linha da pobreza — talvez mais, talvez menos, não sei, mas o objetivo do governo é conseguir abarcar todo este universo até 2006. À medida que o país tem um ritmo de crescimento maior, é possível que o número de pobres seja reduzido. Nesse caso, a intervenção governamental poderá ser menor nesse campo.

Um outro programa importante é o de revitalização do rio São Francisco, com a construção de canais para levar água às regiões mais secas do Nordeste. É uma obra de infra-estrutura e, ao mesmo tempo, uma obra social importante que permite a revitalização da região semi-árida. Enfrenta um problema secular e beneficia uma região onde se concentra uma parcela importante das pessoas mais pobres do país. Esse programa vai receber 4,5 bilhões de reais até 2006, quando estarão prontos os dois canais que abastecerão com água parte do sertão do Nordeste.

QUADRO 8
TRANSFERÊNCIA DE RENDA DO GOVERNO FEDERAL (R$ MILHÕES)

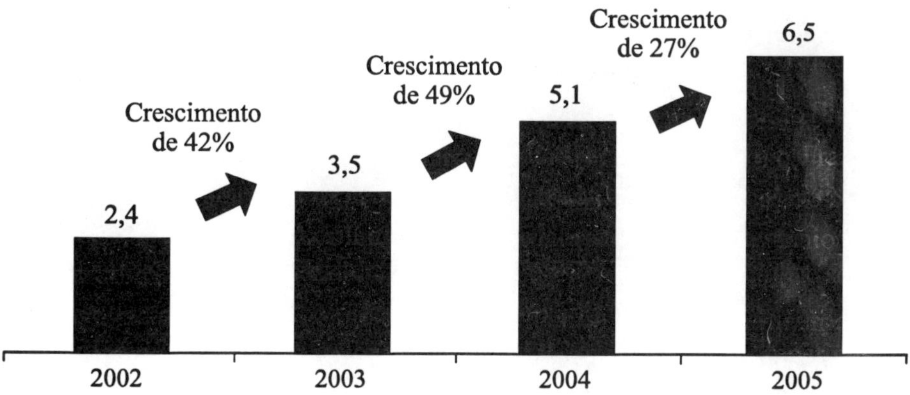

Para finalizar, refiro-me rapidamente aos principais programas que estão contidos no orçamento de 2005. Eles dizem respeito tanto às questões de infra-estrutura (e, portanto, estimulam o crescimento) quanto às questões sociais.

Pode-se perceber que a estratégia econômica adotada pelo governo Lula está sendo bem-sucedida, pelo menos até o presente momento. O esperado crescimento já está se verificando. Ainda estamos no início de todo um processo, mas ele aponta para um caminho virtuoso. Esse crescimento é acompanhado de um conjunto de políticas de emprego e políticas sociais. Os orçamentos estão procurando compatibilizar as duas necessidades, a infra-estrutura e as questões sociais. Portanto, acreditamos que, dentro em breve, poderemos estar colhendo os frutos desse trabalho. Refletidos na redução das desigualdades sociais e na diminuição da miséria existente no país.

O BID e a questão social no Brasil

*Ricardo L. Santiago**

*Gerente Regional do Departamento de Operações I, Banco Interamericano de Desenvolvimento.

ESTA APRESENTAÇÃO ESTÁ DIVIDIDA em duas partes[1]. A primeira delas apresenta a visão estratégica do BID em relação ao desenvolvimento social. É claro que esta visão está desenvolvida a partir de uma perspectiva de América Latina e Caribe; é a partir daí que desenvolvemos nossas estratégias para os diversos setores. A estratégia para o setor social foi aprovada pela diretoria do BID no ano passado, depois de um processo amplo de consulta e discussão em toda a América Latina e Caribe.

A segunda parte estará focalizada no esforço conjunto do BID com o Brasil para combater a pobreza e a desigualdade. Essa atividade resulta do desenvolvimento de um entendimento das realidades específicas e das prioridades do país.

O BID E A QUESTÃO SOCIAL

Em 1994[2], o BID recebeu do seu Conselho de Governadores o mandato de realizar investimentos que contribuíssem a combater a pobreza e a desigualdade, a promover o crescimento e a aumentar o bem-estar na região em que atua. Esse mandato orientou as ações do banco nos anos seguintes e foi fortalecido posteriormente com o compromisso dos países-membros do banco com os objetivos de desenvolvimento do milênio expressados na Declaração do Milênio, da ONU.

[1]Esta apresentação foi preparada com a contribuição da Divisão Social do Departamento, através de sua chefe, sra. Alice Ritchie, e dos técnicos Márcia Arieira e Carlos Herrán.

[2]Inter-American Development Bank, Board of Governors, "Report on the Eighth General Increase in the Resources of the Inter-American Development Bank", document # AB-1704, agosto de 1994.

Com base nas lições aprendidas nestes quase dez anos, o banco consolidou, em 2003, a sua Estratégia de Desenvolvimento Social[3], que define os pilares e as prioridades que devem nortear a atuação do banco na região. Em conjunto, esses pilares traduzem a convicção de que uma abordagem transetorial do desenvolvimento social é essencial na medida em que cria um quadro de referência estratégico para o diálogo do banco com os países. São eles:

a) Reformas de Saúde, Educação e Habitação — Em saúde, assistir aos países na promoção de eqüidade no acesso a serviços de saúde, na promoção de eficiência nos gastos com saúde, na descentralização e promoção de sistemas de saúde com base nas comunidades, na descentralização da prestação de serviços, no aperfeiçoamento dos recursos humanos e na melhoria da infraestrutura e na promoção de um maior equilíbrio entre prevenção e controle de doenças. Em educação, apoiar a universalização e eqüidade no acesso e a qualidade dos serviços, explorando também novas opções para a educação pós-secundária e superior. Em habitação, apoiar reformas no setor destinadas a melhorar as condições de vida de grupos de baixa renda e apoiar o mercado a promover ofertas de alternativas de soluções habitacionais adequadas aos diferentes grupos sociais existentes.

b) Desenvolvimento Humano com foco no Ciclo de Vida — Apoiar a implementação de uma agenda de desenvolvimento humano que privilegie transições bem-sucedidas ao longo de estágios-chave no ciclo de vida de indivíduos e famílias, com especial atenção aos grupos menos privilegiados, através de investimentos em acumulação de capital humano desde a primeira infância, passando pela adolescência, até a idade adulta, e estimular o desenvolvimento de capacidade institucional para apoiar este processo.

c) Inclusão Social e Prevenção de Males Sociais — Promover a inclusão social e o acesso a oportunidades para indivíduos e grupos excluídos por aspectos como idade, gênero, raça e etnia, deficiência ou outros. Apoiar a redução ou eliminação de males sociais como o trabalho infantil, HIV/Aids, violência doméstica e social e outros.

[3]Strategy Document for Social Development, Inter-American Development Bank, agosto de 2003.

d) Serviços Integrados com Focalização Espacial — Assistir aos países na implementação de intervenções integradas em áreas específicas onde se concentra a pobreza, tais como favelas, municípios rurais etc., onde o foco espacial permite diagnosticar as necessidades específicas da comunidade, ajustando a estas as respostas a serem oferecidas.

Esta visão estratégica se apóia num diagnóstico[4] da atuação do banco na região na década de 1990, que aponta para resultados positivos como a melhoria em alguns indicadores médios regionais de desenvolvimento social, alguns dos quais compõem o Índice de Desenvolvimento Humano, como a taxa de mortalidade infantil, a expectativa de vida, o acesso a água potável e a saneamento básico, a melhoria no acesso à educação primária e a redução da brecha de gênero na educação. Para eles, contribuiu em grande medida a renovação dos compromissos dos países da região com o desenvolvimento social, compromisso este refletido na maioria dos casos numa alta participação dos setores sociais no orçamento e nos esforços desenvolvidos ao longo da década para melhorar a prestação de serviços sociais, principalmente através da descentralização na prestação desses serviços, o que dá às comunidades maior controle e poder de fiscalização no cumprimento de metas estabelecidas.

Apesar desses progressos, no entanto, a pobreza estrutural e a desigualdade persistem, afetando negativamente o ritmo desse processo e resultando na persistente distribuição desigual destes indicadores entre e dentro dos países da região, em ainda altos índices de mortalidade infantil, na desigualdade na qualidade da educação, no acesso ainda relativamente restrito à educação secundária e nas dificuldades de grande parte da população para ascender a condições decentes de habitação. Com freqüência, o ritmo de avanço é ainda mais lento quando à análise destes aspectos introduzimos variáveis de gênero e etnia. Além disso, problemas e dificuldades na implementação de reformas setoriais (em educação, saúde e habitação, por exemplo) evidenciaram a fragilidade de se buscar respostas parciais, específicas por setores, para problemas sociais complexos, com causas múltiplas.

Para cumprir com esta agenda, o banco dispõe de diferentes instrumentos, financeiros, como empréstimos para investimentos, empréstimos para assis-

[4]Este diagnóstico utiliza tanto insumos da experiência anterior do banco na região quanto diálogos com o governo e com atores sociais relevantes em cada país.

tência técnica e empréstimos setoriais e instrumentos não financeiros, como o apoio a iniciativas de diálogos, sejam eles setoriais, nacionais ou regionais, como é o caso da Rede de Diálogo Social no Brasil.

Finalmente, com o objetivo tanto de avaliar o impacto de seus projetos nos países da região quanto de apoiar os esforços de formulação e seguimento de políticas e programas sociais o banco vem, nos últimos anos, dando especial ênfase ao tema de sistemas de monitoramento e avaliação. Essa ênfase se traduz, por um lado, na preocupação técnica em dotar os projetos financiados com os instrumentos metodológicos e sistemas de informação necessários ao monitoramento de sua execução e, posteriormente, à avaliação do seu impacto sobre as condições de vida das populações beneficiadas e, mais a longo prazo, sobre setores específicos (educação, saúde) ou áreas/regiões de cada país. Por outro, o apoio aos países se faz através de recursos para o financiamento de investimentos na criação ou melhoria de instrumentos úteis para monitoramento e avaliação socioeconômica, como é o caso do Programa de Aperfeiçoamento de Pesquisas Domiciliares (Mecovi), que apóia o desenvolvimento e/ou implementação, nos países da região de pesquisas domiciliares confiáveis e adequadas às necessidades de informações presentes.

O BID E O BRASIL: UM ESFORÇO CONJUNTO PARA COMBATER A POBREZA E A DESIGUALDADE

No caso do Brasil, as prioridades da Estratégia de Desenvolvimento Social do banco se refletem na estratégia acordada entre o banco e o país para o período 2004-2007[5]. Esta estratégia delineia as áreas em que o banco apoiará o país e identifica os principais desafios a serem enfrentados neste período: de um lado, acelerar o ritmo de crescimento econômico de forma sustentável, com estabilidade macroeconômica e um manejo adequado do meio ambiente e, de outro, reduzir a pobreza, promovendo maior igualdade e inclusão social. Para tanto, no que toca aos esforços para promoção do desenvolvimento social, o banco concentrará sua ação no Brasil nas áreas de pobreza, eqüidade e formação de capital humano e em condições de vida e eficiência nas cidades.

[5]BID, Estratégia do Banco com o Brasil (2004/2007), documento GN-2327, 27 de agosto de 2004, em processo de apresentação à diretoria do banco para aprovação.

De fato, os diagnósticos e avaliações existentes indicam que, se comparado com os outros países da América Latina, nos anos 1990 o Brasil alcançou um progresso particularmente rápido em educação e saúde básica e em redução da pobreza em geral, mas os desafios que se lhe apresentam são ainda bastante grandes, tanto em escala quanto em profundidade. Em termos de metas do milênio, esses se traduzem em reduzir a pobreza até 2015 a 20% e eliminar a extrema pobreza e a fome. Em termos da promoção da igualdade e da inclusão social, estes desafios compreendem a melhoria da qualidade de vida da população pobre, principalmente nas cidades, onde vivem ¾ dos pobres do país e a melhoria no acesso da população pobre a serviços básicos.

Em termos de formação de capital humano, o desafio consiste na promoção da educação básica com qualidade e eqüidade e na promoção da educação profissional e do trabalhador. No que se refere a condições de vida e eficiência nas cidades, o desafio é combater a pobreza urbana de forma integrada, melhorando as condições habitacionais, a eficiência da gestão urbana e a qualidade ambiental nas cidades.

Em todas estas vertentes, o banco também vem apoiando esforços para que o desenvolvimento com maior inclusão social acelere de fato a incorporação de parcelas da população que tradicionalmente tiveram menos acesso aos benefícios do desenvolvimento por razões de gênero, raça ou etnia.

Em paralelo, a estratégia do banco também privilegia investimentos em setores estratégicos, como os de infra-estrutura e turismo, programas de crédito para o apoio a micros e pequenas empresas e investimentos e atividades de fortalecimento institucional, modernização do Estado e estímulo à participação da sociedade civil com vistas a promover maior eficiência, transparência e controle social na gestão da coisa pública.

Para obter resultados em seus esforços, o banco atua com base em uma perspectiva de curto e outra de médio e longo prazos. A curto prazo, através do financiamento a programas dirigidos a melhorar a qualidade de vida e o acesso a serviços básicos para a população pobre e do financiamento a programas de alívio da pobreza, como é o caso de redes de proteção social e programas do tipo Bolsa Família. Nesses casos, os princípios básicos que norteiam o apoio do banco ao país são a busca de maior eficiência e eficácia desses programas, principalmente através do aperfeiçoamento de seus mecanismos e instrumentos de focalização e de seus sistemas de monitoramento e avaliação.

Numa perspectiva de médio e longo prazos, o banco buscará apoiar esforços do país no sentido de melhorar a produtividade do trabalho com investimentos em capital humano como fator estratégico para a melhoria da capacidade produtiva dos trabalhadores. Isto implica em redobrar nossos esforços no sentido de apoiar investimentos em educação profissional e qualificação de mão-de-obra, bem como seguir com o apoio à melhoria da qualidade da educação básica e secundária como importantes instrumentos para incrementar o estoque de capital humano e prevenir a transferência intergeracional de pobreza.

Alguns temas transversais também norteiam a atuação do banco na região como um todo e em especial no Brasil. Os esforços no sentido de uma maior descentralização se traduzem, inclusive, no financiamento direto do banco a estados e municípios com garantia do governo federal e obedecidos os parâmetros da Lei de Responsabilidade Fiscal. Isto permite ao banco atender de forma mais efetiva a necessidades locais, principalmente naquelas áreas de responsabilidade direta de estados e municípios, ajustando objetivos e metas de forma a minimizar disparidades regionais em áreas como infra-estrutura, desenvolvimento urbano, saúde e educação. Com frequência estes são programas integrados em uma base territorial onde se busca responder de forma integrada às necessidades de uma população específica, seja ela população favelada, encortiçada ou residentes em pequenos centros urbanos no interior.

Aqui terminaria, destacando que um aspecto fundamental dentro da nossa estratégia de atuação com o Brasil na área social está relacionado com a implementação, monitoramento e avaliação de programas. Esta é uma área em que nós temos de que trabalhar muito, inclusive incorporando a contribuição de pesquisadores de instituições não-governamentais. A permanência de uma reflexão técnica é o que vai melhorar a eficiência e a eficácia das políticas públicas. O BID enfatiza um contínuo apoio à pesquisa. Como exemplo, poderia mencionar que estamos recém-terminando um trabalho sobre redução de pobreza e desigualdade no Brasil. Ademais, é importante para nós o apoio ao Inae, através do Ipea. Esta atividade de pesquisa nos ajuda a formular nossa praxe de atuação no país.

A questão social: balanço de cinco décadas e agenda para o futuro

*Roberto Cavalcanti de Albuquerque**

*Diretor-técnico do Inae (Fórum Nacional). Ex-secretário do Planejamento da Secretaria de Planejamento da Presidência da República (Seplan).

DESENVOLVIMENTO E EQÜIDADE

EMBORA O CONCEITO DE desenvolvimento seja elaboração do século XX, a idéia afim de progresso, caracteristicamente moderna, foi produzida e difundida desde o Iluminismo. Explicá-la tornou-se desde então uma das questões centrais da Filosofia da história.[1]

Os pensadores modernos — Vico, Condorcet, Kant, Proudhon, Comte, Mill, Hegel, Marx — não concebem nem interpretam o progresso do mesmo modo. Todos eles, porém, vêem a história como a gradual mas firme marcha da civilização: um evoluir constante, alicerçado na crença da perfectibilidade humana e motivado pela busca incessante de melhor-estar.[2]

O pensamento antigo, ao contrário, esposa visão das sociedades humanas que desconhece o progresso como ideário e esperança. Vê na história a repetição cíclica de apogeus e declínios. O pessimismo de Spengler, um moderno, nunca alcançou as alturas da imprecação do *Eclesiastes*: "O que foi, será, o que se fez, se tornará a fazer: nada há de novo debaixo do sol!"[3] Heródotos, um antigo, entendia que "a prosperidade humana jamais é estável", deslocando-se continuamente de lugar. Por isso, sua *História* trata igualmente "as pequenas e grandes cidades dos homens, pois muitas cidades outrora grandes são agora pequenas e as grandes cidades de meu tempo foram outrora pequenas".[4] Toynbee, um mo-

[1]Foi Shumpeter quem primeiro utilizou o termo desenvolvimento (em alemão *Entwicklung*, significando desenvolvimento, mas também evolução, desdobramento, revelação).
[2]Cf. Mortimer & Gorman, 2v., p. 437-53.
[3]*Eclesiastes*, 1,9. Cf. A Bíblia de Jerusalém, p. 1.167.
[4]Heródotos, p. 20.

derno que viu em declínio a cristandade latino-ocidental, para ele a única das 26 civilizações ainda sobrevivente, rejeitaria tamanho relativismo.

É importante distinguir, nesse contexto, o *fato* da *idéia* de progresso. O fato progresso constata-se, examina-se, no passado ou no presente. É verificação feita tanto pelos antigos quanto pelos modernos. A idéia de progresso, ao tomar o passado e o presente como referências para o futuro, coloca-o como objetivo, projeto. Tanto Tucídides quanto Adam Smith consideraram o progresso como fato. Mas Tucídides refere-se ao fausto das cidades do Peloponeso do século IV a.C. sem enxergar um futuro que supere em grandeza o tempo de Péricles. Enquanto Smith busca as causas da riqueza das nações da Europa do último quartel do século XVIII com a finalidade de reproduzi-la e ampliá-la. Ele se torna, portanto, um promotor da idéia de progresso.[5] Vê o passado e o presente de olho no futuro.

É sob inspiração smithiana que se intenta neste estudo um balanço da questão social no Brasil durante o século XX em geral e em sua segunda metade em particular.

O desenvolvimento, enquanto processo de permanente auto-alteração de uma sociedade, dificilmente se explica sem o recurso à noção de sentido, direção, propósito, intencionalidade. Em decorrência da partição das ciências sociais em escaninhos — economia, sociologia (e antropologia cultural) e política — e na ausência de uma teoria geral do desenvolvimento — são três as finalidades comumente a ele imputadas: a eficiência, a eqüidade e a liberdade. Embora interdependentes, a eficiência é vista como objetivo mais econômico, a eqüidade como objetivo mais social e a liberdade como objetivo mais político.

A questão social no Brasil deve ser examinada, portanto, em seu sentido amplo, como problema de eqüidade. Ou seja, examinada sob a ótica da repartição (ou distribuição) dos benefícios (ou frutos) do desenvolvimento.

É bimilenar a ideologia igualitária. De inspiração judaico-cristã e um dos fundamentos da moderna civilização ocidental, a igualdade ganhou foros políticos e começou a ter vigência social em boa parte da Europa e nos Estados Unidos a partir do século XVIII. Não a igualdade absoluta, uma utopia que ignora característica intrinsecamente humana, a diversidade. Mas uma igualdade de direitos (e deveres), de oportunidades de realização individual ou coletiva, mais consentânea aos conceitos contemporâneos de eqüidade e justiça.

[5]Mortimer & Gorman, v.2, p. 438-9. Cf. Tucídides e Smith.

No Brasil, a Constituição do Império (1824) já consagrou essas idéias de "justiça e eqüidade", assegurando aos cidadãos brasileiros ampla gama de direitos civis e políticos.[6] De fato, porém, para os escravos de então, cerca de metade da população, continuaram valendo, por quase todo o século XIX, o açoite, as marcas a ferro quente, a tortura. Desprovidos de cidadania, eles eram propriedade plena de seus senhores.

Pode-se dizer que, na segunda metade do século XIX, no cerne da questão social esteve sempre a escravidão, a maior das iniqüidades.

Joaquim Nabuco, autor de *O abolicionismo* — um dos textos fundadores da sociologia brasileira por articular visão totalizadora das raízes históricas do Brasil —, vê na escravidão a instituição que formou o país: sustentando-lhe a economia; definindo a estrutura social; explicando o estado e, em geral, as formas do exercício do poder na sociedade; fortemente influenciando a cultura nacional.[7] E lamenta que os abolicionistas, bastando-se apenas com a libertação formal, nos tenham legado um país confuso e incompleto: ao frustrar a necessária reforma da sociedade, que deveria ter-se seguido ao 13 de maio de 1888. Mais que ela, a "reforma individual de nós mesmos", assim resgatando "os escravos e senhores do jugo que os inutiliza, igualmente, para a vida livre".[8] Pois na alforria do escravo estava também a salvação do senhor dos vícios arraigados de escravocrata.

Abandonados, os ex-escravos são, no limiar do século XX, os mais miseráveis dentre os miseráveis. E a escravidão ainda hoje projeta densas sombras sobre uma sociedade, a brasileira, que continua partida, fraturada pela desigualdade, que é excludente de muitos. Embora o país disponha dos meios para preencher esse fosso social, turvações no sentimento, alegorias de retórica contaminaram-lhe a razão, impedindo o agir eficaz, socialmente transformador.

No final do século passado, a desigualdade e a pobreza ainda formavam o núcleo, duro e resistente, da questão social brasileira. A elas somando-se uma outra mazela social grave, o desemprego acumulado ao longo da crise de crescimento das décadas de 1980 e 1990.

---

[6]Constituição Política do Império do Brasil, artigo 179, especialmente o item 18, p. 40-50. Releva observar que essa Carta, como observou Joaquim Nabuco (Nabuco 1883, p. 154), não faz qualquer menção à escravidão.

[7]Nabuco 1883, p. 50 e 87.

[8]Em Nabuco 1900, p. 207-12, passim.

Não há porém como negar que, no século XX, o Brasil deu um grande salto em seu desenvolvimento. Em suas várias dimensões: a econômica, a social, a política. Em todas as grandes regiões, nos estados, nos municípios, embora em ritmos, intensidades desiguais. Beneficiando, de um ou outro modo, a toda a população, malgrado em cadências, proporções diversas.

É esse evoluir que se pretende analisar neste estudo em abordagem que é mais quantitativa que qualitativa. Pondo o foco na dimensão social do desenvolvimento, mas sem descurar do exame da dinâmica demográfica e econômica naquilo que releva mais de perto ao social. Vendo, num primeiro momento, o século XX todo, apenas para o Brasil. Detendo-se em seguida na segunda metade do século: para examinar tanto o país quanto as regiões e estados (em alguns casos, classes de municípios): num balanço um pouco mais amplo dos vários aspectos e implicações da questão social, tal como acima considerada. E sugerindo, num terceiro momento, as bases de uma agenda social para o futuro. Agenda que emerge dessa tentativa de avaliar, socialmente, os olhos postos no amanhã, o passado nacional mais recente.

UM SÉCULO DE PROGRESSO

Considerado em seu conjunto, foi grande o progresso obtido pelo Brasil no século XX. A população evoluiu de 17,4 milhões em 1900 para 169,8 milhões em 2000, multiplicando-se por 9,8; o produto interno bruto, PIB — equivalente, em "dólares internacionais", a PPC$ 9,8 bilhões em 1900 —, alcançou PPC$ 1.229,6 bilhões em 2000, multiplicando-se por 125,2; e o PIB per capita avançou, no mesmo período, de PPC$ 563 para PPC$ 7.241, multiplicando-se por 12,9.[9] Vale examinar brevemente essa acelerada evolução econômico-social.

DINÂMICA DEMOGRÁFICA

O crescimento demográfico brasileiro no século XX, de 2,3% ao ano, quase o dobro do mundial (1,28%), elevou a participação do país na população do mundo de 1,04% em 1900 para 2,84% em 2000. Neste último ano, o Brasil era

[9]Ver, a propósito, o Anexo I. Os valores do PIB e do PIB per capita brasileiros estão expressos em dólares internacionais de 2002, unidade de conta que exprime a paridade do poder de compra (PPC) do dólar nos Estados Unidos e do real no Brasil naquele ano. Cf. The World Bank 2004, p. 249-71.

(ainda é e será, até pelo menos o final da presente década) o quinto país em porte demográfico, superado pela China (1.275 milhões, 21,3% da população mundial), Índia (1.009 milhões, 16,9%), Estados Unidos (283 milhões, 4,7%) e Indonésia (212 milhões, 3,5%).[10]

Dois conjuntos distintos de fatores determinaram as dinâmicas populacionais brasileiras da primeira e da segunda metades do século passado, períodos em que a população do país cresceu, respectivamente, a 2,2% e 2,4% ao ano (Tabela 1).

TABELA 1

BRASIL: CRESCIMENTO MÉDIO ANUAL DO PIB, POPULAÇÃO E PIB PER CAPITA, 1900-2003

Período	PIB	População	PIB per capita
1900-2000	4,95	2,30	2,59
1900-1950	4,65	2,21	2,39
1950-2000	5,25	2,40	2,78
1900-1980	5,67	2,43	3,16
1980-2003	1,95	1,75	0,20
1900-1910	4,23	3,15	1,05
1910-1920	4,24	2,57	1,63
1920-1930	4,52	1,49	2,99
1930-1940	4,39	1,50	2,84
1940-1950	5,90	2,34	3,48
1950-1960	7,38	3,17	4,08
1960-1970	6,17	2,75	3,33
1970-1980	8,63	2,48	6,00
1980-1990	1,57	1,95	–0,37
1990-2000	2,65	1,63	1,00
2000-2003	0,91	1,44	–0,52

FONTE: Anexo 1.

[10]A população mundial em 1900 foi estimada pelo Banco Mundial em 1.673 milhões (The World Bank 1984, p. 6). Alcançou 5.973 milhões em 2000 (dado estimado por este autor a partir da cifra produzida pelo Pnud (Programa das Nações Unidas para o Desenvolvimento) para 2001, cf. UNDP 2002, p. 162). As estimativas para a China (inclusive Formosa), Índia, Estados Unidos e Indonésia constam deste último documento (p. 162-4). As projeções de crescimento demográfico para 2015, apresentadas pelo Pnud (loc. cit.) indicam que, antes dessa data, a população do Paquistão superará a do Brasil.

O crescimento demográfico elevado das décadas de 1900 (3,15%) e 1910 (2,57%) deve-se em boa parte à imigração estrangeira, proveniente principalmente da Europa. Nesses 20 anos, o crescimento natural da população foi, em média, de 1,9% ao ano, com a taxa bruta de natalidade sendo 4,5% e a de mortalidade, 2,6%. As imigrações perderam relevo na determinação da expansão demográfica desde os anos 1920, sem que se tenham alterado significativamente, por 20 anos, seja a taxa de natalidade, seja a de mortalidade. Em decorrência, decaiu para 1,5% ao ano o aumento da população no período 1920-1940.

A partir de então, em rápida transição demográfica, ocorreu, num primeiro momento, queda persistente da taxa de mortalidade (que foi de 2,1% na década de 1940, 1,3% nos anos 1950 e 0,9% no decênio seguinte), mantendo-se a taxa de natalidade no patamar de 4% ao ano até 1970. Os altos crescimentos demográficos resultantes, 2,3%, 3,2% e 2,7% nos períodos 1940-1950, 1950-1960 e 1960-1970, refletiram essencialmente esses dois fenômenos, pois, nesses 30 anos, tornou-se relativamente insignificante a imigração. Em um segundo momento, verificou-se queda da taxa de natalidade, que despencou para 2,9% ao ano em 1970-1980 e 2% em 1990-2000, com a taxa de mortalidade decrescendo relativamente menos: de 0,81% anuais em 1970-1980 para 0,67% em 1990-2000. Destes dois últimos fenômenos redundaram quedas seguidas no crescimento demográfico, que foi, em média, 2,5% anuais em 1970-1980, 1,9% em 1980-1990, 1,6% em 1990-2000 e 1,4% nos anos 2000-2003.[11]

DINÂMICA ECONÔMICA

Diversa, porquanto instável, extremamente lábil, foi a dinâmica econômica durante o século XX.

Nos 100 anos que medeiam entre 1900 e 2000, o crescimento médio anual do PIB foi elevado: 4,95%, tendo sido maior no período 1950-2000 (5,25%) do que no período 1900-1950 (4,65%). Na média por décadas, contudo, a expansão econômica foi mais estável na primeira metade do século, quando se manteve sempre acima de 4% anuais, do que na segunda, quando declinou dos patamares superiores a 6% alcançados nos anos 1950 (7,4%), 1960

[11]Cf. IBGE 1900-2000 e 1977, especialmente p. 46. Para exame mais detido do assunto, ver Valle e Silva & Oliveira Barbosa, p. 31-57.

(6,2%) e 1970 (8,6%) para níveis abaixo de 3% nos dois últimos decênios: 1,57% entre 1980 e 1990 e 2,65% em 1990-2000 (Tabela 1).

Comportamento semelhante exibiu o PIB per capita. Ele cresceu, em média, a 2,6% no século, mais em 1950-2000 (2,8%) do que em 1900-1950 (2,4%), a despeito da maior expansão demográfica relativa ocorrida na segunda metade do século. Por décadas, entretanto, ele se manteve sempre acima de 1% na primeira metade do século (alcançando 3,5% anuais em 1940-1950), mas oscilou de 6% nos anos 1970 para -0,4% nos anos 1980, a chamada década perdida para o crescimento.

Nos 103 anos que vão de 1900 a 2003, os primeiros 80 anos (1900-1980) foram de elevado crescimento: 5,7% anuais para o PIB, 3,2% para o PIB per capita. Os últimos 23 anos (1980-2003) foram de virtual paralisia econômica: menos de 2% anuais de expansão do PIB, insignificantes 0,2% do PIB per capita. O país somente foi capaz de sustentar, por mais de três anos seguidos, crescimento econômico acima da média anual desses cento e poucos anos, que foi de 4,8%, nos períodos 1947-1952 (cinco anos), 1956-1962 (seis anos) e 1967-1980 (13 anos): ao todo, 24 anos. E o PIB per capita cresceu, por mais de três anos consecutivos, acima da média anual de 2,5% alcançada entre 1900 e 2003, apenas em 1958-1962 (cinco anos) e 1968-1976 (nove anos): ao todo 14 anos, tendo ademais decrescido em 33 dos 103 anos da série histórica, 11 dos quais entre 1980 e 2003.

O primeiro desses períodos de contínua e elevada expansão econômica (1947-1952) correspondeu a quase todo o governo Dutra e aos dois primeiros anos do governo constitucional de Vargas, iniciado em janeiro de 1951. Nele, a economia operou a plena carga, intensificaram-se a industrialização (em especial a siderurgia) e a urbanização e cresceu a capacidade para importar. O estado, fortalecido e ampliado durante o ciclo fechado e autoritário de Vargas (1937-1945), resistiu, embora ferido, ao ataque do liberalismo (a queda do Estado Novo deu-se de fora para dentro, na crista da onda de democracia gerada pela vitória aliada na segunda grande guerra do século). Ele se manteve no comando — mais claramente após 1951 — das decisões que favoreceram o desenvolvimento. No segundo período, 1956-1962, o crescimento foi impulsionado pelo desenvolvimentismo de Juscelino Kubitschek (1956-1961), tocado sob o signo da confiança e do otimismo. Foi a etapa mais complexa do processo de industrialização substitutiva de importações, cujo carro-chefe foi a indústria automotiva. O terceiro e mais longo período (1967-1980) correspondeu à fase economicamente brilhante do regime militar instalado em 1964, após interregno, de cerca de três anos (1964-1966), de reorganização das instituições econômicas e de montagem do estado como superinstituição.[12]

Vale ainda ressaltar que, mesmo quando os abruptos ciclos de curto-médio prazo que caracterizaram a evolução da economia brasileira no século passado são estatisticamente atenuados — com o recurso, por exemplo, a médias trienais encadeadas —, persiste elevada a volatilidade do crescimento. O PIB e o PIB per capita cresceram de forma continuada acima das médias trienais dos 103 anos (101 triênios), que foram, respectivamente, 4,9% e 2,5%, nos seguintes períodos: 1917-1922 (seis triênios), 1932-1936 (cinco triênios), 1943-1961 (19 triênios, 18 para o PIB per capita: 1943-1960) e 1966-1978 (13 triênios): ao todo em 43 triênios (para o PIB) e 42 triênios (para o PIB per capita). E o PIB per capita decresceu em 20 triênios, oito dos quais no período 1980-2003.

DINÂMICA DEMOGRÁFICA E ECONÔMICA: SÍNTESE

Uma visão de síntese das evoluções demográfica e econômica do Brasil no século XX (até 2003) pode ser obtida a partir dos Gráficos 1 a 4.

O Gráfico 1 apresenta as evoluções do PIB, população e PIB per capita, em índices (1900=100), plotados em escala logarítmica. Note-se o grande salto de crescimento do PIB entre 1950 e 1980, quando ele se multiplicou por 8,5, e o amortecimento dessa expansão entre 1980 e 2003, quando ele se expandiu apenas 56%. Veja-se também a aceleração do crescimento do PIB per capita na década de 1970, que resultou tanto do ritmo mais intenso da evolução do PIB quanto da redução da taxa de expansão demográfica. E observe-se, ainda, a virtual estagnação do PIB per capita entre 1980 e 2003, a despeito de ser este o período em que desacelerou mais rapidamente o crescimento da população.[13]

[12]Veja-se, sobre a evolução da economia brasileira nesses períodos, Reis Velloso. Sobre o século XX como um todo, os seguintes estudos, recentes: Paiva Abreu; Bonelli; e Reis, Blanco; Morandi, Medina, Paiva Abreu. Consulte-se, ainda, Albuquerque, 1989.

[13]O PIB per capita de 2003 supera o de 1980 em apenas 4,8% (Anexo 1).

GRÁFICO 1

BRASIL: PIB, POPULAÇÃO E PIB PER CAPITA, 1900-2003

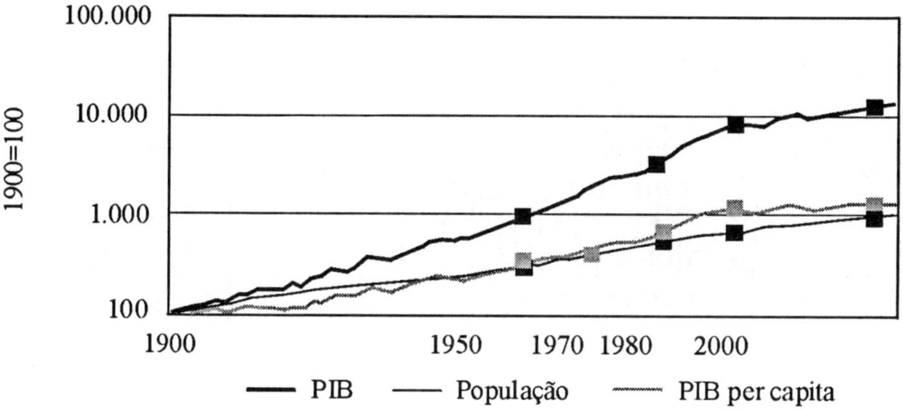

O Gráfico 2 apresenta a evolução (1901-2003) do crescimento médio anual do PIB, população e PIB per capita. Repare-se na grande labilidade da primeira e da última destas variáveis, fato que se manifesta ao longo de todo o período, em contraste com o comportamento menos errático da expansão demográfica. Uma medida sintética da amplitude dessas oscilações é o coeficiente de variação, *V*. Ele foi, em 1901-2003, de 90,5% para o PIB, 28,3% para a população e 164,6% para o PIB per capita. *V* foi, ademais, sempre maior em 1901-1950 (alcançou 101,1% para o PIB, 31,1% para a população e 189,1% para o PIB per capita) do que em 1950-2003 (refluiu para 81,3%, 21,9% e 62,5%, respectivamente). Uma economia — a da primeira metade do século passado — dominantemente agrícola, dependente das vicissitudes de uns poucos produtos de exportação (em especial do café) e incorporando a sua população importantes influxos migratórios tende a ser mais instável em seu desempenho. Mormente quando em confronto a uma sociedade — a dos últimos cinqüenta e poucos anos — crescentemente complexa em sua estrutura produtiva, orientando-se mais e mais para o mercado interno, em rápida transição demográfica, integrando-se espacialmente e se tornando a cada vez mais urbano-industrial.

GRÁFICO 2

BRASIL: CRESCIMENTO DO PIB, POPULAÇÃO E PIB PER CAPITA

1901-2003

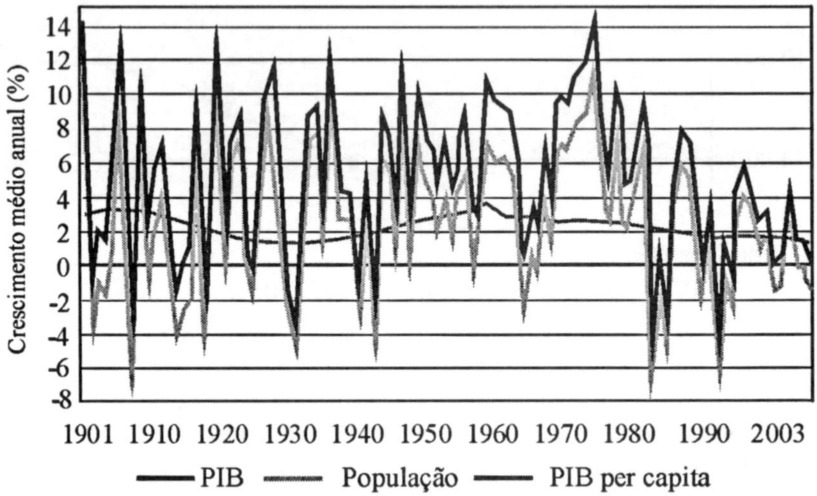

O Gráfico 3 apresenta as mesmas três variáveis, para o mesmo período (1901-2003), por médias trienais encadeadas. Nele, evidentemente, atenuam-se, em relação ao Gráfico 2, as oscilações de ritmo das duas variáveis mais sensíveis, o PIB e o PIB per capita. Com efeito, no período todo, os coeficientes de variação delas são de 62,4% para o PIB e 112,1% para o PIB per capita.[14] Mas é interessante ressaltar que se reduz mais, na primeira metade do século, a variação do PIB total (*V* foi 100,1% e 54,9% em 1901-1950, medido, respectivamente, para os dados dos Gráficos 2 e 3), quando ciclos mais curtos determinaram a evolução da economia. E cai menos no período seguinte, 1950-2003 (de 81,3% para 66,9%), quando prevaleceram tendências mais pesadas de impulso (anos 1950 e 1970, principalmente) e de freio (na maior parte dos anos que se seguiram a 1980) ao crescimento econômico.[15]

[14]A variação do crescimento demográfico, por médias trienais, manteve-se no mesmo patamar, com *V* igual a 28%. E também foi maior entre 1901 e 1950 (30,9%) do que em 1950-2001 (24,8%).

[15]Nesses dois períodos, *V* para o PIB per capita foi 111,4% (1901-1950) e 111,2% (1950-2001). Este último valor se explica pela grande labilidade das médias trienais dos PIB e do PIB per capita verificada em 1980-2001 (*V* de 99,1% e 458,9%, respectivamente).

GRÁFICO 3

BRASIL: CRESCIMENTO DO PIB, POPULAÇÃO E PIB PER CAPITA 1901-2003 (MÉDIAS TRIENAIS ENCADEADAS)

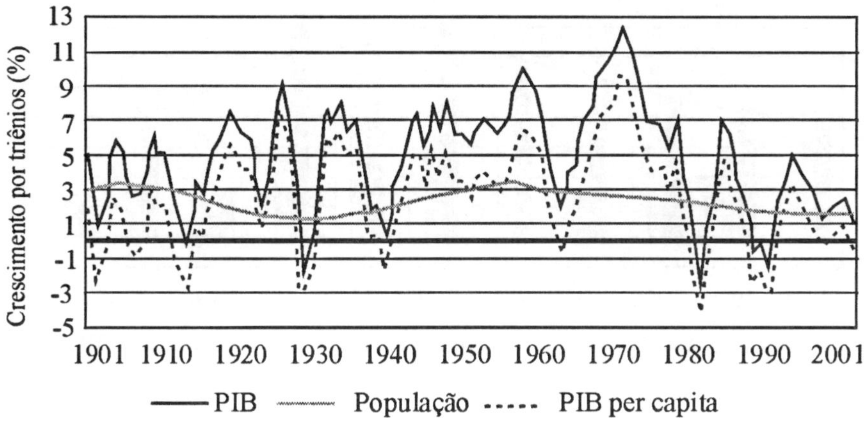

O Gráfico 4 retrata, para o período 1900-2003, as taxas médias de crescimento anual das três variáveis referidas, por décadas.[16] Note-se o crescimento elevado exibido pelo PIB (acima de 4% anuais) nos oito primeiros decênios e a expressiva queda observada nos três últimos (1,6%, 2,6% e somente 0,9% ao ano, respectivamente em 1980-1990, 1990-2000 e 2000-2003).

No Gráfico 4, a linha de tendência (relativa ao PIB e resultante de regressão polinomial de terceira ordem, com coeficiente de determinação, r^2, igual a 0,62) despenca abruptamente no final do período, sugerindo ser problemático o objetivo político de obter-se, para a presente década, crescimento econômico elevado. Basta observar que, postulando-se para os anos 2000-2010 expansão do PIB equivalente à média histórica do século XX (4,95% anuais), seria necessário crescer, entre 2003 e 2010, à média anual de 7,9%, proeza que, no longo período examinado, somente ocorreu, consideradas médias trienais encadeadas, em dez anos: 1954-1956 e 1966-1972.

[16]A década de 2000 corresponde ao período 2000-2003.

GRÁFICO 4

BRASIL: CRESCIMENTO DO PIB, POPULAÇÃO E PIB PER CAPITA, POR DÉCADAS (1900-2003)

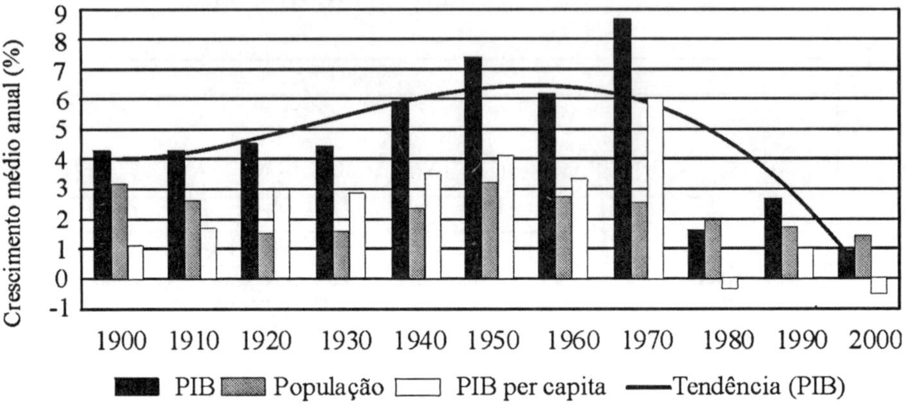

O DESENVOLVIMENTO HUMANO NO SÉCULO XX

Essa visão de conjunto do século XX (e dos três primeiros anos desta década) completa-se com a estimativa de um Índice de Desenvolvimento Humano, IDH.

Como sabido, os IDHs são medidas sintéticas do desenvolvimento, calculadas, desde 1990, para os diversos países pelo Programa das Nações Unidas para o Desenvolvimento, Pnud.[17] Eles medem o desempenho médio de um país em três dimensões do desenvolvimento consideradas básicas: (1) uma vida longa e sadia, mensurada pela expectativa de vida ao nascer; (2) o conhecimento, medido por indicadores educacionais; e (3) um padrão de vida decente, medido pelo PIB per capita. Os IDHs são uma média de índices, variando entre 0 e 1, calculados para cada uma dessas dimensões.

Devido à escassez e precariedade dos dados para a primeira metade do século, o IDH calculado para o Brasil — chamado neste estudo IDH-1 — considera para a dimensão educação apenas a taxa de alfabetização.[18]

[17]Cf. UNPD 1990.

[18]Os IDHs estimados pelo Pnud a partir de 1991 levam em conta, para o cálculo do componente educação, além da taxa de alfabetização, indicador taxa bruta de matrícula. Cf. UNDP 1990 e o Apêndice Metodológico, infra.

AS DIMENSÕES DO IDH-1

Ao longo do período 1900-2003, foram importantes os avanços alcançados pelo Brasil nas três dimensões do desenvolvimento humano. A expectativa média de vida evoluiu de 31,2 anos em 1900 para 69,4 anos em 2003, crescendo 122%; a taxa de alfabetização das pessoas de 15 anos e mais, de 34,7% para 88,9%, crescendo 156%; e o PIB per capita, de PPC$ 563 para PPC$ 7.129, multiplicando-se por 12,7.[19]

No período 1900-2000, a expectativa de vida dos brasileiros cresceu anualmente a 0,79%. Esse evoluir foi mais intenso nas fases de maior crescimento do PIB per capita: na segunda metade de século (0,81%) com relação à primeira metade (0,78%), a despeito do comportamento reconhecidamente assintótico dessa variável; e no período 1900-1980 (0,82%) em relação a 1980-2003 (0,63%). O coeficiente de correlação, *r*, desse indicador em relação ao PIB per capita foi de 0,965 em 1900-2003.

TABELA 2
BRASIL: CRESCIMENTO MÉDIO ANUAL (%) DA EXPECTATIVA DE VIDA, DA TAXA DE ALFABETIZAÇÃO E DO PIB PER CAPITA, 1900-2003

Período	Expectativa de vida	Taxa de alfabetização	PIB per capita
1900-2000	0,79	0,92	2,59
1900-1950	0,78	0,71	2,39
1950-2000	0,81	1,14	2,78
1900-1980	0,82	0,96	3,16
1980-2003	0,63	0,77	0,20
1900-1910	0,88	0,05	1,05
1910-1920	0,89	0,05	1,63
1920-1930	0,73	1,17	2,99
1930-1940	0,68	1,09	2,84
1940-1950	0,72	1,19	3,48
1950-1960	1,33	2,01	4,08
1960-1970	0,06	0,94	3,33
1970-1980	1,33	1,19	6,00
1980-1990	0,87	0,64	–0,37
1990-2000	0,46	0,92	1,00
2000-2003	0,40	0,70	–0,52

FONTES: Anexos I e II.

[19] Na escala mundial do desenvolvimento, o Brasil vem se caracterizando como um dos países que tem melhor classificação em termos de PIB per capita do que de IDH. No final do século XX (2000), o país ocupou o 60º. lugar entre 173 países pelo primeiro indicador e o 73º. lugar pelo segundo 67. Cf. UNDP 2002, p. 150.

Fenômeno semelhante ocorreu com a taxa de alfabetização (Gráfico 5), que se correlaciona ainda mais fortemente ao PIB per capita ($r = 0{,}976$, no período 1900-2003). Esse indicador, mantido virtualmente constante e em nível muito baixo entre 1900 e 1920 (34,7% e 35,1%, respectivamente) revela que a Primeira República, malgrado o ideário positivista que a inspirou, seguiu o Império no descaso pela educação pública, convivendo por três décadas com população constituída por ⅔ de analfabetos. O impulso da alfabetização ocorrido a partir de 1920 refletiu antes a aceleração dos níveis de vida associada ao crescimento do PIB per capita — que foi de 3,1% anuais em 1920-1950, comparados a 1,6% em 1900-1920 — do que projeto claramente orientado para a educação básica em massa. Somente no limiar da segunda metade do século (1951) o número de alfabetizados superou o de analfabetos. Durante quase todo o século, o número de analfabetos persistiu crescendo, atingindo seu ápice (19,2 milhões[20]) em 1991. Regrediu lentamente desde então: para incômodos 14,4 milhões em 2003.

GRÁFICO 5

BRASIL: EVOLUÇÃO DAS DIMENSÕES DO IDH-1, 1900-2003

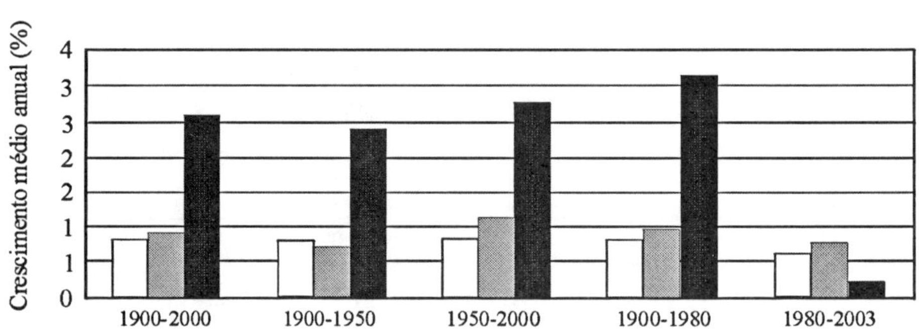

O Gráfico 6, que apresenta os crescimentos médios anuais para as três dimensões do IDH-1, por decênios, para 1900-2003, fundamenta as observações já feitas sobre o comportamento histórico dessas variáveis. Nele, a linha de tendência, construída a partir dos dados relativos à taxa de alfabetização, resulta de regressão polinomial de segunda ordem, com r^2 igual a 0,62.

[20] Os analfabetos eram 6,3 milhões em 1900.

GRÁFICO 6
BRASIL: EVOLUÇÃO DA EXPECTATIVA DE VIDA, TAXA DE ALFABETIZAÇÃO E PIB PER CAPITA, 1900-2003, POR DÉCADAS

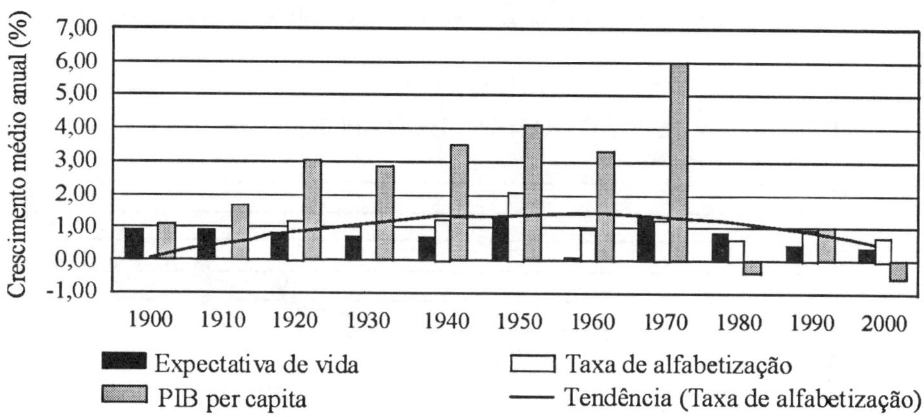

O IDH-1 E COMPONENTES

O Gráfico 7 apresenta a evolução do IDH-1 para 1900-2003. Nele, seus três componentes estão normalizados segundo parâmetros que ensejam sua comparação com os estimados pelo Pnud para 173 países e relativos ao ano de 2000.[21] Os PIBs per capita estão, ademais, expressos em logaritmos, incorporando a hipótese da utilidade marginal decrescente da renda. Os IDHs-1 são a média simples de seus componentes e variam, hipoteticamente, de 0 a 1.

Observe-se que, no Gráfico 7, é o índice relativo à expectativa de vida que apresenta mais rápido crescimento. Ele evoluiu no período de 0,103 (1990) a 0,740 (2003), ou seja, cresceu a 1,94% anuais. Ao passo que índice que representa a taxa de alfabetização expandiu-se de 0,347 a 0,889 (0,92% ao ano) e o do PIB per capita, de 0,288 a 0,712 (0,88% ao ano). Essas taxas de crescimento diferem significativamente das anteriormente apresentadas para as dimensões do IDH-1 (Tabela 2 e Gráficos 5 e 6) porque a metodologia de normalização dos componentes do IDH, adotada pelo Pnud,[22] amplifica a variação da expectativa de vida em relação seja à taxa de alfabetização, seja principalmente ao PIB per capita, magnificando sua relevância na determinação do IDH.[23] Esse procedi-

[21] Ver o Apêndice Metodológico.
[22] Cf. UNDP 2002.
[23] Ver o Apêndice Metodológico.

mento — que pode justificar-se na medida em que uma vida longa e sadia é condição essencial, embora insuficiente, ao bem-estar — acaba empurrando para baixo a posição do Brasil na escala mundial do desenvolvimento humano. Adotar, porém, outra metodologia de normalização impediria as comparações internacionais, importantes porquanto os IDHs são, essencialmente, medidas escalares.

GRÁFICO 7

BRASIL: EVOLUÇÃO DO IDH-1 E COMPONENTES, 1900-2003

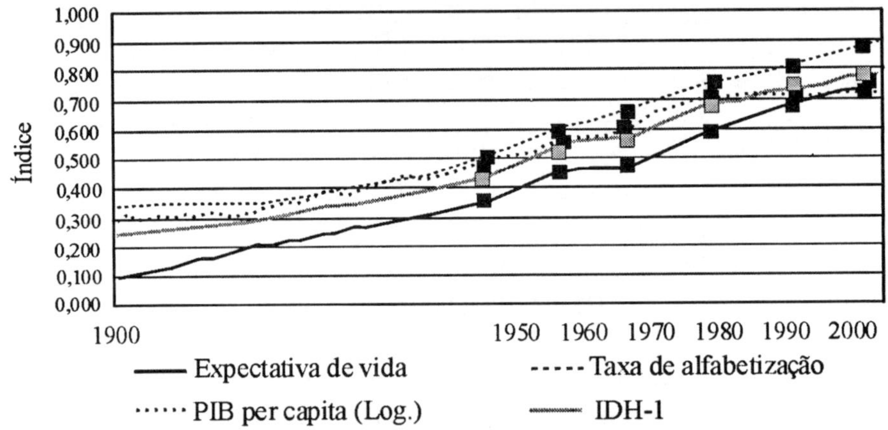

O Gráfico 8 e a Tabela 3 apresentam as taxas de crescimento, por períodos, para o IDH-1 e seus componentes.

GRÁFICO 8

BRASIL: EVOLUÇÃO DO IDH-1 E COMPONENTES, 1900-2003

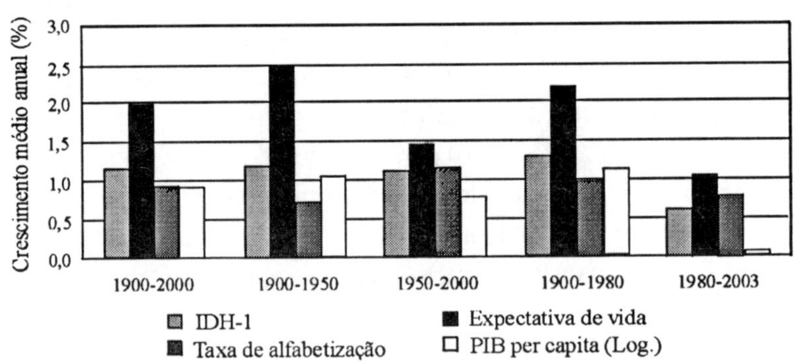

TABELA 3

BRASIL: CRESCIMENTO ANUAL (%) DO IDH-1 E COMPONENTES, POR PERÍODOS, 1900-2003

Períodos	IDH-1	Esperança de vida	Alfabetização	PIB per capita
1900-2000	1,15	1,98	0,92	0,91
1900-1950	1,18	2,48	0,71	1,05
1950-2000	1,11	1,48	1,14	0,78
1900-1980	1,27	2,20	0,96	1,12
1980-2003	0,61	1,03	0,77	0,05
1900-1910	0,86	3,87	0,05	0,59
1910-1920	0,97	3,06	0,05	0,85
1920-1930	1,47	2,09	1,17	1,39
1930-1940	1,27	1,73	1,09	1,16
1940-1950	1,33	1,65	1,19	1,26
1950-1960	1,95	2,73	2,01	1,30
1960-1970	0,71	0,11	0,94	0,95
1970-1980	1,63	2,40	1,19	1,50
1980-1990	0,68	1,43	0,63	0,05
1990-2000	0,64	0,73	0,92	0,24
2000-2003	0,43	0,63	0,70	–0,12

FONTE: Anexo II.

Note-se que, em virtude dos critérios diversos de normalização, alteram-se também as taxas de crescimento dos componentes do IDH-1 em relação às dimensões correspondentes, em particular no que respeita à expectativa de vida.

No Gráfico 9, a linha de tendência refere-se ao IDH-1 e resulta de regressão polinomial de segunda ordem, com $r^2 = 0{,}54$. Observe-se que o crescimento do componente expectativa de vida tende a reduzir-se no tempo e se dissocia mais da evolução, por décadas, do PIB per capita.

A ESCALA DO DESENVOLVIMENTO HUMANO: BALANÇO

Os IDHs-1 anuais para o período 1900-2003 ensejam a construção de uma escala do desenvolvimento humano para o Brasil nesse período e a comparação dos níveis de desenvolvimento alcançados, em anos selecionados, com os de outros países (em 2000). É o que se apresenta na Tabela 4.

GRÁFICO 9

BRASIL: EVOLUÇÃO DO IDH-1 E COMPONENTES, POR DECÊNIOS (1900-2003)

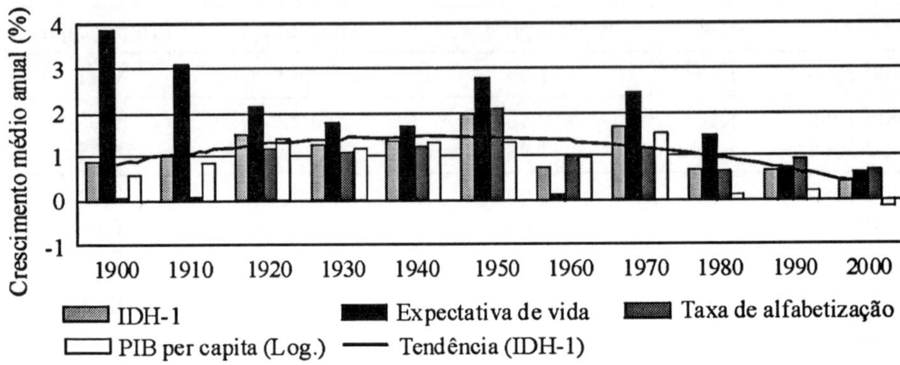

Nele, o IDH-1 é classificado nos seguintes níveis: muito baixo, até 0,400; baixo, de 0,401 a 0,500; médio-baixo, de 0,501 a 0,650; médio-alto, de 0,651 a 0,800; alto, de 0,801 a 0,900; e muito alto, acima de 0,900. Os dois primeiros níveis correspondem, juntos, ao nível de desenvolvimento humano considerado baixo pelo Pnud; os dois seguintes, ao nível médio; e os dois últimos, ao nível alto.[24]

Pode-se observar que, entre 1900 e 1942, o Brasil tinha IDH-1 muito baixo. O de 1900 (0,246) estava um pouco acima do de Serra Leoa em 2000 (0,242); o de 1930 (0,342), quase ao nível do da Etiópia em 2000 (0,341); o de 1932 (0,347), algo maior que o de Moçambique em 2000 (0,345). Em 1943, o país alcançou IDH-1 de nível baixo (0,401), estando em 1952 (0,461) um pouco aquém do Congo em 2000 (0,464) e, em 1954 (0,479), um pouco aquém da Nigéria (0,483). Em 1957, o Brasil ingressou no nível médio de desenvolvimento humano, com IDH-1 de 0,505, comparável ao do Pasquistão em 2000 (0,503). Nesse nível permaneceu até 1976. Chegou em 1970 (0,577) ao patamar da Índia de 2000. E alcançou o nível médio-alto ainda nessa década (em 1977, com IDH-1 de 0,651), aproximando-se da Indonésia de 2000 (0,707) em 1986 (0,707). Superou o Paraguai de 2000 (0,772) em 2001 (0,774).

[24]Veja-se UNPD 2002, p. 149-152.

TABELA 4

BRASIL: A ESCALA DO DESENVOLVIMENTO HUMANO: COMPARAÇÕES INTERNACIONAIS

Anos selecionados	IDH-1		
	Brasil	Nível	Outros países (2000)
...	...		**Serra Leoa (0,242)**
1900	**0,246**		
1920	0,295		
1921	0,298	**MUITO**	
1922	0,305	**BAIXO**	
1930	**0,342**		**Etiópia (0,341)**
1931	0,342		
1932	**0,347**		**Moçambique (0,345)**
1940	0,388		
1941	0,393		
1942	0,394		
1943	0,401		
1945	0,411		
1946	0,420	**BAIXO**	
1950	0,443		
1951	0,451		
1952	**0,461**		**Congo (0,464)**
1953	0,469		
1954	**0,479**		**Nigéria (0,483)**
1955	0,489		
1956	0,496		
1957	**0,505**		**Paquistão (0,503)**
1958	0,516		
1959	0,527	**MÉDIO-**	
1960	0,537	**BAIXO**	
1964	0,550		
1968	0,565		
1970	**0,577**		**Índia (0,579)**
1973	0,613		
1975	0,632		
1976	0,642		

(*Continua*)

(*Cont.*)

Anos selecionados	IDH-1		
	Brasil	Nível	Outros países (2000)
1977	0,651		
1982	0,683		
1984	0,692	**MÉDIO-**	
1985	0,699	**ALTO**	
1986	**0,707**		**Indonésia (0,709)**
1994	0,743		
1996	0,754		
2000	0,770[a]		
2001	**0,774**		**(Paraguai (0,772)**
2003	0,780		
...	...	**ALTO**	**México (0,820)**

FONTE: Anexo II; UNPD 2002 (IDHs-1 dos demais países calculados pelo autor).
NOTA: O IDH do Brasil estimado pelo PNUD para 2000 foi de 0,757 (cf. UNDP, 2002, p. 150).

Em 2003, o Brasil, com IDH-1 de 0,780, encontrava-se próximo do nível alto de desenvolvimento humano: entre 0,801 e 0,900 (o México exibiu, em 2000, IDH-1 de 0,820). Poderá alcançá-lo ainda nesta década, se lograr aceleração em sua trajetória de progresso, errática e anêmica há cerca de 20 longos anos.

A Tabela 5 sintetiza, para o período 1900-2003, o balanço econômico-social empreendido, conferindo destaque ao IDH-1 e seus componentes.

Cabe notar quão próximos entre si foram os desempenhos econômico-sociais das duas metades do século, quando consideradas globalmente, mesmo que as suas dinâmicas econômicas e evoluções sociais tenham se revelado tão diversas quando examinadas mais desagregadamente.

CINCO DÉCADAS DE QUESTÃO SOCIAL

Como evoluíram, no Brasil da segunda metade do século passado, as dinâmicas econômicas subnacionais e as desigualdades inter-regionais e interestaduais de desenvolvimento? O que nos dizem, sobre a questão social do país nas últimas décadas, os indicadores econômico-sociais de desempenho e de estrutura? Qual era, no final do século, a geografia da pobreza e qual a amplitude da distância social entre pobres e não-pobres?

TABELA 5

BRASIL: POPULAÇÃO, PIB, PIB PER CAPITA E IDH-1 E COMPONENTES, 1900-2003

Discriminação	Anos					Crescimento médio anual			
	1900	1950	1980	2000	2003	1900-2000	1900-1950	1950-2000	1980-2003
População (milhões)	17,44	51,94	119,01	169,80	177,22	2,30	2,21	2,40	1,75
PIB (PPC$ bilhões de 2002)	9,82	95,42	809,84	1.229,60	1.263,47	4,95	4,65	5,25	1,95
PIB per capita (PPC$ de 2002)	563	1.837	6.805	7.241	7.129	2,59	2,39	2,78	0,20
IDH-1	0,246	0,443	0,678	0,770	0,780	1,15	1,18	1,11	0,61
Componentes:									
Saúde[a]	0,103	0,348	0,585	0,726	0,740	1,98	2,48	1,48	1,03
Educação[b]	0,347	0,494	0,745	0,871	0,889	0,92	0,71	1,14	0,77
Rendimento[c]	0,288	0,486	0,704	0,715	0,712	0,91	1,05	0,78	0,05

FONTES: IBGE e Ipea.

NOTAS: a) Expectativa de vida ao nascer.
b) Taxa de alfabetização.
c) PIB per capita.

São essas, dentre outras, as indagações que se intentará esclarecer ao longo das próximas páginas.

DINÂMICAS ECONÔMICAS DIFERENCIADAS

A trajetória secular de crescimento do Brasil, analisada anteriormente para o país como um todo, se distribuiu de modo significativamente desigual, segundo os diversos espaços subnacionais considerados, ao longo da segunda metade do século XX.

Seria deveras surpreendente se ela tivesse se espraiado uniformemente e com a mesma intensidade por todo um território de dimensões continentais. Como fatores de convergência do ritmo do crescimento, há de levar-se em conta ter estado o país submetido a um só arcabouço institucional e ao mesmo invólucro macroeconômico; e que ocorreu nesse período crescente integração do mercado interno. Como fatores de dispersão, cabe relevar a variada base de recursos naturais e as diversificadas vocações econômicas decorrentes; os diversos níveis de desenvolvimento e suas implicações na dotação de infra-estruturas, na qualidade dos recursos humanos, no formato dos perfis produtivos; os diferenciados estímulos de mercado associados aos portes e estruturas variados da oferta e demanda por bens e serviços e aos diversos climas de negócios; e os distintos graus de liberdade das agências regionais e dos governos estaduais e municipais na promoção dos investimentos.

A Tabela 6 apresenta as taxas médias anuais de crescimento do PIB para 1950-2002, por subperíodos e para as regiões e estados selecionados.

Entre 1950 e 2000, a expansão econômica da região Centro-Oeste foi 55% superior à brasileira; a do Norte, 40%; e a do Sul, 3%. O Sudeste, a região econômica primaz do país, e o Nordeste ficaram abaixo da média nacional: ambos em 6%. Medida pelo coeficiente de variação, a dispersão inter-regional de ritmos econômicos foi algo elevada, com *V* de 23,7%. Dessas trajetórias diferenciadas, ver-se-á mais adiante, resultou no período alguma atenuação das desigualdades regionais.

TABELA 6

CRESCIMENTO DO PIB, POR REGIÕES E ESTADOS SELECIONADOS, 1950-2002

Regiões/Estados	Períodos						
	1950-2000	1950-1980	1980-2000	1970-1980	1980-1990	1990-2000	2000-2002
Norte[a]	7,34	9,62	4,03	12,87	6,17	1,93	3,20
Nordeste	5,01	6,67	2,57	8,86	2,32	2,83	1,60
Sudeste	4,98	7,21	1,72	8,08	0,99	2,47	0,88
Sul	5,40	7,54	2,29	8,80	2,29	2,28	2,12
Centro-Oeste	8,14	11,52	3,26	12,63	0,82	5,76	3,26
Amazonas	7,10	8,98	4,34	13,97	6,70	2,04	1,94
Pará	6,39	8,98	2,63	12,45	4,49	0,81	4,29
Ceará	5,03	6,29	3,16	9,35	2,09	4,24	–0,93
Pernambuco	4,45	5,89	2,34	7,11	2,08	2,59	1,50
Bahia	5,56	7,88	2,16	10,05	1,95	2,38	1,26
Minas Gerais	5,06	6,99	2,23	10,04	1,44	3,02	0,57
Rio de Janeiro	4,38	6,24	1,64	6,54	–0,78	4,12	0,77
São Paulo	5,18	7,68	1,53	8,15	1,39	1,68	1,09
Rio Grande do Sul	4,93	6,95	1,98	7,74	1,84	2,13	2,24
Goiás[b]	6,34	9,07	2,37	10,91	0,92	3,84	4,57
Brasil	**5,25**	**7,39**	**2,11**	**8,63**	**1,57**	**2,65**	**1,47**

FONTE: Anexo III.

NOTAS: a) Exclusive Rondônia, Acre, Roraima e Amapá (1950-1970) e inclusive Tocantins (1990-2002).
b) Inclusive Tocantins (1950-1989) e Distrito Federal (1950-1959).

É interessante observar, ainda para as regiões, que *V* revelou-se menor nos períodos de maior crescimento: foi 23,7% em 1950-1980, quando o PIB brasileiro cresceu 7,4% ao ano; 32,1% em 1980-2000, quando ele cresceu a 2,1%; 22,5% na década de 1970 para crescimento de 8,6%; e 85,8% na década de 1980 para crescimento de apenas 1,6%.

Nas cinco décadas (e também em 2000-2003), a região considerada mais desenvolvida segundo o critério do PIB per capita, o Sudeste, teve desempenho inferior ao brasileiro. Esse descompasso se ampliou justamente nas décadas de mais baixo crescimento do país: foi, respectivamente, 37% e 40% menor nas décadas de 1980 e nos anos 2000-2002, revelando-se inferior em apenas 6% e 7% nas décadas de 1970 e 1990. O Gráfico 10 retrata as trajetórias regionais de crescimento para décadas selecionadas (1970-2000).

GRÁFICO 10

TRAJETÓRIAS DE CRESCIMENTO DO PIB TOTAL, 1950-2002, POR REGIÕES E DECÊNIOS SELECIONADOS

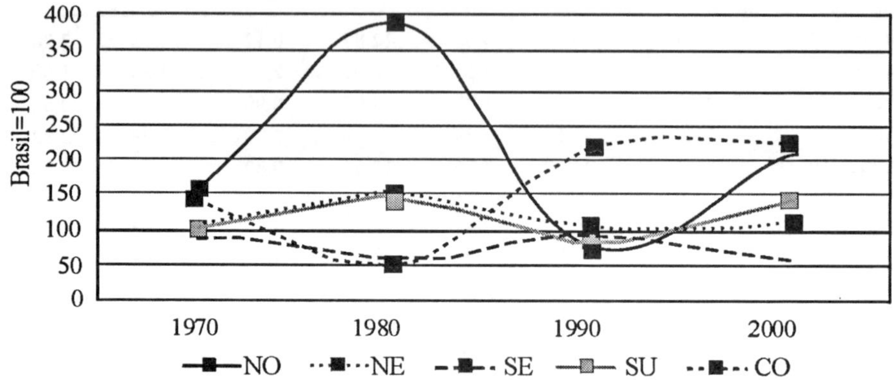

Note-se que, nas décadas de 1970 e 1990, de maior crescimento, são menores (à exceção do Centro-Oeste nos anos 1990) as discrepâncias das taxas regionais de crescimento, relativamente à brasileira. Mas elas se elevam nas décadas de 1980 e nos primeiros dois anos da presente década. As trajetórias exibidas pelo Norte e Centro-Oeste refletem o efeito de impulsos econômicos específicos, no primeiro caso representados pela Zona Franca de Manaus e a maturação dos grandes projetos de mineração dos anos 1970 (no Pará, principalmente); e, no segundo, pelo desenvolvimento da agricultura e do agronegócio, em particular nos cerrados, mais intenso a partir dos anos 1990.

É compreensível que esses efeitos locais sejam mais relevantes no caso dos estados, como revelam a Tabela 5 e o Gráfico 11 para dez dessas unidades da Federação. Observe-se como diferem os comportamentos dos estados do Amazonas e Pará, de um lado, e do Rio de Janeiro e Goiás (inclusive o Distrito Federal e Tocantins), do outro. E também como o estado de São Paulo apresenta desempenho inferior ao brasileiro a partir de 1970, sugerindo que a crise de crescimento dos últimos vinte e poucos anos afetou mais pesadamente esse motor por excelência da economia nacional.

GRÁFICO 11

TRAJETÓRIAS DE CRESCIMENTO DO PIB TOTAL, 1950-2002, POR DECÊNIOS E ESTADOS SELECIONADOS

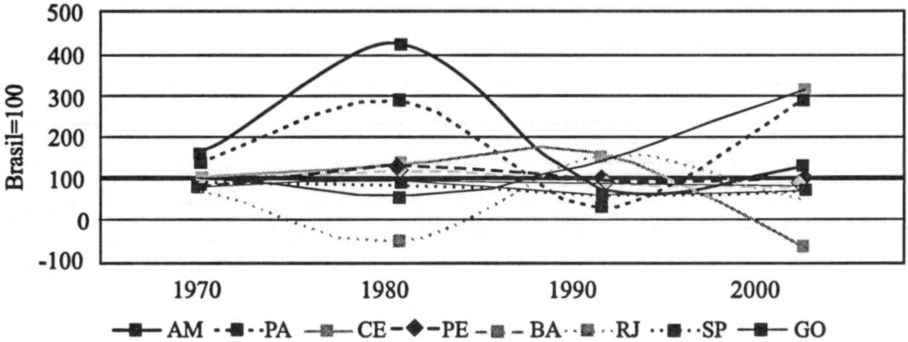

Resultou dessas trajetórias de crescimento distintas, por regiões e estados e em relação à media nacional, tendência para redistribuição espacial das forças produtivas. Entre as regiões, foram o Sudeste e o Nordeste que perderam terreno: a participação dessa primeira região no PIB brasileiro despencou de 65,5% em 1950 para 57,1% em 2002, uma perda de 8,4 pontos percentuais. A do Nordeste caiu de 14,6% para 13,1% no mesmo período, com perda de 1,5 ponto. O Centro-Oeste ganhou 5,4 pontos (avançando de 1,8% para 7,2%), seguindo-se o Norte, com ganho de 3 pontos (passou de 1,7% para 4,7%, em parte, é certo, porque agregou a seu PIB os estados de Rondônia, Acre, Roraima, Amapá e Tocantins) e o Sul, que avançou 1,5 ponto percentual (passando de 16,3% para 17,8% do PIB do país). Entre os dez estados considerados na Tabela 6, foi o Rio de Janeiro o que mais perdeu terreno: 6,6 pontos percentuais, seguindo-se, em ordem decrescente, São Paulo (perda de 1,3 ponto), Pernambuco (1,2), Rio Grande do Sul e Minas Gerais (1,1) e o Ceará (0,3). Ganharam o Amazonas (1 ponto), Goiás (0,9 ponto, mesmo com a perda de Tocantins), Pará (0,8) e Bahia (0,6). Em conjunto, os demais estados, a maioria deles de pequeno porte econômico, aumentaram sua participação em 8,3 pontos.[25] Os Gráficos 12 e 13 apresentam a evolução dessas participações para as regiões e alguns estados.

[25]Dentre esses estados, que não constam da Tabela 6 nem do Gráfico 11, o Paraná, Santa Catarina e Espírito Santo, que têm dimensões econômicas relevantes, apresentaram ganhos de participação de, respectivamente, 1,2 ponto, 1,5 ponto e 0,6 ponto. O Distrito Federal representava, em 2002, 2,8% do PIB do país.

GRÁFICO 12

BRASIL: PARTICIPAÇÃO DAS REGIÕES DO PIB TOTAL, 1950-2002

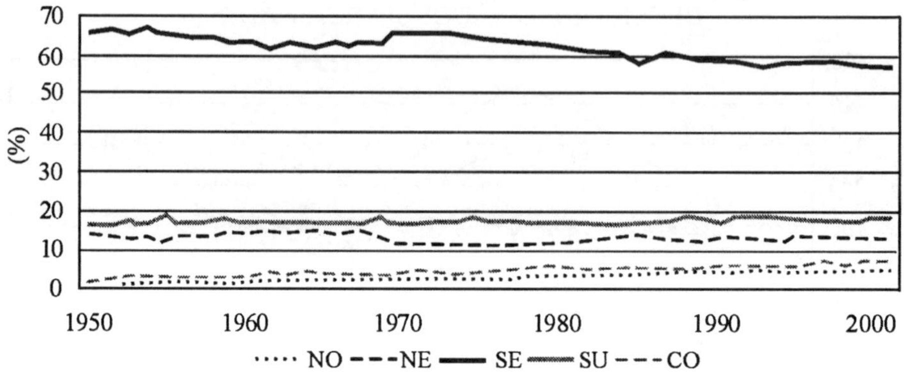

GRÁFICO 13

BRASIL: PARTICIPAÇÃO DE ESTADOS SELECIONADOS NO PIB TOTAL, 1950-2002

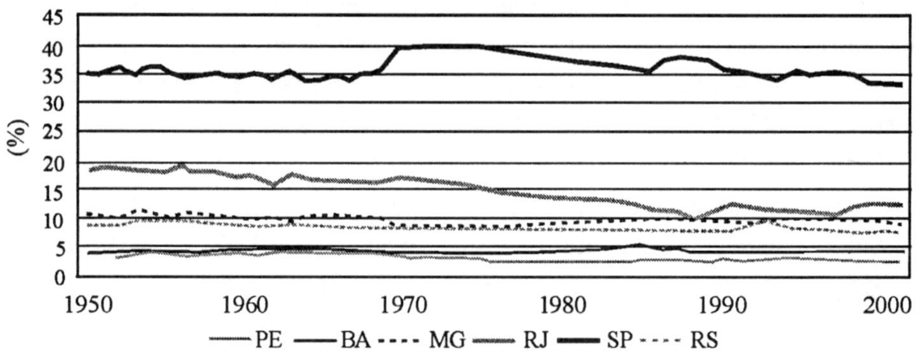

DESENVOLVIMENTO HUMANO: CONVERGÊNCIA

Foi no contexto dessas trajetórias diversas de crescimento que ocorreu durante a segunda metade do século XX significativa convergência de indicadores sociais de desempenho entre as regiões e os estados, fenômeno que se verificou tanto no período de crescimento médio anual acelerado (1950-1980) quanto, embora em menor amplitude, na fase subseqüente, de anemia e labilidade econômicas.

Um indicador sintético, da crescente família dos IDHs, doravante chamado IDH-2, proporciona a constatação dessa tendência. Ele foi estimado, para as regiões e os estados brasileiros, no período 1950-2000 e corresponde ao IDH da versão de 2002 do relatório anual sobre o desenvolvimento humano do Pnud, ensejando, portanto, comparações internacionais.[26] Difere do IDH-1, utilizado na primeira parte deste estudo, apenas no componente educação, o qual, além da taxa de alfabetização, incorpora a taxa bruta das matrículas nos ensinos de primeiro, segundo e terceiro graus.[27]

AS DIMENSÕES DO IDH-2

Em 1950, a esperança média de vida do Rio Grande do Norte, de 33,9 anos, era 23,3 anos menor que a do Rio Grande de Sul, de 57,2 anos. A distância dos indicadores desses estados em relação ao do país (45,9 anos) era, no primeiro caso, de 12 anos; no segundo, de 11,3 anos. Meio século depois, esse mesmo indicador para o Rio Grande do Norte quase duplicou, indo para 66,4 anos, sendo apenas 5,2 anos menor que o do Rio Grande do Sul, que evoluiu para 71,6 anos. Tanto um quanto o outro indicador aproximaram-se da média brasileira de 2000 (68,6 anos), o primeiro sendo 2,2 anos inferior e o segundo, 3 anos superior. Pode-se, portanto, dizer que houve convergência entre as expectativas médias de vida dos dois estados e entre elas e a brasileira.

O mesmo fenômeno quase sempre ocorreu, ao longo desse meio século, para os demais estados e as cinco grandes regiões brasileiras: resultando da melhoria geral das condições sanitárias e nutricionais da população, expressas em crescente longevidade, associada à queda da mortalidade, em particular a infantil.[28]

Tanto assim foi que os coeficientes de variação, *V*, desses indicadores, de 15,5% e 12,3% em 1950, respectivamente para os estados e as regiões, caíram para 3,9% e 2,8% em 2000, embora o *V* dos estados tenha crescido significativamente na década de 1950, que foi de elevada expansão demográfica e importantes migrações interestaduais (Gráfico 14).

---

[26]Veja-se UNPD 2002.

[27]Para o cálculo do IDH-2, ver o Apêndice Metodológico. Os resultados estão no Anexo IV.

[28]Estudo de 1991, deste autor e de Renato Villela, examinou esse e outros processos de convergência social para as décadas de 1970 e 1980. Cf. Albuquerque & Villela.

GRÁFICO 14
EXPECTATIVA DE VIDA: COEFICIENTE DE VARIAÇÃO, 1950-2000
POR ESTADOS E REGIÕES

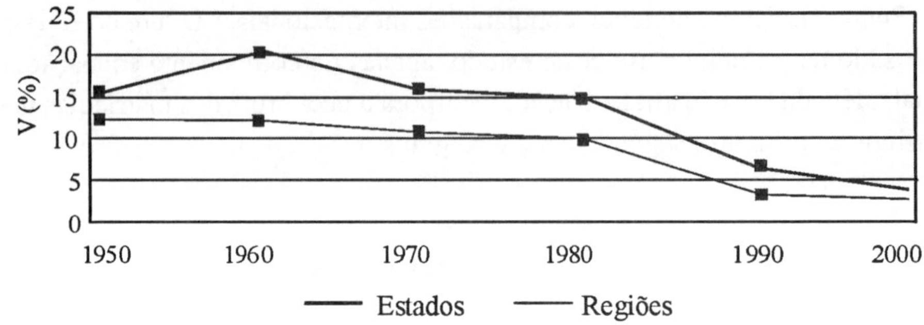

Houve, pois, expressiva convergência inter-regional e interestadual das expectativas médias de vida, conforme muito bem ilustra, para o caso das regiões, o Gráfico 15. Nele, os valores, por anos, para o Brasil foram igualados a 100.

GRÁFICO 15
EVOLUÇÃO DA EXPECTATIVA DE VIDA, POR REGIÕES,
1950-2000

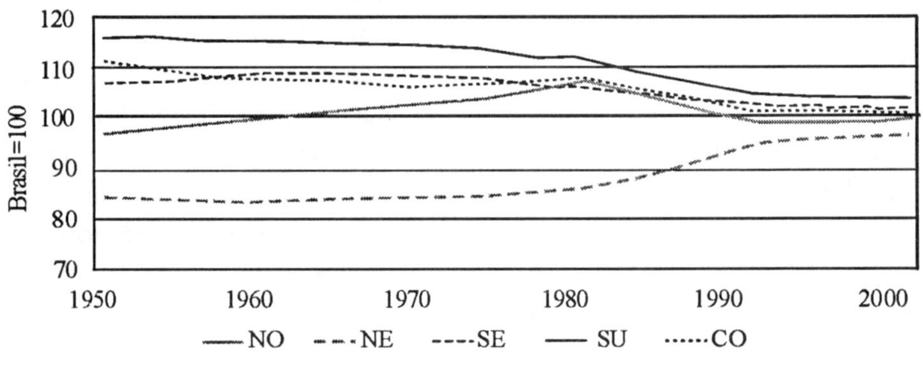

Comportamento semelhante revelam as duas variáveis que dão conta, no IDH-2, da dimensão educacional.

Em 1950, a maior taxa estadual de alfabetização da população de 15 anos e mais, a do Rio de Janeiro, 72,2%, superava em 47,7 pontos percentuais a menor delas, de Alagoas, que foi 24,5%. Em 2000, a taxa mais alta, a de Santa Catarina, ultrapassava em 27,1 pontos a mais baixa, ainda a de Alagoas. De modo semelhante, a maior taxa bruta de matrículas em 1950, a do Rio de Janeiro (38%), ultrapassava em 23 pontos percentuais a menor, do Piauí (15%). E em 2000, a maior taxa, a do Ceará (77,3%) superava a menor, a do Amazonas (68,1%) em apenas 9,2 pontos.[29] Os coeficientes de variação, em 1950-2000, para as taxas de alfabetização e de matrículas dos estados e regiões, apresentados no Gráfico 16, comprovam que esses exemplos não são excepcionais: eles representam a antes tendência, generalizada, de redução das disparidades espaciais relativas a esses indicadores.

GRÁFICO 16

ALFABETIZAÇÃO E MATRÍCULAS: COEFICIENTES DE VARIAÇÃO, POR REGIÕES E ESTADOS, 1950-2000

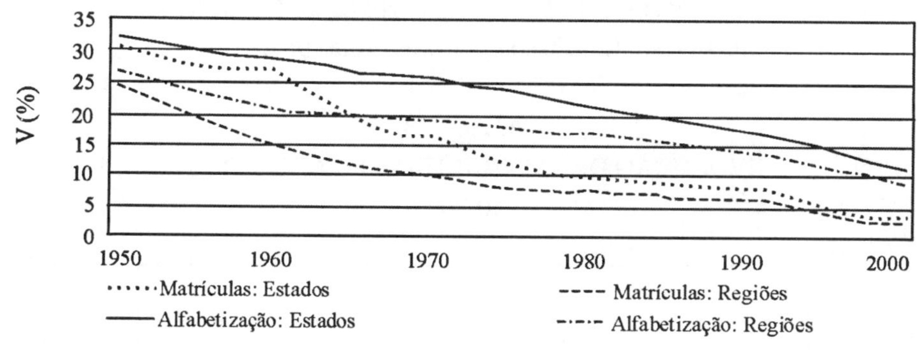

A convergência entre as trajetórias regionais do índice de alfabetização (população de 15 anos e mais alfabetizada/população total de 15 anos e mais) pode ser visualizada no Gráfico 17. Nesse indicador, foram o Nordeste e o Centro-Oeste que apresentaram, na segunda metade do século, os melhores desempenhos: eles avançaram 135% e 122%, respectivamente, superando o crescimento médio nacional (76%).

[29]O Nordeste foi a região que apresentou o maior crescimento nesse indicador entre 1950 e 1960. Entre os estados, os melhores desempenhos foram os do Piauí, Bahia, Maranhão, Alagoas e Ceará.

GRÁFICO 17

EVOLUÇÃO DA ALFABETIZAÇÃO, POR REGIÕES, 1950-2000

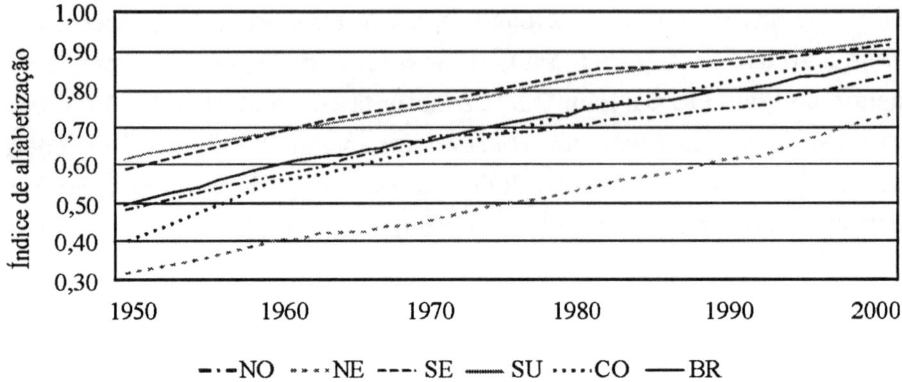

O Gráfico 18 apresenta as trajetórias para o índice combinado bruto de matrículas (total das matrículas nos três níveis de ensino/população de 7 a 24 anos) para os estados, as quais são fortemente convergentes. Para esse indicador, repetem-se os desempenhos mais expressivos do Nordeste (crescimento de 292%) e Centro-Oeste (246%), superiores ao do país (174%).

GRÁFICO 18

EVOLUÇÃO DAS MATRÍCULAS POR ESTADOS, 1950-2000

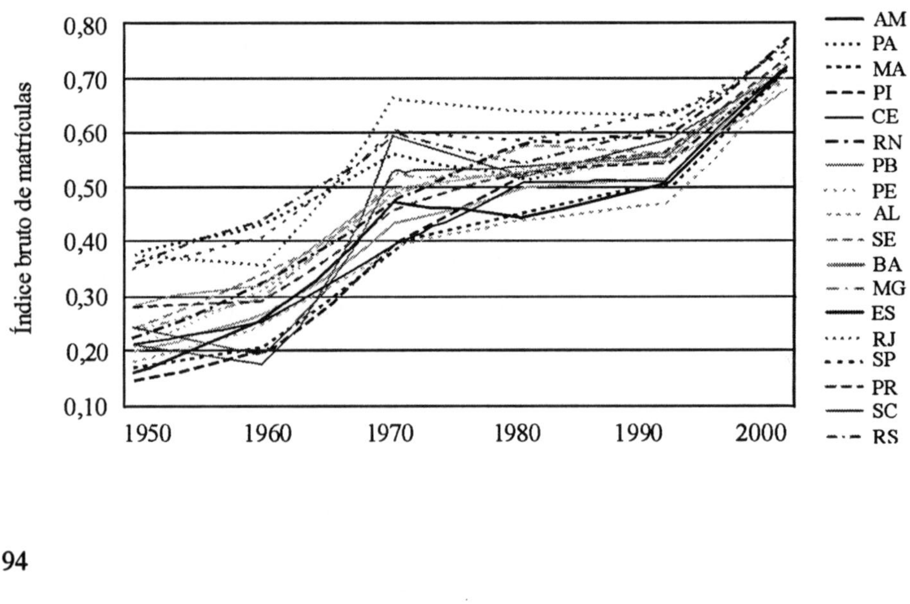

É menos intensa a convergência ao longo da segunda metade do século passado, do indicador que expressa a última das três dimensões do IDH-2, o PIB per capita. Entre os estados, o menor deles em 1950, o do Piauí (PPC$ 401), era 11,4% do maior, o do Rio de Janeiro (PPC$ 3.622). Em 2000, o PIB per capita mais baixo, do Maranhão (PPC$ 1.899), correspondia a 16,5% do mais alto deles, o de São Paulo (PPC$ 11.479). Entre as regiões, os menores PIBs per capita, os do Nordeste (PPC$789 e 3.423 em 1950 e 2000) representavam, respectivamente, 16,3% e 34,1% dos do Sudeste, os maiores (PPC$ 2.728 e 10.022 nesses mesmos anos).

Na grande parte dos casos, essa redução de disparidades ocorreu nos dois conjuntos de dados, como demonstram os coeficientes da variação anual deles. *V* foi, em 1950, 69,2% para os estados e 58,7% para as regiões, caindo, respectivamente, para 53,7% e 41% em 2000, embora ambos os coeficientes tenham crescido sensivelmente entre 1960 e 1970, decênio de elevados crescimentos demográfico e econômico (Gráfico 19).

GRÁFICO 19
COEFICIENTES DE VARIAÇÃO DO PIB PER CAPITA POR REGIÕES E ESTADOS SELECIONADOS, 1950-2002

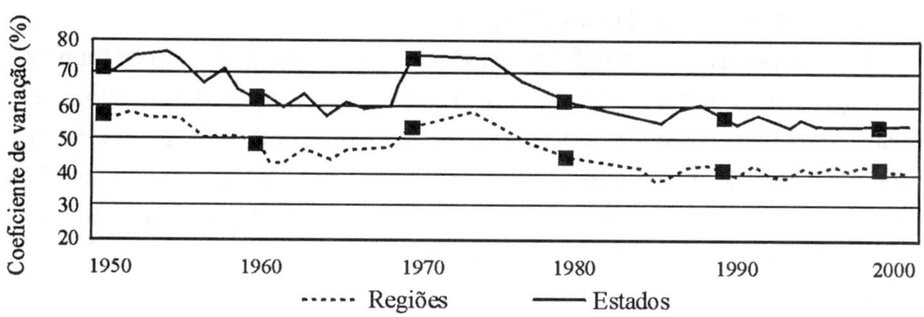

O IDH-2 E A ESCALA NACIONAL DO DESENVOLVIMENTO: SÍNTESE

É evidente que o índice sintético resultante dos três componentes examinados, o IDH-2, espelha a convergência observada neles ao longo do tempo, tanto com respeito aos estados quanto às regiões.

Com efeito, para o IDH-2, *V* despencou, nos estados, de 28,2% em 1950 para 9,2% em 2000; e, nas regiões, de 19,5% para 6,6% no mesmo período. Em 1950, o menor IDH-2, o de Alagoas, de apenas 0,254, representava somente 46% do maior deles, o do Rio de Janeiro (0,546) e 61% do brasileiro (0,418). Meio século depois, o menor IDH, o do Maranhão, já alcançava 0,623, correspondendo a 77% do maior deles, o do São Paulo (0,805) e a 82% do brasileiro (0,757).

O grande salto no desenvolvimento humano do país ocorrido nesses 50 anos pode ser visualizado no Gráfico 20, que apresenta, para 1950 e 2000, a escalas nacionais do IDH-2. Observe-se que, em 1950, apenas três estados, Rio de Janeiro, Rio Grande do Sul e São Paulo, tinham IDHs superiores a 0,500: os demais estados, além das regiões e do próprio Brasil, apresentavam, portanto, por esse critério, níveis baixos ou muito baixos de desenvolvimento humano. Em 2000, ao contrário, tanto o Brasil quanto todas as regiões e a grande maioria dos estados alcançaram IDHs de nível médio alto (entre 0,651 e 0,800). Quatro estados, Maranhão, Alagoas, Piauí e Paraíba, ficaram no nível médio baixo (entre 0,501 e 0,650); e três deles, São Paulo, Rio Grande do Sul e Santa Catarina, galgaram o nível alto (acima de 0,800).

Nesses 50 anos, o IDH-2 do Brasil cresceu 81%, e as regiões menos desenvolvidas tiveram desempenho ainda mais elevado: 92% para o Norte, 99% para o Centro-Oeste e 134% para o Nordeste, fenômeno semelhante tendo ocorrido com os estados que as integram.

Note-se porém que nem todos os estados e regiões foram capazes de transformar, com a mesma intensidade, seus potenciais econômicos em desenvolvimento social. Com efeito, considerando-se ser o PIB per capita uma medida desse potencial e ser o IDH-2 uma expressão de desenvolvimento social, torna-se possível ordenar, decrescentemente, os estados, as regiões — inclusive o Brasil como um todo — segundo cada um desses indicadores para o ano 2000. O estado de São Paulo, o primeiro na escala do PIB, é também o primeiro na escala do IDH-2. Isto significa que ali se traduziu, com eficiência relativa, força econômica em desenvolvimento social. Já o estado do Rio de Janeiro, o segundo na ordem do PIB per capita, é o quarto na ordem do IDH-2, revelando-se, portanto, menos eficiente nessa conversão. Por outro lado, o Rio Grande do Sul, que foi o quarto na escala do PIB per capita e o segundo na escala do IDH-2, revelou-se mais expedito do que São Paulo em realizar essa mesma tarefa. O Gráfico 21 apresenta esses diferenciais de ordem, relativos a 2000, para os estados e regiões brasileiros.

GRÁFICO 20

A ESCALA NACIONAL DO DESENVOLVIMENTO HUMANO, 2000 E 1950

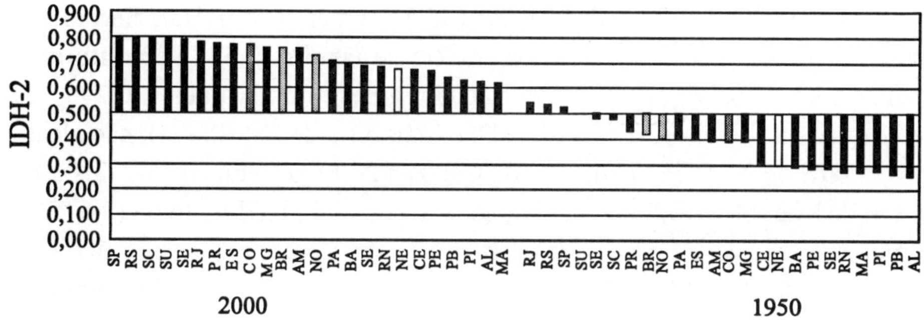

GRÁFICO 21

ORDEM, PARA O BRASIL, REGIÕES E ESTADOS, DO PIB PER CAPITA MENOS ORDEM DO IDH-2, 2000

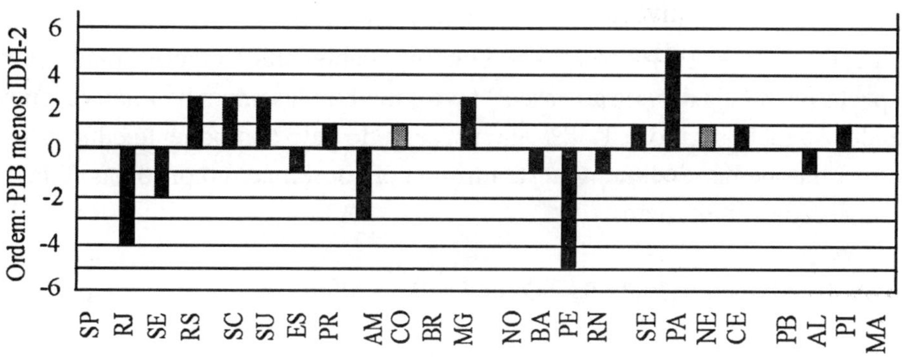

Amazonas e Pernambuco, com diferenciais de -6 e -4 entre os *ranks* dos PIBs per capita e dos IDHs-2, revelavam-se menos hábeis em converter os seus potenciais econômicos em desenvolvimento humano. O Sudeste, com -2, e o Brasil com -1, enfrentaram contingência semelhante, embora de menor grau. Exibiram maior capacidade nessa tarefa o Paraná e o Pará, com índices 4; o Sul, com índice 3; e o Rio Grande do Sul, Santa Catarina e Minas Gerais, com índices 2.[30]

[30]Os estados e regiões, constantes da Tabela 22 e com índice igual a zero têm, evidentemente, o mesmo *ranking* para o PIB per capita e o IDH-2.

No que respeita a comparações internacionais (o IDH-2 do Brasil, 0,756 em 2000, é virtualmente igual ao IDH de 2000 estimado pelo Pnud, 0,757,[31] o que indica boa comparabilidade entre eles), note-se que, entre os estados, o menor IDH-2 em 1950, o de Alagoas (0,254) superava o IDH de Serra Leoa em 2000 (0,242, Tabela 4); o maior, do Rio de Janeiro (0,546), era inferior à Índia de 2000 (0,579). O mais baixo das regiões, o do Nordeste, 0,295, era inferior ao da Etiópia em 2000 (0,341); o mais alto, do Sul (0,492), não alcançava o IDH de 2000 do Paquistão (0,503). Em 2000, o menor IDH-2 dos estados, o de Maranhão (0,623), situava-se bem acima do IDH da Índia (0,579), e o maior, o de São Paulo (0,805) estava abaixo, porém no mesmo nível do mexicano (alto). Entre as regiões, o menor, o do Nordeste (0,675), ainda se encontrava abaixo da Indonésia (0,709); e o mais elevado, o do Sul (0,792), ultrapassara com folga o IDH do Paraguai (0,772).

Uma visão de síntese, para o Brasil, do IDH-2 e seus componentes no período 1950-2000 consta da Tabela 7.

Note-se que o crescimento médio anual do IDH-2 nesses 50 anos foi de 1,2%, tendo acelerado mais nas décadas de 1950 e 1970, quando alcançou, respectivamente, 1,87% e 1,59%. O componente saúde (representado pela expectativa média de vida ao nascer) teve o melhor desempenho relativo, crescendo, no meio século, a 1,48% anuais, seguido pelo componente educação e pelo componente rendimento, este último com desempenho pífio nas últimas duas décadas do período.

DESEMPENHO E ESTRUTURA SOCIAIS: 1970-2000

A partir da primeira metade da década de 1970, a questão social brasileira passou a ser percebida como resultante, essencialmente, de extrema e crescente desigualdade na distribuição da renda. Essa percepção firmou-se com as primeiras estimativas do coeficiente de Gini produzidas para o Brasil, realizadas a partir dos dados sobre rendimentos dos censos demográficos de 1960 e 1970. Elas revelaram um grande aumento, ao longo daquela década, no valor daquele coeficiente, que ter-se-ia elevado de 0,500 em 1960 para 0,568 em 1970, sinalizando forte agravo no grau de desigualdade interpessoal de rendimento.[32]

---

[31]Veja-se UNDP 2002, p. 150.

[32]Veja-se a propósito, Fishlow e Langoni. Para um exame do debate que se travou sobre o assunto, ver Bonelli & Sedlacek. E Almeida Reis; Rodriguez; Paes de Barros.

TABELA 7

BRASIL: ÍNDICE DE DESENVOLVIMENTO HUMANO, IDH-2, E COMPONENTES, 1950-2000

Discriminação	Anos						Crescimento médio anual (%)					
	1950	1960	1970	1980	1990	2000	1950-2000	1950-1960	1960-1970	1970-1980	1980-1990	1990-2000
IDH-2	**0,418**	**0,503**	**0,559**	**0,655**	**0,699**	**0,757**	**1,20**	**1,87**	**1,07**	**1,59**	**0,65**	**0,81**
Componentes												
Saúde[a]	0,348	0,456	0,461	0,585	0,675	0,726	1,48	2,73	0,11	2,40	1,45	0,73
Educação[b]	0,419	0,508	0,617	0,677	0,721	0,827	1,37	1,95	1,95	0,94	0,62	1,38
Rendimento[c]	0,486	0,553	0,607	0,704	0,698	0,715	0,78	1,30	0,95	1,50	–0,09	0,24

FONTES: IBGE, Ipea.

NOTAS: a) Expectativa média de vida aos nascer.

b) Taxa de alfabetização e taxa bruta de matrículas nos três níveis de ensino.

c) PIB per capita.

Para melhor captar essas novas percepções e realidades, um novo indicador, o Índice de Desenvolvimento Social, IDS, foi concebido especialmente para este estudo. Ele cobre o período 1970-2000 e se baseia nos censos demográficos de 1970, 1980, 1991 e 2000.

O IDS é integrado pelos seguintes componentes: (1) o componente saúde, representado pelos indicadores expectativa de vida ao nascer e taxa de sobrevivência infantil (o complemento para 1 da taxa de mortalidade infantil); (2) o componente educação, representado pela taxa de alfabetização e por indicadores da escolaridade média da população, medida em anos de estudo; (3) o componente trabalho, representado pela taxas de atividade e de ocupação; (4) o componente rendimento, representado pelo PIB per capita e pelo coeficiente de igualdade (o complemento para 1 do coeficiente de Gini); e (5) o componente habitação, representado pela disponibilidade domiciliar de água, energia elétrica, geladeira e televisão.[33]

A Tabela 8 apresenta o IDS e componentes para o Brasil, no período 1970-2000 (anos censitários). Nesse período, o IDS do país evoluiu de 0,416 para 0,725, crescendo anualmente a 1,83%, crescimento esse que foi mais acelerado na década de 1970 (3,2% anuais) e menos intenso nos anos 1990 (0,79% ao ano).

No período como um todo, foi o componente habitação que apresentou o melhor desempenho, crescendo a 3,62% anuais, seguido pelos componentes saúde (2,71%), educação (2,54%) e rendimento (1,02% ao ano). A década de 1970 exibiu melhores resultados em quatro dos componentes. A exceção esteve por conta do componente educação, afetado pelo grande afluxo de pessoas em idade escolar que bateu às portas da escola nesse decênio, em decorrência do grande crescimento demográfico dos anos 1950 e 1960.

O Gráfico 22 apresenta a evolução do IDS e seus cinco componentes para o Brasil no período 1970-2000. Pode-se constatar que, ao longo desses anos, o IDS cresceu 1,73 vez, o componente saúde, 2,23 vezes; educação, 2,13 vezes; trabalho, 1,04 vez; rendimento, 1,29 vez; habitação, 2,91 vezes. A década de 1970 respondeu por 79% do crescimento do IDS ocorrido entre 1970 e 2000, por 68% do crescimento do componente saúde, 64% do componente habitação e 62% do componente educação.

---

[33]Para os procedimentos de cálculo do IDS, ver o Apêndice Metodológico.

TABELA 8

BRASIL: ÍNDICE DE DESENVOLVIMENTO SOCIAL, IDS, E COMPONENTES, 1970-2000

Discriminação	Anos				Crescimento médio anual (%)			
	1970	1980	1991	2000	1970-2000	1970-1980	1980-1990	1990-2000
IDS	**0,416**	**0,571**	**0,670**	**0,725**	**1,83**	**3,20**	**1,62**	**0,79**
Componentes								
Saúde[a]	0,405	0,612	0,829	0,902	2,71	4,22	3,08	0,84
Educação[b]	0,225	0,296	0,412	0,478	2,54	2,79	3,37	1,49
Trabalho[c]	0,677	0,735	0,730	0,707	0,14	0,83	–0,06	–0,33
Rendimento[d]	0,463	0,632	0,606	0,627	1,02	3,17	–0,41	0,34
Habitação[e]	0,313	0,578	0,771	0,909	3,62	6,34	2,92	1,67

FONTES: IBGE e Ipea.

NOTAS: a) Expectativa de vida e taxa de sobrevivência infantil (1 menos taxa de mortalidade infantil).

b) Taxa de alfabetização e porcentagens das pessoas com mais de quatro anos, mais de oito anos e mais de 11 anos de estudo.

c) Taxa de atividade e taxa de ocupação.

d) PIB per capita e coeficiente de igualdade (1 menos coeficiente de Gini).

e) Disponibilidade domiciliar de água, energia, geladeira e televisão.

O componente rendimento cresceu 37% na década de 1970 e decresceu 0,6% nos anos 1980-2000, ao passo que o componente trabalho cresceu 10% naquele primeiro decênio e decresceu 4% nos dois últimos, tomados conjuntamente.

GRÁFICO 22

BRASIL: IDS E COMPONENTES, 1970-2000

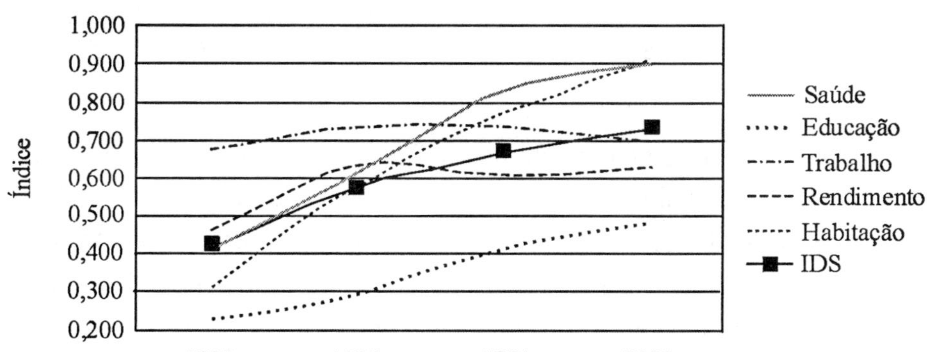

O Gráfico 23 apresenta os resultados do IDS para o Brasil e suas grandes regiões em 1970-2000 (anos censitários). Nesse período, o IDS do país evoluiu de 0,416 para 0,710, com os do Norte e Nordeste mantendo-se sempre abaixo desses valores e os do Sudeste e do Sul, sempre acima. Entre 1970 e 2000, o IDS do Brasil teve crescimento médio anual de 1,83%, menor do que os IDS do Nordeste (2,93%), Centro-Oeste (2,22%) e Norte (1,96%), porém maior do que os do Sul (1,59%) e Sudeste (1,25%). Verifica-se, portanto, com o IDS a mesma tendência convergente observada para o IDH-2, com o coeficiente de variação, *V*, entre regiões, reduzindo-se consistentemente: de 24,7% em 1970 para 8,7% em 2000. A mais rápida convergência inter-regional deu-se entre 1991 e 2000 (com *V* decrescendo de 14,7% para 8,7%).

GRÁFICO 23

BRASIL E REGIÕES: ÍNDICE DE DESENVOLVIMENTO SOCIAL, IDS

1970-2000

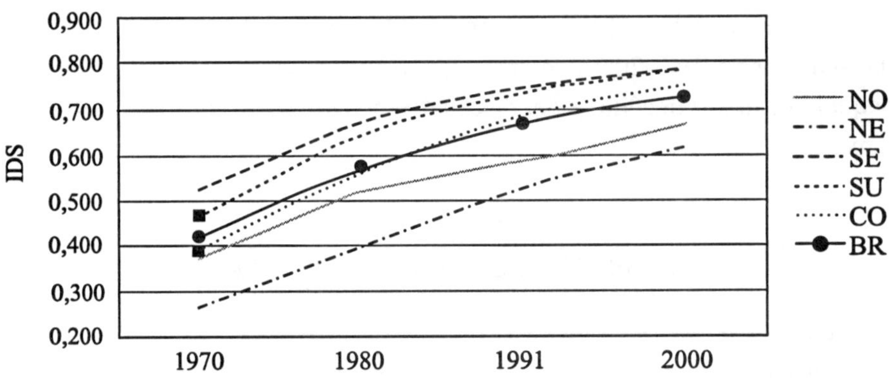

Visualiza-se mais claramente no Gráfico 24 a convergência, no tempo, entre os IDS de estados selecionados, pois, nele, o IDS do Brasil está, em cada ano, igualado a 100. Note-se que os estados do Nordeste, partindo de patamares de IDS entre 50 e 75, aproximaram-se de 100, enquanto os estados socialmente mais desenvolvidos em 1970 (São Paulo, Rio de Janeiro, Rio Grande do Sul) desceram de patamares entre 140 e 110 para níveis próximos de 100 em 2000.

GRÁFICO 24

ESTADOS SELECIONADOS: IDS, 1970-2000

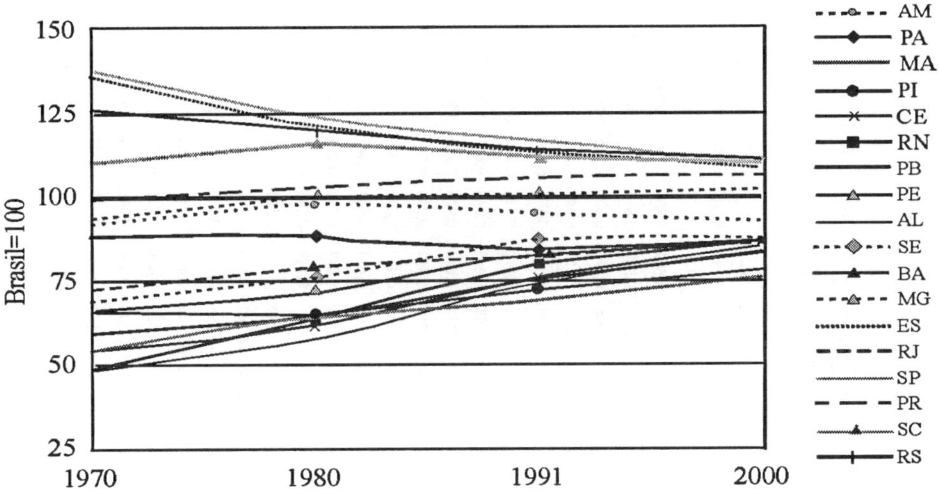

O IDS: CORRELAÇÕES ENTRE COMPONENTES E SUBCOMPONENTES

É relevante aos propósitos deste estudo examinar as correlações entre os componentes e subcomponentes do IDS.

Com este objetivo, foi construída a matriz de correlações apresentada na Tabela 9. Elas se baseiam em 72 observações para cada componente ou subcomponente do IDS (relativas a 18 estados, para os quais foi possível construir séries de dados completas e consistentes para os anos censitários de 1970, 1980, 1991 e 2000). A referida matriz, além de apresentar os coeficientes de correlação, *r*, de cada uma das 20 variáveis, subcomponentes e componentes, em relação às demais, informa as médias dos valores absolutos de *r* para cada variável (última linha e última coluna da Tabela 9), bem como para o conjunto delas (intersecção da linha e da coluna 21, ou seja a célula do ângulo inferior direito da matriz). Este último valor, 0,660, indica que as variáveis que integram o IDS estão, em seu conjunto, relativamente bem relacionadas entre si.

A matriz de correlações da Tabela 9 desempenha papel importante no exame que se segue do IDS e, em conseqüência, da evolução recente da estrutura e do desempenho sociais que esse índice intenta captar.

TABELA 9

ÍNDICE DE DESENVOLVIMENTO SOCIAL: MATRIZ DE CORRELAÇÕES, 1970-2000

Componentes e Subcomponentes		Expecta-tiva-de Vida	Sobrevi-vência Infantil	Saúde	Taxa de Alfabeti-zação	4 anos e mais de estudo	8 anos e mais de estudo	11 anos e mais de estudo	Educa-ção	Taxa de Ativi-dade	Taxa de Ocupa-ção	Em-prego	PIB per Capita	Coefi-ciente de Igual-dade	Rendi-mento	Água	Energia	Gela-deira	Tele-visão	Habi-tação	IDS	**MÉDIA**
		1	2	3	4	5	6	7	**8**	9	10	**11**	12	13	**14**	15	16	17	18	**19**	**20**	**21**
Expectativa de Vida	1		0,970	**0,995**	0,849	0,847	0,769	0,738	**0,844**	0,750	0,137	**0,611**	0,645	–0,193	**0,602**	0,803	0,795	0,824	0,823	**0,822**	**0,919**	0,713
Sobrevivência Infantil	2	0,970		**0,987**	0,853	0,910	0,863	0,842	**0,910**	0,807	0,040	**0,570**	0,656	–0,250	**0,567**	0,870	0,853	0,883	0,885	**0,884**	**0,940**	0,739
Saúde	3	0,995	0,987		0,862	0,873	0,802	0,774	0,871	0,771	0,099	0,594	0,653	–0,206	0,596	0,827	0,816	0,845	0,842	0,844	0,930	0,725
Alfabetização	4	0,849	0,853	**0,862**		0,897	0,785	0,735	**0,903**	0,760	0,130	**0,611**	0,853	–0,029	**0,773**	0,846	0,820	0,879	0,826	**0,854**	**0,928**	0,744
4 anos e mais de estudo	5	0,847	0,910	**0,873**	0,897		0,959	0,934	**0,994**	0,851	–0,016	**0,554**	0,797	–0,220	**0,625**	0,952	0,944	0,982	0,959	**0,972**	**0,959**	0,778
8 anos e mais de estudo	6	0,769	0,863	**0,802**	0,785	0,959		0,991	**0,972**	0,837	–0,159	**0,428**	0,724	–0,293	**0,474**	0,916	0,896	0,948	0,933	**0,936**	**0,883**	0,719
11 anos e mais de estudo	7	0,738	0,842	**0,774**	0,735	0,934	0,991		**0,950**	0,798	–0,158	**0,403**	0,689	–0,318	**0,449**	0,883	0,880	0,918	0,912	**0,910**	**0,855**	0,694
Educação	8	0,844	0,910	0,871	0,903	0,994	0,972	0,950		0,851	–0,043	0,532	0,807	–0,217	0,618	0,944	0,928	0,977	0,951	0,963	0,954	0,774
Taxa de Atividade	9	0,750	0,807	**0,771**	0,760	0,851	0,837	0,798	**0,851**		–0,095	**0,589**	0,703	–0,014	**0,452**	0,845	0,744	0,864	0,824	**0,831**	**0,818**	0,683
Taxa de Ocupação	10	0,137	0,040	**0,099**	0,130	–0,016	–0,159	–0,158	**–0,043**	–0,095		**0,749**	0,171	0,266	**0,409**	–0,072	0,061	–0,018	–0,008	**–0,010**	**0,143**	0,086
Emprego	11	0,611	0,570	0,594	0,611	0,554	0,428	0,403	0,532	0,589	0,749		0,607	0,206	0,633	0,504	0,545	0,560	0,542	0,545	0,661	0,550
PIB per capita	12	0,645	0,656	**0,653**	0,853	0,797	0,724	0,689	**0,807**	0,703	0,171	**0,607**		0,173	**0,842**	0,739	0,727	0,824	0,751	**0,770**	**0,829**	0,682
Coeficiente de Igualdade	13	–0,193	–0,250	**–0,206**	–0,029	–0,220	–0,293	–0,318	**–0,217**	–0,014	0,266	**0,206**	0,173		**0,149**	–0,280	–0,355	–0,199	–0,321	**–0,293**	**–0,173**	0,135
Rendimento	14	0,602	0,567	0,596	0,773	0,625	0,474	0,449	0,618	0,452	0,409	0,633	0,842	0,149		0,593	0,640	0,651	0,616	0,632	0,762	0,583
Água	15	0,803	0,870	**0,827**	0,846	0,952	0,916	0,883	**0,944**	0,845	–0,072	**0,504**	0,739	–0,280	**0,593**		0,950	0,971	0,971	**0,986**	**0,933**	0,746
Energia	16	0,795	0,853	**0,816**	0,820	0,944	0,896	0,880	**0,928**	0,744	0,061	**0,545**	0,727	–0,355	**0,640**	0,950		0,951	0,973	**0,981**	**0,937**	0,741
Geladeira	17	0,824	0,883	**0,845**	0,879	0,982	0,948	0,918	**0,977**	0,864	–0,018	**0,560**	0,824	–0,199	**0,651**	0,971	0,951		0,977	**0,988**	**0,960**	0,778
Televisão	18	0,823	0,885	**0,842**	0,826	0,959	0,933	0,912	**0,951**	0,824	–0,008	**0,542**	0,751	–0,321	**0,616**	0,971	0,973	0,977		**0,994**	**0,950**	0,758
Habitação	19	0,822	0,884	0,844	0,854	0,972	0,936	0,910	0,963	0,831	–0,010	0,545	0,770	–0,293	0,632	0,986	0,981	0,988	0,994		0,957	0,767
IDS	20	0,919	0,940	0,930	0,928	0,959	0,883	0,855	0,954	0,818	0,143	0,661	0,829	–0,173	0,762	0,933	0,937	0,960	0,950	0,957		0,797
MÉDIA	21	0,713	0,739	0,725	0,744	0,778	0,719	0,694	0,774	0,683	0,086	0,550	0,682	0,135	0,583	0,746	0,741	0,778	0,758	0,767	0,797	0,660

FONTE: Anexo Estatístico V.

É evidente que não se pode ver no mero co-relacionamento de variáveis, por mais expressivo que seja, implicações de causa e efeito, sobretudo se diretas e lineares. A estrutura e o evoluir sociais são complexos e multiformes o suficiente para desautorizar até mesmo ilações nesse sentido. E não mais se reconhece no tecido social o primado de variáveis determinantes de outras, por elas determinadas. Cogita-se, sim, de complexas interações entre elas, entrelaçando-se em redes instáveis e de dimensões densidades mutáveis, no espaço e no tempo.

Esses fatos, contudo, não subtraem das matrizes de correlação o interesse analítico. Pois elas podem ajudar a vislumbrar, em um dado espaço-tempo social, aquelas áreas e segmentos mais densos e significativos: seja pela intensidade das interações sociais que nelas se pode identificar e mensurar, seja pelo impacto que sobre elas exercem uma ação ou conjunto de ações compondo vetores sociais passíveis de expressarem-se em variável ou conjunto de variáveis quantificáveis.

Na verdade, a escolha dos indicadores que integram o IDS já se pautou pelo critério de intensidade de interações. Critério este associado a um crivo de seleção: o de relevância da variável para a compreensão da questão social brasileira tal como ela se manifestou nas três últimas décadas do século XX.

Trata-se agora de identificar, a partir desses indicadores e para cada um dos cinco componentes do IDS, o subcomponente que melhor o exprime. Essa identificação tem como principal fundamento a matriz de correlações já apresentada. Por prudência metodológica, contudo, essas cinco variáveis servem somente de fulcro à análise que se segue.

O COMPONENTE SAÚDE

No componente saúde do IDS, é o subcomponente taxa de sobrevivência infantil que tece, na matriz de correlações da Tabela 9, a rede de interações mais densa e relevante.

A taxa de sobrevivência infantil expressa-se pelo quociente do número de crianças vivas com um ano de idade por mil crianças nascidas vivas. É, portanto, o complemento para 1 da taxa de mortalidade infantil (na faixa etária entre 0 e 1 ano)[34]. A média de suas correlações com as demais variáveis relativas

[34]Os índices sintéticos de desenvolvimento postulam, como componentes e subcomponentes, indicadores que tendam, em princípio, a correlacionar-se positivamente com o evoluir das sociedades humanas.

ao IDS é 0,739, superior à média geral da matriz (0,660, já referida), bem como à média do outro indicador desse componente, a expectativa média de vida (0,713), e à do próprio componente saúde (0,725). Ademais, a taxa de sobrevivência infantil correlaciona-se alta e positivamente com o IDS (*r* = 0,940) e, em geral, com os subcomponentes dos componentes educação (particularmente com a variável percentagem das pessoas com quatro anos e mais de estudo, com *r* = 0,910) e habitação — em especial com a variável percentagem dos domicílios com televisão (r = 0,885) e geladeira (*r* = 0,883). Esse inter-racionamento, sobre corresponder ao que sugere o senso comum, desenha, na matriz de correlações em exame, uma subárea densa em interações, portanto potencialmente útil à compreensão da realidade social e ao desenho de políticas integradas.

Note-se que a taxa de mortalidade infantil — toma-se a seguir esse indicador, mais bem conhecido que a taxa de sobrevivência infantil — apresentou expressiva queda entre 1970 e 2000 (Gráfico 25). Para o Brasil, ela se reduziu de 116,9/1.000 para 33,7/1.000, um decréscimo de 71%. Entre as regiões, foi maior a queda ocorrida no Centro-Oeste (de 103,9 para 21,2, ou seja, 80%), seguido do Sudeste (de 100,2 para 20,6, 79%) e do Sul (de 87,2 para 19,7/1.000, 77%). Foram menores as diminuições ocorridas no Nordeste (de 151,2 para 44,2, 71%) e no Norte (de 110,2 para 29,2, 73%). Esse fato determinou aumento no coeficiente de variação inter-regional: de 21,9% em 1970 para 38,4% em 2000.

GRÁFICO 25

BRASIL E REGIÕES: MORTALIDADE INFANTIL, 1970 E 2000

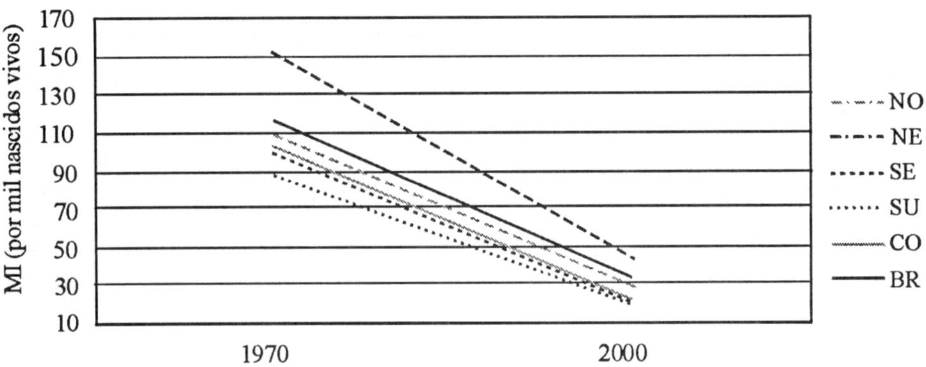

O Gráfico 26 apresenta esses mesmos dados para estados selecionados. Santa Catarina, Rio Grande do Sul e São Paulo foram os estados que alcançaram as menores taxas de mortalidade infantil e as maiores reduções nesse indicador. Eles decresceram, respectivamente, de 84,9, 71 e 94,2/1.000 em 1970 para 16,8, 17 e 17,5/1.000 em 2000, caindo 80%, 76% e 81%. Os estados do Nordeste, em contrapartida, foram os que exibiram taxas mais elevadas em 2000 (a maior delas, a do Maranhão, foi de 55,4/1.000) e as menores reduções (a do Maranhão foi de 58%). Por essa razão, *V* também cresceu para os estados: de 28,1% em 1970 para 43,3% em 2000.

GRÁFICO 26

ESTADOS SELECIONADOS: MORTALIDADE INFANTIL, 1970 E 2000

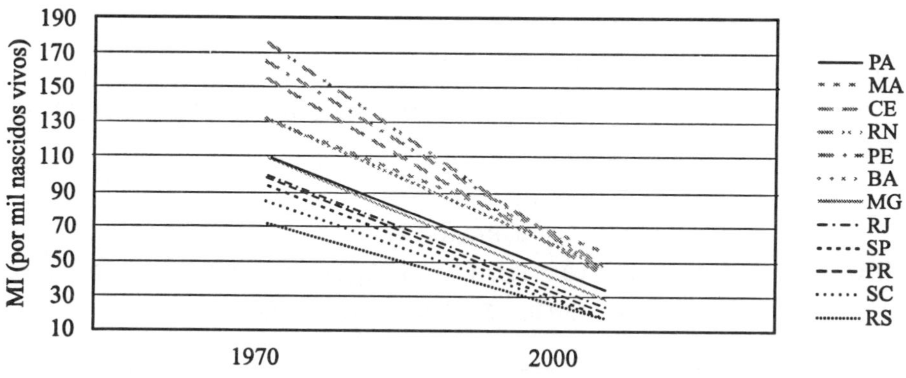

O COMPONENTE EDUCAÇÃO: CAPITAL HUMANO

Dentre os quatro subcomponentes do componente educação, o representado pela variável percentagem das pessoas com quatro anos e mais de estudo inter-relaciona-se de modo mais significativo com os demais integrantes do IDS. A média de seus 19 valores de *r* é 0,778, somente superada pela do IDS. Sua correlação com o IDS, 0,959, é a segunda mais elevada. E são altos os valores de *r* com o componente saúde (0,873, sendo de 0,910 com o subcomponente taxa de sobrevivência infantil, conforme já referido) e com o componente habitação (0,972, sendo *r* maior do que 0,9 para todas as quatro variáveis que o integram). Sem ser preciso mencionar as fortes interconexões com os demais subcomponentes do componente educação (Tabela 9). Desenha-se, portanto, a partir desse subcomponente estratégico, uma teia de relações também densa e relevante.

Foi importante o desempenho quantitativo da escolaridade no país entre 1970 e 2000. O percentual das pessoas com quatro anos e mais de estudo elevou-se de 28,5% para 69,9%; o das pessoas com oito anos e mais de escolaridade, de 8% para 35,%; e o daqueles com 11 anos e mais, de 3,8% para 19,8%. O componente educação, que é a média ponderada desses percentuais e da taxa de alfabetização, evoluiu, no mesmo período, de 0,225 para 0,475.[35]

Por regiões, a variável mais representativa desse componente do IDS, o percentual das pessoas com quatro anos e mais de estudo alcançou, em 2000, 78,3% no Sul, 77,9% no Sudeste, 73% no Centro-Oeste, 60,4% no Norte e 54,1% no Nordeste (Gráfico 27). Esse percentual multiplicou-se, entre 1970 e 2000, por 3,9 no Nordeste 3,7 no Centro-Oeste, 3,1 no Norte, 2,5 no Sul e 2,4 no Sudeste (no Brasil multiplicou-se por 2,5), com o coeficiente inter-regional de variação se reduzindo de 36,1% em 1970 para 15,6% em 2000.

GRÁFICO 27

BRASIL E REGIÕES: PERCENTUAL DAS PESSOAS COM QUATRO ANOS E MAIS DE ESTUDO, 1970 E 2000

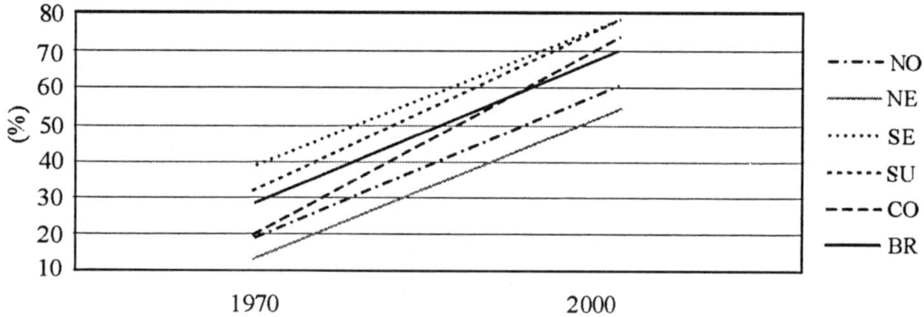

[35]A taxa de alfabetização avançou de 66,6% em 1970 para 86,4% em 2000.

Entre os estados, o percentual mais elevado foi alcançado, em 2000, pelo Rio Grande do Sul (80,6%) e os mais baixos, por Alagoas, com 47,4%, e Piauí, com 48% (Gráfico 28). O melhor desempenho, entre 1970 e 2000, foi obtido pelo estado do Acre que, tendo apresentado, em 1970, percentual de apenas 10,6% alcançou, em 2000, 55,8% (valor 5,3 vezes maior). Nesse período, houve convergência desse indicador entre os estados, com *V* reduzindo-se de 25% em 1970 para 13,5% em 2000.

GRÁFICO 28

ESTADOS SELECIONADOS: PERCENTUAL DAS PESSOAS COM QUATRO ANOS E MAIS DE ESTUDO, 1970 E 2000

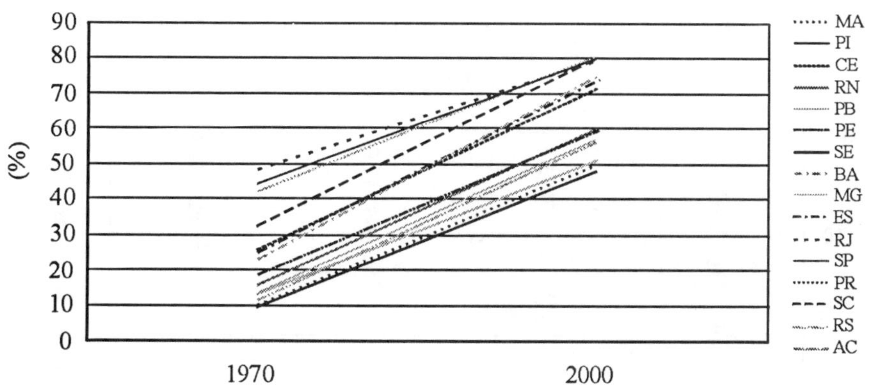

A partir do componente educação do IDS, torna-se possível construir um Índice do Capital Humano, ICH, para o Brasil, suas regiões e estados para 1970-2000. Ele é representado pelo produto desse componente e da população de 15 anos e mais, sendo, portanto, uma variável-estoque, pois reflete tanto a dimensão demográfica do país, regiões e estados quanto a "qualidade" desse subconjunto da população, medida pelo nível de educação. O ICH é expresso por um número índice, que varia, no período 1970-2000 de 0 a 100.[36]

[36]Para o cálculo do ICH, ver o Apêndice Metodológico. Para os valores obtidos, já normalizados, ver o Anexo VI.

Os Gráficos 29 e 30 apresentam os ICHs para o Brasil, regiões e estados nos 1970-2000 (anos censitários). Como, em 2000, o ICH do Brasil é 100, tanto os ICHs das regiões quanto os dos estados podem ser expressos em percentuais do ICH nacional. O do Sudeste foi 49,95% dele em 1970, o do Nordeste, 20,74%, o do Sul, 16,57%, o do Centro-Oeste, 7,05%, e o do Norte, 5,85%. O ICH do país cresceu a 5,3% anuais entre 1970 e 2000, crescimento este explicado mormente pelo subcomponente população de 15 anos e mais, que cresceu a 2,7% ao ano (o componente educacional cresceu a 2,5% anuais — Tabela 10). Entre as regiões, o maior crescimento, no período, foi obtido pelo Norte (7,1% ao ano) e se deveu mais ao componente demográfico (população de 15 anos e mais) do que ao educacional.

GRÁFICO 29

ÍNDICE DO CAPITAL HUMANO, POR REGIÕES, 1970-2000

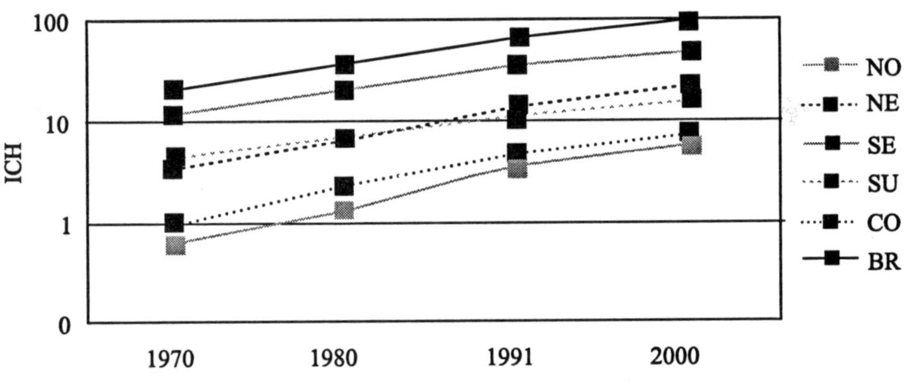

Seguem-se, em ordem decrescente de expansão, o Centro-Oeste, com 6,9% anuais (explicados em maior grau pelo maior crescimento da população de 15 anos e mais, associado, como no caso do Norte, às migrações internas); o Nordeste, com 6% (explicados preponderantemente pelo componente educacional, que evoluiu a 3,4% anuais, vez que o crescimento da população regional, de 2,5% ao ano, foi inferior ao brasileiro); o Sudeste, com 4,9% (devidos mais ao crescimento demográfico); e o Sul, com 4,8% (devidos mais ao componente educacional).

TABELA 10

BRASIL, REGIÕES E ESTADOS SELECIONADOS: ÍNDICE DE CAPITAL HUMANO, ICH, 1970 E 2000

Discriminação	ICH		Crescimento anual (1970-2000)		
	1970	2000	População de 15 anos e mais	Componente educação (IDS)	ICH
Brasil	**21,15**	**100,00**	**2,7**	**2,5**	**5,3**
Norte	0,61	5,85	5,1	2,5	7,8
Nordeste	3,65	20,74	2,5	3,4	6,0
Sudeste	11,99	49,95	2,6	2,2	4,9
Sul	4,04	16,57	2,2	2,5	4,8
Centro-Oeste	0,94	7,05	3,6	3,2	6,9
Amazonas	0,15	1,30	4,6	2,7	7,4
Pará	0,39	2,71	4,2	2,3	6,6
Maranhão	0,30	2,10	2,8	3,8	6,6
Piauí	0,16	1,08	2,6	3,8	6,4
Ceará	0,55	3,23	2,5	3,5	6,0
Rio Grande do Norte	0,20	1,32	2,7	3,6	6,4
Paraíba	0,29	1,44	2,0	3,4	5,4
Pernambuco	0,81	3,84	2,1	3,1	5,3
Alagoas	0,16	1,03	2,6	3,5	6,2
Sergipe	0,11	0,77	3,0	3,5	6,6
Bahia	1,01	5,86	2,6	3,3	6,0
Minas Gerais	2,42	10,65	2,3	2,7	5,1
Espírito Santo	0,32	1,91	3,1	2,9	6,1
Rio de Janeiro	3,31	10,66	2,1	1,8	4,0
São Paulo	5,98	26,74	3,0	2,0	5,1
Paraná	1,34	6,09	2,0	3,1	5,1
Santa Catarina	0,69	3,51	3,0	2,5	5,6
Rio Grande do Sul	2,01	6,96	2,1	2,1	4,2

FONTE: IBGE (Censos Demográficos).

Por estados, o maior ICH em 2000 é o de São Paulo (26,74%), seguido pelo Rio de Janeiro (10,66%), Minas Gerais (10,65%), Rio Grande do Sul (6,96%) e Paraná (6,09%). Os menores, os dos estados de Roraima (0,16%) e Acre (0,22%).[37]

[37]Ver o Anexo VI.

Em geral, nos estados do Norte e do Centro-Oeste são os componentes demográficos que justificam relativamente mais a expansão do estoque de capital humano, o oposto ocorrendo nos estados do Nordeste, em Minas Gerais e Paraná (Tabela 10).

GRÁFICO 30

ÍNDICE DE CAPITAL HUMANO, POR ESTADOS, 1970-2000

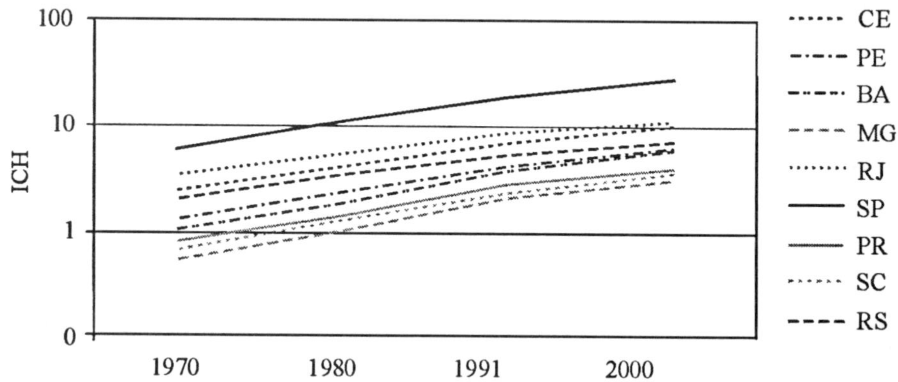

Reveste-se de interesse o confronto entre o ICH e o PIB: em vista dos avanços recentes da teoria econômica, que consideram o capital humano um dos fatores de produção.[38]

Isto é intentado na Tabela 11 e nos Gráficos 31 e 32, que apresentam alguns indicadores relativos às duas variáveis, para o Brasil e regiões.

Observe-se, inicialmente, ser elevada a correlação entre os ICHs e os PIBs para as regiões brasileiras no período 1970-2000: *r* foi de 0,95. Atente-se em seguida para o Gráfico 31, que apresenta a evolução do ICH e do PIB para o Brasil no período 1970-2000 (1970=100).

[38]Trata-se da chamada economia do conhecimento, que tem origem nos avanços analíticos, devidos a Paul M. Romer e Robert. E. Lucas Jr. (Cf. Romer e Lucas Jr.), segundo os quais o conhecimento (e o progresso técnico) são, explicitamente, um novo fator de produção (além do capital e do trabalho). Em 1998-99, o Banco Mundial dedicou seu Relatório Anual a "esse novo modo de ver o desenvolvimento" (ou seja, da perspectiva do conhecimento): cf. World Bank 1989. O Fórum Nacional tratou, com primazia no país, desse assunto no XIV Fórum Nacional (2002), de que resultou livro laureado com o Prêmio Jabuti de Economia de 2003 (Cf. Reis Velloso, coord.).

TABELA 11

BRASIL E REGIÕES: O ÍNDICE DE CAPITAL HUMANO, ICH, E O PIB: ALGUNS INDICADORES, 1970-2000

Discriminação	Índice: 1970 = 100				Crescimento médio anual (%)			
	1970	1980	1991	2000	1970-1980	1980-1991	1991-2000	1970-2000
Norte: ICH	100	219	579	957	8,15	9,25	5,73	7,82
Norte: PIB	100	335	589	739	12,87	5,25	2,55	6,89
Nordeste: ICH	100	182	378	569	6,18	6,86	4,64	5,97
Nordeste: PIB	100	234	309	388	8,86	2,56	2,59	4,63
Sudeste: ICH	100	175	295	417	5,75	4,88	3,90	4,87
Sudeste: PIB	100	218	242	306	8,08	0,97	2,65	3,80
Sul: ICH	100	174	288	410	5,71	4,68	3,98	4,81
Sul: PIB	100	232	277	365	8,80	1,60	3,14	4,41
Centro-Oeste: ICH	100	236	501	753	8,95	7,09	4,63	6,96
Centro-Oeste: PIB	100	328	426	624	12,63	2,39	4,33	6,29
Brasil: ICH	100	180	327	473	6,03	5,60	4,18	5,32
Brasil: PIB	100	229	270	347	8,63	1,53	2,83	4,24

Crescimentos médios anuais: PIB – ICH	1970-1980	1980-1991	1991-2000	1970-2000
Norte	4,72	–4,01	–3,18	–0,92
Nordeste	2,68	–4,30	–2,06	–1,34
Sudeste	2,34	–3,91	–1,25	–1,07
Sul	3,08	–3,09	–0,84	–0,40
Centro-Oeste	3,68	–4,71	–0,31	–0,67
Brasil	2,59	–4,07	–1,35	–1,08

Relação Incremental Capital-Produto (ICH/PIB)	1970-1980	1980-1991	1991-2000	1970-2000
Norte	0,63	1,76	2,25	1,13
Nordeste	0,70	2,68	1,80	1,29
Sudeste	0,71	5,02	1,47	1,28
Sul	0,65	2,93	1,27	1,09
Centro-Oeste	0,71	2,97	1,07	1,11
Brasil	0,70	3,67	1,48	1,25

FONTES: Anexos Estatísticos I, III e VI.

GRÁFICO 31

BRASIL: ICH E PIB, 1970-2000

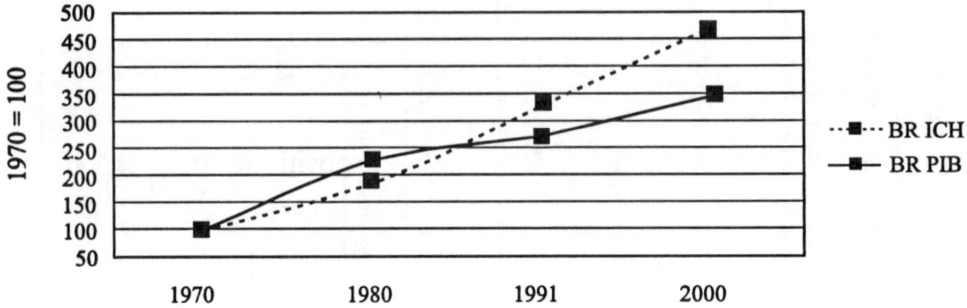

GRÁFICO 32

BRASIL E REGIÕES: CRESCIMENTO ANUAL DO PIB MENOS CRESCIMENTO ANUAL DO ICH, 1970-2000

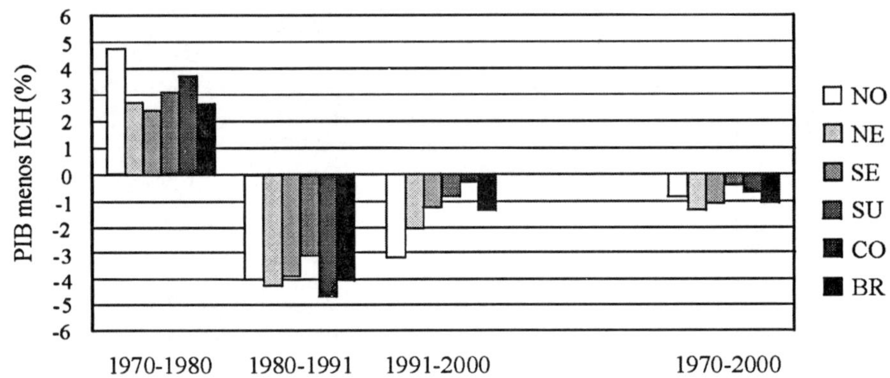

Nele pode-se ver que, na década de 1970, o crescimento do PIB superou o do ICH, ou seja, a relação incremental capital humano/produto (ICH/PIB) é menor que 1 (foi 0,7: Tabela 11). Nas décadas seguintes, porém, de baixo crescimento médio do PIB, mas elevada embora decrescente expansão do capital humano (medido pelo ICH), ocorreu o oposto, ICH/PIB sendo 3,67 em 1980-1991 e 1,48 em 1991-2000. No período em exame (1970-2000), essa mesma relação foi 1,25.

Esse comportamento está compatível ao que efetivamente sucedeu na década de 1970: intenso uso produtivo do capital humano, que se confirma pelos elevados e crescentes níveis de ocupação então prevalecentes.[39] O contrário do que ocorreu para o país na década seguinte e, embora em menor grau, nos anos 1990.

O Gráfico 32 ilustra de modo diverso esse mesmo fenômeno ao apresentar, agora também para as regiões, os diferenciais de crescimento médio anual entre o PIB e o ICH. É evidente que quando eles são positivos (nos anos 1970), é o PIB que cresce mais do que o ICH; quando negativos, é o ICH que cresce mais que o PIB, indicando capacidade ociosa dos recursos humanos (sub-utilização ou sub-remuneração do trabalho, desemprego).

O COMPONENTE TRABALHO: DESEMPREGO

A taxa de atividade, ou seja, a percentagem da população, de dez anos e mais, que integra a população economicamente ativa, PEA, é, entre as três variáveis relativas ao componente trabalho, a que melhor se correlaciona com os demais indicadores do IDS. A média de suas correlações com as 19 variáveis contidas na Tabela 9 é 0,683; e *r* é 0,818 com relação ao IDS, 0,831 com o componente habitação (0,864 com a disponibilidade domiciliar de geladeira), 0,851 com o componente educação, 0,771 com o componente saúde (0,807 com a taxa de sobrevivência infantil), e 0,703 com o PIB per capita.

O Gráfico 33 traça a evolução da taxa de atividade para o Brasil e regiões no período 1970-2000. Para o país como um todo, ela avança de 0,450 (ou seja, 45% da população de dez anos e mais) em 1970 para 0,566 em 2000, crescimento que reflete, em particular, o ingresso da mulher na PEA. Em 2000, o Sul, o Centro-Oeste e o Sudeste exibiam índices superiores ao brasileiro; e o Norte e Nordeste, inferiores, o que sugere uma correspondência direta entre nível de renda média e taxa de atividade. Note-se que o coeficiente de variação, *V*, cresce ao longo do tempo (de 2,4% em 1970 para 5,8% em 1980, 7,7% em 1991 e 7% em 2000). Esse fato deve refletir diferenças inter-regionais nas estruturas demográfica e social, afetadas por fatores como a participação da mulher no mercado de trabalho, o ingresso precoce na PEA e a própria distribuição etária da população.

---

[39]O ministro Mario Henrique Simonsen costumava dizer que o Brasil fora, nos anos 1970, "uma fábrica de empregos".

GRÁFICO 33

BRASIL E REGIÕES: TAXA DE ATIVIDADE, 1970-2000

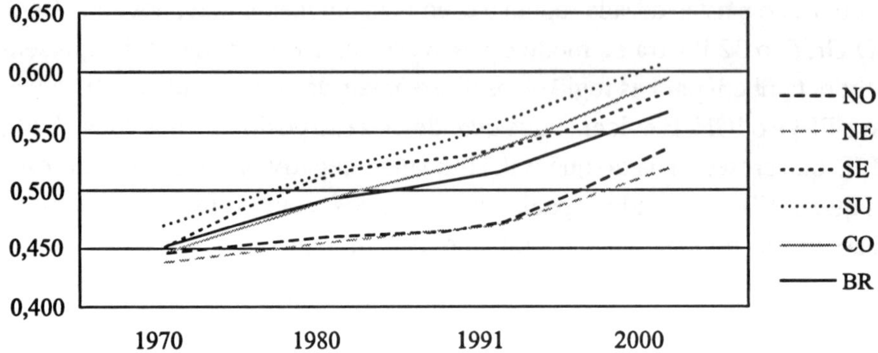

Mas é o segundo subcomponente do componente emprego que merece exame mais detido: por suas interações muito fracas com as demais variáveis do IDS, de um lado; e, do outro, por retratar problema, o do desemprego, que integra com centralidade a questão social brasileira desde meados dos anos 1980.

Com efeito, o subcomponente ocupação (porcentagem das pessoas integrantes da PEA que se encontram ocupadas) tem *r* médio de apenas 0,086, o menor dentre as variáveis integrantes do IDS; de apenas 0,143 com o IDS; e apresenta *r* mais significativo apenas com o componente emprego (do qual é um de seus dois componentes) e com o componente rendimento (r= 0,409).

É que a variável nível de ocupação — de que a desocupação, ou desemprego em sentido amplo, é o complemento para 1 — é, tipicamente, uma medida de desempenho, associada ao nível da atividade econômica. Tanto assim é que o crescimento dela, no período de referência (1970-2000), está fortemente correlacionado à evolução do PIB: *r* é, neste caso, 0,913 para o conjunto dos estados e 0,949 para as regiões.

O Gráfico 34 apresenta a taxa de ocupação para o Brasil e regiões em 1970-2000. Para o Brasil, esse indicador evoluiu de 0,903 (correspondente à taxa de desemprego de 9,7%) em 1970 para 0,978 em 1980 (desemprego de 2,2%, possivelmente apenas friccional), 0,946 em 1991 (desemprego de 5,4%) e 0,847 (desemprego de 15,3%) em 2000. Por regiões, há, em 1970, situações de considerável heterogeneidade, com o Nordeste num extremo (taxa de ocupação de 0,841, desemprego de 15,9%, associado à grande insuficiência de base econômica que essa região então apresentava, além das secas ocorridas nesse ano) e o Sudeste, no outro (0,934 e 6,6%, respectivamente).[40] Os níveis de ocupação convergiram inter-regionalmente com o rápido crescimento do PIB dos anos 1970, com *V* caindo de 4,3% para 0,5%. E divergiram, em relação a 1980, em 1991 e 2000 (*V* de 1,5% e 2,1%), à medida que se ampliaram, no bojo da anemia econômica prevalecente, os níveis de desocupação. Em 2000, era o Sudeste, à frente da crise do crescimento, que liderava a desocupação, com taxa de 16,4%, seguido de perto pelo Nordeste (15,9%). O desemprego, portanto, a par da pobreza extrema e da desigualdade de renda, marcou a questão social do país no final do século XX. Esse estigma persiste ainda hoje (2004), apesar da atenuação do crescimento da oferta de trabalho, que resulta do rápido desacelerar da expansão demográfica ocorrido há cerca de duas décadas.

GRÁFICO 34

BRASIL E REGIÕES: TAXA DE OCUPAÇÃO, 1970-2000

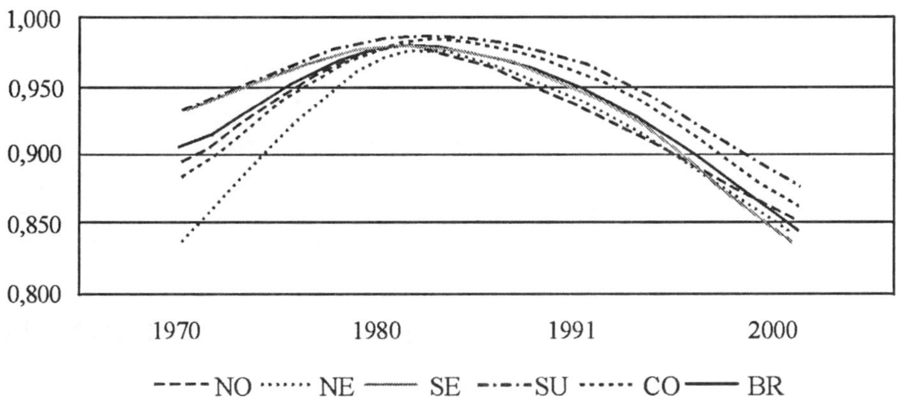

O Gráfico 35 apresenta a taxa de ocupação para estados selecionados, retratando a diversidade de situações em relação ao Brasil como um todo (igualado, em cada ano, a 100). Os casos de São Paulo, Ceará, Amazonas e Santa Catarina merecem breve registro. São Paulo partiu em 1970 com nível de ocupação superior ao brasileiro e, epicentro da instabilidade e crise econômicas das

[40]Observe-se que o Centro-Oeste, um Centro-Oeste anterior à revolução agroindustrial ocorrida nos cerrados, apresentou, em 1970, taxa de desemprego de 11,5%.

décadas de 1980 e 1990, chegou em 2000 com taxa de desemprego superior à do país. O Ceará seguiu trajetória oposta à paulista. O Amazonas venceu o desemprego alavancando sua economia com a indústria e o comércio incentivados pela Suframa e nucleados em Manaus. Não evitou, porém, crises sucessivas, ao longo dos anos 1980 e 1990, alcançando em 2000 nível de ocupação de 80,5%, abaixo do brasileiro. E Santa Catarina partiu em 1970 e chegou a 2000 mantendo, mesmo em 1980, taxas de ocupação superiores às brasileiras (em 4,1%, 0,4%, 1,5% e 5,9%, respectivamente em 1970, 1980, 1991 e 2000).

GRÁFICO 35

TAXA DE OCUPAÇÃO, POR ESTADOS SELECIONADOS, 1970-2000

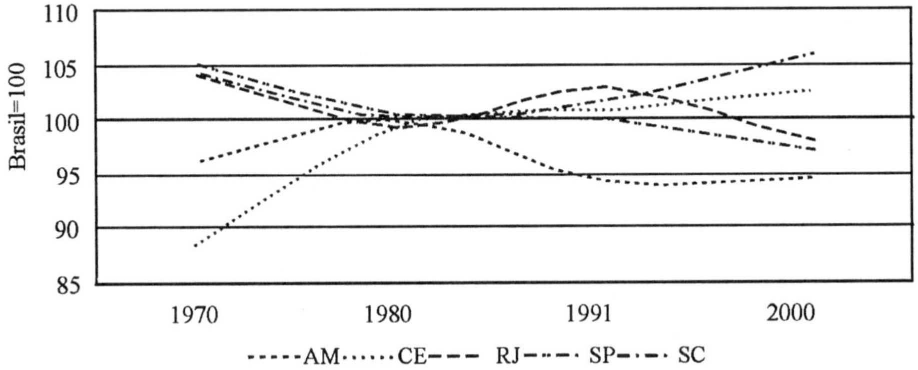

O COMPONENTE RENDIMENTO: DESIGUALDADE

São dois os subcomponentes do componente rendimento do IDS: o PIB per capita (na verdade, seu logaritmo decimal, utilizado com a finalidade de incorporar a hipótese da utilidade marginal decrescente da renda); e o coeficiente de igualdade, que é o complemento para 1 do coeficiente de Gini, possivelmente a medida mais conhecida do nível de desigualdade entre os rendimentos de uma dada população.

O PIB per capita é o que interage melhor com as demais variáveis do IDS, conforme se pode verificar na Tabela 12. A média de seus coeficientes de correlação é 0,682; e *r* é 0,829 com o IDS, 0,770 com o componente habitação e 0,807 com o componente educação (0,853 com o subcomponente taxa de alfabetização).

O comportamento do PIB per capita, tanto para o Brasil quanto para as regiões e estados, já foi examinado anteriormente.[41]

O subcomponente coeficiente de igualdade, entretanto, é muito pobre em interações com as demais variáveis que formam o IDS. Ele confirma um fato já há muito observado, para o Brasil, com seu complemento para 1, o coeficiente de Gini: uma "impressionante estabilidade" ao longo do tempo.[42] Ou mesmo, nos casos das regiões e de muitos estados, até uma certa tendência de redução, refletindo o agravamento das desigualdades interpessoais de renda.

Por essa razão, a média das correlações (calculada em números absolutos) do coeficiente de igualdade com as demais variáveis do IDS (Tabela 6) é apenas 0,135. E *r* apresenta valores negativos e baixos para com o IDS (-0,173) e os componentes habitação (-0,293), educação (-0,217) e saúde (-0,206).

O Gráfico 36 apresenta o coeficiente de igualdade para o Brasil e regiões no período 1970-2000, estimado a partir do rendimento domiciliar per capita e com base nos dados censitários. Do mesmo modo que o coeficiente de Gini, ele pode variar de 0 a 1. Porém, à medida que seu valor se eleva, maior é o grau de igualdade na distribuição interpessoal da renda.[43] Note-se que, em 1970, o valor mais baixo do coeficiente de igualdade era o brasileiro (0,361), o mais alto (0,457) o de um Norte com uma economia ainda dominantemente extrativa. Desde então, a tendência revelada pelo Brasil foi de relativa estabilidade, com ganhos em igualdade entre 1970 e 1980 (CI de 0,361 e 0380, respectivamente, que refletem, essencialmente, a trajetória percorrida, no decênio, pelo Sudeste);[44] e com perdas entre 1980 e 2000. No caso do Brasil, o valor desse coeficiente para 2000 equivalia a 98,3% o de 1970; no caso do Sudeste, a 99,6%. As demais regiões apresentaram desempenhos mais negativos. Na situação mais grave, a do Nordeste, o coeficiente de igualdade despencou em 1970-1991 e seu valor em 2000 equivalia a 83,6% daquele de 1970. Segue-se-lhe o do Norte, que caiu em todos os períodos, o valor de 2000 sendo 83,8% o de 1970.

---

[41] O PIB per capita integra o IDH-1 e o IDH-2, ambos já apresentados neste estudo.

[42] Essa expressão foi utilizada por Almeida Reis; Rodrigues; Paes de Barros.

[43] A grande maioria dos países apresenta coeficientes de igualdade superiores a 0,5 (ou seja, coeficientes de Gini inferiores a esse mesmo valor). O Brasil, entretanto, como sabido, vem exibindo desde pelo menos 1970, valores de Gini superiores a 0,5.

[44] Note-se que vários autores encontram discreta elevação no coeficiente de Gini para o Brasil (considerado o rendimento das pessoas com renda) entre 1970 e 1980. Entre eles, Bonelli & Sedlacek (variação no Gini de 0,57 em 1970 para 0,58 em 1980, comparada com variação de 0,50 para 0,57 na década de 1960) e Barros e Mendonça (Gini de 0,56 em 1970 e de 0,59 em 1980).

GRÁFICO 36

BRASIL E REGIÕES: COEFICIENTE DE IGUALDADE, 1970-2000

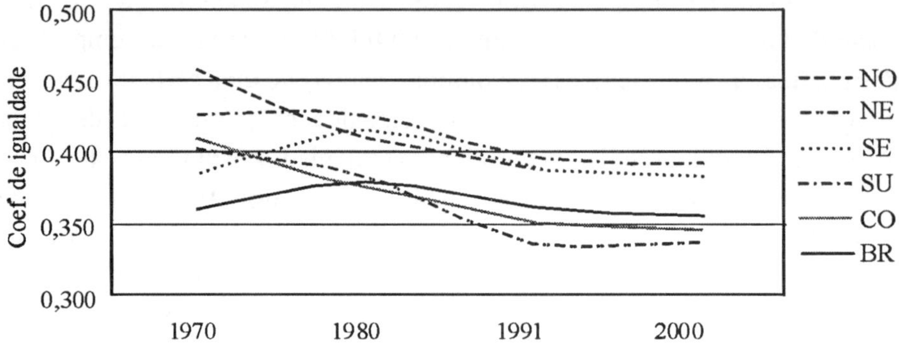

O Gráfico 37 apresenta as trajetórias desse subcomponente, para estados selecionados. A do Maranhão é a que revela maior agravamento de desigualdade. Em 1970, o estado — ainda uma economia uniformemente agrícola e uma sociedade dominantemente rural — tinha coeficiente de igualdade de 0,550, o mais elevado dentre os estados. Com a implantação dos grandes projetos minerometalúrgicos e a urbanização acelerada, esse índice caiu para 0,468 em 1980, 0,401 em 1991 e 0,341 em 2000, este último indicador correspondendo a 62% do obtido em 1970. Caminho semelhante seguiu o estado do Amazonas. Seu CI reduziu-se de 0,468 em 1970 para 0,317 em 2000, o segundo mais baixo dentre os estados e equivalente a 68% daquele de 1970.[45] No extremo oposto está Santa Catarina. Seu CI cresceu de 0,417 para 0,470 na década de 1970. Caiu um pouco nos anos de chumbo para o crescimento (foi, respectivamente, 0,454 e 0,440 em 1991 e 2000). Esses foram, porém, os maiores CIs alcançados, nesses anos, dentre os estados. E, em relação a 1970, o coeficiente catarinense de 2000 foi 6% maior. Minas Gerais foi outro estado que apresentou discreta melhoria em sua distribuição de renda (com o CI evoluindo de 0,381 em 1970 para 0,385 em 2000, aumento de 1%).

[45] O coeficiente de igualdade mais baixo, entre os estados é o de Alagoas (2000): 0,309, equivalente a 70% do de 1970.

São Paulo e o Rio de Janeiro tiveram ligeiros agravamentos em seus coeficientes de igualdade (os de 2000 sendo equivalentes a, respectivamente, 0,97 e 0,93 dos de 1970).

Os coeficientes de variação dos CIs para os estados, tendo recuado de 9,7% em 1970 para 7,7% em 1980, elevaram-se para 8,2% em 1991 e 10,5% em 2000.

GRÁFICO 37
ESTADOS SELECIONADOS: COEFICIENTE DE IGUALDADE, 1970-2000

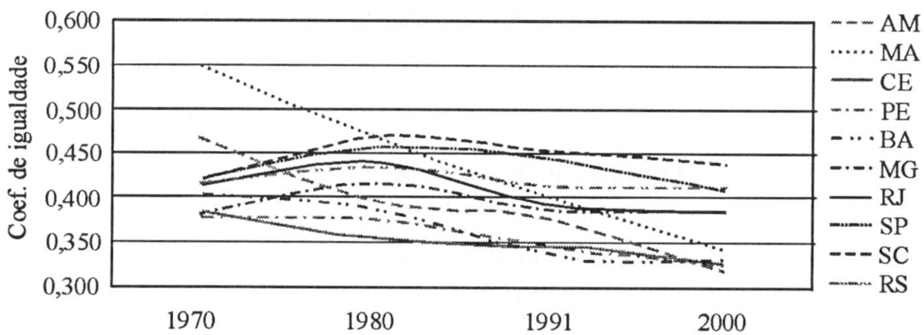

O que explica esses patamares tão baixos e as diversas trajetórias seguidas pelo coeficiente de igualdade no Brasil, suas regiões e estados nesses 30 anos?

Cabe observar, inicialmente, que o CI, ou sua contraparte para 1, o coeficiente de Gini, são indicadores de estrutura, e não de desempenho. Como tais, eles comumente espelham legados fortemente enraizados na sociedade, características e tendências pesadas o suficiente para inibir ou retardar quaisquer alterações mais abruptas nas características do organismo social que eles espelham.

O que sobressai da herança histórica que o século XX recebeu da Colônia e do Império são o latifúndio, o regime de trabalho escravo e a monocultura de exportação — fatores muito mais fortemente determinantes da formação social brasileira do que de sua economia. À casa-grande e à senzala corresponderam o senhor e o escravo, emblemas e signos da sociedade brasileira. Não há como esperar de organização social neles fundada qualquer impulso igualitário.

Sobretudo quando a Abolição (1888), alforria apenas jurídica, foi pragmaticamente nula enquanto projeto de inserção econômica e social. Esvaziou as senzalas para multiplicar os mocambos. Doze anos depois dela, o Censo de 1900 revelava que ⅔ da população de 15 anos e mais ainda eram analfabetos: entre eles a quase totalidade dos ex-escravos e a grande maioria dos mulatos e outros mestiços. Densa sombra de iniqüidade pesou, portanto, sobre toda a Primeira República (1889-1930), onde prevaleceram situações, diversas mas dominantes, de semi-servidão. Explicando a elevada concentração da riqueza, sobretudo a fundiária; alimentando o preconceito arcaico contra o trabalho manual ou mecânico; aviltando os salários.

Na segunda metade do século, mais modernizadora no que respeita, por exemplo, às relações de trabalho e à vigência dos direitos sociais, uma outra característica do desenvolvimento nacional sobreveio como inesperado reforço à conservação da desigualdade: a industrialização substitutiva de importações.

Sua viabilidade repousou em mercado interno preexistente, antes atendido por importações. A despeito do grande impulso que deu ao crescimento, pouco interessou a esse modelo uma melhor distribuição de renda: a demanda interna pelos produtos industrializados cuja importação ele buscou substituir assentava-se em perfil distributivo que, se alterado (em direção a maior igualdade), poderia estreitar o mercado desses bens, de maior valor e menor essencialidade (os bens duráveis de consumo, os bens intermediários neles contidos). Ampliando, paradoxalmente, o mercado da indústria "tradicional", de produtos de menor valor e mais necessários (os alimentos, os têxteis, os calçados). Somente num segundo, indefinido momento, o mercado como um todo deveria expandir-se: pelo impulso dado à economia pela nova mola do crescimento: a indústria "moderna", substitutiva de importações.

Altamente protegida da competição externa, concentrada espacialmente (com epicentro em São Paulo), a indústria substitutiva de importações engendrou, nos anos 1950 e 1960, processos de diferenciação estrutural da produção e clivagens no mercado de trabalho que redundaram tanto no agravamento da distribuição interpessoal da renda do Sudeste quanto na ampliação dos desequilíbrios inter-regionais (em particular entre o Sudeste e o Norte-Nordeste).

Da conjunção desses processos econômico-sociais muito provavelmente resultou o aumento no coeficiente de Gini observado entre 1960 e 1970 para o país como um todo: de 0,497 para 0,565, se consideradas a renda das pessoas de dez anos e mais com rendimento; ou de 0,562 para 0,639, se considerada a renda domiciliar per capita (0,438 e 0,361, respectivamente, para os coeficientes de igualdade correspondentes).[46]

Esse mesmo modelo, repensado como substitutivo de importações inter-regionais, foi parcial e fragmentariamente reproduzido no Nordeste no período de 1960-1985, alavancado por poderosos estímulos fiscais e financeiros, comandados pela Sudene. Estimulou o crescimento, impediu o avanço dos desequilíbrios regionais, mas engendrou diferenciações estruturais na produção e segmentações no mercado de trabalho que possivelmente geraram, nos anos 1970 e 1980, os significativos aumentos nas desigualdades interpessoais de renda já observados. Fenômenos semelhantes ocorreram no Norte (particularmente no Amazonas, com a Zona Franca de Manaus) e, a partir de meados dos anos 1970, no Centro-Oeste (a já mencionada revolução dos cerrados, comandada pela agroindústria e lastreada nas pesquisas conduzidas pela Embrapa).

Subjacente a tudo isso, a rápida transição demográfica, já abordada, concentrando-se entre 1940 e 1980 (foi na década de 1950 que ocorreram os mais altos níveis de expansão populacional), aliada a grandes migrações internas, inter-regionais e do campo para as cidades, terão contribuído importantemente para acentuar ou manter a concentração da renda. Cresceram a taxa de atividade da população e a procura por empregos, atendida, é certo, nas décadas de 1960 e 1970, quando a economia nacional foi capaz de gerar muitos empregos, mas cada vez menos nos anos 1980 e 1990, provo-

---

[46]Os dados sobre rendimento utilizados neste estudo são, consistentemente com os demais dados de base demográfica, os produzidos pelos censos de 1970 a 2000. Os cálculos dos coeficientes de Gini e dos CIs obtidos para 1970 e 1980 resultaram de tabulações especiais feitas pelo Ipea em 1991-2 (cf. Albuquerque, coord.). Os coeficientes de Gini delas obtidos para o Brasil em 1970 e 1980 foram 0,639 e 0,620, respectivamente, tendo-se registrado, no período, queda de 37,7% para 36,3% na participação, na renda total, dos 5% mais ricos e aumento de 6,7% para 7,5% na participação dos 40% mais pobres. As estimativas para 1991 e 2000 também foram elaboradas pelo Ipea (fonte: Ipeadata). Elas correspondem ao conceito de renda domiciliar per capita, de que geralmente resultam Ginis mais elevados do que os calculados com base no rendimento das pessoas ou mesmo das famílias: refletindo o fato de os domicílios pobres terem maior número de pessoas sem rendimento. A renda domiciliar per capita é o conceito mais consistente para os fins deste estudo. Cf., a propósito dessa questão, é certo que examinando apenas os casos das rendas pessoal e familiar, Rocha, p. 35-9.

cando acúmulo de desocupados. O mercado de trabalho tendeu naturalmente a nivelar-se por baixo: do lado da oferta, a baixa qualificação; do lado da procura, o salário baixo. E tomou corpo o fenômeno da urbanização excessiva, resultante do descompasso da base econômica com a base demográfica das cidades, mais visível, pela dimensão e gravidade, nas maiores aglomerações urbanas e em especial no Nordeste. Gerando subocupação e sub-renda, desemprego e marginalidade.[47]

No período de 1991-2000, os CIs para o Brasil, as regiões e a maioria dos estados tenderam em geral a relativa estabilização, permanecendo porém em patamares muito baixos, aparentemente insensíveis aos efeitos do Plano Real, tão evidentes no que concerne à redução da pobreza. As exceções (ou seja, a persistência da tendência para agravamento da desigualdade) ficaram por conta dos estados do Norte e do Maranhão, que em geral exibem em suas economias grandes diferenciais estruturais de produtividade, além de Alagoas, cuja evolução social partiu, na segunda metade do século, de níveis muito baixos de desenvolvimento.

Teria o Brasil afinal atingido, nos últimos anos do século passado, o patamar máximo de desigualdade representado pelo U invertido de Kusnets e Wilianson, que desenha o traçado hipotético, no tempo, do coeficiente de Gini?[48] Ou seja, no processo de desenvolvimento brasileiro, o de uma economia continental, não teria ocorrido, num primeiro momento, de grandes desequilíbrios de produtividade intersetorial e inter-regional (dos anos 1930 aos anos 1980), agravamento das desigualdades de renda até atingir-se, nos anos 1990, um patamar, a partir do qual começaria o ocorrer progresso, ainda que lento, em eqüidade?

É o que podem sugerir os primeiros dados do século XXI sobre desigualdade, os coeficientes de Gini para 2001 e 2002 estimados a partir das Pnads.[49]

---

[47]Para uma análise mais detida desses fatores de desigualdade, cf. Albuquerque 1993.

[48]Cf. Kuznets 1966 e 1971 e Willianson. A propósito do Brasil, Tolosa.

[49]Os coeficientes de Gini, calculados para o Brasil a partir do rendimento mensal dos domicílios foram 0,560, 0,558 e 0,553 para 1999, 2001 e 2002. Embora não sejam comparáveis com os utilizados neste estudo, que se baseiam nos Censos Demográficos e no rendimento domiciliar per capita, eles apontam para leve redução das desigualdades interdomiciliares de renda. (Cf. IBGE, Pnad 2002.)

O COMPONENTE HABITAÇÃO

Dentre os quatro subcomponentes do componente habitação, o percentual de domicílios com geladeira é o que interage mais fortemente com as demais variáveis do IDS. A média de seus 19 coeficientes de correlação, 0,778, é a maior para os indicadores integrantes do IDS.[50] E *r* é 0,960 com o IDS, 0,988 com o componente habitação, 0,977 com o componente educação (0,982 com o subcomponente pessoas com quatro anos ou mais de estudo), 0,845 com o componente saúde (0,883 com o subcomponente taxa de sobrevivência infantil, como já observado) e 0,864 com o PIB per capita. Forma-se, portanto, em torno desse subcomponente, um subespaço de interações tão significativo quanto o construído a partir do subcomponente percentagem das pessoas com quatro ou mais anos de estudo.

O Gráfico 39 apresenta o indicador disponibilidade domiciliar de geladeira por domicílios para o Brasil e regiões no período 1970-2000. No país como um todo, ele evoluiu nesse período de 26,1% para 83,2%, multiplicando-se por 3,2; no Nordeste (os menores valores regionais), de 9,2% para 63,2%, multiplicando-se por 6,9; e no Sudeste (os maiores valores), 39,9% para 92,9%, multiplicando-se por 2,3. O coeficiente inter-regional de variação caiu de 60% para 17,4% nesse período.

GRÁFICO 38

BRASIL E REGIÕES: DISPONIBILIDADE DOMICILIAR DE GELADEIRA, 1970-2000

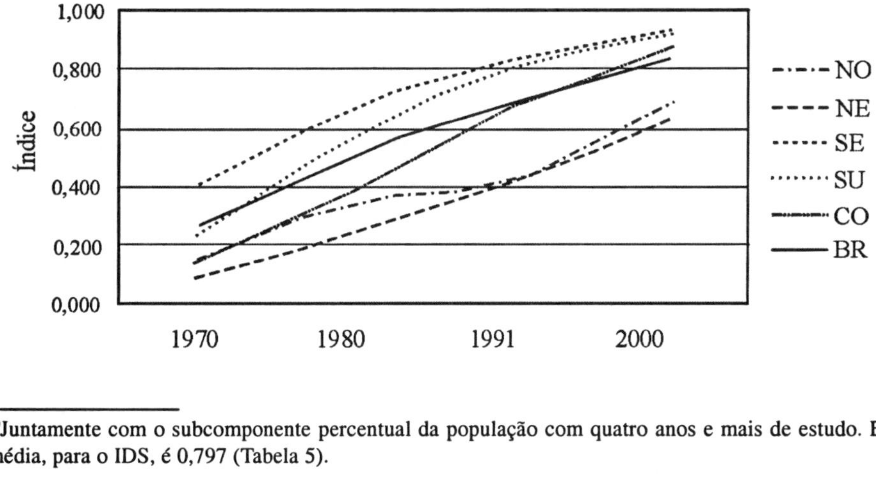

[50]Juntamente com o subcomponente percentual da população com quatro anos e mais de estudo. Essa média, para o IDS, é 0,797 (Tabela 5).

O Gráfico 40 apresenta a trajetória desse indicador (em 1970-2000) para estados selecionados, relativamente ao Brasil (Brasil=100 em cada ano censitário). Vê-se a grande convergência ocorrida no período, associada a crescimento muito elevado. *V* foi, para esses estados, 81,9% em 1970, caindo fortemente para 20,2% em 2000.

GRÁFICO 39
ESTADOS SELECIONADOS: DISPONIBILIDADE DOMICILIAR DE GELADEIRA, 1970-2000

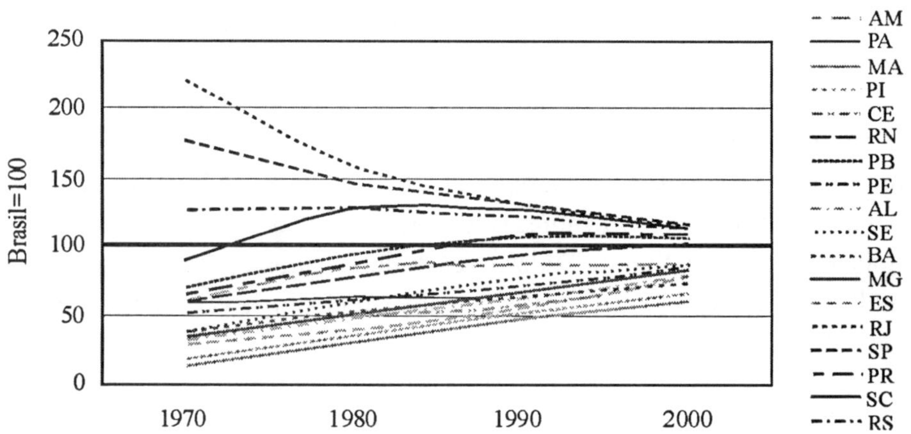

POBREZA: OS NÍVEIS DE VIDA

Em 1970, a incidência ou proporção de pobres na população brasileira ainda era muito elevada, correspondendo a 68,4% da população (Tabela 12).[51] Naquela década, de alto crescimento, houve redução de 48% nesse indicador, que foi para 35,3%. Essa queda, que ocorreu, em maior ou menor grau, em todas as regiões e estados brasileiros, foi acompanhada de uma redução na intensidade de pobreza, medida pela razão do hiato de renda, ou seja, a distância

[51]Os dados da Tabela 12, provenientes dos censos demográficos de 1970 e 1980 e, a partir daí, das Pnads, não são inteiramente comparáveis (cf. Albuquerque & Rocha; e Rocha, p. 81-9). Eles permitem, porém visualizar panorama bastante amplo da evolução da pobreza nos últimos 30 anos do século XX. A pobreza nessa Tabela (e no Gráfico 40) é medida como insuficiência de renda para o atendimento das necessidades básicas da família (considerada unidade de renda e consumo).

percentual entre a renda média dos pobres e a linha de pobreza relevante, linha essa que equivale à renda considerada suficiente ao atendimento das necessidades básicas: ele se reduziu de 53,4% para 42,7% no mesmo período.

Nessa mesma década, o número de pobres do país caiu de 61,1 milhões para 32,9 milhões.

Também melhorou na década de 1970 a distribuição de renda entre os pobres, quando medida, juntamente com a proporção de pobres e a razão do hiato de renda, pelo último indicador da Tabela 12, o hiato quadrático, um índice sintético de pobreza enquanto insuficiência de renda: ele se reduziu de 0,238 em 1970 para 0,088 em 1980.[52]

O Gráfico 40 reproduz a trajetória percorrida por esses indicadores. A proporção de pobres, muito sensível à conjuntura econômica, elevou-se em 1983 com crise conjuntural de crescimento, caiu fortemente em 1986 com o Plano Cruzado para ganhar momento no ano seguinte, estabilizando-se em pouco mais de 40%. Até nova queda, para 30%, ocorrida em 1995 e resultante dos efeitos estabilizadores do Plano Real. Manteve-se nesse patamar de 30% até o final do século.

A razão do hiato permaneceu, desde 1980, virtualmente no mesmo patamar de 40%, com queda mais acentuada em 1986 (para 37,6%) e maior aumento durante a recessão de 1992, quando alcançou 45,1%.

Já o hiato quadrático, mais volátil, teve expressivo aumento em 1981-83 (de 0,082 para 0,1), sofreu queda momentânea em 1986 (para 0,049) e padeceu declínio mais persistente a partir de 1995 (para um patamar em volta de 0,06).

De todo modo, é indiscutível que, nesses 30 anos, houve significativa redução da pobreza no país, seja na proporção de pobres, seja no grau de suficiência de suas rendas médias, seja na distribuição interfamiliar da renda, entre os pobres.[53]

---

[52]Para o cálculo desse indicador, ver Rocha, p. 79-80.

[53]Cabe contudo observar que a Tabela 12 e o Gráfico 40 utilizam, para a estimação das linhas de pobreza, uma cesta de consumo construída com fundamento no Estudo Nacional da Despesa Familiar, Endef, de 1974-5. A proporção de pobres no Brasil eleva-se bastante quando pesquisa sobre consumo familiar mais recente, a Pesquisa de Orçamentos Familiares, POF, de 1987-8, é utilizada para a definição das linhas de pobreza. Segundo este último critério, a proporção de pobres no país em 1999 era de 35%, o número de pobres sendo 54,4 milhões.

TABELA 12

BRASIL: INDICADORES DE POBREZA, 1970-1999

Discriminação	Anos																
	1970	1980	1981	1983	1985	1986	1987	1988	1989	1990	1992	1993	1995	1996	1997	1998	1999
Proporção de Pobres																	
Índice	0,684	0,353	0,346	0,412	0,35	0,237	0,283	0,292	0,299	0,303	0,306	0,304	0,206	0,214	0,209	0,202	0,211
1970=100	100,0	51,6	50,6	60,2	51,2	34,6	41,4	42,7	43,7	44,3	44,7	44,4	30,1	31,3	30,6	29,5	30,8
Variação Anual (%)		-6,40	-1,98	9,12	-7,83	-32,29	19,41	3,18	2,40	1,34	0,49	-0,65	-17,68	3,88	-2,34	-3,35	4,46
Razão do Hiato de Renda																	
Índice	0,534	0,427	0,413	0,423	0,403	0,376	0,403	0,417	0,421	0,421	0,451	0,443	0,434	0,443	0,445	0,435	0,436
1970=100	100,0	80,0	77,3	79,2	75,5	70,4	75,5	78,1	78,8	78,8	84,5	83,0	81,3	83,0	83,3	81,5	81,6
Variação (%)		-2,21	-3,28	1,20	-2,39	-6,70	7,18	3,47	0,96	0,00	3,50	-1,77	-1,02	2,07	0,45	-2,25	0,23
Razão do Hiato Quadrático																	
Índice	0,238	0,088	0,082	0,1	0,079	0,049	0,065	0,071	0,074	0,076	0,088	0,084	0,058	0,063	0,061	0,058	0,06
1970=100	100,0	37,0	34,5	42,0	33,2	20,6	27,3	29,8	31,1	31,9	37,0	35,3	24,4	26,5	25,6	24,4	25,2
Variação (%)		-9,47	-6,82	10,43	-11,12	-37,97	32,65	9,23	4,23	2,70	7,61	-4,55	-16,91	8,62	-3,17	-4,92	3,45

FONTES: Albuquerque & Rocha; Rocha.

GRÁFICO 40

BRASIL: POBREZA, INDICADORES SELECIONADOS, 1970-1999

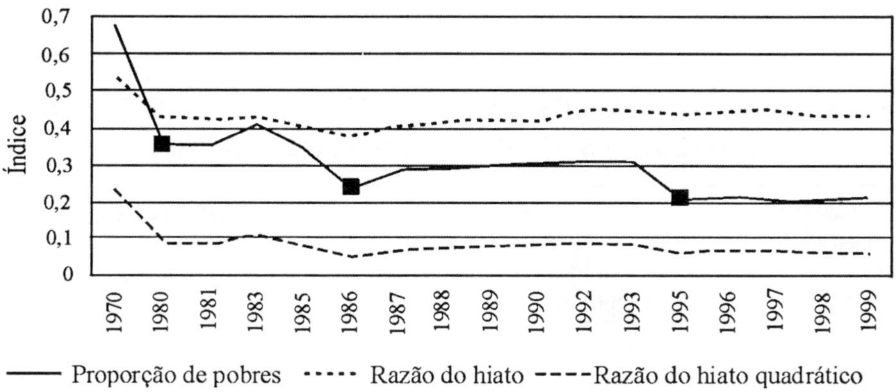

A despeito desse progresso, permanece grave o problema da pobreza no país: a ponto de situar-se no cerne da questão social brasileira neste início de século XXI.

Avulta em seu bojo o problema ainda mais sério da pobreza extrema, ou seja, daquelas pessoas cuja renda familiar per capita é insuficiente até mesmo ao atendimento de suas necessidades de alimentação, sendo esse o segmento da população considerado vulnerável à fome e prioritário como público-alvo de políticas públicas de redução da pobreza.

A Tabela 13 apresenta, para o ano 2000, por classes de municípios e regiões, alguns dados sobre a pobreza extrema, dando destaque a um indicador sintético do padrão de bem-estar, o Índice do Nível de Vida, INV.[54]

A pobreza extrema no Brasil correspondia, no final do século passado, a 12,87% da população. Formava um contingente de 21,7 milhões de pessoas. Os municípios com população igual ou inferior a 50 mil apresentavam proporções de extremamente pobres maiores do que a média nacional, com a maior incidência de pobreza extrema (20,1%) ocorrendo nos municípios de dez a 20 mil habitantes. Em contrapartida, os 224 municípios com mais de 100 mil habitantes (apenas 4,7% dos 5.507 municípios do país em 2000), embora com

[54]A metodologia para estimativa da pobreza extrema para 2000 por municípios consta de Rocha & Albuquerque.

baixa proporção média de extremamente pobres (8,6%) abrigavam 7,4 milhões de pessoas nessa condição, 31% da pobreza extrema do país.

TABELA 13

OS NÍVEIS DE VIDA DOS EXTREMAMENTE POBRES E NÃO-POBRES, POR CLASSES DE MUNICÍPIOS E REGIÕES, 2000

Classes de municípios (População)	População Brasil=100	Número de Pobres Brasil=100	Proporção de Pobres (%)	Índices do Nível de Vida INV: INV dos Pobres	Índices do Nível de Vida INV: INV dos Não-Pobres	Hiatos de INV (%)
Até 5.000	2,65	3,15	15,26	0,436	0,730	67,4
De 5.001 a 10.000	5,56	7,92	18,33	0,417	0,707	69,4
De 10.001 a 20.000	11,68	18,23	20,09	0,397	0,692	74,3
De 20.001 a 50.000	16,93	24,50	18,62	0,423	0,731	73,0
De 50.001 a 100.000	12,28	12,18	12,77	0,548	0,823	50,1
De 100.001 a 500.000	23,63	15,69	8,54	0,725	0,902	24,5
De 500.001 a 2.000.000	12,52	9,28	9,54	0,790	0,933	18,1
Mais de 2.000.000	14,74	9,05	7,90	0,834	0,956	14,6
Regiões						
Norte	7,61	11,11	18,79	0,446	0,696	55,9
Nordeste	28,16	52,82	24,14	0,449	0,715	59,4
Sudeste	42,61	25,08	7,57	0,762	0,910	19,4
Sul	14,77	7,05	6,14	0,703	0,898	27,6
Centro-Oeste	6,84	3,94	7,40	0,653	0,853	30,6
BRASIL	100,00	100,00	12,87	0,554	0,842	52,0

FONTES: Anexo VII; Rocha & Albuquerque.

Por regiões, a pobreza extrema concentrava-se no Nordeste (52,8%) e no Sudeste (25,1%).

O INV é um índice sintético das condições de vida, não monetário, integrado por três componentes, cada um deles correspondendo ao grau de atendimento de uma necessidade básica: (1) o componente educação, obtido a partir dos indicadores percentual de pessoas alfabetizadas, percentual de pessoas com quatro anos, ou mais, de escolaridade e percentual de pessoas com oito anos, ou mais, de estudo; (2) o componente habitação, obtido a partir dos indicadores percentual dos domicílios com abastecimento de água, energia elétrica e geladeira; e (3) o componente informação e lazer, obtido a partir do indicador percentual dos domicílios com televisão.[55]

O INV dos extremamente pobres para o Brasil foi, em 2000, de 0,554; para os não pobres, 0,842 (Tabela 13).

GRÁFICO 41

ÍNDICE DO NÍVEL DE VIDA, INV, DOS POBRES E NÃO-POBRES, POR MUNICÍPIOS E REGIÕES, 2000

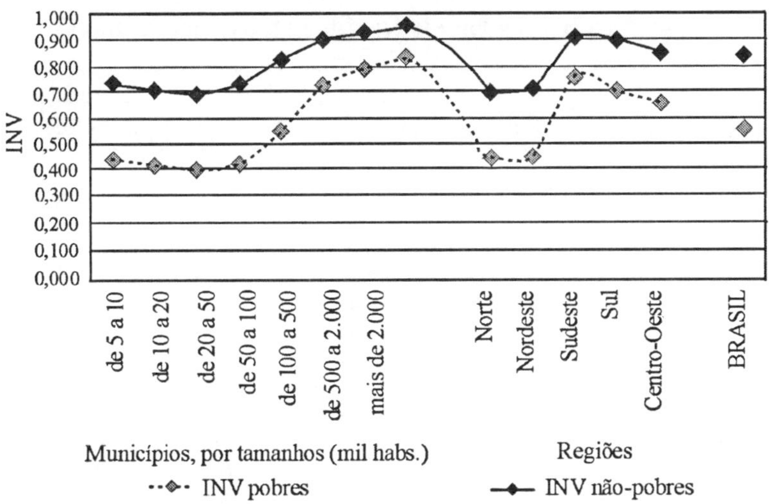

Cabe relevar que o menor INV dos pobres, 0,397, correspondia à classe dos municípios com maior proporção de pobres (municípios de 10 a 20 mil habitantes); o maior INV dos pobres, 0,834, à classe dos municípios com a menor proporção (aqueles com mais de 2.000 mil habitantes). Do mesmo modo, o maior hiato entre os INVs de pobres e não-pobres (o quociente da diferença entre o INV dos pobres e não-pobres e o INV dos pobres, que pode ser expresso como porcentagem), 74,3%, correspondia à primeira dessas duas classes de municípios; o menor hiato (14,6%), à segunda delas. Eis que o INV dos pobres correlaciona-se alta e negativamente com a proporção de pobres ($r = -0,952$); o hiato de INVs entre pobres e não-pobres correlaciona-se alta e positivamente com a proporção de pobres ($r = 0,949$); e, conseqüentemente, o INV dos pobres correlaciona-se alta e negativamente com o hiato de INVs ($r = -0,999$).

[55]Para o cálculo do INV, ver o Apêndice Metodológico.

O mesmo se pode, em geral, dizer das regiões, conforme se pode verificar na Tabela 13, o que, aliás, reforça a importância da proporção de pobres como indicador altamente correlacionado com as condições de vida dos pobres. O Gráfico 41 apresenta os INVs dos extremamente pobres e dos não-pobres por classes de municípios e regiões.

TABELA 14

COMPONENTES E SUBCOMPONENTES SELECIONADOS DO INV: HIATOS (%) ENTRE EXTREMAMENTE POBRES E NÃO-POBRES, POR CLASSES DE MUNICÍPIOS E REGIÕES, 2000

	Educação	Habitação	Lazer e informação	Alfabetização	Quatro anos de estudo	Oito anos de estudo
Classes de municípios (Mil)						
Até 5	51,49	84,86	64,31	35,42	39,69	141,98
De 5 a 10	62,22	88,98	58,45	43,97	46,11	179,14
De 10 a 20	70,87	99,59	57,76	48,91	52,71	211,99
De 20 a 50	80,65	92,49	53,53	56,12	59,73	225,04
De 50 a 100	63,19	57,63	35,33	40,54	45,60	166,82
De 100 a 500	40,67	22,41	15,07	22,13	26,66	107,00
De 500 a 2.000	35,83	13,70	9,34	16,38	21,53	96,72
Mais de 2.000	32,34	8,40	7,35	13,41	19,34	85,72
Regiões						
Norte	48,86	69,74	51,33	27,31	36,55	135,03
Nordeste	74,88	71,60	41,48	47,43	51,22	217,13
Sudeste	31,13	15,39	14,64	13,08	19,83	89,57
Sul	35,29	23,63	25,72	14,85	22,82	114,99
Centro-Oeste	40,20	29,59	24,36	20,01	27,86	114,80
BRASIL	65,55	57,19	38,17	41,15	46,64	167,59

FONTE: Anexo VII. Rocha & Albuquerque, 2004.

A Tabela 14 traz a exame os hiatos entre extremamente pobres e não pobres no que respeita aos componentes e alguns subcomponentes do INV. Para o Brasil, o maior hiato entre os componentes, o de educação, é de 65,5,%. Eles tendem a ser mais elevados nas classes de municípios com maior incidência de pobreza (aquelas de dez a 20 e de 20 a 50 mil habitantes, com hiatos de 70,9% e 80,6%, respectivamente), o mesmo ocorrendo no caso das regiões (o Nordeste exibe hiato de 74,9%). Embora o hiato nacional no que respeita às condições de habitação seja relativamente mais baixo (57,2%), esses hiatos superam os de educação nas classes de municípios até 50 mil habitantes (chegando a quase 100% na classe de 10 a 20 mil habitantes) e na região Norte, onde alcança 69,7% (confrontados com 48,9% para a educação). Já o hiato relativo a lazer e informação (representado apenas por um indicador, a disponibilidade domiciliar de televisão) é, para o país como um todo, de 38,2%, sendo bem inferior aos dois outros hiatos. Mas sua dispersão é bastante elevada entre as classes de municípios, com *V* sendo 65,8%.

GRÁFICO 42

HIATOS DE EDUCAÇÃO, CONDIÇÕES DA HABITAÇÃO E LAZER E INFORMAÇÃO, ENTRE POBRES E NÃO-POBRES, POR MUNICÍPIOS E REGIÕES, 2000

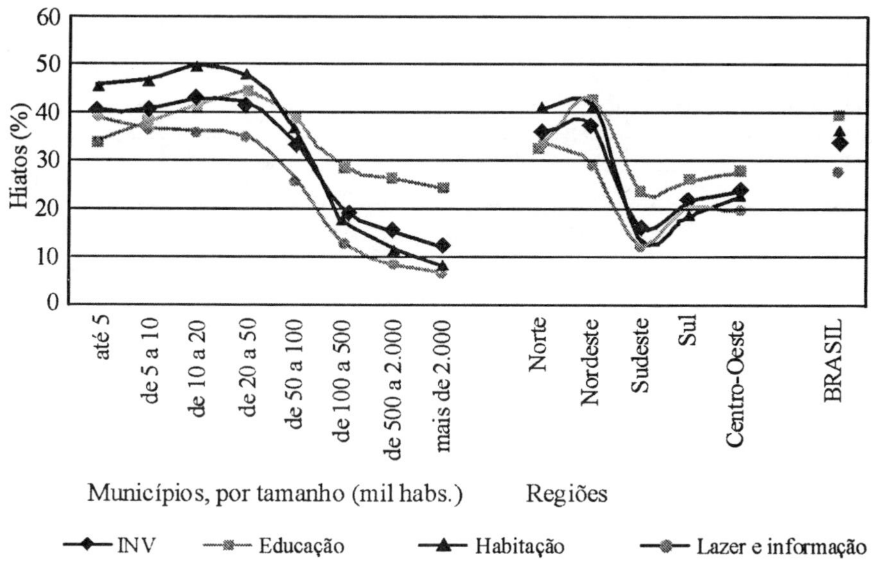

O Gráfico 42 apresenta esses hiatos, por classes de municípios e regiões, ensejando uma comparação entre eles e os hiatos de INV. Cabe referir, em particular, que, para o Brasil como um todo, os hiatos de educação e habitação superam o de INV. E que, por classes de municípios, os hiatos de habitação superam os de INV até a classe de 50 a 100 mil habitantes (inclusive), enquanto os hiatos de educação são inferiores aos de INV nas classes de até 20 mil habitantes. Entre as regiões, o hiato de INV do Norte é puxado para cima pelo componente habitação; o do Nordeste, pelos componentes educação e habitação; e os das demais regiões (de INVs, de pobres e não-pobres, mais elevados), apenas pelo componente educação. Seriam essas informações úteis ao desenho de políticas focalizadas de redução da pobreza.

GRÁFICO 43
HIATOS DE ALFABETIZAÇÃO E ESCOLARIDADE, ENTRE POBRES E NÃO-POBRES, POR MUNICÍPIOS E REGIÕES, 2000

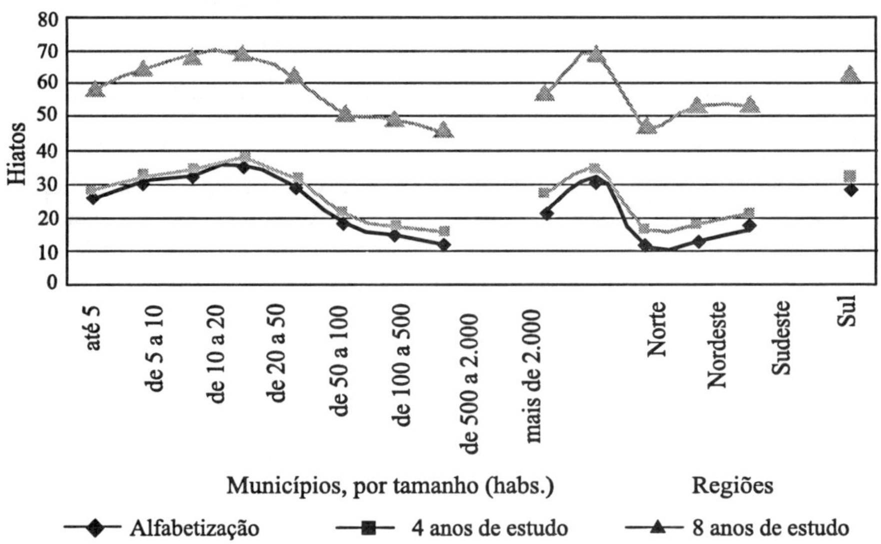

O Gráfico 43 (e ainda a Tabela 14) mostram os hiatos relativos aos três subcomponentes da educação: a taxa de alfabetização e as porcentagens das pessoas com quatro anos e mais e com oito anos e mais de estudo. O menor hiato é, conforme esperado, o de alfabetização, sendo mesmo assim elevado: de 41,1% para o Brasil, maior que o hiato relativo a lazer e informação (38,2%). Ele está, porém, bastante próximo do hiato de escolaridade mínima de quatro anos, que é de 46,6%. Os dois hiatos estão, em geral, muito próximos um do outro, embora ambos variem bastante por classes de municípios (sendo crescentes até a classe de 20 a 50 mil habitantes, fortemente decrescentes a partir dela) e por regiões (sendo mais elevados no Nordeste e Norte). O que, entretanto, mais diferencia pobres de não-pobres é o indicador de escolaridade mínima de oito anos: o hiato nacional dele é de 167,6%, com o maior hiato, o da classe de municípios de 20 a 50 mil habitantes, alcançando 225% e o menor (dos municípios acima de dois milhões de habitantes), 85,7%. Seu coeficiente de variação é baixo, com *V* de 34,7% justamente porque esse hiato mantém-se em patamar muito elevado. É esse subcomponente que empurra os hiatos do componente educação para cima, assim contribuindo para ampliar os fossos nas condições de vida que, no final do século passado, ainda se abriam, no Brasil, suas regiões, estados e maioria dos municípios, entre pobres e não-pobres.

Note-se, finalmente, que são muito elevadas as correlações entre os indicadores de pobreza extrema apresentados. O coeficiente de correlação, *r*, entre a proporção de pobres por classes de municípios e o INV dos pobres é -0,9525; entre essa mesma proporção e o hiato de INV, de 0,9656. Nesses dois casos, *r* é, para as regiões, respectivamente, -0,9323 e 0,9526. Para os componentes do INV dos pobres, *r* é (para as classes de municípios) 0,9969 entre educação e habitação, 0,9900 entre habitação e lazer e informação, 0,9781 entre educação e lazer e informação.

UMA AGENDA PARA O FUTURO

A melhor maneira de formular, com mais objetividade, as bases de uma agenda social para o Brasil nos próximos dez ou 15 anos é arriscar-se em exercício de prospecção que leve em conta dois conjuntos de parâmetros.

O primeiro deles consiste em limitar — apenas por imposição metodológica — a questão social do país, tal como percebida no final do século passado e início do atual, ao trinômio desigualdade-pobreza-desemprego. Sem deixar logo de reparar que o primeiro desses problemas, a desigualdade, tanto em sua expressão espacial, ou inter-regional, quanto sobretudo em sua dimensão interpessoal, sendo de natureza nitidamente estrutural, deita fundas raízes no processo mesmo de formação da sociedade nacional. Ao passo que o último deles, o desemprego (no sentido, amplo, de desocupação), reflete antes duas longas décadas de uma anemia econômica que avançou pelos três primeiros anos deste século, anos estes que se revelaram ainda mais exangues.

O segundo conjunto de parâmetros consiste em estabelecer um número limitado de objetivos-metas, todos eles expressando, ou vinculando-se estreitamente, ao trinômio-síntese do drama social brasileiro contemporâneo. A partir desses objetivos, seria possível não apenas formular uma imagem-objetivo de futuro — para o ano 2015, por exemplo —, mas também avaliar, quanto à plausibilidade, as trajetórias entre um presente já passado (o ano 2000) e um futuro já não tanto longínquo (o ano 2015).

CRESCIMENTO E DESIGUALDADE

O primeiro desses objetivos-metas é alcançar, nesses próximos anos, crescimento médio anual do PIB de pelo menos 5%. Esta foi a média do país no século XX (mais precisamente, ela foi 4,95%), muito superior, lembre-se logo, à obtida em 1980-2003, quando o país cresceu meros 1,95% ao ano.

Para assegurar esse desempenho, é preciso que o crescimento seja, realmente, objetivo econômico nacional — e não mera variável de ajuste: no sentido de ser aquele crescimento que for possível, depois de atendidas prioridades que a ele se sobrepõem, como a meta de inflação ou o superávit primário das contas públicas. E caberá atentar para os freios a crescimento elevado de mais longo prazo: entre eles, o financiamento dos investimentos em infra-estrutura e nas atividades diretamente produtivas; e a expansão da demanda interna, contida nos últimos anos, pela redução da massa salarial e da renda das famílias e pelo aumento do desemprego.

A Tabela 15 toma 2015 como imagem-objetivo para efeito do exercício de prospecção econômico-social empreendido. Considerando o ano de 2000 como ponto de partida, crescer em média a 5% ao ano por década e meia significa mais do que duplicar, em termos reais, o PIB do país. Como a população deverá evoluir, no mesmo período, no máximo a 1,1% anuais, o PIB per capita deverá expandir-se a pelo menos 3,9% ao ano, valor médio que, no século XX, somente foi superado na década de 1970.

Após o balanço de mais de 100 anos de progresso, empreendido neste estudo, não mais parecerá necessário ressaltar os efeitos do crescimento sobre o desenvolvimento social: particularmente na redução da pobreza e dos níveis de desocupação, bem como na melhoria geral das condições de vida, mesmo que se reconheça tenderem os novos padrões de crescimento a ser menos geradores de emprego e, eventualmente, mais concentradores de renda.

Por isso mesmo, para que o crescimento médio nacional projetado se distribua mais eqüitativamente entre as regiões e entre as pessoas, serão certamente necessárias políticas de orientação dos investimentos e dispêndios públicos voltados a esses propósitos.

Nas projeções das variáveis do IDS e do INV para 2015, constantes da Tabela 15, consideraram-se os coeficientes de correlação verificados entre elas, no período 1970-2000. Esses coeficientes, que poderiam ser comparados aos de uma matriz de relações interindustriais, não são simples elos mecânicos, de interatividade, entre variáveis. Eles refletem uma miríade de decisões, públicas e privadas, de pessoas e instituições, ao longo de espaços-tempos sociais conhecidos e delimitados. Decisões cujo produto foi um determinado evoluir da sociedade, evolução essa cujo sentido e direção os indicadores econômicos sociais intentam captar. É, pois, importante compreendê-las: para incentivar as que favoreceram os objetivos sociais do desenvolvimento e desestimular as que os desajudaram.

Na imagem-objetivo para 2015 da Tabela 15, portanto, toda uma história, ou experiência, do passado estão embutidas. Por essa razão, mesmo sabendo-se que seus resultados serão certamente alterados (o futuro nunca repete o passado), elas são relevantes, pois transportam ao futuro decisões, comportamentos, vivências já longamente vigentes. E, portanto, relevantes enquanto possam explicitar uma tendência, um padrão de desempenho.

Tomem-se dois exemplos, a título ilustrativo. Projetando-se a tendência de convergência, entre os PIBs per capita dos estados, verificada em 1950-2002 — uma tendência considerada virtuosa —, foi possível projetar uma redução das desigualdades entre eles, expressa por queda do coeficiente de variação, *V*, de 58,8% em 2000 para 47,4% em 2015, ou seja, de 1,4% ao ano. E projetando-se a correlação observada em 1970-2000 entre o PIB per capita ao coeficiente de igualdade (Tabela 6), foi possível projetar queda, modesta embora, no coeficiente de Gini para o país (calculado para a renda domiciliar per capita): de 0,645 para 0,560 para o mesmo período, ou seja, à razão de 0,9% anuais.

TABELA 15

BRASIL: SÍNTESE DOS INDICADORES, 2000-2015, E OBJETIVOS PARA 2015

Indicadores	2000	2015	2000=100	Crescimento médio anual (%)
População (mil)	169.799,2	199.593,0	118	1,1
Pobreza extrema (mil)	21.735,0	8.694,0	40	–5,9
Proporção de pobres (%)	12,87	4,36	34	–7,0
PIB (PPC$ milhões de 2002)	1.229,6	2.556,2	208	5,0
PIB per capita (PPC$)	7.241	12.807	177	3,9
IDS				
Total	0,563	0,794	141	2,3
Saúde	0,463	0,846	183	4,1
Educação	0,478	0,672	141	2,3
Trabalho	0,707	0,776	110	0,6
Rendimento	0,464	0,704	152	2,8
Habitação	0,705	0,973	138	2,2
INV pobres	0,413	0,583	141	2,3
INV não-pobres	0,629	0,858	137	2,1
Hiato de INVs (pobres e não-pobres), %	52,0	32,1	62	–3,2
Objetivos-metas do desenvolvimento (2015)				
Mortalidade infantil (por mil nascidos vivos)	33,7	8,4	25	–8,8
Pessoas com quatro anos e mais de estudo (%)	69,9	92,5	132	1,9
Desemprego (%)	15,3	5,1	33	–7,1
Disponibilidade de geladeira (% dos domicílios)	83,2	98,3	118	1,1
Outros objetivos				
Coeficiente de Gini	0,645	0,560	87	–0,9
Taxa de alfabetização (%)	86,4	96,9	112	0,8
Pessoas com oito e mais anos de estudo (%)	35,3	69,0	195	4,6
Pessoas com 11 e mais anos de estudo (%)	19,8	28,8	146	2,5
Coeficientes de Variação, *V*, entre estados (%)				
PIB per capita (PPC$)	58,81	47,42	81	–1,4
IDS				
Total	28,15	8,95	32	–7,4
Componentes				
Saúde	47,82	13,34	28	–8,2
Educação	17,5	5,22	30	–7,7
Trabalho	3,9	2,47	63	–3,1
Rendimento	53,5	27,91	52	– 4,2
Habitação	45,7	3,21	7	–16,2
Taxa de sobrevivência infantil	1,2	0,30	24	–9,0

(*Continua*)

(*Cont.*)

Indicadores	2000	2015	2000=100	Crescimento médio anual (%)
Taxa de Alfabetização	10,4	2,01	19	–10,4
Pessoas com quatro anos e mais de estudo	17,2	3,06	18	–10,9
Pessoas com oito e mais anos de estudo	25,9	5,83	23	–9,5
Pessoas com 11 e mais anos de estudo	30,8	17,71	57	–3,6
Taxa de ocupação	3,3	0,98	30	–7,7
Disponibilidade domiciliar de geladeira	12,6	1,27	10	–14,2

FONTES: Anexos I a VIII.

Essas projeções podem ser mais bem visualizadas nos Gráficos 44 a 46.

O Gráfico 44 apresenta, para o Brasil, a evolução de longo prazo do PIB, da população e do PIB per capita, à qual se acrescenta o período projetado, 2000-2015 (ignorando-se, propositalmente, os frágeis desempenhos econômicos de 2000-2003, já conhecidos, que seriam compensados ao longo do restante do período). Observe-se que, entre 2000 e 2015, o comportamento do PIB inflete para cima, retomando a tendência de crescimento dominante no século XX. Que o PIB per capita inclina-se relativamente mais, sendo somente superado pela década de 1970. E que a população vai aos poucos se aproximando de crescimento quase nulo.

GRÁFICO 44

BRASIL: PIB, POPULAÇÃO E PIB PER CAPITA, 1900-2015

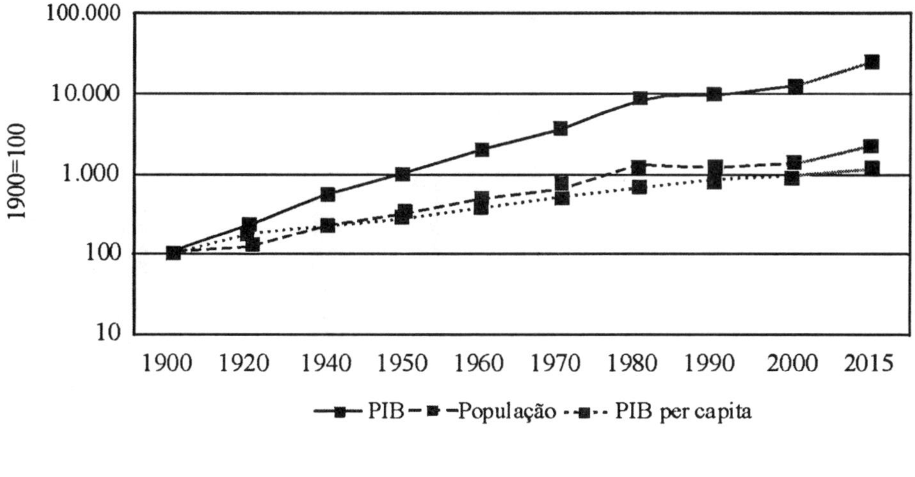

O Gráfico 45 apresenta os coeficientes de igualdade, para o Brasil e estados, relativos a 2000 e 2015, podendo-se verificar a melhoria esperada nesses indicadores, com os CIs dos estados de Santa Catarina e Rio Grande do Sul superando o 0,500, o que significa que o coeficiente de Gini correspondente seria menor do que esse mesmo valor.

GRÁFICO 45

BRASIL: TAXA DE IGUALDADE, 2000 E 2015

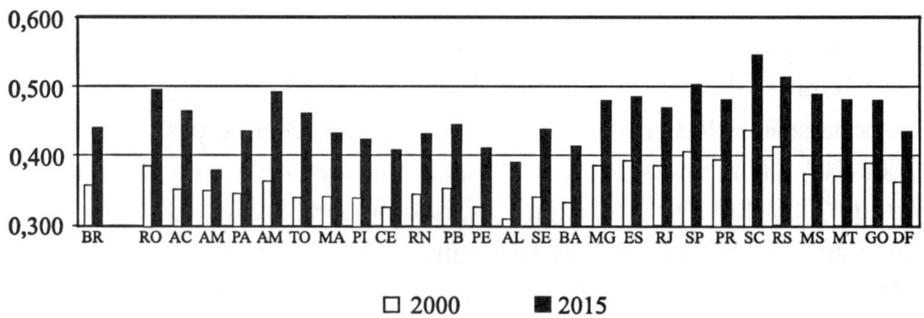

No Gráfico 46 são comparados os PIBs per capita das regiões e do país para 2000 e 2015, expressos em dólares internacionais de 2002. Eles registram crescimentos maiores do que o brasileiro no Norte (4,9% anuais), Nordeste (4,2%) e Centro-Oeste (4,1%).[56]

GRÁFICO 46

BRASIL E REGIÕES: PIB PER CAPITA, 2000 E 2015

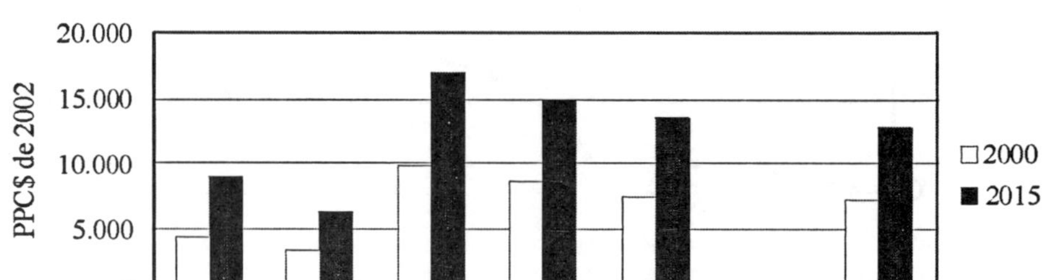

[56] Ver, a propósito, o Anexo VIII.

POBREZA EXTREMA

O segundo objetivo-meta selecionado diz respeito à pobreza extrema. Ele é definido como uma redução de pelo menos 60% da proporção dessas pessoas, particularmente vulneráveis à miséria e à fome, na população seja do país, seja de suas regiões e estados. É possível que uma parcela dessa redução ocorra em decorrência de efeitos provocados pelo crescimento econômico bastante elevado projetado (sobretudo quando contabilizado em termos per capita). Mas um eficaz programa de redução da pobreza, em suas diversas e complexas manifestações, se faz necessário, quando não imprescindível. Programa voltado a capacitar os pobres a tornarem-se, eles próprios, sujeitos de suas próprias inclusões econômico-sociais.

Por esse objetivo, a proporção de extremamente pobres deverá reduzir-se, no país, de 12,87% em 2000 para 4,4% em 2015, com o número de pessoas nessa condição decrescendo no mesmo período de 21,7 milhões para 8,7 milhões, ou seja, a 5,9% anuais (Tabela 15).

Em decorrência, o INV médio dos pobres para o Brasil se elevará de 0,413 para 0,583 e o hiato entre ele e o INV dos não-pobres se reduzirá de 52% para 32%.

GRÁFICO 47
BRASIL E REGIÕES: PROPORÇÃO DE POBREZA EXTREMA, 2000 E 2015

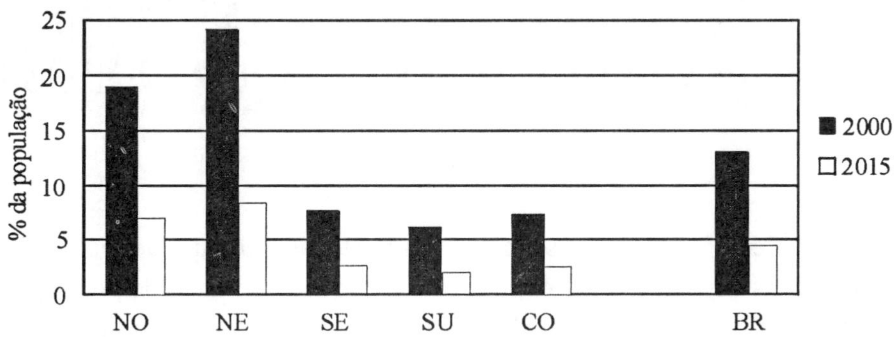

O Gráfico 47 apresenta a evolução projetada para a incidência de pobreza por regiões. Essa proporção deverá declinar no Nordeste de 24,1% para 8,2%; no Norte, de 18,8% para 7%; no Sudeste, de 7,6% para 2,6%; no Centro-Oeste, de 7,4% para 2,5% e no Sul, de 6,1% para 2%.

DESEMPREGO

O terceiro objetivo-meta é reduzir em pelo menos ⅔ o desemprego, medido pela taxa de desocupação. De acordo com as projeções feitas, essa taxa deverá cair de 15,3% em 2000 para 5,1% em 2015, ou seja, decrescer a 7,1% ao ano. Esse objetivo, que situaria o desemprego apenas um pouco acima daquele que se pode considerar friccional no mercado de trabalho, de um lado incorpora as elasticidades emprego-produto do período 1970-2000, que podem declinar significativamente à medida que novos paradigmas tecnológicos, poupadores de mão-de-obra, sejam estendidos a toda a economia; de outro lado tem, favorecendo sua viabilidade, a redução da oferta de mão-de-obra resultante da queda abrupta do crescimento demográfico ocorrido nas últimas décadas do século XX.

GRÁFICO 48

BRASIL E ESTADOS: TAXA DE OCUPAÇÃO, 2000 E 2015

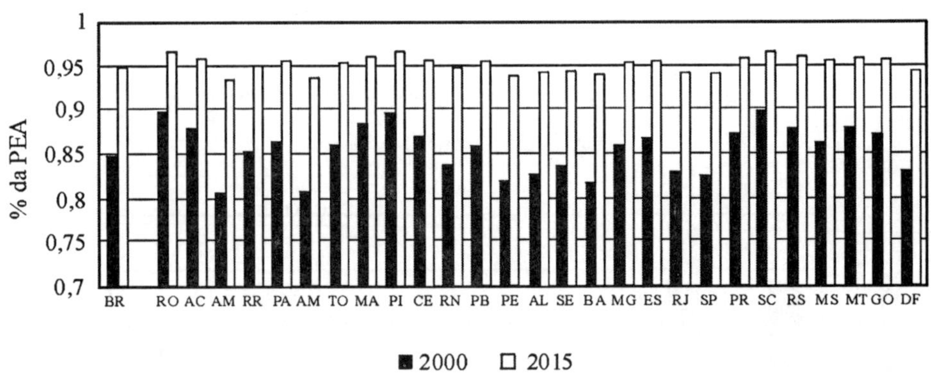

O Gráfico 48 apresenta as ampliações nas taxas de ocupação, por estados e para o país como um todo, obtidas pelo exercício numérico de prospecção. Repare-se que as taxas projetadas continuam abaixo da média nacional no Amazonas, no Distrito Federal, em cinco estados do Nordeste (entre eles

Pernambuco e Bahia) e nos estados de São Paulo e Rio de Janeiro, onde foi mais grave a crise de desocupação dos anos 1990 e inícios da presente década.

SAÚDE, EDUCAÇÃO E HABITAÇÃO: O IDS EM 2015

Os três últimos objetivos-metas dizem respeito à saúde, educação e condições de habitação.

Na saúde, visa-se a reduzir em 75%, no mínimo, a taxa de mortalidade infantil (entre zero e um ano). Ela deverá, portanto, cair nacionalmente de 33,7/1.000 em 2000 para 8,4/1.000 nascidos vivos em 2015, ou seja, decrescer, anualmente, 8,8%. Caso esse objetivo seja alcançado, o coeficiente de variação, *V*, para os estados da taxa de sobrevivência infantil (que é, conforme já salientado, o complemento, para 1, da taxa de mortalidade infantil) deverá reduzir-se de 1,2% para 0,3% nesses 15 anos. Computados os efeitos diretos e indiretos dessa queda, o *V* do componente saúde (para os estados) reduz-se de 47,8% para 13,3% no mesmo período, diminuindo, também nesse aspecto as disparidades interestaduais.

Na educação, a meta é reduzir em no mínimo 75% o percentual das pessoas com menos de quatro anos de escolaridade. Isto significa, para o Brasil, elevar a porcentagem de pessoas com quatro anos e mais de estudo de 69,9% para 92,5% entre 2000 e 2015, ampliando-a 32% no período, ou 1,9% ao ano. Consideradas, com a ajuda da Tabela 6, as interações desse com os demais indicadores de educação, obtêm-se elevações de 86,4% para 96,9% na taxa de alfabetização; de 35,3% para 69% na parcela das pessoas com 8 anos e mais de estudo; e de 19,8% para 28,8% na parcela de pessoas com 11 e mais anos de escolaridade. Ademais, haveria convergência, entre os estados, em todos esses indicadores, bem como no componente educação do IDS, conforme se pode verificar nos *Vs* apresentados na Tabela 15.[57]

No que respeita, finalmente, às condições de habitação, o objetivo é reduzir em 90% a indisponibilidade domiciliar de geladeira. Atendida essa meta no país, o porcentual de domicílios dotados de geladeira se elevaria de 83,2% em 2000 para 98,3% em 2015, ou seja, 18% no período (1,1% anual). Haveria concomitantemente significativa convergência entre os indicadores dos estados, com *V* reduzindo-se de 12,6% para 1,27% nesse período. Resultados se-

[57]Os indicadores projetados para as regiões também apresentam significativas convergências (cf. o Anexo VIII).

melhantes foram obtidos para as projeções feitas para os outros indicadores relativos às condições de habitação.

A partir desse conjunto de prospecções, foi projetado, para 2015, o Índice de Desenvolvimento Social, IDS. Primeiro, os seus subcomponentes, a seguir agregados em componentes, estes por sua vez integrados no IDS. Desse exercício resultou um IDS para o Brasil em 2015 de 0,794, comparável a IDS para 2000 de 0,563 (valor este recalculado, tendo em vista a mudança de base e período e, em decorrência, novos valores máximos e mínimos por indicador). Obteve-se, portanto, um aumento de 44% no IDS brasileiro nesse período, ou seja, um crescimento de 2,3% anuais (lembre-se que as projeções compatíveis de PIB per capita indicam crescimento de 3,9% ao ano). O componente saúde cresce 83% (4,1% ao ano); educação, 41% (2,3%); trabalho, 10% (0,6%); rendimento, 52% (2,8%); e habitação, 38% (2,2% anuais).

O Gráfico 49 reproduz essas trajetórias, comparadas às do período 1970-2000.[58]

GRÁFICO 49

BRASIL: IDS E COMPONENTES, 1970-2015

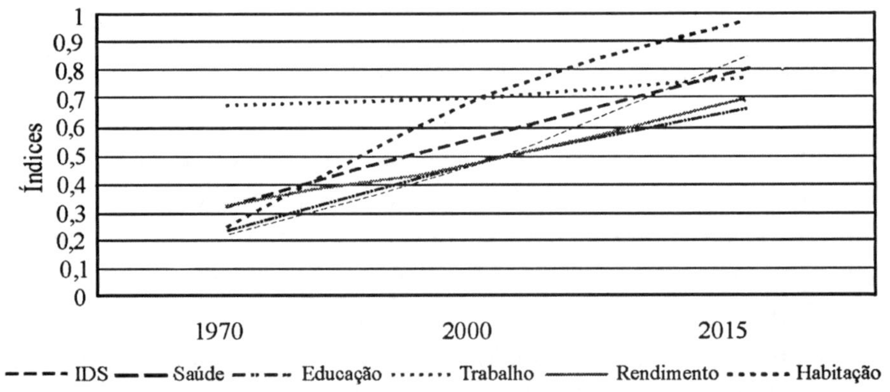

O Gráfico 50 apresenta as trajetórias do IDS por regiões, podendo-se verificar o crescimento mais rápido do índice para as regiões de menor grau de desenvolvimento social (Nordeste, Norte e Centro-Oeste) e, portanto, redução dos desníveis inter-regionais aferidos por esse indicador.

[58]Os valores do IDS para 1970 e 2000 também foram recalculados tendo em vista a extensão do período para 2015.

GRÁFICO 50
BRASIL E REGIÕES, IDS, 1970-2015

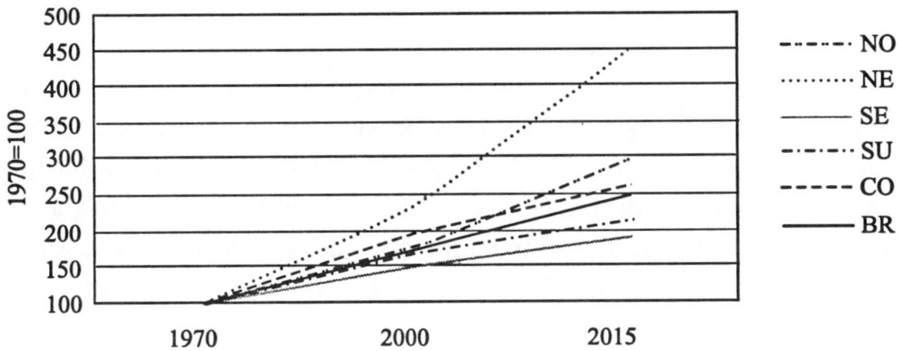

Finalmente, o Gráfico 51 retrata as trajetórias dos estados, para os mesmos períodos, mostrando, de igual modo, desempenho em geral mais favorável daqueles de menor nível de desenvolvimento social. Tanto que, para o IDS do conjunto deles, *V* cai, entre 2000 e 2015, de 28,1% para 8,9%, isto é, 7,4% ao ano.

GRÁFICO 51
ESTADOS: IDS, 1970-2015

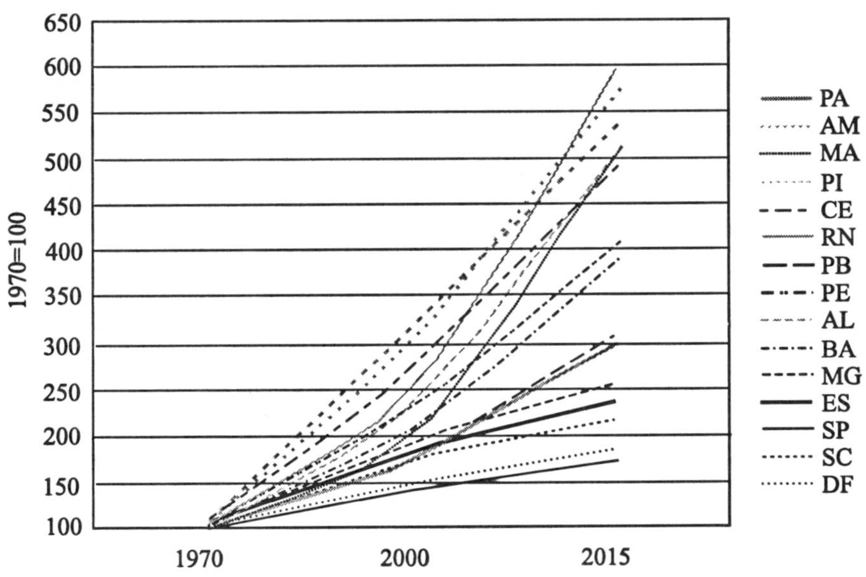

VIOLÊNCIA

Na década passada e primeiros anos deste século XXI, uma outra mazela social grave emergiu no bojo da questão social brasileira: a violência, configurando-se como sério desafio à ordem constituída.

Ela se manifestou, de um lado, no meio urbano, sobretudo nas regiões metropolitanas e maiores cidades: sob a forma do crime organizado, associado ao tráfico de drogas e a infiltrar-se nas administrações públicas. Submetendo pessoas e famílias, desprotegidas dos poderes públicos e desarmadas por força de lei, a toda sorte de constrangimentos, que culminam em seqüestros e assassinatos de extrema crueldade. Esgarça-se a olhos vistos o tecido social das cidades, impera o medo, dissolvem-se os valores da convivência.

Sob o olhar tolerante de governos, grassam no meio rural as invasões de propriedades. Forjando conflitos até então inexistentes; instalando no campo a insegurança no viver; pondo sob permanente risco a produção agropecuária.

O século XXI está, pois, inscrevendo um quarto, igualmente grave, problema na sobrecarregada questão social brasileira. Assim transformando o complexo trinômio desigualdade-pobreza-desemprego num quadrinômio ameaçador. Que termina em violência.

APÊNDICE METODOLÓGICO

COM VISTAS A ESTE ESTUDO, foi construída uma base de dados que, uma vez compatibilizada, fundamentou o balanço econômico-social do século XX e permitiu a estimação dos seguintes índices sintéticos de desenvolvimento:

I. um Índice de Desenvolvimento Humano, chamado IDH-1, construído para o Brasil e cobrindo o período 1900-2003;
II. um outro Índice de Desenvolvimento Humano, IDH-2, calculado para o Brasil, grandes regiões e estados e relativo ao período 1950-2000;
III. um Índice de Desenvolvimento Social, IDS, estimado para o Brasil, grandes regiões e estados, calculado para os anos censitários de 1970, 1980, 1991 e 2000;
IV. um Índice do Capital Humano, ICH, derivado do IDS;
V. um conjunto de Índices do Nível de Vida, INVs, estimado para o Brasil, grandes regiões, estados e os 5.507 municípios existentes em 2000 e composto de três INVs: um INV para as pessoas em situação de pobreza extrema; um INV para os não-pobres (ou seja, as pessoas que não se encontravam nessa situação); e um INV para o total da população (extremamente pobres e não-pobres).[59]

De um modo geral, o cálculo desses índices sintéticos, quer agregam, em uma só unidade relativa de medida, mais de um indicador econômico-social, segue o mesmo *rationale* e desdobra-se nas mesmas etapas.

---

[59]Tanto na elaboração e compatibilização da base de dados quanto na elaboração preliminar de indicadores econômico-sociais, foi de grande valia a colaboração do economista, com mestrado pela UFPE (Pimes), Antonio Pessoa Nunes Neto, a quem este autor expressa os agradecimentos.

Na primeira estima-se, para cada indicador, I_i (também chamado subcomponente), com relação a cada situação social (país, região, estado, município), *j*, uma medida do grau de atendimento de uma necessidade ou objetivo, $I_{ij,}$ definida como:

$$I_{ij} = 1 - \frac{\max_j I_{ij} - I_{ij}}{\max_j I_{ij} - \min_j I_{ij}}$$

Na segunda etapa, constrói-se para cada componente, C_i, com relação a cada situação social, *j*, uma medida de atendimento, *Cij*, que resulta da média simples (por vezes de média ponderada), das medidas do grau de atendimento relativas a cada indicador ou subcomponente:

$$C_{ij} = \frac{1}{n}\sum_{j=1}^{n} I_{ij}$$

Na terceira etapa, obtém-se o índice sintético desejado, *IN*, geralmente uma média simples de seus componentes. Ele é expresso por valores situados, necessariamente, entre 0 e 1, que são comumente apresentados com três casas decimais. Quanto mais se aproxima de 1, melhor o grau de atendimento relativo do indicador (ou subcomponente), componente ou INV, o qual é medida sintética do grau de atendimento de seus dois ou mais componentes:[60]

$$IN_{ij} = \frac{1}{n}\sum_{i=1}^{n} C_{ij}$$

[60]Os índices sintéticos de desenvolvimento estão, portanto, sempre normalizados, variando de 0 a 1. Eles expressam um valor relativo, no sentido espacial e temporal, e só têm sentido no âmbito da escala de referência que foi utilizada em sua construção.

OS ÍNDICES DE DESENVOLVIMENTO HUMANO: IDH-1 E IDH-2

O IDH-1 é o mais simples dos índices da série dos IDHs e foi produzido pelo Pnud (Programa das Nações Unidas para o Desenvolvimento) em 1990.[61] Ele é integrado por apenas três indicadores, que equivalem a componentes:

I. a esperança média de vida ao nascer, em anos (o componente saúde);
II. a taxa de alfabetização, ou seja, a porcentagem das pessoas, de 15 anos e mais, alfabetizadas (o componente educação);
III. o PIB per capita, expresso em dólares internacionais (PPC$ a preços constantes, de 2002), que equivale ao componente monetário.

Este último indicador é expresso em logaritmos decimais, de modo a ensejar comparabilidade com os IDHs produzidos pelo Pnud mais recentemente.[62]

Ainda com vistas à comparabilidade a 173 países com IDHs estimados pelo Pnud para 2000, foram utilizados, como máximos e mínimos, não os encontrados no conjunto de dados obtidos para cada indicador, mas os valores adotados pelo Pnud para 2000. Eles são os seguintes: esperança de vida: 25 e 85 anos; taxa de alfabetização: 0 e 100; renda per capita: logaritmos de 100 e de 40 mil (valores esses expressos em PPC$).

O IDH-2 difere do IDH-1 apenas porque inclui o quociente entre o número de matrículas (nos ensinos de primeiro, segundo e terceiro graus) e a população em idade escolar como um dos indicadores educacionais, ao lado da taxa de alfabetização.[63] Portanto, o segundo componente do IDH-2, o componente educação, é integrado por dois subcomponentes: a taxa de alfabetização, com peso de ⅔, e a taxa bruta de matrículas, com peso de ⅓, pesos esses adotados

[61]Cf. UNPD 1900. Estudo deste autor, elaborado em parceria com Renato Villela e apresentado no Fórum Nacional de 1990, estimou os IDHs para as regiões e os estados brasileiros, e construiu um Índice do Nível de Vida, INV, e um Índice de Desenvolvimento Relativo, IDR, para o Brasil, regiões e estados (para as décadas de 1970 e 1980). Cf. Albuquerque e Villela.

[62]Ver UNDP 2002.

[63]Não foi possível obter a informação sobre matrículas para a primeira metade do século XX, coberta pelo IDH-1.

pelo Pnud no cálculo do IDH de 2000. Os valores máximo e mínimo para esse último indicador, também usados pelo Pnud, são 0 e 100.

O IDS, mais comlexo e abrangente do que os IDHs, é integrado pelos seguintes componentes:

I. o componente saúde, representado por dois indicadores ou subcomponentes: a expectativa de vida ao nascer, em anos (peso 0,6) e a taxa de sobrevivência infantil (1 menos a taxa de mortalidade infantil — entre zero e um ano — por mil nascidos vivos), com peso 0,4;

II. o componente educação, representado por quatro subcomponentes: a taxa de alfabetização (com peso 0,2); o quociente entre o número de pessoas com quatro anos e mais de estudo e o número total de pessoas (peso 0,2); idem para as pessoas com oito anos e mais de estudo (peso 0,3); e idem para as pessoas com 11 anos e mais de estudo (peso 0,3);[64]

III. o componente trabalho, representado por dois indicadores: a taxa de atividade (população economicamente ativa, PEA/população de dez anos e mais), com peso 0,4; e a população ocupada (população ocupada/PEA), com peso 0,6;

IV. o componente rendimento, representado pelo PIB per capita, expresso em logaritmo (peso 0,8) e pelo coeficiente de igualdade, correspondente a 1 menos o coeficiente de Gini (peso 0,2);[65]

V. o componente habitação, representado por quatro indicadores: os percentuais de domicílios com: (1) abastecimento de água com canalização interna; (2) energia elétrica; (3) disponibilidade de geladeira; e (4) disponibilidade de televisão, todos eles com pesos iguais.

No cálculo do IDS, os cinco componentes têm pesos iguais. Os valores máximos e mínimos são os efetivamente observados, para cada indicador ou subcomponente, na base de dados construída para o cálculo do IDS.

O Índice do Capital Humano, ICH, deriva dos dados utilizados para a construção do IDS. Difere dos demais índices sintéticos de desenvolvimento por

[64]Valorizam-se relativamente mais, portanto, os níveis mais elevados de escolaridade.

[65]O coeficiente de igualdade, CI, foi calculado a partir dos dados do rendimento domiciliar per capita obtidos nos censos demográficos.

representar uma variável-estoque, o capital humano. Ele resulta do produto de (1) uma variável demográfica, a população de 15 anos e mais (uma variável-estoque, portanto) e (2) de um índice representativo do grau de conhecimento médio dessa população: o componente educação do IDS (que varia, necessariamente, de 0 a 1). Em virtude da variável-estoque escolhida, o ICH tem o sentido de capital humano potencial; e não de capital humano efetivamente utilizado, por exemplo, no processo produtivo (que seria representado pela população em atividade). O ICH é expresso por um número relativo de tamanho, com o capital humano do Brasil em determinado ano (o ano de 2000) sendo igualado a 100.

O INV, já calculado, apenas para a pobreza extrema do Nordeste, em estudo anterior,[66] é índice não monetário, integrado por três componentes, cada um deles medindo o grau de atendimento de um conjunto de necessidades básicas.

O primeiro deles, o componente educação, é obtido a partir dos indicadores (1) taxa de alfabetização, (2) percentual de pessoas com quatro anos ou mais de estudo e (3) percentual de pessoas com oito anos, ou mais, de escolaridade (médias simples foram utilizadas para o cálculo do componente).[67]

O segundo componente, habitação, é obtido a partir dos indicadores (1) percentual de pessoas em domicílios com abastecimento d'água com canalização interna, (2) percentual de pessoas em domicílios com energia elétrica, (3) percentual de pessoas em domicílios com geladeira (médias simples).

O terceiro, informação e lazer, é integrado por um único indicador: o percentual de pessoas em domicílios com televisão.

O INV resulta da média simples de seus três componentes. São calculados INVs para os extremamente pobres, os não-pobres e o conjunto de pobres e não-pobres (2000).

---

[66]Cf. Rocha & Albuquerque.

[67]Esses percentuais são calculados sobre a população de 15 anos e mais.

ANEXOS ESTATÍSTICOS

ANEXO I

BRASIL: PIB TOTAL, POPULAÇÃO E PIB PER CAPITA, 1900-2003

Ano	PIB (PPC$ de 2002)	População	PIB per capita
1900	**9.819.000**	**17.438.434**	**563**
1901	11.229.464	17.937.843	626
1902	11.175.216	18.477.237	605
1903	11.392.210	19.052.767	598
1904	11.554.956	19.660.583	588
1905	11.934.696	20.296.836	588
1906	13.453.658	20.957.678	642
1907	13.562.155	21.639.258	627
1908	13.128.166	22.337.728	588
1909	14.484.382	23.049.238	628
1910	14.864.121	23.769.939	625
1911	15.732.100	24.495.982	642
1912	16.817.072	25.223.516	667
1913	17.305.310	25.948.694	667
1914	17.088.315	26.667.666	641
1915	17.142.564	27.376.582	626
1916	17.305.310	28.071.594	616
1917	18.932.768	28.748.851	659
1918	18.553.028	29.404.505	631
1919	20.017.740	30.034.706	666
1920	**22.513.177**	**30.635.605**	**735**
1921	22.940.928	31.204.687	735
1922	24.730.320	31.744.765	779
1923	26.857.128	32.259.990	833
1924	27.233.127	32.754.510	831
1925	27.233.127	33.232.474	819
1926	28.649.250	33.698.030	850
1927	31.743.369	34.155.328	929
1928	35.393.856	34.608.515	1.023
1929	35.783.188	35.061.741	1.021
1930	35.031.741	35.519.154	986
1931	33.875.694	35.984.904	941
1932	35.332.349	36.463.138	969
1933	38.476.928	36.958.006	1.041
1934	42.016.805	37.473.656	1.121

(*Continua*)

(*Cont.*)

Ano	PIB (PPC$ de 2002)	População	PIB per capita
1935	43.277.310	38.014.238	1.138
1936	48.513.865	38.583.899	1.257
1937	50.745.502	39.186.788	1.295
1938	53.029.050	39.827.055	1.331
1939	54.354.775	40.508.848	1.342
1940	**53.811.228**	**41.236.315**	**1.305**
1941	56.447.979	42.013.615	1.344
1942	54.923.883	42.844.938	1.282
1943	59.592.413	43.734.485	1.363
1944	64.121.436	44.686.456	1.435
1945	66.173.323	45.705.052	1.448
1946	73.849.427	46.794.471	1.578
1947	75.621.813	47.958.915	1.577
1948	82.957.130	49.202.584	1.686
1949	89.344.829	50.529.678	1.768
1950	**95.420.277**	**51.944.397**	**1.837**
1951	100.095.870	53.444.920	1.873
1952	107.402.870	55.026.812	1.952
1953	112.450.804	56.694.675	1.983
1954	121.221.967	58.453.426	2.074
1955	131.889.500	60.308.322	2.187
1956	135.714.295	62.269.040	2.179
1957	146.164.296	64.435.394	2.268
1958	161.950.040	66.720.845	2.427
1959	177.821.144	68.914.317	2.580
1960	**194.536.332**	**70.992.343**	**2.740**
1961	211.266.456	73.065.664	2.891
1962	225.210.042	75.168.751	2.996
1963	226.561.303	77.300.700	2.931
1964	234.264.387	79.460.546	2.948
1965	239.886.732	81.647.260	2.938
1966	255.959.143	83.872.109	3.052
1967	266.709.427	86.134.941	3.096
1968	292.846.951	88.435.569	3.311
1969	320.667.411	90.773.772	3.533
1970	**354.016.822**	**93.134.846**	**3.801**
1971	394.172.674	95.547.009	4.125
1972	441.238.263	98.009.539	4.502

(*Continua*)

(*Cont.*)

Ano	PIB (PPC$ de 2002)	População	PIB per capita
1973	502.873.609	100.524.438	5.003
1974	543.877.615	103.096.836	5.275
1975	571.977.863	105.707.228	5.411
1976	630.646.372	108.341.019	5.821
1977	661.764.534	111.023.673	5.961
1978	694.653.554	113.678.039	6.111
1979	741.609.078	116.320.157	6.376
1980	**809.837.114**	**119.011.052**	**6.805**
1981	775.419.036	121.652.671	6.374
1982	781.855.014	124.279.458	6.291
1983	758.946.662	126.863.057	5.982
1984	799.929.782	129.461.811	6.179
1985	862.724.270	132.009.726	6.535
1986	927.342.318	134.541.267	6.893
1987	960.077.502	137.022.653	7.007
1988	959.501.455	139.505.141	6.878
1989	989.821.701	142.004.252	6.970
1990	946.764.457	144.410.733	6.556
1991	**956.536.861**	**146.825.475**	**6.515**
1992	951.332.611	149.272.782	6.373
1993	998.182.793	151.750.354	6.578
1994	1.056.605.139	154.248.419	6.850
1995	1.101.233.959	156.775.559	7.024
1996	1.130.511.252	159.330.958	7.095
1997	1.167.494.671	161.912.019	7.211
1998	1.169.034.786	164.518.188	7.106
1999	1.178.217.249	167.145.892	7.049
2000	**1.229.595.388**	**169.799.170**	**7.241**
2001	1.246.997.472	172.329.178	7.236
2002	1.266.000.000	174.827.951	7.241
2003	1.263.468.000	177.223.094	7.129

FONTES: Instituto Brasileiro de Geografia e Estatística — IBGE, e Instituto de Pesquisa Econômica Aplicada — Ipea (para os dados de PIB total e população até 1950); IBGE, Censos Demográficos (para os demais dados de população, interpolados para os períodos intercensitários e projetados para 2001-2003); e Banco Mundial (para o valor do "dólar internacional", PPC$, de 2002).

Anexo II

BRASIL: ÍNDICE DE DESENVOLVIMENTO HUMANO, IDH[A], E COMPONENTES, 1900-2003

Ano	Expectativa de vida (Ano)	Taxa de alfabetização (%) (População de 15 anos e mais)	Índices Componentes			
			Expectativa de vida	Taxa de alfabetização	PIB per capita (Log.)b	IDH
1900	31,2	34,7	0,103	0,347	0,288	**0,246**
1901	31,4	34,8	0,107	0,348	0,306	**0,254**
1902	31,7	34,8	0,112	0,348	0,300	**0,253**
1903	32,0	34,8	0,117	0,348	0,298	**0,254**
1904	32,3	34,8	0,121	0,348	0,296	**0,255**
1905	32,6	34,8	0,126	0,348	0,296	**0,257**
1906	32,9	34,8	0,131	0,348	0,310	**0,263**
1907	33,1	34,9	0,136	0,349	0,306	**0,263**
1908	33,4	34,9	0,140	0,349	0,296	**0,262**
1909	33,7	34,9	0,145	0,349	0,307	**0,267**
1910	34,0	34,9	0,150	0,349	0,306	**0,268**
1911	34,3	34,9	0,155	0,349	0,310	**0,272**
1912	34,6	34,9	0,160	0,349	0,317	**0,275**
1913	34,9	34,9	0,166	0,349	0,317	**0,277**
1914	35,3	35,0	0,171	0,350	0,310	**0,277**
1915	35,6	35,0	0,176	0,350	0,306	**0,277**
1916	35,9	35,0	0,181	0,350	0,304	**0,278**
1917	36,2	35,0	0,187	0,350	0,315	**0,284**
1918	36,5	35,0	0,192	0,350	0,307	**0,283**
1919	36,8	35,0	0,197	0,350	0,317	**0,288**
1920	37,1	35,1	0,202	0,351	0,333	**0,295**
1921	37,4	35,5	0,207	0,355	0,333	**0,298**
1922	37,7	35,9	0,212	0,359	0,343	**0,305**
1923	38,0	36,3	0,216	0,363	0,354	**0,311**
1924	38,3	36,8	0,221	0,368	0,353	**0,314**
1925	38,5	37,2	0,226	0,372	0,351	**0,316**
1926	38,8	37,6	0,230	0,376	0,357	**0,321**
1927	39,1	38,1	0,235	0,381	0,372	**0,329**
1928	39,4	38,5	0,240	0,385	0,388	**0,338**
1929	39,7	38,9	0,244	0,389	0,388	**0,341**
1930	39,9	39,4	0,249	0,394	0,382	**0,342**
1931	40,2	39,8	0,254	0,398	0,374	**0,342**
1932	40,5	40,3	0,258	0,403	0,379	**0,347**

(*Continua*)

(*Cont.*)

Ano	Expectativa de vida (Ano)	Taxa de alfabetização (%) (População de 15 anos e mais)	Índices Componentes			
			Expectativa de vida	Taxa de alfabetização	PIB per capita (Log.)b	IDH
1933	40,8	40,7	0,263	0,407	0,391	**0,354**
1934	41,1	41,2	0,268	0,412	0,403	**0,361**
1935	41,3	41,6	0,272	0,416	0,406	**0,365**
1936	41,6	42,1	0,277	0,421	0,423	**0,373**
1937	41,9	42,5	0,282	0,425	0,427	**0,378**
1938	42,2	43,0	0,286	0,430	0,432	**0,383**
1939	42,5	43,4	0,291	0,434	0,433	**0,386**
1940	42,7	43,9	0,296	0,439	0,429	**0,388**
1941	43,1	44,4	0,301	0,444	0,434	**0,393**
1942	43,4	45,0	0,306	0,450	0,426	**0,394**
1943	43,7	45,5	0,311	0,455	0,436	**0,401**
1944	44,0	46,1	0,317	0,461	0,445	**0,407**
1945	44,3	46,6	0,322	0,466	0,446	**0,411**
1946	44,6	47,2	0,327	0,472	0,460	**0,420**
1947	45,0	47,7	0,333	0,477	0,460	**0,423**
1948	45,3	48,3	0,338	0,483	0,471	**0,431**
1949	45,6	48,9	0,343	0,489	0,479	**0,437**
1950	45,9	49,4	0,348	0,494	0,486	**0,443**
1951	46,5	50,5	0,359	0,505	0,489	**0,451**
1952	47,2	51,6	0,370	0,516	0,496	**0,461**
1953	47,8	52,7	0,381	0,527	0,499	**0,469**
1954	48,5	53,8	0,391	0,538	0,506	**0,479**
1955	49,1	54,9	0,402	0,549	0,515	**0,489**
1956	49,8	56,0	0,413	0,560	0,514	**0,496**
1957	50,4	57,1	0,424	0,571	0,521	**0,505**
1958	51,1	58,2	0,435	0,582	0,532	**0,516**
1959	51,7	59,2	0,445	0,592	0,543	**0,527**
1960	52,4	60,3	0,456	0,603	0,553	**0,537**
1961	52,4	60,9	0,457	0,609	0,562	**0,542**
1962	52,4	61,5	0,457	0,615	0,567	**0,547**
1963	52,5	62,1	0,458	0,621	0,564	**0,548**
1964	52,5	62,7	0,458	0,627	0,565	**0,550**
1965	52,5	63,3	0,459	0,633	0,564	**0,552**
1966	52,6	63,9	0,459	0,639	0,571	**0,556**
1967	52,6	64,5	0,460	0,645	0,573	**0,559**
1968	52,6	65,1	0,460	0,651	0,584	**0,565**
1969	52,6	65,7	0,461	0,657	0,595	**0,571**

(*Continua*)

(*Cont.*)

Ano	Expectativa de vida (Ano)	Taxa de alfabetização (%) (População de 15 anos e mais)	Índices Componentes			
			Expectativa de vida	Taxa de alfabetização	PIB per capita (Log.)b	IDH
1970	52,7	66,2	0,461	0,662	0,607	**0,577**
1971	53,4	67,1	0,474	0,671	0,621	**0,589**
1972	54,2	68,0	0,486	0,680	0,635	**0,600**
1973	54,9	68,9	0,498	0,689	0,653	**0,613**
1974	55,6	69,7	0,511	0,697	0,662	**0,623**
1975	56,4	70,6	0,523	0,706	0,666	**0,632**
1976	57,1	71,4	0,535	0,714	0,678	**0,642**
1977	57,9	72,2	0,548	0,722	0,682	**0,651**
1978	58,6	73,0	0,560	0,730	0,686	**0,659**
1979	59,3	73,8	0,572	0,738	0,693	**0,668**
1980	60,1	74,5	0,585	0,745	0,704	**0,678**
1981	60,6	75,1	0,594	0,751	0,693	**0,679**
1982	61,2	75,6	0,603	0,756	0,691	**0,683**
1983	61,7	76,1	0,612	0,761	0,683	**0,685**
1984	62,2	76,6	0,621	0,766	0,688	**0,692**
1985	62,8	77,1	0,630	0,771	0,698	**0,699**
1986	63,3	77,6	0,639	0,776	0,707	**0,707**
1987	63,9	78,1	0,648	0,781	0,709	**0,713**
1988	64,4	78,6	0,657	0,786	0,706	**0,716**
1989	65,0	79,0	0,666	0,790	0,708	**0,722**
1990	65,5	79,5	0,675	0,795	0,698	**0,723**
1991	66,1	79,9	0,684	0,799	0,697	**0,727**
1992	66,3	80,8	0,689	0,808	0,693	**0,730**
1993	66,6	81,7	0,694	0,817	0,699	**0,737**
1994	66,9	82,6	0,699	0,826	0,705	**0,743**
1995	67,2	83,4	0,704	0,834	0,710	**0,749**
1996	67,5	84,2	0,709	0,842	0,711	**0,754**
1997	67,8	85,0	0,713	0,850	0,714	**0,759**
1998	68,1	85,7	0,718	0,857	0,712	**0,762**
1999	68,4	86,4	0,723	0,864	0,710	**0,766**
2000	68,6	87,1	0,726	0,871	0,715	**0,770**
2001	68,8	87,7	0,730	0,877	0,715	**0,774**
2002	69,1	88,3	0,735	0,883	0,715	**0,778**
2003	69,4	88,9	0,740	0,889	0,712	**0,780**

NOTAS: a) Para o cálculo do IDH, ver o Apêndice Metodológico. b) Para os dados do PIB per capita, ver o Anexo I.

FONTES: IBGE: Censos Demográficos e Anuários Estatísticos, vários anos. Os dados intercensitários foram interpolados.

ANEXO III

BRASIL, REGIÕES E ESTADOS: PRODUTO INTERNO BRUTO, PIB, 1950-2002 (PPC$ DE 2002)

	Ano						
Regiões/Estados	1950	1960	1970	1980	1990	2000	2002
Norte	**1.634.819**	**4.331.358**	**7.655.858**	**25.683.650**	**46.734.013**	**56.552.313**	**60.226.924**
Rondônia	...	...	367.710	2.183.269	4.637.465	6.280.499	6.424.332
Acre	...	...	453.583	941.083	1.311.376	1.901.045	2.028.792
Amapá	...	...	396.334	658.260	1.524.114	2.197.759	2.379.421
Amazonas	682.649	1.654.163	2.435.254	9.004.605	17.219.427	21.072.335	21.899.548
Pará	952.170	2.677.194	3.886.278	12.561.322	19.482.829	21.117.889	22.968.333
Roraima	...	...	116.698	335.112	1.061.678	1.246.707	1.287.401
Tocantins	...	...	...	...	1.497.124	2.736.079	3.239.097
Nordeste	**13.976.633**	**28.753.433**	**41.441.157**	**96.846.283**	**121.784.497**	**160.932.080**	**166.128.599**
Maranhão	749.949	2.144.387	2.915.259	6.835.921	7.554.626	10.279.812	10.870.565
Piauí	408.402	796.454	1.301.298	3.038.120	4.240.653	5.950.642	5.887.827
Ceará	1.997.291	3.814.960	5.097.300	12.464.001	15.331.809	23.223.532	22.791.963
Rio Grande do Norte	859.866	1.724.852	1.898.001	5.131.192	6.800.125	10.376.365	10.385.810
Paraíba	1.407.269	2.759.868	2.521.127	5.292.296	8.002.933	10.314.305	10.848.387
Pernambuco	3.679.333	6.756.882	10.306.894	20.490.894	25.175.375	32.521.239	33.505.167
Alagoas	809.492	1.566.684	2.406.630	5.361.187	6.689.713	7.841.376	7.993.715
Sergipe	461.603	950.820	1.528.089	3.149.017	5.443.307	6.610.728	8.664.346
Bahia	3.603.429	8.238.527	13.466.559	35.083.655	42.545.955	53.814.083	55.180.819
Sudeste	**62.549.667**	**122.095.601**	**232.053.743**	**504.819.493**	**556.977.342**	**710.560.045**	**723.151.870**
Minas Gerais	10.043.453	19.402.090	29.306.721	76.293.018	87.996.728	118.541.651	119.900.445
Espírito Santo	1.247.746	2.034.229	4.165.914	11.882.697	15.700.233	24.039.387	23.802.662
Rio de Janeiro	18.093.574	33.140.304	59.007.574	111.213.889	102.797.712	153.944.691	156.339.493
São Paulo	33.164.894	67.518.978	139.573.534	305.429.890	350.482.669	414.034.316	423.109.270
Sul	**15.548.556**	**34.573.751**	**59.159.502**	**137.465.267**	**172.432.533**	**216.088.783**	**225.362.777**
Paraná	4.670.889	12.468.794	19.222.214	46.634.332	60.073.758	73.656.721	76.853.302
Santa Catarina	2.314.035	5.033.970	9.481.198	26.628.900	35.350.228	47.372.572	49.146.192
Rio Grande do Sul	8.563.633	17.070.987	30.456.090	64.202.035	77.008.547	95.059.490	99.363.283
Centro-Oeste	**1.710.602**	**4.782.189**	**13.706.562**	**45.022.421**	**48.836.072**	**85.462.167**	**91.129.830**
Mato Grosso	590.102	1.963.431	3.857.654	4.901.937	7.903.745	14.993.225	15.263.993
Mato Grosso do Sul	...	...	...	8.837.856	9.086.472	13.243.472	14.506.760
Goiás	1.120.499	2.746.768	5.372.532	15.135.151	16.593.507	24.190.242	26.453.504
Distrito Federal	...	71.990	4.476.376	16.147.477	15.252.349	33.035.229	34.905.572
BRASIL	**95.420.277**	**194.536.332**	**354.016.822**	**809.837.114**	**946.764.457**	**1.229.595.388**	**1.266.000.000**

FONTES: Ipea, IBGE (para 2001-2002).

ANEXO IV

TABELA IV-A
BRASIL, REGIÕES E ESTADOS: ÍNDICE DE DESENVOLVIMENTO HUMANO, IDH-2, 1950-2000

	Ano					
Regiões/Estados	1950	1960	1970	1980	1990	2000
Norte	**0,396**	**0,468**	**0,519**	**0,631**	**0,672**	**0,726**
Amazonas	0,391	0,469	0,535	0,663	0,705	0,756
Pará	0,396	0,490	0,525	0,628	0,661	0,709
Nordeste	**0,295**	**0,369**	**0,404**	**0,518**	**0,606**	**0,675**
Maranhão	0,269	0,356	0,391	0,488	0,552	0,623
Piauí	0,269	0,322	0,377	0,502	0,572	0,631
Ceará	0,298	0,325	0,380	0,476	0,560	0,672
Rio Grande do Norte	0,271	0,328	0,366	0,484	0,576	0,685
Paraíba	0,261	0,314	0,354	0,440	0,539	0,645
Pernambuco	0,285	0,349	0,419	0,509	0,590	0,669
Alagoas	0,254	0,303	0,363	0,455	0,537	0,625
Sergipe	0,284	0,354	0,418	0,534	0,625	0,688
Bahia	0,292	0,375	0,448	0,555	0,630	0,698
Sudeste	**0,482**	**0,572**	**0,635**	**0,720**	**0,747**	**0,790**
Minas Gerais	0,389	0,488	0,547	0,668	0,702	0,762
Espírito Santo	0,397	0,446	0,570	0,683	0,723	0,772
Rio de Janeiro	0,546	0,619	0,664	0,735	0,743	0,786
São Paulo	0,522	0,614	0,668	0,737	0,769	0,805
Sul	**0,492**	**0,574**	**0,624**	**0,718**	**0,744**	**0,792**
Paraná	0,430	0,533	0,578	0,687	0,719	0,773
Santa Catarina	0,477	0,552	0,626	0,721	0,747	0,801
Rio Grande do Sul	0,534	0,620	0,676	0,751	0,769	0,803
Centro-Oeste	**0,389**	**0,476**	**0,551**	**0,681**	**0,703**	**0,771**
BRASIL	**0,418**	**0,503**	**0,559**	**0,655**	**0,699**	**0,757**

FONTES: IBGE (Censos Demográficos) e Ipea (Ipeadata).

Anexo IV

Tabela IV-B
COMPONENTES DO IDH-2[a], POR REGIÕES E ESTADOS, 1950-2000

Regiões e Estados	Componentes	Ano 1950	1960	1970	1980	1990	2000
Norte	**Expectativa de vida**	**0,321**	**0,460**	**0,484**	**0,653**	**0,673**	**0,725**
	Educação	**0,437**	**0,509**	**0,622**	**0,642**	**0,685**	**0,795**
	Rendimento	**0,364**	**0,469**	**0,510**	**0,630**	**0,647**	**0,631**
Amazonas	Expectativa de vida	0,313	0,452	0,489	0,674	0,688	0,731
	Educação	0,399	0,455	0,617	0,646	0,687	0,790
	Rendimento	0,432	0,523	0,541	0,691	0,740	0,720
Pará	Expectativa de vida	0,341	0,476	0,490	0,646	0,671	0,729
	Educação	0,462	0,550	0,645	0,652	0,690	0,792
	Rendimento	0,357	0,475	0,482	0,602	0,618	0,589
Nordeste	**Expectativa de vida**	**0,229**	**0,309**	**0,323**	**0,443**	**0,610**	**0,680**
	Educação	**0,273**	**0,354**	**0,450**	**0,524**	**0,584**	**0,738**
	Rendimento	**0,357**	**0,475**	**0,482**	**0,602**	**0,618**	**0,589**
Maranhão	Expectativa de vida	0,325	0,394	0,401	0,506	0,644	0,664
	Educação	0,232	0,311	0,406	0,485	0,552	0,717
	Rendimento	0,260	0,359	0,380	0,474	0,458	0,484
	Componente exp. de vida	0,341	0,380	0,407	0,548	0,678	0,678
Piauí	Componente educação	0,233	0,296	0,390	0,515	0,565	0,708
	Componente renda	0,227	0,307	0,342	0,443	0,469	0,508
	Expectativa de vida	0,266	0,232	0,302	0,367	0,564	0,689
Ceará	Educação	0,292	0,346	0,431	0,537	0,583	0,747
	Rendimento	0,334	0,407	0,410	0,527	0,533	0,575
	Expectativa de vida	0,148	0,151	0,227	0,340	0,547	0,690
Rio Grande do Norte	Educação	0,293	0,397	0,462	0,568	0,617	0,754
	Rendimento	0,365	0,451	0,418	0,550	0,560	0,604
	Expectativa de vida	0,164	0,169	0,232	0,322	0,522	0,657
Paraíba	Educação	0,268	0,341	0,439	0,504	0,555	0,712
	Rendimento	0,351	0,437	0,394	0,492	0,539	0,567
	Expectativa de vida	0,167	0,197	0,269	0,380	0,554	0,645
Pernambuco	Educação	0,290	0,391	0,491	0,562	0,620	0,743
	Rendimento	0,398	0,466	0,500	0,585	0,597	0,620
	Expectativa de vida	0,198	0,207	0,259	0,365	0,541	0,636
Alagoas	Educação	0,223	0,297	0,389	0,456	0,515	0,680
	Rendimento	0,334	0,419	0,454	0,550	0,551	0,555
	Expectativa de vida	0,205	0,270	0,335	0,505	0,661	0,704
Sergipe	Educação	0,307	0,380	0,466	0,555	0,607	0,745
	Rendimento	0,329	0,422	0,473	0,554	0,604	0,603

(*Continua*)

(*Cont.*)

Regiões e Estados	Componentes	Ano					
		1950	1960	1970	1980	1990	2000
	Expectativa de vida	0,262	0,328	0,396	0,550	0,693	0,711
Bahia	Educação	0,274	0,369	0,477	0,516	0,592	0,761
	Rendimento	0,335	0,437	0,482	0,603	0,600	0,621
	Expectativa de vida	**0,397**	**0,533**	**0,532**	**0,643**	**0,704**	**0,743**
Sudeste	**Educação**	**0,498**	**0,577**	**0,703**	**0,752**	**0,785**	**0,857**
	Rendimento	**0,555**	**0,613**	**0,678**	**0,765**	**0,751**	**0,765**
	Expectativa de vida	0,423	0,548	0,549	0,705	0,744	0,754
Espírito Santo	Educação	0,336	0,334	0,632	0,675	0,736	0,827
	Rendimento	0,429	0,445	0,544	0,680	0,688	0,726
	Expectativa de vida	0,432	0,570	0,538	0,637	0,686	0,711
Rio de Janeiro	Educação	0,607	0,642	0,753	0,793	0,810	0,871
	Rendimento	0,610	0,651	0,698	0,766	0,733	0,780
	Expectativa de vida	0,415	0,569	0,558	0,643	0,707	0,751
São Paulo	Educação	0,549	0,630	0,737	0,768	0,807	0,871
	Rendimento	0,600	0,660	0,728	0,802	0,789	0,787
	Expectativa de vida	**0,472**	**0,589**	**0,588**	**0,700**	**0,727**	**0,767**
Sul	**Educação**	**0,522**	**0,570**	**0,675**	**0,738**	**0,778**	**0,868**
	Rendimento	**0,499**	**0,562**	**0,597**	**0,714**	**0,729**	**0,744**
	Expectativa de vida	0,370	0,514	0,542	0,656	0,697	0,755
Paraná	Educação	0,448	0,523	0,606	0,708	0,752	0,852
	Rendimento	0,517	0,562	0,555	0,686	0,713	0,725
	Expectativa de vida	0,482	0,587	0,598	0,696	0,727	0,772
Santa Catarina	Educação	0,497	0,552	0,705	0,755	0,783	0,878
	Rendimento	0,450	0,527	0,582	0,717	0,730	0,748
	Expectativa de vida	0,537	0,669	0,659	0,760	0,765	0,777
Rio Grande do Sul	Educação	0,564	0,616	0,730	0,758	0,799	0,877
	Rendimento	0,505	0,575	0,638	0,737	0,742	0,757
	Expectativa de vida	**0,434**	**0,523**	**0,516**	**0,662**	**0,696**	**0,740**
Centro-Oeste	**Educação**	**0,341**	**0,469**	**0,597**	**0,694**	**0,750**	**0,847**
	Rendimento	**0,382**	**0,462**	**0,550**	**0,682**	**0,663**	**0,717**
	Expectativa de vida	**0,348**	**0,456**	**0,461**	**0,585**	**0,675**	**0,726**
Brasil	**Educação**	**0,419**	**0,508**	**0,617**	**0,677**	**0,721**	**0,827**
	Rendimento	**0,486**	**0,553**	**0,607**	**0,704**	**0,698**	**0,715**

FONTES: IBGE (Censos Demográficos e Anuários Estatísticos, vários anos); Ipea (dados de PIB per capita).
NOTA: a) Para o cálculo do IDH-II, ver Apêndice Metodológico.

ANEXO V

O ÍNDICE DE DESENVOLVIMENTO SOCIAL, IDS, E COMPONENTES, 1970-2000 (ANOS CENSITÁRIOS)

Discriminação	1970						1980					
	Saúde	Educação	Trabalho	Rendimento	Habitação	IDS	Saúde	Educação	Trabalho	Rendimento	Habitação	IDS
Norte	**0,447**	**0,195**	**0,671**	**0,389**	**0,153**	**0,371**	**0,726**	**0,242**	**0,719**	**0,541**	**0,355**	**0,516**
Rondônia		0,188	0,666	0,506	0,119	0,370		0,216	0,751	0,545	0,226	0,435
Acre		0,121	0,673	0,387	0,030	0,303		0,181	0,726	0,452	0,267	0,407
Amazonas	0,451	0,195	0,668	0,446	0,159	0,384	0,761	0,247	0,725	0,625	0,441	0,560
Roraima		0,201	0,665	0,467	0,153	0,371		0,271	0,736	0,533	0,459	0,500
Pará	0,453	0,201	0,674	0,344	0,166	0,368	0,714	0,247	0,712	0,504	0,338	0,503
Amapá		0,209	0,643	0,518	0,111	0,370		0,282	0,695	0,501	0,494	0,493
Tocantins												
Nordeste	**0,168**	**0,136**	**0,641**	**0,249**	**0,103**	**0,259**	**0,374**	**0,191**	**0,713**	**0,398**	**0,296**	**0,394**
Maranhão	0,303	0,112	0,684	0,261	0,012	0,274	0,480	0,163	0,730	0,341	0,139	0,371
Piauí	0,312	0,109	0,568	0,112	0,028	0,226	0,551	0,168	0,717	0,225	0,185	0,369
Ceará	0,132	0,135	0,615	0,171	0,081	0,227	0,243	0,191	0,715	0,332	0,278	0,352
Rio Grande do Norte	0,000	0,138	0,594	0,186	0,096	0,203	0,197	0,205	0,701	0,405	0,315	0,365
Paraíba	0,008	0,129	0,617	0,150	0,103	0,201	0,167	0,183	0,702	0,310	0,281	0,329
Pernambuco	0,074	0,161	0,640	0,306	0,185	0,273	0,266	0,223	0,717	0,441	0,394	0,408
Alagoas	0,057	0,115	0,672	0,284	0,104	0,246	0,241	0,164	0,708	0,415	0,308	0,367
Sergipe	0,190	0,134	0,651	0,320	0,131	0,285	0,479	0,191	0,708	0,412	0,375	0,433
Bahia	0,294	0,142	0,662	0,301	0,107	0,301	0,554	0,191	0,707	0,479	0,316	0,449
Sudeste	**0,524**	**0,281**	**0,692**	**0,595**	**0,498**	**0,518**	**0,710**	**0,356**	**0,745**	**0,757**	**0,760**	**0,665**
Minas Gerais	0,452	0,213	0,663	0,374	0,241	0,389	0,697	0,294	0,732	0,616	0,517	0,571
Espírito Santo	0,552	0,209	0,675	0,404	0,245	0,417	0,811	0,302	0,728	0,603	0,563	0,602
Rio de Janeiro	0,535	0,329	0,686	0,651	0,649	0,570	0,700	0,403	0,728	0,780	0,850	0,692
São Paulo	0,567	0,305	0,714	0,704	0,589	0,576	0,709	0,370	0,761	0,850	0,848	0,707
Sul	**0,617**	**0,246**	**0,701**	**0,501**	**0,262**	**0,465**	**0,803**	**0,332**	**0,749**	**0,686**	**0,627**	**0,640**
Paraná	0,540	0.205	0,712	0,431	0,179	0,414	0,731	0,294	0,748	0,626	0,530	0,586
Santa Catarina	0,634	0,248	0,691	0,469	0,253	0,459	0,798	0,343	0,740	0,726	0,695	0,661
Rio Grande do Sul	0,735	0,284	0,693	0,558	0,346	0,523	0,903	0,363	0,755	0,729	0,685	0,687
Centro-Oeste	**0,497**	**0,194**	**0,665**	**0,412**	**0,160**	**0,386**	**0,740**	**0,284**	**0,736**	**0,594**	**0,451**	**0,561**
Mato Grosso do Sul							0,764	0,240	0,627	0,633	0,424	0,538
Mato Grosso	0,550	0,185	0,688	0,676	0,126	0,445	0,765	0,272	0,886	0,533	0,307	0,552
Goiás	0,478	0,172	0,644	0,329	0,110	0,347	0,700	0,256	0,726	0,497	0,379	0,512
Distrito Federal	0,447	0,335	0,708	0,716	0,528	0,547	0,774	0,433	0,762	0,824	0,829	0,724
Brasil	**0,405**	**0,225**	**0,677**	**0,463**	**0,313**	**0,416**	**0,612**	**0,296**	**0,735**	**0,632**	**0,578**	**0,571**

(Continua)

ANEXO V — CONCLUSÃO

O ÍNDICE DE DESENVOLVIMENTO SOCIAL, IDS, E COMPONENTES, 1970-2000 (ANOS CENSITÁRIOS)

Discriminação	1991						2000					
	Saúde	Educação	Trabalho	Rendimento	Habitação	IDS	Saúde	Educação	Trabalho	Rendimento	Habitação	IDS
Norte	**0,824**	**0,352**	**0,701**	**0,531**	**0,509**	**0,583**	**0,912**	**0,413**	**0,692**	**0,518**	**0,781**	**0,663**
Rondônia	0,821	0,366	0,741	0,468	0,425	0,564	0,905	0,423	0,737	0,397	0,861	0,691
Acre	0,823	0,330	0,718	0,419	0,447	0,547	0,906	0,380	0,699	0,401	0,752	0,633
Amazonas	0,820	0,390	0,676	0,661	0,647	0,639	0,897	0,434	0,665	0,723	0,771	0,674
Roraima	0,791	0,403	0,718	0,477	0,650	0,608	0,883	0,469	0,716	0,377	0,881	0,686
Pará	0,798	0,340	0,699	0,488	0,493	0,564	0,907	0,399	0,691	0,416	0,759	0,635
Amapá	0,831	0,428	0,681	0,598	0,674	0,643	0,916	0,480	0,663	0,456	0,904	0,695
Tocantins	0,770	0,285	0,709	0,288	0,375	0,485	0,873	0,400	0,703	0,324	0,751	0,609
Nordeste	**0,708**	**0,306**	**0,703**	**0,382**	**0,525**	**0,525**	**0,825**	**0,370**	**0,680**	**0,427**	**0,780**	**0,614**
Maranhão	0,709	0,272	0,706	0,264	0,373	0,465	0,780	0,340	0,694	0,244	0,685	0,550
Piauí	0,787	0,278	0,712	0,251	0,404	0,486	0,815	0,329	0,704	0,287	0,674	0,562
Ceará	0,677	0,306	0,718	0,365	0,488	0,511	0,843	0,375	0,691	0,429	0,801	0,618
Rio Grande do Norte	0,647	0,333	0,698	0,419	0,591	0,538	0,839	0,400	0,664	0,445	0,836	0,637
Paraíba	0,602	0,293	0,703	0,359	0,539	0,499	0,783	0,350	0,683	0,362	0,819	0,606
Pernambuco	0,663	0,346	0,695	0,455	0,628	0,558	0,779	0,402	0,665	0,509	0,852	0,631
Alagoas	0,619	0,279	0,696	0,385	0,550	0,506	0,766	0,325	0,664	0,421	0,769	0,572
Sergipe	0,770	0,323	0,704	0,492	0,641	0,586	0,841	0,375	0,681	0,445	0,840	0,635
Bahia	0,790	0,303	0,698	0,424	0,527	0,548	0,854	0,377	0,678	0,500	0,756	0,625
Sudeste	**0,897**	**0,469**	**0,739**	**0,714**	**0,910**	**0,746**	**0,954**	**0,538**	**0,709**	**0,578**	**0,977**	**0,782**
Minas Gerais	0,884	0,388	0,739	0,594	0,784	0,678	0,951	0,475	0,715	0,484	0,936	0,741
Espírito Santo	0,906	0,418	0,743	0,621	0,843	0,706	0,944	0,496	0,732	0,498	0,958	0,761
Rio de Janeiro	0,874	0,535	0,720	0,720	0,943	0,758	0,917	0,565	0,694	0,589	0,982	0,783
São Paulo	0,905	0,484	0,747	0,804	0,958	0,780	0,970	0,560	0,710	0,518	0,995	0,804
Sul	**0,922**	**0,442**	**0,760**	**0,667**	**0,867**	**0,732**	**0,982**	**0,520**	**0,744**	**0,524**	**0,967**	**0,783**
Paraná	0,863	0,418	0,756	0,645	0,848	0,706	0,967	0,511	0,736	0,493	0,955	0,769
Santa Catarina	0,930	0,455	0,758	0,714	0,888	0,749	0,995	0,522	0,755	0,366	0,980	0,801
Rio Grande do Sul	0,974	0,458	0,765	0,707	0,873	0,755	0,999	0,528	0,745	0,463	0,970	0,797
Centro-Oeste	**0,883**	**0,440**	**0,745**	**0,583**	**0,763**	**0,683**	**0,949**	**0,494**	**0,729**	**0,621**	**0,930**	**0,746**
Mato Grosso do Sul	0,891	0,384	0,772	0,580	0,758	0,677	0,956	0,460	0,726	0,510	0,930	0,736
Mato Grosso	0,879	0,411	0,719	0,530	0,674	0,643	0,929	0,475	0,731	0,503	0,880	0,721
Goiás	0,869	0,414	0,743	0,551	0,750	0,665	0,949	0,470	0,731	0,403	0,935	0,727
Distrito Federal	0,897	0,598	0,755	0,824	0,911	0,797	0,937	0,614	0,725	0,788	0,976	0,819
Brasil	**0,829**	**0,412**	**0,730**	**0,606**	**0,771**	**0,670**	**0,902**	**0,478**	**0,707**	**0,596**	**0,909**	0,725

FONTE: Rocha & Albuquerque (Novas tabulações feitas a partir dos dados básicos da pesquisa que originou o estudo citado).

ANEXO VI

BRASIL: ÍNDICE DO CAPITAL HUMANO, POR REGIÕES E ESTADOS, 1970-2000

Discriminação	1970	1980	1991	2000
Norte	**0,612**	**1,338**	**3,543**	**5,850**
Rondônia	0,013	0,093	0,425	0,662
Acre	0,016	0,043	0,127	0,220
Amazonas	0,146	0,319	0,800	1,300
Roraima	0,000	0,014	0,086	0,157
Pará	0,388	0,795	1,686	2,713
Amapá	0,014	0,037	0,111	0,236
Tocantins			0,260	0,518
Nordeste	**3,646**	**6,642**	**13,781**	**20,736**
Maranhão	0,301	0,616	1,304	2,103
Piauí	0,160	0,336	0,734	1,082
Ceará	0,553	1,011	2,082	3,232
Rio Grande do Norte	0,198	0,392	0,875	1,324
Paraíba	0,290	0,501	1,011	1,439
Pernambuco	0,810	1,390	2,716	3,835
Alagoas	0,164	0,308	0,726	1,035
Sergipe	0,106	0,205	0,505	0,774
Bahia	1,010	1,828	3,784	5,863
Sudeste	**11,991**	**20,964**	**35,414**	**49,954**
Minas Gerais	2,419	4,052	7,058	10,651
Espírito Santo	0,316	0,649	1,232	1,909
Rio de Janeiro	3,314	5,471	8,585	10,656
São Paulo	5,980	10,869	18,522	26,738
Sul	**4,044**	**7,050**	**11,664**	**16,566**
Paraná	1,344	2,370	4,114	6,087
Santa Catarina	0,687	1,352	2,412	3,510
Rio Grande do Sul	2,013	3,333	5,123	6,956
Centro-Oeste	**0,937**	**2,207**	**4,690**	**7,052**
Mato Grosso do Sul	-0,007	0,379	0,815	1,192
Mato Grosso	0,274	0,265	0,842	1,370
Goiás	0,476	1,004	1,905	2,902
Distrito Federal	0,175	0,547	1,101	1,571
Brasil	**21,146**	**37,992**	**69,154**	**100,000**

FONTE: IGBE, Anuários Estatísticos. Ver Apêndice Metodológico.

ANEXO VII

ÍNDICES DO NÍVEL DE VIDA, INVS, DOS EXTREMAMENTE POBRES, NÃO-POBRES E INV TOTAL, 2000

	Educação			Habitação			Lazer e informação			**INV**		
	Pobres	Não-Pobres	Pobres e não-Pobres	Pobres	Não-Pobres	Pobres e não-Pobres	Pobres	Não-Pobres	Pobres e não-Pobres	**Pobres**	**Não-Pobres**	**Pobres e não-Pobres**
Municípios (Classes)												
Até 5.000 habitantes	0,387	0,587	0,563	0,436	0,805	0,765	0,485	0,797	0,750	0,436	0,730	0,651
De 5.000 a 10.000 habitantes	0,349	0,566	0,536	0,408	0,770	0,723	0,495	0,785	0,732	0,417	0,707	0,622
De 10.000 a 20.000 habitantes	0,328	0,560	0,524	0,369	0,737	0,685	0,494	0,779	0,722	0,397	0,692	0,604
De 20.000 a 50.000 habitantes	0,334	0,604	0,566	0,402	0,774	0,723	0,531	0,816	0,763	0,423	0,731	0,634
De 50.000 a 100.000 habitantes	0,434	0,708	0,682	0,551	0,868	0,839	0,660	0,894	0,864	0,548	0,823	0,722
De 100.000 a 500.000 habitantes	0,580	0,816	0,800	0,772	0,945	0,935	0,822	0,946	0,935	0,725	0,902	0,795
De 500.000 a 2.000.000 habitantes	0,646	0,878	0,861	0,841	0,957	0,949	0,881	0,963	0,955	0,790	0,933	0,818
Mais de 2.000.000 de habitantes	0,690	0,913	0,899	0,903	0,979	0,975	0,909	0,976	0,971	0,834	0,956	0,844
Regiões												
Norte	0,453	0,675	0,642	0,395	0,671	0,639	0,490	0,741	0,694	0,446	0,696	0,608
Nordeste	0,338	0,592	0,544	0,428	0,734	0,681	0,580	0,820	0,762	0,449	0,715	0,614
Sudeste	0,625	0,820	0,809	0,832	0,960	0,954	0,828	0,949	0,940	0,762	0,910	0,808
Sul	0,593	0,802	0,793	0,777	0,960	0,953	0,741	0,931	0,920	0,703	0,898	0,806
Centro-Oeste	0,543	0,762	0,749	0,700	0,907	0,899	0,717	0,892	0,879	0,653	0,853	0,760
Brasil	**0,452**	**0,749**	**0,720**	**0,560**	**0,880**	**0,850**	**0,648**	**0,896**	**0,864**	**0,554**	**0,842**	**0,738**

FONTE: Rocha & Albuquerque. Tabulações especiais, extraídas da base de dados do estudo.

ANEXO VIII

BRASIL, REGIÕES E ESTADOS: ÍNDICE DE DESENVOLVIMENTO SOCIAL, IDS, 2000 E PROJEÇÃO PARA 2015

Regiões/ estados	2000																		
	Expectativa de vida	Sobrevivência infantil	Saúde	Alfabetização	4 anos e mais de estudo	8 anos e mais de estudo	11 anos e mais de estudo	Educação	Taxa de atividade	Taxa de ocupação	Trabalho	PIB per capita	1-GINI	Rendimento	Água	Energia	Geladeira	Televisão	Habitação	IDS
Norte	68,47	970,80	0,494	0,837	0,604	0,277	0,140	0,413	0,531	0,852	0,692	4.384	0,383	0,329	0,867	0,806	0,679	0,729	0,353	0,456
Nordeste	65,78	955,80	0,230	0,738	0,541	0,245	0,136	0,370	0,519	0,841	0,680	3.371	0,338	0,213	0,824	0,862	0,632	0,760	0,359	0,371
Sudeste	69,58	979,40	0,622	0,919	0,779	0,419	0,241	0,538	0,582	0,836	0,709	9.813	0,383	0,579	0,984	0,971	0,929	0,936	0,887	0,667
Sul	71,03	980,30	0,708	0,923	0,783	0,387	0,209	0,520	0,608	0,880	0,744	8.607	0,391	0,544	0,974	0,966	0,924	0,918	0,858	0,675
Centro-Oeste	69,42	978,80	0,609	0,892	0,730	0,363	0,204	0,494	0,595	0,863	0,729	7.344	0,348	0,463	0,969	0,943	0,865	0,866	0,768	0,612
Brasil	68,55	966,26	0,463	0,864	0,699	0,353	0,198	0,478	0,566	0,847	0,707	7.241	0,355	0,464	0,933	0,930	0,832	0,870	0,705	0,563
Rondônia	68,26	969,62	0,474	0,870	0,663	0,261	0,127	0,423	0,577	0,897	0,737	4.552	0,386	0,343	0,964	0,865	0,802	0,751	0,583	0,512
Acre	68,29	969,64	0,475	0,755	0,558	0,265	0,127	0,380	0,520	0,877	0,699	3.410	0,352	0,227	0,872	0,745	0,666	0,690	0,268	0,410
Amazonas	68,85	962,05	0,447	0,845	0,626	0,300	0,166	0,434	0,525	0,805	0,665	7.492	0,317	0,446	0,748	0,824	0,717	0,750	0,285	0,455
Roraima	67,52	966,21	0,407	0,865	0,705	0,355	0,163	0,469	0,583	0,850	0,716	3.843	0,378	0,284	0,998	0,865	0,808	0,790	0,645	0,504
Pará	68,74	966,96	0,479	0,832	0,574	0,263	0,129	0,399	0,519	0,863	0,691	3.410	0,345	0,222	0,864	0,783	0,627	0,724	0,298	0,418
Amapá	69,02	968,38	0,505	0,879	0,693	0,367	0,184	0,480	0,520	0,806	0,663	4.607	0,363	0,329	0,901	0,939	0,842	0,860	0,681	0,532
Tocantins	68,41	955,83	0,374	0,812	0,594	0,264	0,133	0,400	0,549	0,857	0,703	2.365	0,338	0,103	0,956	0,771	0,604	0,641	0,312	0,378
Maranhão	64,83	944,62	0,091	0,716	0,494	0,216	0,111	0,340	0,507	0,882	0,694	1.819	0,341	0,024	0,825	0,778	0,511	0,605	0,118	0,253
Piauí	65,65	952,73	0,199	0,695	0,480	0,208	0,106	0,329	0,512	0,895	0,704	2.093	0,339	0,066	0,792	0,734	0,547	0,606	0,063	0,272
Ceará	66,36	958,57	0,284	0,735	0,559	0,253	0,133	0,375	0,514	0,867	0,691	3.125	0,325	0,180	0,815	0,886	0,650	0,803	0,409	0,388
R. G. do Norte	66,42	956,73	0,272	0,746	0,595	0,281	0,160	0,400	0,493	0,835	0,664	3.737	0,343	0,249	0,862	0,916	0,693	0,818	0,516	0,421
Paraíba	64,44	948,51	0,100	0,703	0,507	0,229	0,131	0,350	0,509	0,857	0,683	2.995	0,354	0,189	0,789	0,939	0,656	0,839	0,460	0,356
Pernambuco	63,68	952,69	0,091	0,755	0,594	0,280	0,161	0,402	0,513	0,817	0,665	4.107	0,327	0,266	0,829	0,954	0,712	0,852	0,551	0,395

(Continua)

ANEXO VIII
BRASIL, REGIÕES E ESTADOS: ÍNDICE DE DESENVOLVIMENTO SOCIAL, IDS, 2000 E PROJEÇÃO PARA 2015

(*Cont.*)

	2000																			
Regiões/ estados	Expectativa de vida	Sobrevivência infantil	Saúde	Alfabetização	4 anos e mais de estudo	8 anos e mais de estudo	11 anos e mais de estudo	Educação	Taxa de atividade	Taxa de ocupação	Trabalho	PIB per capita	1-GINI	Rendimento	Água	Energia	Geladeira	Televisão	Habitação	IDS
Alagoas	63,16	951,04	0,050	0,666	0,474	0,207	0,115	0,325	0,503	0,824	0,664	2.778	0,309	0,131	0,786	0,883	0,609	0,756	0,326	0,299
Sergipe	67,23	951,49	0,276	0,748	0,548	0,251	0,135	0,375	0,529	0,833	0,681	3.705	0,342	0,246	0,854	0,911	0,719	0,817	0,516	0,419
Bahia	67,67	953,51	0,315	0,769	0,541	0,244	0,139	0,377	0,540	0,816	0,678	4.117	0,331	0,270	0,839	0,809	0,611	0,730	0,293	0,387
Minas Gerais	70,39	972,25	0,610	0,880	0,720	0,334	0,183	0,475	0,571	0,858	0,715	6.626	0,385	0,459	0,972	0,957	0,844	0,893	0,790	0,610
Espírito Santo	70,25	970,83	0,592	0,883	0,743	0,368	0,200	0,496	0,599	0,866	0,732	7.762	0,392	0,513	0,993	0,969	0,896	0,890	0,848	0,636
Rio de Janeiro	67,63	978,79	0,511	0,934	0,793	0,461	0,272	0,565	0,560	0,829	0,694	10.697	0,386	0,608	0,969	0,971	0,945	0,955	0,893	0,654
São Paulo	70,03	982,52	0,671	0,934	0,804	0,447	0,260	0,560	0,595	0,825	0,710	11.180	0,408	0,638	0,995	0,978	0,963	0,952	0,933	0,702
Paraná	70,28	979,70	0,662	0,905	0,747	0,390	0,211	0,511	0,600	0,872	0,736	7.702	0,393	0,511	0,983	0,962	0,897	0,897	0,836	0,651
Sta. Catarina	71,34	983,21	0,748	0,937	0,803	0,382	0,199	0,522	0,613	0,897	0,755	8.844	0,440	0,590	0,977	0,968	0,956	0,928	0,886	0,700
R. G. do Sul	71,60	983,00	0,760	0,933	0,806	0,388	0,212	0,528	0,612	0,878	0,745	9.331	0,414	0,587	0,964	0,968	0,930	0,930	0,861	0,696
M. G. do Sul	70,37	974,47	0,626	0,888	0,707	0,333	0,188	0,475	0,590	0,863	0,726	6.373	0,373	0,437	0,982	0,940	0,866	0,858	0,773	0,608
Mato Grosso	69,17	972,48	0,545	0,876	0,699	0,315	0,169	0,460	0,585	0,877	0,731	5.987	0,370	0,416	0,971	0,887	0,815	0,782	0,637	0,558
Goiás	69,58	977,55	0,607	0,881	0,709	0,331	0,176	0,470	0,592	0,870	0,731	4.835	0,389	0,364	0,970	0,957	0,860	0,874	0,785	0,591
Dist. Federal	68,97	977,33	0,573	0,943	0,843	0,526	0,330	0,614	0,620	0,830	0,725	16.106	0,360	0,716	0,954	0,973	0,938	0,951	0,873	0,700

(*Continua*)

ANEXO VIII

BRASIL, REGIÕES E ESTADOS: ÍNDICE DE DESENVOLVIMENTO SOCIAL, IDS, 2000 E PROJEÇÃO PARA 2015

(Cont.)

Regiões/ estados	2015																		
	Expectativa de vida	Sobrevivência infantil 1	Saúde	Alfabetização	4 anos e mais de estudo	8 anos e mais de estudo	11 anos e mais de estudo	Educação	Taxa de atividade	Taxa de ocupação	Trabalho	PIB per capita	1-GINI	Rendimento	Água	Energia	Geladeira	Televisão	Habitação	IDS
Norte	71,88	992,70	0,852	0,963	0,901	0,653	0,237	0,640	0,568	0,951	0,760	8.989	0,489	0,631	0,983	0,976	0,968	0,967	0,931	0,763
Nordeste	69,93	988,95	0,716	0,941	0,885	0,638	0,233	0,627	0,566	0,947	0,757	6.275	0,423	0,470	0,978	0,983	0,963	0,971	0,932	0,700
Sudeste	72,69	994,85	0,912	0,982	0,945	0,721	0,327	0,700	0,616	0,945	0,781	16.885	0,473	0,815	0,998	0,996	0,993	0,992	0,994	0,840
Sul	73,75	995,08	0,972	0,983	0,946	0,706	0,298	0,687	0,636	0,960	0,798	14.798	0,482	0,781	0,997	0,996	0,992	0,990	0,991	0,846
Centro-Oeste	72,58	994,70	0,905	0,976	0,933	0,694	0,293	0,678	0,629	0,954	0,792	13.436	0,434	0,715	0,996	0,993	0,987	0,984	0,980	0,814
Brasil	71,94	991,57	0,846	0,969	0,925	0,690	0,288	0,672	0,603	0,949	0,776	12.807	0,440	0,704	0,992	0,991	0,983	0,984	0,973	0,794
Rondônia	71,73	992,41	0,841	0,971	0,916	0,646	0,225	0,639	0,615	0,966	0,790	9.583	0,496	0,656	0,996	0,983	0,980	0,970	0,958	0,777
Acre	71,75	992,41	0,842	0,945	0,890	0,648	0,226	0,629	0,558	0,959	0,759	8.004	0,464	0,576	0,984	0,968	0,967	0,963	0,921	0,745
Amazonas	72,16	990,51	0,850	0,965	0,907	0,664	0,260	0,652	0,561	0,935	0,748	10.616	0,378	0,599	0,968	0,978	0,972	0,970	0,922	0,754
Roraima	71,19	991,55	0,805	0,970	0,926	0,691	0,257	0,664	0,624	0,950	0,787	14.821	0,575	0,851	1,000	0,983	0,981	0,975	0,966	0,815
Pará	72,08	991,74	0,855	0,962	0,894	0,647	0,227	0,633	0,555	0,954	0,755	6.522	0,434	0,491	0,983	0,973	0,963	0,967	0,925	0,732
Amapá	72,28	992,09	0,869	0,973	0,923	0,697	0,276	0,671	0,556	0,935	0,745	12.080	0,491	0,725	0,988	0,992	0,984	0,983	0,970	0,796
Tocantins	71,84	988,96	0,820	0,958	0,899	0,647	0,231	0,635	0,587	0,952	0,769	6.421	0,462	0,507	0,994	0,971	0,960	0,957	0,927	0,732
Maranhão	69,24	986,15	0,656	0,936	0,873	0,624	0,211	0,613	0,558	0,961	0,759	3.605	0,432	0,305	0,978	0,972	0,951	0,952	0,904	0,647
Piauí	69,83	988,18	0,704	0,932	0,870	0,620	0,207	0,609	0,560	0,965	0,763	3.759	0,421	0,310	0,974	0,967	0,955	0,952	0,897	0,656
Ceará	70,35	989,64	0,744	0,940	0,890	0,642	0,231	0,628	0,559	0,956	0,758	5.781	0,406	0,432	0,977	0,986	0,965	0,976	0,938	0,700
R. G. do Norte	70,39	989,18	0,743	0,943	0,899	0,655	0,255	0,641	0,538	0,945	0,742	7.181	0,432	0,519	0,983	0,990	0,969	0,978	0,951	0,719
Paraíba	68,95	987,13	0,648	0,933	0,877	0,630	0,229	0,620	0,562	0,952	0,757	5.670	0,444	0,455	0,973	0,992	0,966	0,981	0,944	0,685
Pernambuco	68,40	988,17	0,626	0,945	0,899	0,655	0,256	0,642	0,569	0,939	0,754	7.588	0,409	0,518	0,978	0,994	0,971	0,982	0,955	0,699

(Continua)

ANEXO VIII

BRASIL, REGIÕES E ESTADOS: ÍNDICE DE DESENVOLVIMENTO SOCIAL, IDS, 2000 E PROJEÇÃO PARA 2015

(Cont.)

2015																			
Regiões/ estados	Expectativa de vida	Sobrevivência infantil	Saúde	Alfabetização	4 anos e mais de estudo	8 anos e mais de estudo	11 anos e mais de estudo	Educação	Taxa de atividade	Taxa de ocupação	Trabalho	PIB per capita	1-GINI	Rendimento	Água	Energia	Geladeira	Televisão	Habitação	IDS
Alagoas	68,02	987,76	0,602	0,925	0,868	0,620	0,215	0,609	0,561	0,941	0,751	5.458	0,391	0,403	0,973	0,985	0,961	0,971	0,929	0,659
Sergipe	70,98	987,87	0,765	0,944	0,887	0,641	0,233	0,628	0,571	0,944	0,758	7.689	0,438	0,545	0,982	0,989	0,972	0,978	0,951	0,729
Bahia	71,30	988,38	0,786	0,948	0,885	0,638	0,236	0,629	0,581	0,939	0,760	7.442	0,412	0,515	0,980	0,976	0,961	0,967	0,925	0,723
Minas Gerais	73,28	993,06	0,931	0,973	0,930	0,680	0,275	0,667	0,602	0,953	0,777	12.244	0,481	0,722	0,996	0,995	0,984	0,987	0,983	0,816
Espírito Santo	73,18	992,71	0,922	0,974	0,936	0,697	0,290	0,678	0,630	0,955	0,793	13.759	0,486	0,761	0,999	0,996	0,990	0,987	0,990	0,829
Rio de Janeiro	71,27	994,70	0,834	0,985	0,948	0,741	0,354	0,715	0,600	0,943	0,772	17.428	0,471	0,823	0,996	0,996	0,994	0,995	0,995	0,828
São Paulo	73,02	995,63	0,936	0,985	0,951	0,735	0,343	0,711	0,627	0,942	0,785	19.072	0,502	0,875	0,999	0,997	0,996	0,994	0,999	0,861
Paraná	73,20	994,92	0,941	0,979	0,937	0,707	0,300	0,685	0,631	0,957	0,794	12.557	0,479	0,728	0,998	0,995	0,990	0,988	0,988	0,827
Sta. Catarina	73,97	995,80	0,990	0,986	0,951	0,703	0,290	0,685	0,641	0,966	0,803	15.809	0,546	0,850	0,997	0,996	0,996	0,991	0,994	0,864
R. G. do Sul	74,16	995,75	1,000	0,985	0,951	0,706	0,301	0,690	0,638	0,959	0,799	16.595	0,513	0,840	0,995	0,996	0,993	0,992	0,991	0,864
M. G. do Sul	73,27	993,62	0,934	0,975	0,927	0,680	0,280	0,668	0,621	0,954	0,787	14.810	0,490	0,787	0,998	0,993	0,987	0,983	0,981	0,832
Mato Grosso	72,39	993,12	0,883	0,972	0,925	0,672	0,263	0,660	0,620	0,959	0,789	13.653	0,484	0,757	0,996	0,986	0,982	0,974	0,965	0,811
Goiás	72,69	994,39	0,909	0,973	0,927	0,679	0,268	0,664	0,625	0,957	0,791	8.493	0,481	0,608	0,996	0,995	0,986	0,985	0,982	0,791
Dist. Federal	72,25	994,33	0,884	0,987	0,961	0,773	0,405	0,743	0,655	0,943	0,799	23.921	0,432	0,893	0,994	0,997	0,994	0,994	0,992	0,862

FONTES: Anexo V e texto (parte final: *Uma agenda para o futuro*).

REFERÊNCIAS BIBLIOGRÁFICAS

A BÍBLIA DE JERUSALÉM. São Paulo, Paulus, 1985.

ALBUQUERQUE, Roberto Cavalcanti de & ROCHA, Sonia. "Sobre estratégias de redução da pobreza". REIS VELLOSO, João Paulo dos & ALBUQUERQUE, Roberto Cavalcanti de, orgs. *Pobreza, cidadania e segurança*. Rio de Janeiro, José Olympio, 2000, p. 85-108 (Fórum Nacional).

——. & VILLELA, Renato. "A situação social no Brasil: um balanço de duas décadas". Em REIS VELLOSO, João Paulo dos, org. *A questão social no Brasil*. São Paulo, Nobel, 1991, p. 23-104 (Fórum Nacional).

——. coord. *O Brasil social: realidades, desafios, opções*. Rio de Janeiro, Ipea, 1993 [Série Ipea 139].

——. 1989. "O estado e a República (1889-1989)." Em *Revista da Escola Superior de Guerra*, Ano V, n. 13, 1989, p. 19-36.

——. 1993. "Trajetórias de desenvolvimento: o desejável e o possível." Em ALBUQUERQUE, coord., p. 444-57.

ALMEIDA REIS, José Guilherme; RODRIGUEZ, José Santos; BARROS, Ricardo Paes de, "As desigualdades de renda". Em ALBUQUERQUE, coord., p. 135-51.

BARROS, Ricardo Paes de & MENDONÇA, Rosane. "Geração e reprodução da desigualdade de renda no Brasil". Em *Perspectivas da economia brasileira 1994*. Rio de Janeiro, Ipea, 1993, v. 2, p. 471-90.

BONELLI, Regis. "Nível de atividade e mudança cultural". Em *Estatísticas do século XX*. Rio de Janeiro, IBGE, 2003, p. 369-412.

——. & SEDLACEK, Guilherme Luís. "Distribuição de renda: evolução no último quarto de século". Em SEDLACEK, Guilherme Luís & PAES DE BARROS, Ricardo, eds., *Mercado de trabalho e distribuição de renda: uma coletânea*. Rio de Janeiro, Ipea, 1989.

CONSTITUIÇÃO POLÍTICA DO IMPÉRIO DO BRASIL, de 25 de março de 1824. Em *Constituições do Brasil*, ALMEIDA, Fernando H. Mendes de, org. São Paulo, Saraiva, 1954, p. 45-50.

FISHLOW, Albert. "Brazilian Size Distribution of Income". *American Economic Review*, v. 62, maio 1972.

HERÓDOTOS. C. 450 a.C. *História*. Trad. Mário da Gama Kury. Brasília, Ed. UNB, 1985.

IBGE (Instituto Brasileiro de Geografia e Estatística). 1900-2000. *Censos Demográficos de 1900, 1920, 1940, 1950, 1960, 1970, 1980, 1991 e 2000*. Rio de Janeiro, IBGE, vários anos.

——. Pnad (Pesquisa Nacional por Amostra de Domicílios), 2002.

——. 1977. *Séries Retrospectivas 1977*. Rio de Janeiro, IBGE.

KUZNETS, Simon. 1966. *Modern Economic Growth: Rate, Structure and Spread*. New Haven, Yale University Press.

——. 1971. *Economic Growth of Nations*. Cambrigde, Harvard University Press.

LANGONI, Carlos, *Distribuição de renda e desenvolvimento econômico no Brasil*. Rio de Janeiro, Expressão e Cultura, 1973.

LUCAS JR., Robert. E. "On the Mechanics of Economic Development". *Journal of Monetary Economics*, v. 22, n.1, jul. 1988.

MEYERHOFF, Hans, ed. 1959. *The Philosophy of History in Our Time*. Nova York, Doubleday.

MORTIMER, J. Adler & GORMAN, William, ed. *The Great Ideas; a Syntopicon of Great Books of Western World*. Chicago, Encyclopaedia Britannica, 1952, 3 v.

NABUCO, Joaquim. 1900. *Minha formação*. Rio de Janeiro, José Olympio, 1957. [A edição de 1900 é do Rio de Janeiro, H. Garnier].

——. 1883. "O abolicionismo." Em SANTIAGO, Silviano, coord. *Intérpretes do Brasil*. Rio de Janeiro, Nova Aguilar, v. 1 p. 20-167. [A edição de 1883 é de Londres, Tip. de Abraham Kingdon].

PAIVA ABREU, Marcelo de. "O Brasil no século XX: a economia". Em *Estatísticas do século XX*. Rio de Janeiro, IBGE, 2003, p. 333-42.

REIS VELLOSO, João Paulo dos, coord. *O Brasil e a economia do conhecimento*. Rio de Janeiro, José Olympio, 2002. (Fórum Nacional).

——. *O último trem para Paris: de Getúlio a Sarney: "milagres", choques e crises no Brasil moderno*. Rio de Janeiro, Nova Fronteira, 1986.

REIS, Estáquio; BLANCO, Fernando; MORANDI, Lucienne; MEDINA, Mérida; PAIVA ABREU, Marcelo. "Século XX nas contas nacionais". Em *Estatísticas do século XX*. Rio de Janeiro, IBGE, 2003, p. 493-523.

ROCHA, Sonia. *Pobreza no Brasil: afinal, de que se trata?* Rio de Janeiro, FGV Editora, 2003.

——. & ALBUQUERQUE, Roberto Cavalcanti de. "Geografia da pobreza extrema e vulnerabilidade à fome." Em REIS VELLOSO, João Paulo dos & ALBUQUERQUE, Roberto Cavalcanti de, orgs., *A nova geografia da fome e da pobreza*. Rio de Janeiro, José Olympio, 2004, p. 27-77 (Fórum Nacional).

ROMER, Paul M. "Increasing Returns and Long-run Growth". *Journal of Political Economy*, v. 94, n. 5, out. 1986, p. 1002-37).

SHUMPETER, Joseph A. 1911. *Teoria do desenvolvimento econômico*. Rio de Janeiro, Fundo de Cultura, 1961.

SMITH, Adam. 1776. *An Inquiry Into the Nature and Causes of the Wealth of Nations*. Chicago, Encyclopaedia Britannica, 1952 (Great Books, 39).

THE WORLD BANK. 1984. *World development report 1984*. Nova York, Oxford University Press, 1984.

——. 2004. Selected World Indicators. Em *World Development Report 2004: Making Services Work for People*. Nova York, Oxford University Press.

——. 1984. *World Development Report 1984*. Nova York, Oxford University Press.

——. 1989. *World Development Report 1998-9 — Knowledge for Development*. Oxford-Washington D.C.

TOLOSA, Hamilton. "A pobreza absoluta", em ALBUQUERQUE, coord., p. 189-212.

TOYNBEE, Arnold Joseph, *A Study of History*. London, Oxford University Press, 1934-61. 12 v.

TUCÍDEDES. C. 430 a.C. *História da guerra do Peloponeso*. Trad. Mário da Gama Kury. Brasília, Editora UNB, 1982.

UNDP (United Nations Development Programme). 2002. *Human Development Report 2002*. Nova York-Oxford, Oxford University Press.

——. 1990. *Human Development Report 1990*. Nova York, Oxford University Press.

VALLE E SILVA, Nelson do & OLIVEIRA BARBOSA, Maria Ligia. "População e estatísticas vitais." Em *Estatísticas do século XX*, Rio de Janeiro, IBGE, 2003, p. 31-57.

WILLIANSON, J. "Regional Inequality and the Process of National Development." *Economic Development and Cultural Change*, v. 13, 1965, p. 25-45.

Pobreza no Brasil: o que mudou nos últimos 30 anos?

*Sonia Rocha**

*Economista, coordenadora de projetos do Ibre — Fundação Getulio Vargas.

INTRODUÇÃO

A QUESTÃO DA POBREZA ABSOLUTA tem se mantido na agenda de preocupações da sociedade brasileira de forma contínua durante os últimos 15 anos. Diante da frustração com a persistência do fenômeno, especialmente visível e chocante nas metrópoles, é freqüente que sejam feitas afirmativas sobre o agravamento da pobreza e referências a melhores condições de vida quando o Brasil era um país essencialmente rural.

Embora seja comum idealizar o passado e atribuir qualidades idílicas ao mundo rural, ao analisar a evolução brasileira dos últimos 35 anos não há quaisquer evidências que dêem embasamento à afirmativa de que ocorreu agravamento da pobreza. Ao contrário, o Brasil enriqueceu e se modificou em todos os aspectos, em particular se desruralizou e se modernizou. O país que temos no início do século XXI é radicalmente diferente daquele de 1970. Mesmo sem fazer juízo de valor sobre a sociedade de consumo e sobre a "modernidade", há evidências incontestes de progresso, e, em particular, de que a pobreza vista como uma situação de carências diversas se reduziu: a taxa de mortalidade infantil, o indicador mais sintético das condições de vida, declinou de 115 por mil nascidos vivos em 1970, para 29,6 por mil em 2000. Há ainda progressos a realizar para chegar às condições de vida de países como a Suécia,[1] mas uma boa parte do caminho já foi percorrido.

[1]As taxas de mortalidade infantil nacionais mais baixas se situam em 3/1.000. (PNUD, Relatório de Desenvolvimento Humano, 2004.)

O objetivo deste texto é sistematizar evidências sobre a evolução da pobreza no Brasil no longo prazo, isto é, utilizando parâmetros comparáveis entre 1970 e 2001/2002. Os parâmetros de renda utilizados, as linhas de pobreza que servem para distinguir pobres de não-pobres, são compatíveis com a composição do consumo na década de 1970, mas foram ajustadas monetariamente para levar em conta as mudanças nos níveis de preços ao longo desses mais de 30 anos.[2] Embora pesquisas de orçamentos familiares recentes permitam estabelecer linhas a partir de estruturas de consumo mais atualizadas, elas seriam impraticáveis para a utilização num período tão longo, já que houve entre 1970 e 2002 um aumento do nível de renda com conseqüente elevação e mudança do consumo das famílias. Como se sabe, é a composição do consumo nas camadas de baixa renda, e em particular, a forma como são atendidas as suas necessidades alimentares, que determinam a estrutura da cesta básica e o valor da linha de pobreza. Assim, utilizar para a análise de longo prazo linhas de pobreza de valor mais elevado, compatíveis com o nível de renda e de consumo do início do século XXI, significaria ter como ponto de partida uma proporção de pobres próxima a 100% em 1970, o que seria desprovido de interesse para diferenciar e caracterizar esta subpopulação.

Este texto está dividido em quatro seções, além desta introdução. Na próxima seção é feita a análise da pobreza enquanto insuficiência de renda entre 1970 e 2002. Após este crivo inicial a partir da renda, as seções seguintes apresentam uma análise estático-comparativa da pobreza nos anos de 1981 e 2001, utilizando dados comparáveis da Pesquisa Nacional por Amostra de Domicílios (PNAD/IBGE). A seção três trata das mudanças na formação da renda, o que envolve naturalmente as mudanças de inserção dos pobres no mercado de trabalho. A seção quatro sistematiza as melhorias nas condições de vida. Embora os indicadores sejam apresentados para os anos extremos do período analisado, estas melhorias ocorreram de forma contínua e sustentada, apesar da evolução acidentada da renda. Finalmente, a seção cinco sistematiza as principais conclusões.

[2]Sobre a metodologia de estabelecimento de linhas de pobreza, assim como os valores derivados de pesquisas de orçamento familiares diversas, ver Rocha (2003), capítulos 2 e 3.

RENDA E POBREZA NUMA PERSPECTIVA DE LONGO PRAZO — 1970-2002

No Brasil, nos dias de hoje, não causa estranheza que a pobreza seja associada à insuficiência de renda. De fato, num país com rendimento per capita em patamar médio no contexto internacional — cerca de 2.500 dólares anuais em 2003 —, urbano e de economia quase totalmente monetizada, o bem-estar das pessoas está estreitamente vinculado ao nível de sua renda familiar.

Esta seção tem como objetivo apresentar a evolução de longo prazo da incidência de pobreza do ponto de vista da renda, portanto utilizando linhas de pobreza como crivo básico.[3] Esses parâmetros são utilizados em confronto com os dados de rendimento familiar per capita derivados dos Censos Demográficos e das PNADs a partir de 1981. O Gráfico 1 apresenta a evolução 1970-2002 da proporção de pobres, que é o indicador mais utilizado de pobreza, servindo de referência à análise que virá a seguir.[4]

GRÁFICO 1
EVOLUÇÃO DA PROPORÇÃO DE POBRES,
POR ESTRATOS DE RESIDÊNCIA — 1970, 1980-2002

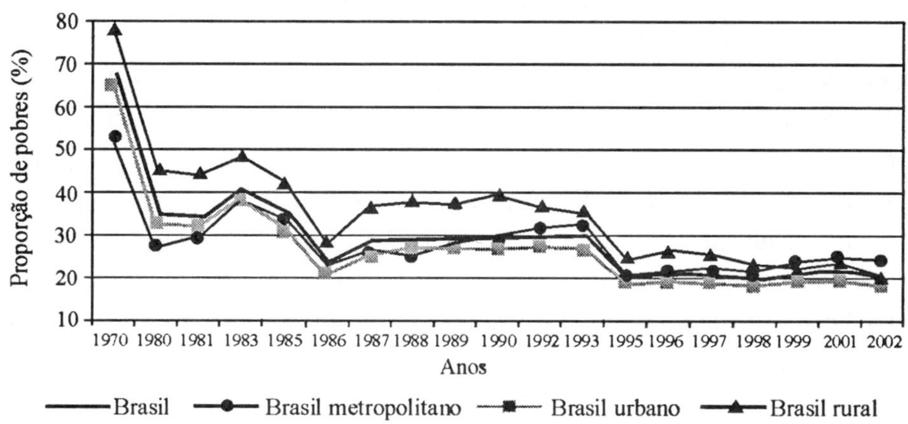

[3]Ver as linhas de pobreza relativas a 1970 e 2002 no Anexo 1. Para maiores detalhes, consultar Rocha, 1987.

[4]Embora o texto aqui se refira apenas à evolução da proporção de pobres, no Anexo 2 são apresentados, além das proporções para o Brasil e estratos de residência para todo o período 1970-2002, também os demais indicadores habituais de pobreza enquanto insuficiência de renda para áreas selecionadas em 1970 e 2002.

Mesmo quando se adotam linhas de pobreza compatíveis com a renda e consumo da década de 1970, os resultados de incidência de pobreza para o ano de 1970, derivados dos dados de rendimento familiar per capita do Censo Demográfico, mostram um país essencialmente pobre, já que a proporção de pobres na população total chegava a 68,4%, ou 61,1 milhões de pessoas. A pobreza brasileira era preponderantemente rural — pouco mais da metade dos pobres vivia em área rural (51,5%), o que não fica longe de se coadunar com a realidade demográfica do país: 45% da população brasileira era residente rural, embora o país já estivesse num processo de urbanização acelerada. Vale destacar que as metrópoles, áreas de irradiação das transformações sociais, econômicas e culturais por que passava o país, e focos de atração para os grandes contingentes de migrantes rurais, eram elas próprias áreas de elevada concentração de pobreza, com 53% da sua população sendo pobre. Seu atrativo era o dinamismo, assim como a conseqüente alta mobilidade econômica e social, que contrastavam com a estagnação e o isolamento das áreas rurais mais pobres. Em contrapartida, onde a pobreza era mais crítica, como na área rural do Nordeste, a proporção de pobres chegava a 90% da população, sendo que a maioria da população ativa tinha renda zero, isto é, vivia em condições de uma economia de subsistência fora do circuito monetário. Em conseqüência os pobres rurais nordestinos eram mais intensamente pobres: é sintomático que a razão do hiato[5] relativa aos pobres rurais nordestinos era de 0,61, em flagrante desvantagem em relação, por exemplo, a de 0,50 verificada nas metrópoles.

O excepcional crescimento econômico durante a década de 1970 — o PIB cresceu a taxa média anual de 8,6% ao ano — permitiu aumentos generalizados de rendimentos. Não é surpreendente que a redução da pobreza absoluta ao longo da década tenha sido tão significativa a ponto de ocorrer não somente queda da proporção de pobres (de 68% em 1970 para 35% em 1980), mas também a redução no número absoluto de pobres (de 61,1 milhões para 41,3 milhões), apesar de o crescimento demográfico ter se situado no patamar elevado de 2,5% ao ano. Como, para a década de 1970, não se dispõe das PNADs para estabelecer estimativas anuais de pobreza, tal como foi feito para o perío-

[5]A razão do hiato é um indicador de intensidade da pobreza, pois mede a distância relativa que separa a renda dos pobres do valor mínimo desejado, a linha de pobreza. É expressa por $H= (Z - Y)/Z$ em que Z é a linha de pobreza e Y a renda média dos pobres.

do a partir de 1981, foram utilizados apenas os dados dos Censos Demográficos de 1970 e 1980 para os anos extremos deste período. A comparação de resultados revela uma queda da proporção de pobres a pouco mais da metade em dez anos (Gráfico 1), acompanhada do declínio também da razão do hiato de 53% para 43%. A respeito desses resultados cabe observar que:

a) ao aumento da renda corresponderam efeitos concentradores já conhecidos, aumentando a desigualdade de rendimento entre os indivíduos. Quando se utiliza o crivo pobres *versus* não-pobres, o aumento da desigualdade entre os dois grupos fica evidente pela evolução das respectivas rendas médias[6]: a dos não-pobres, que em 1970 equivalia a 2,83 a dos pobres, em 1970, passa a 5,20, em 1980. Caso os frutos do crescimento tivessem sido repartidos de forma equânime, isto é, se o crescimento da renda tivesse sido neutro do ponto de vista distributivo,[7] teria sido possível obter uma redução ainda mais acentuada da pobreza absoluta do que aquela já excepcional que foi verificada. Assim, enquanto aumentou a renda de forma generalizada, o que diminuiu drasticamente a incidência de pobreza, agravou-se a já elevada desigualdade de renda entre pessoas pelo fato de os maiores ganhos ocorreram dentre aqueles que detinham as rendas relativamente mais altas.[8]

b) os ganhos de renda foram mais acentuados nas áreas urbanas — metropolitanas e não metropolitanas — do que nas rurais em função das características do crescimento econômico centrado na indústria de transformação. Neste sentido, o diferencial entre áreas se agrava, em particular entre as metrópoles mais dinâmicas, como São Paulo e Rio de Janeiro, e as áreas rurais mais pobres, no Nordeste e em Minas Gerais. Aumentam, assim, os desequilíbrios entre o urbano e o rural durante o período de crescimento econômico forte.

Em relação à evolução verificada no período 1970-1980, cabe fazer um alerta de caráter metodológico. Embora o crescimento da renda e a redução da

---

[6]Renda familiar per capita.

[7]Segundo Bonelli e Ramos (1993) o índice de Gini passou de 0,56 em 1970 para 0,59 em 1980.

[8]O truncamento da renda durante o processamento do Censo de 1970 no valor de Cr$ 9,998, equivalente a US$ 2,167 da época, é pouco conhecido. A utilização da distribuição truncada para fins de mensuração da desigualdade de renda tem, naturalmente, o efeito de mascarar os níveis reais de desigualdade naquele ano, e em conseqüência, sugerir uma evolução entre 1970-1980 mais adversa do que aquela que realmente ocorreu.

pobreza durante a década de 1970 sejam inequívocos, os aperfeiçoamentos introduzidos no Censo de 1980 permitiram melhor captar os rendimentos[9], certamente superestimando em alguma medida tanto o aumento da renda, como, especificamente, a redução da pobreza na década.

A importância do período 1970-1980 nesta análise se justifica pela ocorrência da mais acentuada dentre as três quedas marcantes da pobreza brasileira em mais de 30 anos, mesmo levando em conta a restrição relativa à mensuração da renda referida no parágrafo anterior. O resultado medido aqui com base nos anos extremos da década se deu, provavelmente, em função de um processo mais ou menos contínuo ao longo do período, acompanhando o excelente desempenho do PIB. Como se verá a seguir, as duas outras quedas importantes da pobreza após 1970 ocorreram, ao contrário, como eventos pontuais, resultantes de processos combinados de estancamento da inflação e crescimento econômico.

Como existe correlação entre crescimento do PIB e redução da pobreza absoluta, a crise econômica do início dos anos 1980 causou forte agravamento da pobreza — a proporção de pobres se elevou, atingindo um pico de 41%. No entanto, foi seguida pela recuperação econômica e pelo Plano Cruzado, que levou a uma queda drástica e pontual da proporção de pobres — 23,7% em 1986 (ver Gráficos 1 e 2). Os efeitos do Plano Cruzado sobre os preços e sobre a renda foram de curta duração, de modo que já em 1987, com a nova aceleração inflacionária, os ganhos em termos de redução da pobreza já tinham sido em boa parte revertidos. A proporção de pobres se agrava de forma moderada, mas contínua, no final da década, se estabilizando em 30% entre 1989 e 1993. Esses resultados nacionais de incidência de pobreza encobrem efeitos mais desfavoráveis nas áreas modernas do Centro-Sul, as mais atingidas pela

[9]A renda pessoal de cada um dos membros solidários da família é o ponto de partida para a construção da renda familiar. Em 1970, embora tenha sido investigada a renda percebida por cada indivíduo de forma abrangente — considerando rendimentos fixos, variáveis ou esporádicos, oriundos do trabalho, aposentadoria, aluguéis, seguros, e mesmo redução de ativo etc. —, foi registrada no questionário apenas uma única informação relativa à renda média mensal (variável 119). Devido ao pouco destaque do item e provavelmente às dificuldades de coleta, é muito freqüente no Censo de 1970 a ocorrência de renda *missing*, principalmente para aqueles cuja condição na família não era a de chefe. Em conseqüência parece seguro afirmar que a cobertura do rendimento em 1970 é menos abrangente do que a de 1980, quando a renda pessoal de diferentes origens foi investigada através de sete quesitos distintos. É importante destacar ainda que o valor único do quesito renda de 1970 foi truncado em 9,998 para declarações superiores a esta cifra. Para que se tenha uma ordem de grandeza, este limite superior correspondia a 2,167 dólares, afetando, portanto, os indicadores de rendimento obtidos para os não-pobres naquele ano.

reestruturação do setor industrial que fica claramente caracterizada desde o final dos anos 1980. O Gráfico 2 permite visualizar como, não somente as crises econômicas, mas as oscilações conjunturais de maneira geral, afetam de forma mais acentuada a incidência de pobreza no Centro-Sul, enquanto o Nordeste, a região pobre por excelência, responde de forma atenuada devido ao grande contingente de pobres que se situam estruturalmente fora do mercado e dos circuitos monetários.

GRÁFICO 2
EVOLUÇÃO DA PROPORÇÃO DE POBRES
POR REGIÃO — 1970, 1980-2002

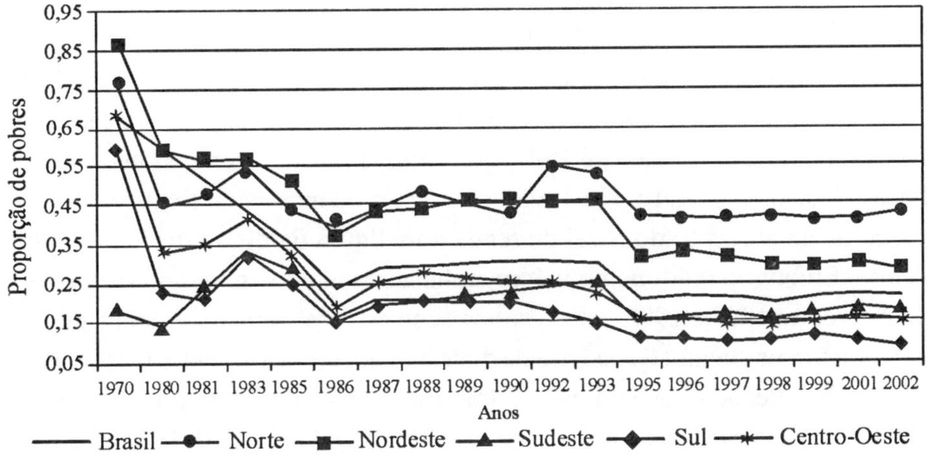

Em função das oscilações econômicas conjunturais, a renda per capita ficou praticamente estável entre 1981 e 1990,[10] de modo que os resultados em termos de incidência de pobreza só não foram piores devido à redução do ritmo de crescimento populacional, que declinou de 2,34% a.a. nos anos 1970 para 2,12% a.a. nos anos 1980. Com base nos resultados para 1981 e 1990, verifica-se que o número de pobres no país pouco se alterou, embora a proporção de pobres tenha se reduzido de 34% para 30% (Gráfico 1). Isto ocorreu

[10]Respectivamente R$ 5.918 e R$ 6.087 a preços de 2000.

em parte devido aos resultados para o Nordeste, que, em 1981, atravessava um período de seca, o que contribuiu para tornar os resultados de 1990 relativamente mais favoráveis (Gráfico 2).

Estes resultados para a década de 1980 contrariaram a sensação de empobrecimento da nação após a chamada *década perdida.* Esta sensação pode ser em parte imputada ao estancamento do processo de melhoria da renda e de forte mobilidade social, que vinha ocorrendo desde o final da segunda guerra, de par com a urbanização e a modernização do país. O impacto do *stop and go* da economia, especialmente adverso sobre as metrópoles das regiões mais dinâmicas do país, e, por isso muito divulgado, afetou a todos de forma direta ou indireta, tanto devido ao comportamento da renda, como pela clara redução do investimento público na área social. No entanto, face à conjuntura econômica adversa, as áreas rurais reduziram a sua desvantagem em relação às urbanas e metropolitanas (Gráfico 1).

As características da década de 1980 se prolongam no início da década de 1990, até que as condições macroeconômicas do país se alteraram radicalmente com o Plano Real de julho de 1994, que reduziu drasticamente as taxas de inflação.[11] Os dados relativos a 1995[12] revelam mudanças significativas no que concerne ao aumento do nível de renda e melhoria da distribuição do rendimento. Embora o rendimento médio tenha apresentado um ganho médio real de 28% entre 1993 e 1995, estes ganhos ocorreram, excepcionalmente, de forma muito mais acentuada na base da distribuição, em detrimento das faixas de renda mais elevadas. Assim, no décimo mais baixo da distribuição, o rendimento médio real dobrou o valor no período, de R$ 24 em 1993, para R$ 48 em 1995 (preços de setembro de 1995). No segundo décimo da distribuição, os ganhos também foram importantes, apresentando um aumento de 47% no mesmo período. Essa evolução excepcionalmente favorável dos rendimentos na base da distribuição se explica por três fatores.

O primeiro fator foi a *âncora verde*, em referência ao comportamento moderado dos preços alimentares, o que favoreceu aos mais pobres, devido à pon-

[11]Na verdade, o início da retomada econômica já vinha ocorrendo desde 1993, mas o Plano Real foi o grande divisor de águas: a taxa de inflação mensal, que atingia 48% ao mês em junho de 1994, foi reduzida para 22% ao ano em 1995, declinando de forma contínua até o final de 1998.

[12]Excepcionalmente, a PNAD não se realizou em 1994, o que obriga que se utilizem hoje os resultados de 1993 e 1995 para avaliar os impactos do Plano Real.

deração maior dos produtos do grupo alimentação na sua estrutura de despesa. O segundo fator que contribuiu para a melhoria maior da renda real na base da distribuição foi a elevação relativamente mais acentuada dos preços dos *non-tradeables,* os quais, face a demanda crescente, não foram postos em cheque pela possibilidade de importação substitutiva, viabilizada pela abertura econômica. Assim, a evolução dos preços relativos afetou positivamente o rendimento dos trabalhadores dos setores de comércio e serviços, em particular daqueles recebendo rendimentos baixos, beneficiados mais intensamente pelo "efeito riqueza" associado ao estancamento do processo inflacionário. Finalmente como terceiro fator, há o aumento do salário mínimo em 42% em maio de 1995, com impacto direto sobre os benefícios previdenciários e assistenciais.[13]

O aumento acentuado dos rendimentos na base da distribuição teve efeitos diretos sobre a redução da pobreza absoluta: a proporção de pobres passou de 30,4% (43,2 milhões de pessoas) em 1993, para a 20,6% (30,4 milhões de pessoas) em 1995. O fenômeno foi geral, pois afetou todos os estratos de residência e regiões (Gráficos 1 e 2), e seus resultados foram mais favoráveis que os resultados de 1986, após o Plano Cruzado. Ademais, enquanto a redução da pobreza após o Plano Cruzado teve pouca duração, o Plano Real definiu um novo patamar da proporção de pobres em torno de 20% que se mantêm até o final do período.[14]

Apesar de todos os percalços que impediram um crescimento sustentado da renda desde então, os indicadores de pobreza em 2002 se apresentaram muito mais favoráveis do que os imediatamente anteriores ao Plano Real. É importante observar que a inflexão pronunciada de todos os indicadores de pobreza, assim como sua estabilização num novo patamar, encobre pelo menos duas evoluções distintas: piora relativa da pobreza metropolitana e melhoria relativa da pobreza nas áreas rurais.

* * *

[13]O impacto do salário mínimo sobre os rendimentos médios do trabalho foram amortecidos, na medida em que esses rendimentos já vinham aumentando espontaneamente e de forma sustentada em função do aquecimento da economia que se iniciou com a implementação do Plano Real.

[14]É importante lembrar que estas proporções têm de ser vistas na perspectiva da comparação de longo prazo, privilegiada neste texto. Para indicadores de pobreza desde o início da década de 1990 utilizando linhas de pobreza alternativas, ver Rocha (2003), cap. 5.

Um balanço da pobreza enquanto insuficiência de renda no Brasil no período em análise evidencia que a incidência de pobreza caiu de forma significativa — a proporção declinando de 68,4% em 1970, para 20,7% em 2002. Naturalmente os efeitos poderiam ter sido mais favoráveis, e, em particular, em função do volume de riqueza produzida no país, a pobreza enquanto insuficiência de renda poderia, teoricamente, ter sido erradicada. Na verdade a persistência da pobreza absoluta está associada ao elevado nível de desigualdade na distribuição de rendimento. Neste sentido é impressionante verificar que o hiato da renda, isto é, o valor agregado da diferença entre a renda dos pobres e a linha de pobreza, representa hoje um percentual tão baixo do PIB — 1,16% em 2002. Cabe observar ainda que este percentual se reduziu sensivelmente ao longo do período em análise, já que se situava em 12,8% do PIB em 1970, o que evidencia as condições cada vez mais confortáveis da sociedade brasileira para combater a pobreza absoluta. Visto de outra maneira, trazer a renda de todos os pobres brasileiros ao nível da linha de pobreza em 2002, corresponderia a apenas R$ 93,28/ano para cada indivíduo não-pobre. Naturalmente, trata-se tão-somente de um cálculo teórico, já que a realização de transferências de renda para atingir este objetivo — tanto a obtenção dos recursos necessários, como a focalização dos beneficiários — enfrenta obstáculos enormes. Apesar das dificuldades, a série de programas de transferência de renda criados desde a segunda metade da década de 1990 — dentre os quais Bolsa Família, criado em outubro de 2003, é o mais recente — devem ser vistos, juntamente com os benefícios previdenciários, como mecanismos que viabilizaram a estabilização dos índices de pobreza face à evolução adversa do mercado de trabalho no final do período analisado.

A mudança da incidência de pobreza entre 1970 e 2002 não se limita à redução drástica dos indicadores nacionais, mas a mudanças na espacialização da pobreza. Tendo como pano de fundo a queda da proporção e do número de pobres entre 1970 e 2002, as informações da Tabela 1 permitem visualizar como a distribuição da pobreza se alterou e em que medida este fenômeno esteve vinculado a mudanças na espacialização da população total.

TABELA 1

PARTICIPAÇÃO NA POBREZA E NA POPULAÇÃO BRASILEIRA
REGIÕES E ESTRATOS — 1970 E 2002

Brasil, Regiões e Estratos	1970			2002		
	Participação (%)			Participação (%)		
	Pobres	População*	Desvio	Pobres	População*	Desvio
Norte**	4,37	3,90	0,47	11,93	5,71	6,22
Nordeste	38,54	30,37	8,17	39,06	28,69	10,38
Nordeste Rural	23,58	17,9	5,68	10,76	8,30	2,46
Sudeste exc. São Paulo	21,96	23,63	–1,67	17,58	21,19	–3,61
São Paulo	14,3	18,88	–4,59	19,64	22,13	–2,49
Sul	15,35	17,81	–2,46	6,57	15,16	–8,58
Centro-Oeste	5,48	5,41	0,07	5,22	7,12	–1,90
Metropolitano	18,77	24,11	–5,33	36,90	31,27	5,63
Urbano	29,74	31,14	–1,41	48,62	53,96	–5,34
Rural	51,49	44,75	6,74	14,48	14,77	–0,29
Brasil	100,0	100,0	–	100,0	100,0	–

* Corresponde ao total de pobres e não-pobres, excluindo, portanto, os indivíduos em famílias sem informação de renda.
** Exclui área rural em 2002.
FONTE: A partir de microdados da PNAD e do Censo Demográfico/IBGE.

Quanto ao aspecto regional, verifica-se, depois de mais de 30 anos, que o Nordeste, a região mais pobre do país, manteve praticamente a mesma participação no número de pobres no Brasil (38,5% em 1970; 39,0% em 2002). Na verdade, no contexto brasileiro, o Nordeste empobreceu, já que o desvio entre a sua participação na pobreza e na população total brasileira aumentou no período, embora tenha havido uma melhoria na área rural. Em posição diametralmente oposta ao Nordeste em 1970, São Paulo também empobreceu no período estudado, mas esta evolução foi acompanhada por um forte aumento de população, inclusive atraindo de forma continuada migrantes pobres do resto do país. Sudeste e Sul terminam o período com uma situação mais favorável do que em 1970, o que certamente está vinculado não só a características da evolução econômica, mas a um crescimento demográfico mais moderado do que o de São Paulo, por exemplo. As regiões de fronteira, Norte e Centro-Oeste, tiveram comportamentos diferenciados. Embora ambos mantenham participações relativamente restritas na população nacional, o Centro-Oeste cresceu e enriqueceu, na esteira de um processo sustentado de modernização agrícola e integração vertical de cadeias produtivas. O Norte, ao contrário, empobreceu: o aumento de sua participação na população brasileira se deu em parte devido a movimentos migratórios motivados por atividades sem sustentabilidade e/ou com efeitos multiplicadores pequenos sobre emprego e renda.

Foi nas áreas rurais, onde os indicadores eram bem mais adversos em 1970, que ocorreram as maiores quedas da pobreza absoluta. Como resultado, ao final do período, são bem estreitos os diferenciais em termos de proporções de pobres em áreas urbanas, rurais e metropolitanas consideradas agregadamente, observando-se, inclusive, modificação das posições relativas, refletindo a redução da pobreza rural e o agravamento da pobreza metropolitana (Gráfico 1, Tabela 1 e Anexo 2). Observa-se em particular, que foi atingindo um certo equilíbrio entre participação das áreas rurais na pobreza e na população total — em torno de 14,5% —, pelo menos quando se enfoca a questão do ponto de vista do número de pobres.[15] Esta redução mais acentuada da incidência da pobreza rural se deve em grande parte à universalização da previdência social e à crescente cobertura de benefícios assistenciais, inclusive aqueles associados aos programas de transferência de renda criados na virada do século. O valor desses benefícios, preponderantemente pagos pelo governo federal e com valor fixado nacionalmente, tem impactos maiores sobre a pobreza nas áreas rurais, onde o custo de vida é mais baixo.[16]

Por outro lado, ocorreu no final do período em estudo uma nova onda de metropolização da pobreza, muito vinculada ao peso relativo da pobreza na

[15]Na verdade, no final do período, os pobres rurais são também menos intensamente pobres que os metropolitanos, invertendo também os resultados em relação à razão do hiato de renda que se verificava em 1970 (ver Anexo 2).

[16]Diferenças de custo de vida entre áreas e regiões são levados em conta na estimação da pobreza através de valores diferenciados para as linhas de pobreza (ver Anexo 1).

metrópole paulista. Como maior núcleo gerador de renda no país, São Paulo continua a exercer forte atratividade migratória. Ademais, cabe ressaltar que são as áreas mais dinâmicas aquelas mais afetadas adversamente em períodos de conjuntura adversa e baixo crescimento econômico. Pode-se observar que, em 2002, a situação das metrópoles em relação à pobreza se inverteu em relação a que ocorria em 1970, passando a ter uma participação na pobreza brasileira bem superior à sua participação populacional, respectivamente 37,0% e 31,3% (Tabela 1). O agravamento relativo da pobreza metropolitana tem implicações sérias em função do contexto de desigualdade explosiva em que ocorre. Finalmente, cabe destacar que é o empobrecimento metropolitano e a desestruturação do tecido urbano onde ocorre, que são responsáveis pela percepção de que a pobreza brasileira vem se agravando, quando, na verdade, houve melhorias importantes nos últimos 30 anos.

MUDANÇAS NA FORMAÇÃO DA RENDA DOS POBRES

Os resultados de pobreza apresentados até aqui se vinculam à formação da renda familiar — que depende preponderantemente do mercado de trabalho, mas também de outros rendimentos, como as transferências previdenciárias e assistenciais — e à sua repartição no âmbito da família. Esta seção vai apresentar uma visão impressionista das mudanças estruturais que ocorreram no mercado de trabalho brasileiro e na formação da renda dos pobres entre 1981 e 2001 sob um enfoque estático-comparativo.

A renda do trabalho é o determinante principal do status de pobre/não-pobre das famílias, seja como renda presente ou diferida através de mecanismos previdenciários. As transferências compensatórias, tais como os benefícios assistenciais, objetivam na verdade remediar situações de renda insuficiente, vinculadas a problemas presentes ou pretéritos de inserção no mercado de trabalho.

O mercado de trabalho brasileiro se alterou radicalmente nestes 20 anos, acompanhando determinantes de natureza econômica e influenciado por fatores institucionais. Esquematicamente, pode-se afirmar que a situação que se tem hoje resulta de mudanças tendenciais na ocupação e mudanças episódicas nos rendimentos. Em ambos os casos, os pobres são atingidos no mesmo sentido que os não-pobres, mas sua posição como ponto de partida é naturalmente sempre mais adversa e os ajustes que vêm ocorrendo desde o final da década de 1980 têm um efeito desfavorável mais acentuado sobre eles.[17] A esse respeito, a exceção mais notável foi o comportamento da renda após a estabilização de 1994, quando aqueles na base da distribuição dos rendimentos foram, reconhecidamente, os maiores beneficiários.

As mudanças estruturais mais significativas no mercado de trabalho foram:

a) aumento da taxa de atividade, impulsionada pela forte entrada das mulheres e amortecida pela redução do trabalho infantil, ambos os fatores associados a mudanças demográficas e culturais, além de reforçados pelo fenômeno da urbanização. A entrada das mulheres no mercado de trabalho está ligada à redução acentuada da taxa de fecundidade, às oscilações conjunturais — que episodicamente "forçam" os trabalhadores secundários a se inserirem no mercado de trabalho, para compensar a queda da renda do chefe —, e ao efeito demonstração do comportamento das classes de renda mais altas, onde a taxa de atividade feminina é mais elevada. Em relação ao trabalho infantil, ocorre talvez a mais óbvia melhoria para os pobres considerando a evolução do mercado de trabalho brasileiro no longo prazo: uma redução drástica da proporção de crianças que trabalham, o que decorre da urbanização, da universalização do acesso à escola e das políticas públicas de proteção à criança.[18] Na Tabela 2 fica evidente que os efeitos foram generalizados, mas beneficiaram especialmente os pobres.

b) tendência à informalização das relações de trabalho, que pode ser vista por dois ângulos complementares: a redução do emprego em geral e a re-

[17]Cabe lembrar o que se disse na introdução: como a proporção de pobres se reduziu ao longo do período analisado, a comparação de características de inserção no mercado de trabalho se refere a um contingente de pobres que, no final do período, se encontram mais concentrados na base da distribuição, portanto em situação relativamente mais adversa do que em 1970.

[18]Incluem-se aqui a fiscalização do Ministério do Trabalho, as políticas de transferência de renda voltadas originalmente para a erradicação do trabalho penoso, e os programas de transferência de renda de diferentes níveis de governo nos moldes da Bolsa Escola.

dução do emprego com carteira assinada em particular, cuja contrapartida é o aumento dos trabalhadores por conta própria que não contribuem para a previdência social. Embora em nível nacional observem-se evoluções distintas — formalização na área rural e informalização na urbana —, para os pobres ocorre agravamento indiscriminado a partir de patamares já adversos. Este agravamento é mais notável nas áreas metropolitanas, onde a taxa de informalidade no emprego passa de cerca de 33,1% em 1981, para mais da 52,0% em 2001. Para os pobres na área rural, significou a manutenção das taxas de informalidade elevadíssimas — em torno de 89% — já que os maiores contingentes de pobres rurais estão no Nordeste, onde a modernização agrícola não ocorreu e onde continua preponderando a agricultura familiar de subsistência.

TABELA 2

CARACTERÍSTICAS DO TRABALHO INFANTIL, DE ACORDO COM A CONDIÇÃO — 1981 E 2001

Categoria	Pobres		Não-pobres		Total*	
	1981	2001	1981	2001	1981	2001
Total de crianças (mil)	5.516	4.858	7.417	11.488	12.933	16.346
a) Trabalho x escola (%)						
Nem estuda nem trabalha	6,4	4,5	2,7	2,1	4,3	2,8
Só trabalha	12,5	1,1	10,0	0,9	11,1	1,0
Estuda e trabalha	9,3	10,7	8,7	9,0	9,0	9,5
Só estuda	71,8	83,7	78,6	88,0	75,6	86,7
b) Horas trabalhadas por semana (%)						
Até 15 horas	3,4	30,4	2,6	29,8	3,0	30,0
De 16 a 30 horas	41,5	53,3	31,5	51,1	36,1	51,9
Mais de 30 horas	55,1	16,3	65,9	19,1	60,9	18,1

*Corresponde a pobres mais não-pobres, isto é, exclui os indivíduos com informação *missing* para renda familiar.

FONTE: A partir de microdados da PNAD/IBGE.

c) terceirização da ocupação, que resultou da redução relativa da mão-de-obra ocupada na agricultura, construção civil e na indústria de transformação, e concomitante aumento da ocupação nos setores de comércio e serviços. O número de pobres ocupados em atividades agrícolas se reduz de forma relativamente moderada e em claro descompasso com o processo de modernização agrícola por que passou o país. Este fato se vincula aos bolsões de pobreza rural do Nordeste, já que os pobres rurais da região Sul são pouco significativos numericamente em nível nacional. A perda de dinamismo da construção civil, que, tradicionalmente, absorvia muitos dos migrantes pobres com baixa qualificação, prejudicou o funcionamento do mecanismo de inserção produtiva, social e econômica deles no meio urbano, ao mesmo tempo em que a indústria de transformação deixou de ser a criadora dos "melhores empregos".[19] O terciário abriga hoje tanto trabalhadores mais qualificados e bem pagos — profissionais liberais e consultores em geral —, como o amplo contingente (43%) de trabalhadores pobres urbanos com baixa qualificação, freqüentemente subocupados em atividades de baixa produtividade e com baixo rendimento.

d) aumento do desemprego aberto, que se vincula diretamente à elevação da taxa de atividade, à urbanização e aos ajustes do mercado de trabalho. O aumento da taxa de desemprego dos pobres metropolitanos chega a triplicar no período, sendo crítica a associação entre baixa qualificação e dificuldades de inserção no mercado de trabalho para jovens pobres. Vale destacar que, crescentemente, o subemprego dos pobres, particularmente em área rural, se transforma em desemprego aberto em função das mudanças estruturais ligadas à urbanização, assim como aquelas na esfera produtiva. Como resultado, aumenta a desvantagem relativa dos pobres quanto à taxa de desemprego.

A Tabela 3 apresenta alguns indicadores com o objetivo de evidenciar a intensidade dos efeitos das mudanças do mercado de trabalho sobre pobres e não-pobres no período 1981-2001.

---

[19]Principalmente para os níveis de qualificação mais baixos, a indústria de transformação era a fonte dos "melhores empregos", isto é, onde o trabalhador obtinha ocupação formal com maiores rendimentos e rede de benefícios mais ampla.

TABELA 3

INDICADORES SELECIONADOS DE MERCADO DE TRABALHO
POBRES, NÃO-POBRES E TOTAL — 1981 E 2001

Categoria	Pobres		Não-pobres		Total*	
	1981	2001	1981	2001	1981	2001
Tx. de atividade (%)						
Total	29,5	33,3	45,1	51,4	39,8	47,5
Feminina	16,6	25,5	28,9	41,3	24,7	37,8
Masculina	42,8	41,9	61,2	61,9	55,1	57,7
Tx. de informalidade do emprego (%)						
Total	60,0	66,2	29,8	35,7	36,0	38,9
Metropolitana	33,1	52,0	15,8	28,2	18,8	31,2
Urbana	61,5	74,1	29,2	35,8	35,7	39,3
Rural	89,6	88,3	66,0	61,9	73,1	64,6
Ocupação por setor (%)						
Agricultura	44,9	37,0	24,2	18,4	29,2	20,8
Indústria de transformação	9,9	8,5	16,7	13,0	15,0	12,4
Construção civil	11,1	8,3	7,1	6,3	8,1	6,5
Outras ind., comércio e serv.	31,2	43,5	44,1	55,2	41,0	53,7
Administração pública	2,1	1,5	4,6	5,3	4,0	4,8
Outras	0,7	1,1	3,3	1,9	2,7	1,8
Tx. de desemprego (%)						
Total	6,1	25,6	3,0	7,1	3,8	9,9
Metropolitano	11,9	33,4	4,3	9,2	5,7	13,3
Urbano	8,0	28,3	3,3	7,4	4,3	10,1
Rural	1,0	4,8	0,6	2,1	0,8	2,6

*Corresponde a pobres mais não-pobres, isto é, exclui os indivíduos com informação *missing* para renda familiar.
FONTE: A partir de microdados da PNAD/IBGE.

Não há dúvida de que a evolução adversa do mercado de trabalho nos últimos 20 anos penalizou de forma mais acentuada os pobres. Como o processo de modernização da economia iniciado não se completou, aos vícios antigos de economia pré-industrial, em que eram patentes as desvantagens relativas dos pobres, se juntaram os problemas decorrentes da reestruturação produtiva desde final da década de 1980, que deram um novo impulso à informalização das relações de trabalho e levaram a um aumento da taxa de desemprego aberto.

O efeito desta evolução adversa do mercado de trabalho sobre os indicadores de pobreza apresentados na seção dois se dá de forma amortecida: a variável utilizada como referência é a renda, que não é uma *proxy* perfeita do nível de bem-estar, muito menos em condições de mudanças estruturais importantes, como as que ocorreram no período. Assim, se a queda dos rendimentos obriga à entrada no mercado de trabalho de trabalhadores secundários para a manutenção do mesmo de nível da renda familiar, os indicadores de pobreza podem não ser afetados, mas é provável que ocorra queda não medida do bem-estar familiar. Da mesma forma, pode-se argumentar que para cada trabalhador ocupado, a forma de inserção no mercado de trabalho, que se vincula a aspectos como posição na ocupação e duração da jornada de trabalho, podem estar associados ao mesmo rendimento, mas a diferentes níveis de bem-estar. Neste sentido, enquanto para aqueles protegidos por patrimônio e educação, a crescente *flexibilização* do mercado de trabalho pode trazer riscos, mas também benefícios, para os mais pobres o fator de insegurança é, sem dúvida, preponderante: a informalização crescente, mesmo quando ocorre com rendimento constante, representa perda de bem-estar na maioria das vezes.

TABELA 4

PROPORÇÃO DE TRABALHADORES CONTRIBUINTES DA PREVIDÊNCIA SOCIAL, DE ACORDO COM A CONDIÇÃO E ÁREAS SELECIONADAS — 1981 E 2001 (%)

Condição	1981	2001
Total*	**50,02**	**47,16**
Não-pobres	**57,60**	**51,04**
Metropolitano	78,68	62,51
Urbano	64,93	54,15
Rural	17,56	18,85
São Paulo urbano	71,06	65,72
Pobres	**26,46**	**20,00**
Metropolitano	56,94	35,87
Urbano	32,36	17,83
Rural	4,96	3,06
Nordeste rural	4,57	1,82

*Corresponde a pobres mais não-pobres, isto é, exclui os indivíduos com informação *missing* para renda familiar

FONTE: A partir de microdados da PNAD/IBGE.

A proteção previdenciária é exemplar a este respeito. O balanço do período 1981-2001 evidencia claramente um retrocesso: a proporção de trabalhadores contribuintes da previdência[20] declina de forma acentuada tanto para pobres como não-pobres em praticamente todos os contextos. Como pode ser visto na Tabela 4, globalmente a proporção de contribuintes declina de 50,0% para 47,2% — o que em ambos os casos é um resultado muito insatisfatório. Dentre os pobres, os resultados são alarmantes — queda de 26,5% em 1981 para 20% em 2001 — sendo que dentre os pobres rurais nordestinos a cobertura previdenciária é praticamente nula.

Vale ressaltar que, além das condições adversas do mercado de trabalho, concorreu para a queda do contingente de contribuintes a percepção pelos trabalhadores de que não vale a pena a filiação à previdência oficial: para os trabalhadores pobres na base da distribuição de rendimentos, a contribuição previdenciária representa um ônus importante,[21] mas os benefícios previdenciários potenciais têm valor igual aos assistenciais, isto é, tem o valor correspondente a um salário mínimo. O resultado desta incompatibilidade é evidentemente perverso e insustentável do ponto de vista do financiamento do gasto social.

Em função da concessão crescente de benefícios previdenciários independentemente de contribuição pregressa ao sistema, e da criação de novos programas assistenciais de transferência de renda, as rendas que não as do trabalho aumentam sua participação na renda total das famílias.[22] Em particular, a Tabela 5 mostra que as rendas previdenciárias aumentaram a participação na renda das famílias de 9,5% em 1981 para 13,0% em 2001. O aumento da participação é bem mais forte dentre os pobres, de 11,1%

---

[20]Trabalhadores em qualquer posição na ocupação (empregados, empregadores, por conta própria ou mesmo trabalhadores não-remunerados).

[21]Dependendo da condição na ocupação, o desconto para a previdência representa de 8% (empregados) a 20% (trabalhadores por conta própria) do rendimento bruto.

[22]Isto resulta não só do desempenho adverso do rendimento do trabalho no período pós-Real, mas a outros fatores, tais como as mudanças introduzidas pela Constituição de 1988, a ampliação do contingente dos beneficiários da aposentadoria rural, o aumento da abrangência de benefícios assistenciais herdados da década de 1970 e à criação de novos programas de transferência de renda.

para 20,0%, o que mostra que, embora o benefício previdenciário nem sempre evite a condição de pobreza da família, certamente reduz a intensidade da pobreza. Especialmente nas áreas rurais, onde o custo de vida é mais baixo, a obtenção de benefícios previdenciários/assistenciais contribui de forma mais acentuada para a redução da pobreza, como se verificou na seção dois.

TABELA 5

COMPOSIÇÃO DO RENDIMENTO FAMILIAR, DE ACORDO COM A CONDIÇÃO (%) — 1981 E 2001

Origem da renda	Pobres		Não-pobres		Total*	
	1981	2001	1981	2001	1981	2001
Trabalho principal	85,6	73,3	83,5	81,4	84,1	79,9
Outro trabalho	1,3	3,6	2,7	0,9	2,3	1,4
Pensão, aposentadoria**	11,1	19,8	8,9	11,5	9,5	13,0
Aluguel	0,7	1,7	2,7	0,5	2,2	0,7
Doação	–	0,7	–	2,4	–	2,1
Outros	1,3	0,9	2,2	3,3	1,9	2,9

*Corresponde a pobres mais não-pobres, isto é, exclui os indivíduos com informação *missing* para renda familiar.

**Inclui Abono Permanência.

FONTE: A partir de microdados da PNAD/IBGE.

Como a socialização da renda derivada de aposentadorias e de pensões no âmbito das famílias contribuiu para reduzir a incidência de pobreza em geral, é natural que tenha reduzido mais acentuadamente a pobreza dentre os principais beneficiários diretos desses rendimentos, os indivíduos de 60 anos e mais. A proporção de pobres para esta faixa etária declinou de 23%, em 1981, para 6%, em 2001. Portanto, embora a incidência de pobreza entre os mais idosos seja significativamente mais baixa do que a da média da população brasileira em ambos os anos, respectivamente 33,6% e 22%, a evolução no período foi particularmente favorável aos indivíduos de mais de 60 anos.

TABELA 6

INCIDÊNCIA DE POBREZA POR IDADE — 1981 E 2001

Faixa de idade	1981 Pobres (mil)	1981 População* (mil)	1981 Proporção (%)	2001 Pobres (mil)	2001 População* (mil)	2001 Proporção (%)
0 a 4	7.092	15.451	45,9	5.958	15.339	38,8
5 a 7	4.351	8.757	49,7	3.507	9.689	36,2
8 a 9	2.818	5.756	49,0	2.180	6.227	35,0
10 a 14	6.126	14.016	43,7	4.861	16.352	29,7
15 a 19	4.034	13.331	30,3	3.766	16.924	22,3
20 a 29	4.397	19.708	22,3	5.462	28.544	19,1
30 a 59	8.931	32.475	27,5	9.114	57.266	15,9
60+	1.734	7.597	22,8	869	14.840	5,9
Sem declaração	787	2.852	27,6	2.831	10.363	27,3
Total	40.269	119.943	33,6	38.547	175.543	22,0

*Corresponde a pobres mais não-pobres, isto é, exclui os indivíduos com informação *missing* para renda familiar.

FONTE: A partir de microdados da PNAD/IBGE.

Esta evolução reforça um dos traços básicos da pobreza no Brasil: a proporção de pobres declina monotonicamente com o aumento da idade dos indivíduos. Este fato se acentuou devido à evolução do mercado de trabalho e às características de formação da renda das famílias. Na medida em que os programas de transferência de renda para as famílias com crianças são recentes e o valor dos benefícios substancialmente mais baixos que os de aposentadoria, a vulnerabilidade relativa das famílias com crianças aumentou: a proporção de pobres dentre as crianças ao longo do período declinou menos do que a da população em geral e a dos idosos em particular.

MUDANÇAS NAS CONDIÇÕES DE VIDA DOS POBRES

Como se viu, apesar das dificuldades conjunturais ao longo da década de 1980 e após o Plano Real, que inviabilizaram uma redução sustentada e contínua da pobreza no longo prazo, o contingente de pobres se reduziu drasticamente nos últimos 20 anos. Do ponto de vista da renda, este contingente proporcionalmente menor da população total é quase tão intensamente pobre em 1981 quanto em 2002, já que em média sua renda familiar per capita se situa em respectivamente 41% e 44% abaixo da linha de pobreza.[23] No entanto, as condições de vida dos pobres melhoraram em muitos aspectos, mesmo levando em conta que os pobres de 2001 são relativamente mais pobres que os de 1981.[24] Por um lado, se trata de melhorias de acesso em relação a serviços públicos básicos, tais como água, esgoto, eletricidade, escola e atendimento à saúde. Por outro, são mudanças nas condições de conforto do domicílio, vinculadas tanto à própria estrutura do domicílio, como à posse de bens duráveis.

GRÁFICO 3

PROPORÇÃO DE POBRES POR FAIXAS DE IDADE — 1981 E 2001

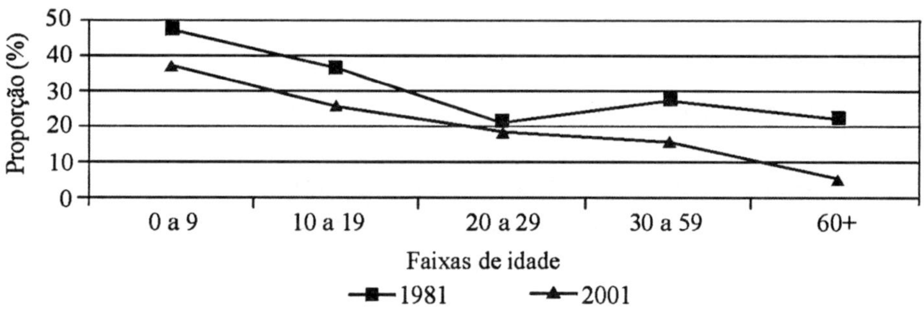

Os dados apresentados a seguir permitem evidenciar que estas mudanças estão estreitamente associadas à urbanização, modernização e expansão da sociedade de consumo. Parte das mudanças — que inclusive permite neutralizar alguns dos efeitos da evolução relativamente desfavorável do mercado de trabalho — está associada a fenômenos demográficos: declinam as taxas de fecundidade e de mortalidade, assim como se altera a estrutura das famílias. Como um dos principais fatores determinantes da pobreza das fa-

[23]Trata-se aqui de uma referência à razão do hiato de renda que mede a diferença entre a o valor da linha de pobreza (z) e a renda média dos pobres (x) e o valor da linha de pobreza (z) em relação à própria linha de pobreza (H= (z-x)/z).

[24]Em 2001 são relativamente mais pobres porque se encontram mais concentrados na base da distribuição de renda da população brasileira.

mílias é a presença de crianças, devido à sua dependência econômica e social,[25] a queda da taxa de natalidade contribui para reduzir a pobreza.[26] Paralelamente, mudanças de comportamento e laços familiares mais tênues levam ao aumento da participação de famílias uniparentais, que são especialmente vulneráveis à pobreza. A Tabela 7 mostra como essas mudanças demográficas afetaram os pobres. Embora a presença de crianças diminua tanto entre as famílias pobres como entre as não-pobres, o número mais elevado de crianças na família permanece uma característica da pobreza. Observa-se ainda a participação crescente das famílias uniparentais dentre as pobres, principalmente nas áreas urbanas, o que está estreitamente vinculado à crescente participação da chefia feminina. Neste sentido, famílias uniparentais com crianças pequenas se apresentam como um alvo prioritário de políticas antipobreza.

TABELA 7
MUDANÇA DAS CARACTERÍSTICAS DAS FAMÍLIAS, DE ACORDO COM A CONDIÇÃO — 1981 E 2001

Categoria	Pobres		Não-pobres		Total*	
	1981	2001	1981	2001	1981	2001
Nº médio de crianças	3,16	2,15	1,48	0,95	1,93	1,17
% de famílias uniparentais	16,4	32,2	11,5	17,3	12,9	19,9
% de chefia feminina	18,5	35,2	15,5	25,5	16,3	27,2
Tx. de dependência[1]	0,60	0,40	0,42	0,52	0,47	0,50

*Corresponde a pobres mais não-pobres, isto é, exclui os indivíduos com informação *missing* para renda familiar.
[1] Refere-se ao número de crianças e idosos em relação ao total de membros na família.
FONTE: A partir de microdados da PNAD/IBGE.

Embora a insatisfação da população em relação aos serviços públicos básicos seja uma constante nos últimos anos — as queixas referindo-se à cobertura, ao preço e à qualidade, com ênfases diferenciadas conforme o serviço —,

[25]Naturalmente a vinculação entre a presença de crianças e a ocorrência de pobreza absoluta ou relativa ocorre na ausência de políticas compensatórias voltadas para as famílias com crianças.
[26]Barros (1997) faz estimativas da contribuição da redução do ritmo de crescimento da população sobre a incidência de pobreza.

os progressos na cobertura são evidentes. Esses progressos beneficiaram proporcionalmente mais os pobres, o que resulta no estreitamento do diferencial observado em 1981 entre pobres e não-pobres em relação ao atendimento. Isto se deve a três fatores básicos. Primeiro, ao fato de alguns serviços terem se universalizado nas áreas mais modernas — como é o caso dos serviços de abastecimento de água e de eletricidade em diversas metrópoles, assim como em áreas urbanas e rurais das regiões mais desenvolvidas. Segundo, devido à ênfase dada pelos organismos financiadores internacionais à focalização do atendimento nos mais pobres. Terceiro, devido a cláusulas contratuais de expansão da cobertura dos serviços constantes dos contratos recentes de privatização ou concessão.

Os dados da Tabela 8 evidenciam as melhorias importantes no acesso adequado à água, já que o percentual de pobres atendidos mais do que dobrou nestes 20 anos. Cabe observar que o avanço é especialmente significativo em áreas urbanas e metropolitanas, onde o conceito de adequação implica abastecimento de água tratada por rede geral.[27] A esse respeito, é importante notar que, apesar dos problemas críticos de planejamento urbano das metrópoles, que tem levado a uma nova onda de favelização nos últimos anos, o percentual de pobres com água adequada chegou a 83%, o que implica conceitos radicalmente diversos do que seja favela, hoje denominados aglomerados subnormais, nos anos extremos do período. A coleta de lixo apresenta evolução semelhante, exceto nas áreas rurais onde não é necessariamente um serviço essencial.

O acesso a esgoto adequado, apesar de ter apresentado uma evolução até mais favorável que a da água, devido à situação muito adversa em 1981, continua como um serviço de cobertura criticamente insuficiente: permanece o descompasso em relação ao abastecimento de água, assim como o diferencial entre pobres e não-pobres. Embora a falta do serviço tenha um efeito mais perverso sobre os pobres, não se trata de um problema restrito a eles: os índices de acesso são desastrosamente baixos tanto para pobres como não-pobres, mesmo nas áreas metropolitanas, onde as características de densidade demográfica tornam o serviço essencial.

[27]Em área rural, é também considerado adequado poço ou nascente como forma de abastecimento.

TABELA 8

MUDANÇAS NAS CONDIÇÕES DE ACESSO A SERVIÇOS PÚBLICOS E BENS DURÁVEIS — POBRES E NÃO-POBRES POR ESTRATOS — 1981 E 2001

Categoria	Pobres		Não-pobres		Total*	
	1981	2001	1981	2001	1981	2001
Água adequada (%)						
Total	28,2	66,1	66,2	85,0	53,4	80,9
Metropolitano	48,2	83,1	84,7	93,3	74,4	90,8
Urbano	36,5	68,1	74,3	88,9	62,6	84,8
Rural	5,3	23,8	25,8	53,4	16,9	46,5
Esgoto adequado (%)						
Total	13,0	38,8	43,9	61,1	33,4	56,3
Metropolitano	19,2	46,0	53,2	63,1	43,6	58,9
Urbano	18,9	44,9	57,1	72,9	45,2	67,5
Rural	2,5	5,1	6,9	13,2	5,0	11,3
Coleta de lixo (%)						
Total	24,6	72,9	55,6	83,7	45,2	81,3
Metropolitano	48,0	76,5	80,4	89,0	71,3	86,0
Urbano	32,1	70,7	65,6	88,2	55,2	84,8
Rural	0,3	5,2	2,9	9,6	1,8	8,6
Rede elétrica (%)						
Total	54,4	91,5	81,5	96,4	72,4	95,4
Metropolitano	89,9	99,3	98,6	99,8	96,2	99,7
Urbano	72,1	96,0	94,0	99,3	87,2	98,7
Rural	11,0	61,9	35,0	78,8	24,5	74,9
Geladeira (%)						
Total	28,1	67,9	68,5	88,8	54,9	84,3
Metropolitano	57,9	88,0	89,7	97,2	80,8	95,0
Urbano	30,7	66,6	76,3	92,3	62,1	87,3
Rural	4,3	28,7	24,9	58,5	15,8	51,5
TV preto-e-branco (%)						
Total	–	13,0	–	4,7	–	6,5
Metropolitano	–	6,3	–	1,6	–	2,7
Urbano	–	16,0	–	4,3	–	6,6
Rural	–	18,7	–	12,3	–	13,8
TV em cores (%)						
Total	–	66,8	–	86,9	–	82,6
Metropolitano	–	86,5	–	96,0	–	93,7
Urbano	–	65,8	–	90,2	–	85,4
Rural	–	27,3	–	56,5	–	49,7

(*Continua*)

(*Cont.*)

Categoria	Pobres		Não-pobres		Total*	
	1981	2001	1981	2001	1981	2001
Máquina de lavar (%)						
Total	-	12,2	-	38,0	-	32,4
Metropolitano	-	22,3	-	58,0	-	49,2
Urbano	-	8,4	-	34,6	-	29,5
Rural	-	1,8	-	9,8	-	7,9
Telefone celular (%)						
Total	-	12,5	-	35,4	-	30,5
Metropolitano	-	23,6	-	53,5	-	46,2
Urbano	-	8,2	-	32,2	-	27,6
Rural	-	1,3	-	10,6	-	8,5

*Corresponde a pobres mais não-pobres, isto é, exclui os indivíduos com informação *missing* para renda familiar.
FONTE: A partir de microdados da PNAD/IBGE.

Finalmente cabe observar que caminhamos celeremente em direção à universalização do acesso à eletricidade no Brasil, sendo que os resultados mais adversos para os pobres na área rural se devem à má cobertura no Nordeste, onde 41% dos pobres rurais vivem em domicílios sem acesso à rede elétrica. Contrariamente a outras áreas do país, a falta de eletrificação rural no Nordeste ocorre mesmo onde a densidade demográfica é compatível com a oferta do serviço. Como em relação aos demais serviços públicos, a falta do serviço na região se dá num quadro de alta incidência de pobreza do ponto de vista da renda e de inoperância do poder público, tendo em vista a essencialidade do serviço.

O acesso à eletricidade abre possibilidades importantes de acesso à informação e ao lazer via televisão, além de melhorias no conforto do domicílio associadas à posse de eletrodomésticos básicos. Neste sentido, a falta da rede elétrica penaliza duplamente as comunidades mais pobres. No entanto, enquanto nas áreas metropolitanas, apesar da desvantagem da renda, se generaliza dentre os pobres o acesso a bens duráveis como geladeira e televisão em cores — respectivamente 88% e 86% dos pobres vivem em domicílios onde existem esses aparelhos —, o acesso é ainda restrito em área rural e, particularmente mais restrito que o acesso à eletricidade, de modo que, naturalmente, não é a falta do acesso à rede elétrica a única restrição. A esse respeito é importante observar que o acesso relativamente favorável dos pobres a bens duráveis nas metrópoles se explica por renda média mais elevada do que o dos pobres em áreas rurais,[28] mas também devido a estratégias diversas de aquisição dos bens, que se vinculam à desigualdade de renda mais acentuada e à maior convivência entre pobres e não-pobres.

Cabe destacar, ainda, que as mudanças na estrutura de consumo e no modo de vida desde 1981 são, em alguns casos, tão drásticas que inexiste base de informações para a comparação intertemporal: a PNAD de 1981, por exemplo, não investigou a posse de televisão, telefone ou lavadora de roupa. No entanto, os dados de 2001 evidenciam o acesso de bens duráveis dentre os pobres, o que é revelador do perfil da subpopulação pobre com que estamos trabalhando e, neste caso, do caráter não impeditivo da insuficiência de renda para acesso a bens duráveis.

Finalmente é importante referir as melhorias enormes que ocorreram em relação ao acesso à educação e à saúde, que são freqüentemente subestimadas ou ignoradas, certamente porque ainda estamos longe de garantir a todos, em particular aos pobres, o acesso a serviços de qualidade adequada.

TABELA 9

MUDANÇAS EDUCACIONAIS, SEGUNDO CONDIÇÃO — 1981-2001

Categoria	Pobres		Não-pobres		Total*	
	1981	2001	1981	2001	1981	2001
Tx. de analfabetismo (%)						
10 a 19 anos	27,3	6,9	9,6	2,6	16,2	3,7
20 anos e mais	44,8	22,8	18,5	12,4	25,2	14,0
Escolaridade (pessoas de 25 anos ou mais)						
Nunca freqüentou a escola	48,2	24,7	22,4	15,1	36,5	17,5
de 1 a 4 anos	42,4	41,6	42,7	33,1	42,0	36,3
de 5 a 8 anos	7,9	24,0	17,1	20,7	15,9	19,5
de 9 a 11 anos	1,3	9,0	10,3	20,3	5,1	17,0
12 anos ou mais	0,2	0,7	7,5	10,8	0,5	9,7

*Corresponde a pobres mais não-pobres, isto é, exclui os indivíduos com informação *missing* para renda familiar.
FONTE: A partir de microdados da PNAD/IBGE.

[28]Embora a desvantagem inicial dos pobres rurais em relação à razão do hiato tenha sido revertida no final do período (vide Anexo 2) as rendas médias dos pobres rurais são mais baixas. Em particular, há maior freqüência de famílias rurais pobres sem qualquer renda na data da pesquisa, o que, mesmo não significando renda zero de forma permanente, sem dúvida coloca estas famílias em situação de desvantagem óbvia em relação à economia de mercado.

No que concerne à educação, há que destacar a queda drástica do índice de analfabetismo e a universalização do acesso à escola para crianças em idade escolar (Tabela 9). Cabe destacar ainda que, mesmo reconhecendo que os recursos são insuficientes, freqüentemente o mau funcionamento das escolas se deve a deficiências de gerenciamento, que se combinam à incidência de pobreza e ao despreparo das comunidades para apoiar suas escolas, resultando em problemas crônicos de baixo aproveitamento escolar. Embora o nível educacional tenha se elevado para toda a população e em todas as áreas, o diferencial de nível educacional entre pobres e não-pobres se mantém, o que se constitui em uma das razões da persistência da desigualdade de renda no país. Assim, a taxa de analfabetismo entre as crianças pobres de menos de dez anos se mantém em 2,5 vezes maior do que a das não-pobres, o que está associado à entrada mais tardia no sistema e a problemas de baixo aproveitamento escolar.

Em relação à saúde, embora a PNAD não apresente informações anuais relativas ao acesso aos serviços, é indisputável que houve melhorias na sua provisão. As garantias constitucionais de universalização dos serviços e o SUS certamente permitiram a ampliação da clientela que de fato tem acesso ao sistema de saúde. A consolidação de programas universais de vacinação, assim como outras medidas de medicina preventiva reduziram os índices de morbidade. A queda sustentada da taxa de mortalidade infantil, que no Brasil é um indicador inequívoco das condições mais adversas de vida dos mais pobres dentre os pobres, passou de 115/1.000 em 1970 para 30/1.000 em 2000, graças a medidas governamentais e de ONG's voltadas para o apoio de crianças e mães (por exemplo, exame pré-natal, parto hospitalar, campanha do soro caseiro, programas de apoio nutricional).[29] Embora taxas médias encubram situações críticas em bolsões de pobreza, estas são conhecidas e localizadas, podendo ser sanadas de imediato através de ações integradas antipobreza gerenciadas diretamente pelo governo federal.

[29]A esse respeito cabe destacar o papel de iniciativas não-governamentais, que, com estrutura e medidas simples e de baixo custo, foram altamente efetivas na redução da mortalidade infantil. A Pastoral da Criança tem reconhecidamente uma atuação modelar, que conta com repasses do governo federal.

CONCLUSÕES

A evolução da pobreza no Brasil no longo prazo pode ser sintetizada em cinco aspectos básicos:

a) uma forte queda da incidência de pobreza do ponto de vista da renda de 68,4% 1970 para 20,7% em 2002, que, no entanto, não ocorreu de forma contínua e sustentada ao longo do período. Ao contrário, houve oscilações conjunturais da proporção de pobres na população total, associadas ao desempenho econômico. Mas o resultado final decorre essencialmente da evolução dos anos 1970 e da queda pontual após o Plano Real.

b) o declínio da pobreza no longo prazo tem características de espacialização bem precisas. Cai drasticamente a participação dos pobres rurais na pobreza brasileira, mas não só como função da perda de importância relativa da população rural na população brasileira — que passa de 44% % em 1970 para 18% em 2000 — mas também, e o mais importante aqui, devido à queda da incidência de pobreza rural. Enquanto a proporção de pobres nas áreas rurais era significativamente superior à verificada nas áreas urbanas e metropolitanas em 1970 — respectivamente 78% e 60% —, em 2002 os diferenciais são pequenos, em ambos os casos em torno de 20%, sendo notável que a proporção de pobres nas áreas metropolitanas é superior ao das áreas rurais. Assim, embora as áreas rurais em geral, mas especialmente as mais pobres, ainda apresentem desvantagens importantes em relação ao acesso a serviços públicos básicos, não existem mais diferenciais de incidência de pobreza do ponto de vista da renda entre áreas urbanas e rurais. Neste sentido a pobreza brasileira deixou de ser preponderantemente rural para ser preponderantemente metropolitana, e parece realista nos referirmos de novo a um fenômeno de metropolização da pobreza.

c) do ponto de vista das cinco regiões brasileiras, não houve uma mudança radical, pois se mantém a dicotomia entre Sudeste/Sul e Norte/Nordeste, o Nordeste se mantendo como a região pobre por excelência, tanto devido aos indicadores mais adversos — a proporção de pobres é de 28,3% contra 17,7% para o Brasil não-Nordeste em 2002 — como pelo enorme contingente de pobres envolvido, 13,5 milhões ou 39% dos pobres brasileiros. Cabe destacar, ainda, a evolução favorável da região Centro-Oeste, que está se transformando num Eldorado brasileiro, se desgarrando da outra região de fronteira — o norte —, que claramente empobreceu no período 1970-2002.

d) a queda da incidência de pobreza ocorreu apesar de evolução desfavorável do mercado de trabalho nos últimos 20 anos, que repercutiu adversamente na formação da renda das famílias. Este fato foi parcialmente compensado, por um lado, por mudanças demográficas e econômicas, tais como a queda da fecundidade e o aumento da participação no mercado de trabalho; por outro lado, pelo crescimento das transferências públicas, previdenciárias e assistenciais às famílias, seja via aumento da cobertura, seja via aumento dos benefícios.

e) as condições de vida dos pobres melhoraram muito em todos os aspectos, tanto no que concerne ao acesso a serviços públicos, como à posse de itens vinculados à renda das famílias. Isto se deve a uma série de fatores, como a focalização nos mais pobres, a redução do preço ao consumidor dos bens duráveis, as facilidades de acesso ao crédito. Em particular, reduziu-se de maneira generalizada o diferencial entre pobres e não-pobres, que muitas vezes está ligado à universalização do acesso ao bem ou serviço.

Embora ao longo dos mais de 30 anos as mudanças tenham sido enormes e positivas, há muito o que fazer. A vantagem é que já se sabe tudo o que é necessário sobre a pobreza no Brasil: a sua espacialização, as diversidades dos perfis dos pobres, a situação crítica dos bolsões no Nordeste rural e nas periferias metropolitanas, a vulnerabilidade das crianças, a importância da educação.

Embora crescimento econômico não seja uma panacéia, garantir um ritmo sustentado da expansão da renda nacional tornaria, sem dúvida, mais fácil estabelecer os mecanismos institucionais necessários ao combate à pobreza, já que a persistência de pobreza absoluta no Brasil está vinculada à elevada desigualdade de renda e a uma estrutura inadequada do gasto social. Naturalmente a realização de reformas institucionais exige prioridade e consenso políticos em relação a medidas de cunho redistributivo. Por sua vez, a eficácia dessas medidas depende necessariamente da capacidade do setor público de gerenciar programas sociais em larga escala.

A concepção de medidas voltadas para a redução da pobreza absoluta deve considerar especificamente três aspectos.

O primeiro aspecto é que, embora as medidas antipobreza devam enfocar de forma integrada as diferentes carências das famílias, as condições adversas do mercado de trabalho, o nível de desigualdade de renda e a taxa de urbanização tornam inevitável recorrer a políticas de transferências de renda. Políticas de transferência de renda focalizadas nos pobres deverão ocupar um papel importante durante o período de transição durante o qual, espera-se, deverão ser drasticamente reduzidas as desigualdades educacionais, e, conseqüentemente, a incidência de pobreza absoluta.

O segundo aspecto é a ênfase em medidas educacionais que, reconhecidamente, têm o potencial de reduzir a desigualdade de renda e a pobreza. Embora o acesso à educação básica esteja se universalizando rapidamente, existem dois desafios importantes a ser enfrentados: o enorme passivo de jovens com baixo nível educacional e a necessidade de melhorar a qualidade do ensino, de modo que a freqüência à escola signifique, de fato, melhorias de inserção e de desempenho no mercado de trabalho.

O terceiro aspecto é a prioridade a ser dada às famílias com crianças. Os resultados alarmantes quanto à incidência de pobreza entre as crianças, que são naturalmente vulneráveis, tornam-nas a principal clientela-alvo de ações antipobreza. Ancorar medidas de atendimento materno-infantil nas redes de saúde e de educação se constitui na forma mais direta e imediata de focar esta clientela, reduzindo a incidência de pobreza no presente e rompendo o círculo vicioso da pobreza.

REFERÊNCIAS BIBLIOGRÁFICAS

AMADEO, E. *et alii*. "A natureza e o funcionamento do mercado de trabalho desde 1980." Rio de Janeiro, Ipea, outubro 1994. (Texto para Discussão, n. 353.)

——. "Pobreza, estrutura familiar e trabalho." Rio de Janeiro, Ipea, fevereiro 1995. (Texto para Discussão, n. 366.)

BARROS, Ricardo Paes de & MENDONÇA, Rosane Silva Pinto de. "O impacto do crescimento econômico e de reduções no grau de desigualdade sobre a pobreza." Rio de Janeiro: Ipea, 1997 (Texto para Discussão, n. 528.)

CACCIAMALI, Maria Cristina. "Informatização recente do mercado de trabalho brasileiro." Em *Literatura Econômica*. Ipea, vol. 11, n. 3, outubro 1989.

IBGE, Censos Demográficos,1970, 1980, 1991 e 2000 (microdados).

——. Pesquisa Nacional por Amostra de Domicílios (diversos anos).

PNUD, Relatório de desenvolvimento humano, 2004.

RAMOS, Lauro & REIS, José Guilherme Almeida. "Emprego no Brasil nos anos 90." Rio de Janeiro, Ipea, março 1997. (Texto para Discussão, n. 468.)

—— & SOARES, Ana Lucia. "Participação da mulher na força de trabalho e pobreza no Brasil." Rio de Janeiro, Ipea, outubro 1994. (Texto para Discussão, n. 350.)

ROCHA, Sonia. "Pobreza no Brasil: afinal, de que se trata?" Rio de Janeiro, Editora FGV, 2003.

——. "Linhas de pobreza para as regiões metropolitanas na primeira metade da década de 80". Em *Anais da ANPEC* (vol. IV). Belo Horizonte: ANPEC, dezembro 1988.

SCHWARTZMAN, Simon. *As causas da pobreza*. Rio de Janeiro, Editora FGV, 2004.

ANEXOS

ANEXO 1

LINHAS DE POBREZA PARA ANÁLISE DE LONGO PRAZO* — 1970 E 2002

Regiões	LP Rocha Ago/70 (Cr$)	LP Rocha Set/02 (R$)
Norte		
Belém	116,22	115,95
Urbano	103,63	103,19
Rural	44,26	43,19
Nordeste		
Fortaleza	111,66	67,94
Recife	106,59	87,29
Salvador	104,66	95,68
Urbano	75,95	58,55
Rural	45,84	35,13
Minas Gerais e Espírito Santo		
Belo Horizonte	95,84	93,10
Urbano	64,43	62,38
Rural	38,14	36,31
Rio de Janeiro		
Metrópole	99,89	130,41
Urbano	62,15	80,86
Rural	45,37	58,69
São Paulo		
Metrópole	123,36	142,52
Urbano	78,82	89,79
Rural	49,59	57,01
Sul		
Curitiba	71,03	75,64
Porto Alegre	93,44	94,37
Urbano	61,76	63,75
Rural	41,64	42,50
Centro-Oeste		
Brasília	95,06	100,44
Urbano	68,62	67,30
Rural	44,26	43,19

*Derivadas a partir do Estudo Nacional da Despesa Familiar (ENDEF/IBGE) conforme Rocha, 1987.
FONTE: Rocha.

ANEXO 2A

PROPORÇÃO DE POBRES NO BRASIL — 1970, 1980 - 2002 (%)

Ano	Brasil Metropolitano	Urbano	Rural	Total
1970	53,2	65,3	78,6	68,4
1980	27,2	32,7	45,6	35,3
1981	29,5	31,9	44,2	34,6
1983	38,4	38,5	48,7	41,2
1985	33,5	31,3	42,7	35,0
1986	23,4	21,0	28,4	23,7
1987	26,1	25,3	36,7	28,3
1988	25,3	27,4	37,9	29,2
1989	28,5	27,2	37,2	29,9
1990	28,9	26,8	39,3	30,3
1992	31,2	27,8	36,7	30,6
1993	32,3	27,0	35,6	30,4
1995	20,1	19,2	24,7	20,6
1996	21,0	19,6	26,7	21,4
1997	21,4	18,9	25,2	20,9
1998	21,3	18,3	23,5	20,2
1999	23,7	19,0	22,6	21,1
2001	24,5	19,6	23,3	21,7
2002	24,5	18,7	20,4	20,8

FONTES: A partir de microdados de PNAD e de Censos Demográficos/IBGE.

ANEXO 2B

INDICADORES DE POBREZA, SEGUNDO UNIDADES DA FEDERAÇÃO, DISTRITO FEDERAL E ESTRATOS — 1970

Regiões e estratos	Número de pobres	Proporção de pobres (%)	Participação (%)	Hiato da renda	Hiato quadrático
Norte	2.676.951	76,8	4,4	0,530	0,260
Belém	445.482	77,2	0,7	0,582	0,308
Urbano	945.160	83,2	1,5	0,592	0,340
Rural	1.396.217	72,6	2,3	0,473	0,200
Nordeste	23.561.953	86,7	38,5	0,622	0,382
Fortaleza	671.168	81,0	1,1	0,639	0,374
Recife	1.177.592	77,1	1,9	0,621	0,341
Salvador	694.277	70,3	1,1	0,576	0,278
Urbano	6.601.584	84,5	10,8	0,631	0,385
Rural	14.417.332	90,1	23,6	0,619	0,392
Sudeste exceto São Paulo	13.423.958	63,5	22,0	0,508	0,202
Belo Horizonte	847.418	60,0	1,4	0,522	0,198
Rio de Janeiro	3.112.220	48,4	5,1	0,467	0,134
Urbano	3.873.984	63,7	6,3	0,505	0,205
Rural	5.590.336	77,5	9,1	0,530	0,261
São Paulo	8.741.733	51,8	14,3	0,449	0,134
Metrópole	3.443.819	46,7	5,6	0,438	0,117
Urbano	3.109.592	50,5	5,1	0,440	0,129
Rural	2.188.322	65,3	3,6	0,477	0,181
Sul	9.382.491	58,9	15,3	0,447	0,151
Curitiba	207.243	33,6	0,3	0,378	0,067
Porto Alegre	595.497	44,8	1,0	0,442	0,115
Urbano	2.556.514	51,3	4,2	0,435	0,128
Rural	6.023.237	67,0	9,9	0,454	0,175
Centro-Oeste	3.350.732	69,2	5,5	0,497	0,210
Brasília	283.713	59,8	0,5	0,495	0,179
Urbano	1.091.750	65,0	1,8	0,504	0,204
Rural	1.865.361	73,6	3,1	0,490	0,216
Metropolitano	11.478.429	53,2	18,8	0,497	0,165
Urbano	18.178.584	65,3	29,7	0,534	0,230
Rural	31.480.805	78,6	51,5	0,548	0,282
BRASIL	61.137.818	68,4	100,0	0,534	0,238

FONTE: A partir de microdados do Censo Demográfico/IBGE.

ANEXO 2C

INDICADORES DE POBREZA, SEGUNDO UNIDADES DA FEDERAÇÃO, DISTRITO FEDERAL E ESTRATOS — 2002

Regiões e estratos	Número de pobres	Proporção de pobres (%)	Participação (%)	Hiato da renda	Hiato quadrático
Norte	4.155.879	43,3	11,9	0,446	0,122
Belém	746.786	41,6	2,1	0,480	0,131
Urbano	3.409.093	43,7	9,8	0,439	0,120
Rural	73.758	22,5	0,2	0,415	0,057
Nordeste	13.577.837	28,3	39,0	0,450	0,082
Fortaleza	807.525	26,3	2,3	0,415	0,072
Recife	1.072.138	33,1	3,1	0,478	0,107
Salvador	1.019.443	33,5	2,9	0,490	0,111
Urbano	6.937.503	28,0	19,9	0,450	0,081
Rural	3.741.228	26,9	10,7	0,440	0,075
Minas Gerais/Esp. Sto.	3.193.706	15,0	9,2	0,455	0,047
Belo Horizonte	798.982	18,0	2,3	0,463	0,056
Urbano	1.902.519	14,1	5,5	0,452	0,044
Rural	492.205	14,8	1,4	0,449	0,044
Rio de Janeiro	2.903.335	20,4	8,3	0,403	0,051
Metrópole	2.449.002	23,0	7,0	0,403	0,057
Urbano	397.371	12,6	1,1	0,403	0,032
Rural	56.962	14,0	0,2	0,396	0,033
São Paulo	6.826.704	18,4	19,6	0,447	0,055
Metrópole	4.604.965	26,2	13,2	0,449	0,077
Urbano	2.042.188	11,3	5,9	0,445	0,034
Rural	179.551	12,9	0,5	0,432	0,038
Sudeste	12.923.745	17,8	37,1	0,439	0,052
Metrópole	7.852.949	24,1	22,5	0,436	0,068
Urbano	4.342.078	12,5	12,5	0,444	0,038
Rural	728.718	14,2	2,1	0,441	0,042

(*Continua*)

(*Cont.*)

Regiões e estratos	Número de pobres	Proporção de pobres (%)	Participação (%)	Hiato da renda	Hiato quadrático
Sul	2.283.870	9,0	6,6	0,450	0,028
Curitiba	310.467	11,1	0,9	0,490	0,040
Porto Alegre	536.518	14,4	1,5	0,434	0,040
Urbano	1.064.429	7,3	3,1	0,456	0,023
Rural	372.456	8,7	1,1	0,424	0,024
Centro-Oeste	1.817.674	15,2	5,2	0,431	0,046
Brasília	479.736	22,9	1,4	0,420	0,064
Urbano	1.146.859	13,6	3,3	0,438	0,044
Rural	191.079	13,5	0,5	0,418	0,037
Metropolitano	12.825.562	24,5	36,8	0,446	0,071
Urbano	16.899.962	18,7	48,5	0,446	0,055
Rural	5.107.239	20,4	14,7	0,435	0,057
BRASIL	34.832.763	20,8	100,0	0,444	0,060

FONTE: A partir de microdados da PNAD/IBGE.

Transferência de renda e questão social

*Amélia Cohn**

*Diretora de Programas Especiais do Ministério do Desenvolvimento Social e Combate à Fome. Professora do Departamento de Medicina Preventiva, FMUSP e pesquisadora do Cedec.

NESTE MOMENTO EM QUE SE RECORDA o meio século do suicídio de Getúlio Vargas, o "pai dos pobres", fica evidente que a pobreza não só não é nova no Brasil como ela própria, independentemente das suas formas de manifestação, segue trajetória peculiar enquanto questão social que exige a intervenção do Estado. Essa trajetória demanda reconstrução histórica precisa, à qual neste texto só se aludirá para dar o devido relevo aos novos e complexos problemas que passamos a enfrentar. O primeiro deles, claro, é o da associação entre políticas de combate à pobreza e de promoção da cidadania. Como se verá adiante, esse tema suscita a complexa relação entre a lógica da igualdade e a lógica da emancipação, e remete à questão de fundo, dos dois escolhos entre os quais as políticas sociais têm que abrir caminho, o da intervenção assistencialista e o da intervenção controladora.

Esbocemos, de início, o pano de fundo histórico. A começar pela era getulista, a pobreza passa a constituir uma questão de políticas específicas do Estado na regulação das relações entre capital e trabalho, formulada a partir da ótica da construção de um Estado nacional e de um projeto de industrialização. É desse período que data a fundação do nosso sistema de proteção social, estreitamente articulada com a legislação trabalhista e sindical, formando-se o famoso tripé que permite, no processo de modernização do país, incorporar determinados interesses das classes assalariadas — os pobres de então reconhecidos como tais — de modo subalterno aos interesses do capital, e filtrados a partir de um projeto nacional. Assim, as décadas sucessivas de crescimento e desenvolvimento econômico via substituição de importações vêm acompanhadas, de um lado, de políticas que instituem no país a "cidadania regulada"[1]. Vale dizer, um padrão de extensão de direitos calcado na concepção salarial, e portanto configurando-se como privilégios de determinados segmentos das classes assalariadas, que a eles têm acesso por um sistema contributivo compulsório, tendo como pré-requisito a inserção formal no mercado de trabalho.

No decorrer das décadas do período desenvolvimentista, que esgota seu ciclo no último quartel do século XX, a questão social não é identificada como relativa à pobreza, posto que era inerente à própria concepção desenvolvimentista a interpretação de que com o desenvolvimento econômico o desenvolvimento social automaticamente se daria, pela incorporação à economia dos excluídos do mercado formal de trabalho, com a conseqüente promessa da mobilidade social constituindo o antídoto à marginalidade social. A carteira de trabalho significava então o passaporte para o acesso ao sistema de proteção social brasileiro, cabendo à filantropia ou a serviços residuais do Estado a cobertura de direitos mínimos aos extremamente pobres. Mas o que mais ressalta aqui é que não só a pobreza não se configurava como um fenômeno estrutural de nossa sociedade, como também o papel estabelecido para as políticas sociais consistia em criar condições para o desenvolvimento da economia. Daí, por exemplo, a prioridade atribuída à educação e à saúde, da perspectiva de criar-se um contingente de futuros trabalhadores qualificados para desempenhar funções no novo padrão tecnológico, em particular do parque industrial brasileiro.

Delgado[2], ao estudar a gênese e a reprodução da economia de subsistência — entendida como "o conjunto de atividades econômicas e relações de trabalho que propiciam meios de subsistência e/ou ocupação para uma parte expressiva da população, mas tais relações não são reguladas pelo contrato monetário de trabalho assalariado, nem visam primordialmente à produção de mercadorias ou de serviços mercantis com fins lucrativos" — na estrutura econômica e social brasileira, mostra como em meio século (1930-1980) de crescimento industrial do país não só prevaleceu uma estratégia de industria-

[1]Veja-se o clássico estudo de Wanderley Guilherme dos Santos, *Cidadania e justiça*. Rio de Janeiro: Editora Campus, 1971.

[2]Delgado, G. C. *O setor de subsistência na economia e na sociedade brasileira: gênese histórica, reprodução e configuração contemporânea*. Brasília: Ipea, jun. 2004. (Texto para Discussão, nº 1.025.)

lização bem configurada, como a partir dela se deu um processo de urbanização do conjunto da sociedade absorvendo nas metrópoles e nas cidades de médio porte um imenso contingente demográfico do chamado setor de subsistência rural. Mas o autor chama a atenção que essa transposição demográfica da população agrícola não está associada tão-somente ao crescimento de uma massa assalariada no setor urbano, mas também a um enorme contingente de trabalhadores sem vínculo com a economia formal (pp. 22/23).

Essa análise vem ao encontro de estudos igualmente recentes que numa linha já consolidada de análises sobre a questão da pobreza no Brasil mostram como tanto ela quanto a desigualdade social, independente da forma como emergem enquanto questão social ao longo da nossa história, são estruturais na nossa economia[3], delas fazendo parte a informalidade, a economia de subsistência, o desemprego e inúmeras formas de estratégias de sobrevivência. Assim é que na década de 1970, já estando esgotado aquele ciclo de crescimento industrial de meio século calcado no modelo desenvolvimentista — e seu par, o modelo de Estado desenvolvimentista —, ocorre uma extensão de determinados direitos previdenciários desvinculados do mercado formal de trabalho, e alguns deles desvinculados da contribuição compulsória, como no caso dos trabalhadores rurais.

No entanto, uma nova expressão mais contundente da pobreza, enquanto questão social, ocorre no início dos anos 1990, nos tão propalados "descamisados" do presidente Collor, trazendo para o discurso político oficial os segmentos miseráveis da população, sem no entanto se traduzir numa agenda pública de ação do Estado para seu enfrentamento. Em termos efetivos, é só com os governos sucessivos que a questão da pobreza ganha relevo na agenda pública, a partir do primeiro governo Fernando Henrique Cardoso, com o Programa Comunidade Solidária. É portanto somente a partir do final da primeira metade da década de 1990 que as políticas sociais passam a ser formuladas levando-se em conta a pobreza enquanto questão social. Coincide isso com experiências prévias de governos municipais com programas de transferência de renda, que precedem programas federais similares, como os programas Bolsa Escola e Bolsa Alimentação, dentre outros. A partir de 2003 essa tendência da

[3]Rocha, S. *Pobreza no Brasil — afinal, de que se trata?* Rio de Janeiro: FGV Editora, 2003; Pochmann, M. e Amorim, R. (orgs.). *Atlas da exclusão social no Brasil*. São Paulo: Cortez Editora, 2003.

questão social da pobreza e da desigualdade assumir papel de maior centralidade na agenda pública se acentua, seja no tocante às políticas macroeconômicas, seja, mais especificamente, na busca de metodologias de diagnósticos e medidas da pobreza e da desigualdade social, seja no debate sobre os programas de combate à pobreza que vêm sendo implementados, como o Programa Fome Zero e o Programa Bolsa Família, seja finalmente pelo seu oposto, um relativo vazio no debate sobre o que venha a ser desenvolvimento social no contexto atual.

Isso não significa, por sua vez, que do ponto de vista teórico-conceitual a questão da pobreza e da desigualdade social não fosse objeto de preocupação dos estudiosos[4]. Ao contrário, a literatura brasileira é rica nessa área, e se desdobra em duas grandes linhas: uma primeira que, ao tratar da questão da pobreza, tem como núcleo e principal preocupação os desafios para mensurá-la de maneira precisa e, como conseqüência, remete a formulações de políticas e programas regidos pela ótica da sua precisão em atingir seu público-alvo — os pobres e os extremamente pobres — com baixo custo e grande eficiência operacional; e outra que, com maior ou menor grau de distanciamento desta, enfatiza a dimensão da cidadania e da conquista dos direitos sociais, acentuando o caráter público dessas políticas e programas. E é a partir desta ênfase no caráter público das políticas públicas, em particular das políticas de transferência de renda, que se desenvolvem os argumentos que se seguem.

POBREZA, DESIGUALDADE E DESENVOLVIMENTO SOCIAL

Independentemente de no período mais recente o Brasil vir apresentando melhoria significativa de determinados indicadores sociais — como saúde e educação, por exemplo —, o desafio de se reequacionar a questão social do país ainda continua em aberto, tanto em termos conceituais quanto em termos

[4]Sonia Rocha, *op. cit.;* Henriques, R. (org.). *Desigualdade e pobreza no Brasil.* Rio de Janeiro: Ipea, 2000; Schwartzman, S. *As causas da pobreza.* Rio de Janeiro: FGV Editora, 2004; Campos, A.; Pochmann, M.; Amorim, R.; Silva, R. (orgs.). *Atlas da exclusão social no Brasil — dinâmica e manifestação territorial,* vol. 2. São Paulo: Cortez Editora, 2003; Kerstenetzky, C. "Brasil — a violência da desigualdade". Em: *Observatório da Cidadania, Relatório 2001.* Rio de Janeiro: Ibase, nº 5.

da conformação de um conjunto de políticas sociais que desenhem uma rede de proteção social para efetivamente enfrentar os brutais patamares de pobreza e de desigualdade vigentes.

Exprime-se isso na profusão do debate sobre sua configuração na literatura sobre o tema, mais recentemente enriquecida pela incorporação de estudos e reflexões sobre os ricos no país[5]. Dentre essa produção pode-se destacar, por exemplo, a de Campos, Pochmann, Amorim e Silva, que enfatiza o capitalismo brasileiro das décadas entre 1960 e 1980 do século passado como portador de um "grande charme" explicitado no fenômeno da mobilidade social que ocultou um "violento processo de crescimento na desigualdade de renda e a incapacidade de banir a velha exclusão social". Na continuidade à análise, os autores enfatizam como esse padrão muda radicalmente entre as décadas de 1980 e 2000, quando a evolução da exclusão social sofre uma acentuada mudança, combinando agora baixa expansão das atividades econômicas com avanços significativos no processo de democratização política do país[6]. Temos então no país, segundo os autores, dois períodos distintos na trajetória da articulação entre economia e política, que denominam "díades contraditórias": um primeiro (anos 1960 a 1980) que combina acentuada expansão econômica e regime político autoritário, e um segundo (anos 1980 a 2000), que combina baixa expansão econômica e avanços significativos no regime político democrático.

A presença dessas "díades contraditórias" no cenário brasileiro, por sua vez, tem profundas implicações sobre os processos de exclusão e desigualdade sociais. No primeiro período ocorre uma ampliação das desigualdades socioeconômicas, ao mesmo tempo em que, paradoxalmente, se verifica uma melhoria dos indicadores sociais e prevalece o discurso da impossibilidade de se promover uma distribuição mais justa da renda. Já o segundo período é marcado por um avanço acelerado da "nova" exclusão social, derivada da ausência de um crescimento econômico sustentado ao mesmo tempo em que se

[5]Além dos trabalhos publicados por Elisa Reis sobre como as nossas elites percebem a pobreza e a desigualdade, dentre eles "Percepções da elite sobre pobreza e desigualdade". *Revista Brasileira de Ciências Sociais*, n° 42, e a recente publicação de Márcio Pochmann sobre o "atlas dos ricos no país", há textos publicados pelo Ipea, dentre eles o de Medeiros, M. *A geografia dos ricos no Brasil*. Brasília, jul. 2004 (Texto para Discussão, n° 1.029.)

[6]Campos, A.; Pochmann, M.; Amorim, S. e Silva, R (orgs.). *Atlas da exclusão social no Brasil — dinâmica e manifestação territorial, op. cit.*

retoma o regime democrático e se fortalece a organização dos distintos setores da sociedade. Não obstante, esses 40 anos são marcados por um mesmo fenômeno: a diminuição significativa do percentual da renda do trabalho no total da renda nacional, acompanhada de uma queda acentuada do poder de compra do salário mínimo e do aumento da concentração de renda no país. Assim é que, segundo dados dos Censos Demográficos do IBGE, o percentual da renda do trabalho no total da renda nacional passa de 55,5% em 1960 para 50,0% em 1980 e para 37,2% em 2000; o índice do poder de compra do salário mínimo passa de 100,3 para 61,78 e 32,71 nesses mesmos anos; já a relação entre a renda média per capita da parcela dos 10% mais ricos da população e a dos 40% mais pobres apresenta um comportamento inverso, passando de 13,5 para 20,3 e 21,2[7].

Da carência à exclusão

Note-se que a pobreza, nas décadas de 1960 a 1980, é concebida fundamentalmente como sinônimo de *carência* de determinados segmentos sociais no que diz respeito ao acesso a patamares de renda condizentes com a satisfação de determinadas necessidades sociais básicas bem como ao acesso a determinados serviços sociais básicos, em particular educação e saúde. Já na década de 1980 e mais acentuadamente na década de 1990 ela passa a ganhar espaço na agenda pública enquanto problema de *exclusão social*. De fato, passa a se verificar na literatura sobre o tema e nos próprios discursos oficiais a presença crescente do conceito de *nova pobreza*, destinado a caracterizar a situação daqueles setores que sofreram um processo de empobrecimento mais recente, em contraposição à *pobreza estrutural*, característica do "charme" do nosso capitalismo.

Assim, ao conceito da *nova pobreza* associam-se dois outros — o de *exclusão social* e o de *vulnerabilidade social* — tendo em vista as novas configurações sociais da questão social no Brasil, embora esse não seja um fenômeno estritamente brasileiro ou latino-americano. Mas, enquanto *exclusão social* no geral é entendida como um fenômeno de marginalização de

[7]Dados extraídos de Campos *et al.*, *op. cit.*, p. 39.

determinados segmentos sociais do processo de crescimento econômico, no geral pobres com baixa escolaridade, negros e mulheres, o conceito de *nova exclusão social* no geral é destinado ao processo de marginalização social que vem atingindo os segmentos sociais até então *incluídos socialmente* e relativamente protegidos de cair na situação de pobreza. A exclusão social passa então a ser entendida como um fenômeno mais abrangente, envolvendo as esferas econômica, política, cultural e social da rede de sociabilidade dos indivíduos, e com essa ampliação remetendo ao conceito de *vulnerabilidade social*, ou de *grupos socialmente vulneráveis*, ou ainda, de *grupos em situação de risco*[8].

Quanto à questão das necessidades sociais básicas, em instigante artigo Jessé Souza[9] desenvolve a tese de que a naturalização da desigualdade social e a conseqüente produção de subcidadãos como um fenômeno de massa em países periféricos de modernização recente, como é o caso do Brasil, podem ser mais adequadamente percebidas como conseqüência da modernização de grandes proporções por que passou o país, em contraposição à corrente que a atribui a uma herança pré-moderna. Isso porque ela estaria muito mais vinculada à eficácia dos valores e instituições modernas a partir de sua importação de "fora para dentro", calcada portanto não num traço "personalista" atribuído à herança pré-moderna, mas exatamente na "impessoalidade típica dos valores e instituições modernas". E é este fenômeno que a torna tão opaca e de tão difícil percepção na vida cotidiana. Deriva daí o cerne de sua tese, segundo a qual "para que haja eficácia legal da regra de igualdade é necessário que *a percepção da igualdade na dimensão da vida cotidiana* esteja efetivamente internalizada" (p. 87, grifo nosso), o que no geral não ocorre nos países periféricos. Embora o autor não trabalhe com as políticas públicas e as formas de regulação social por meio de redes de proteção social, tal perspectiva torna-se rica para ajudar a entender como a definição que as norteia no caso brasileiro em particular sempre foi regida pela ótica de níveis mínimos de necessidades, crivando uma enorme diferença em ter-

[8]Ver a respeito, Cohn, A. "Reconfigurações da questão social no Brasil". Em: *Observatório da Cidadania 2003*, Rio de Janeiro: Ibase, 2004, p. 71-76.

[9]Souza, J. "A gramática social da desigualdade brasileira". *Revista Brasileira de Ciências Sociais*, vol. 19, nº 54, fev. 2004, p. 79-96.

mos de acesso aos serviços sociais básicos de qualidade entre ricos e pobres[10]. Dessa forma remete-se, uma vez mais, para a dimensão da esfera pública da sociedade, sendo que sua consolidação remete ao enfrentamento de nossa tradição histórica patrimonialista e clientelista, demandando das políticas públicas, no caso em particular das políticas de transferência de renda, que se direcionem para a constituição de um sistema de proteção social ativo, reforçando assim a dimensão dos direitos sociais.

Nesse ponto é oportuno resgatar outro conceito que vem acompanhando aqueles — o de vulnerabilidade social e o de exclusão social — e que consiste no de *desenvolvimento social.* Ao contrário do que vinha sucedendo no período desenvolvimentista, quando a questão social denominava o problema das condições sociais da população pobre, em que pese o desenvolvimento econômico que a estaria incorporando no mercado formal ou mesmo informal da economia, agora ele tende a designar uma concepção particular de como organizar a sociedade que, quando referida ao âmbito do econômico, é o neoclássico, e quando referida ao âmbito de como organizar a sociedade, é o modelo neoliberal, em que o mercado e a liberdade individual[11] ocupam lugar central. Por sua vez, essa concepção vem sendo construída no interior de um processo maior de extensão de um projeto de reorganização integral da sociedade, que Laurell identifica como o assim denominado "modelo neoliberal". É oportuno registrar que a autora identifica duas variantes dessa nova noção (porque para ela desenvolvimento social não se constitui num conceito) de desenvolvimento social: a ortodoxa, em que prevalece a idéia de combate à pobreza com programas específicos, e outra em que prevalece a idéia de desenvolvimento humano e de inversão no capital humano, centrada na função do desenvolvimento social enquanto gerador de condições de igualdade de oportunidades para a competição dos indivíduos do mercado. Nesses termos, a partir das últimas duas décadas, a questão social passa a denominar os problemas das con-

---

[10]Jessé Souza propõe, aqui, a distinção analítica do conceito de *habitus* em duas outras realidades que julga igualmente fundamentais: o *habitus* precário, limite do *habitus* primário em sentido descendente, e o *habitus* secundário, limite do *habitus* primário em sentido ascendente enquanto fonte de reconhecimento e respeito social que pressupõe a generalização do *habitus* primário para extensas camadas da população.

[11]Laurell, A. C. "Regímenes de generación de bienestar". Comisión de Desarrollo Social, Cámara de Diputados/[LVII] Legislatura, Congreso de la Unión *Desarrollo Social — modelos, tendencias y marco normativo,* México, 2000, p. 109-120.

dições sociais que a população apresenta e, dentre estes, quais devem ser enfrentados, em especial as graves condições de pobreza e a falta de proteção social para a satisfação das necessidades humanas da população.

Não se trata, porém, de qualquer pobreza, mas da pobreza extrema massificada[12]. E é exatamente esse fenômeno da pobreza extrema de massas que não pode ser confundida com a desigualdade social enquanto foco da estratégia de uma política social que se proponha a combatê-las. Isso porque no horizonte de nossos países latino-americanos não se vislumbram taxas de crescimento sustentado que permitam por si só pela via do emprego combater a pobreza extrema. Diante disso, embora importante, não se revela suficiente "atenuar ao máximo a transmissão intergeracional da pobreza", como tão propalado pelos especialistas em políticas sociais filiados à corrente ortodoxa de desenvolvimento social. No centro da questão, portanto, está como definir um conjunto de programas de política social de Estado inspirados numa visão de longo prazo, embora voltados para uma visão de curto, médio e longo prazos. É nesse sentido que se frisa que as políticas sociais não se constituem tão-somente num conjunto de políticas específicas respondendo isoladamente a cada uma das necessidades sociais identificadas (no geral por técnicos e especialistas em cada uma das áreas setoriais), mas sim num conjunto de ações e programas apresentando uma matriz básica que as articule.

Daí a profusão da literatura sobre regimes de políticas sociais, identificando-se no geral três deles — o liberal clássico e sua variante mais recente, o neoliberal; o conservador corporativo e o social democrata — dando-se em cada um deles uma relação e uma articulação distinta entre as três instituições sociais que envolvem: o Estado, o mercado e a família, identificados por alguns especialistas como o "triângulo do bem-estar social" no sentido de que sempre estão presentes, independentemente do regime em questão, variando sua articulação. Sem embargo, o fio condutor da concepção do que venha a ser uma política de desenvolvimento social, traduzida em políticas sociais, ela não deixa de ter como eixo central que em toda economia capitalista a sustentação de qualquer política social de compensação e mesmo de superação da pobreza é o emprego, e portanto o crescimento econômico. Exatamente neste ponto

[12]Campos, R. C. "Pasado y presente del desarrollo social". Comisión de Desarrollo Social, *op. cit.*, p. 33-44.

verifica-se que a diferença entre o aumento do desemprego e o aumento ou não da desigualdade e da pobreza é explicada pelo *marco institucional* da presença ou não de uma rede de proteção social para aqueles que são vítimas do ciclo econômico e para aqueles que são vítimas das conseqüências das medidas de ajuste estrutural das economias latino-americanas.

Mas há um outro elemento fundamental quando se pensa a questão social da pobreza e da exclusão social da perspectiva do desenvolvimento social: é a sua dimensão política propriamente dita. É neste ponto que ganha destaque a dimensão da cidadania e da constituição da esfera pública anteriormente referidas. Se o conceito de desenvolvimento social é amplo o bastante para comportar vários significados, com distintas conotações econômicas, jurídicas e sociais, ele sempre traz consigo uma associação natural com o tema da pobreza. No entanto, a literatura sobre o tema revela que se diverge radicalmente quando se busca determinar se os pobres assim o são porque não detêm habilidades suficientes para superarem sua condição, ou porque mesmo as possuindo enfrentam uma organização social cuja estrutura não apresenta canais que possibilitem sua mobilidade social ascendente. As conseqüências de ambas as vertentes serão radicalmente distintas. Pois, enquanto no primeiro caso o foco privilegiado de ação passaria a ser o sistema educacional, o segundo demandaria um redesenho da estrutura produtiva e a execução de políticas públicas promotoras de uma mobilidade social ascendente, vale dizer, do que se denomina políticas de bem-estar.

Dessa forma, a satisfação das necessidades sociais da população (em particular dos pobres num contexto de pobreza massificada) e a promoção do desenvolvimento social passam a estar estreitamente associadas à capacidade do sistema econômico de gerar riqueza. Essa capacidade, por sua vez, pode ser de dois tipos: com ênfase na capacidade individual de cada um, o assim denominado capital humano (educação) e a outra, com ênfase na capacidade tecnológica do próprio sistema econômico, o que compreende tanto os meios de produção como o capital. Mas neste ponto a questão social da pobreza e da exclusão social assume papel importante, na medida em que os pobres não são portadores de habilidades suficientes para o exercício da cidadania, nem tampouco para comportarem-se como agentes econômicos eficazes no mercado, e nem detêm conhecimentos para alcançar um entorno vital com elevada qualidade de vida. É exatamente por isso que a tradução imediata da pobreza é a exclusão social. E ela também se traduz em: exclusão da prática efetiva dos direitos de cidadania, da participação nos processos geradores e redistributivos de bens econômicos, e das distintas instâncias e espaços deliberativos que emergem no interior das sociedades, e que demandam determinados níveis de educação e de informação. É nesse sentido que Carbonell[13] considera que essa exclusão como expressão de uma pobreza massificada levou à desvinculação, nas sociedades latino-americanas, de muitos dos seus membros do seu funcionamento e da sua dinâmica.

Daí a importância da idéia da construção da cidadania como um processo de habilitação substantiva para o desenvolvimento das capacidades dos indivíduos tanto para se organizarem para defender e representar seus interesses de forma efetiva, quanto para a produção de bens econômicos no sentido de aproveitarem possíveis acessos a formas sustentadas de geração de renda, como ainda para participarem das esferas societárias. Só assim, sobretudo no caso das sociedades latino-americanas, os direitos reconhecidos legal e juridicamente podem transformar-se em direitos efetivos, compondo de forma articulada as políticas sociais dirigidas para o conjunto da sociedade, desde que pautadas pela promoção do bem-estar social em termos de promoção da igualdade de condições fundamentais para todos os membros da sociedade, o que implica desde já não se tomar como interlocutor privilegiado cada indivíduo isoladamente.

É dessa perspectiva que programas de transferência de renda com condicionalidades podem vir a constituir um pilar fundamental na construção de um sistema de proteção social voltado para o bem-estar da sociedade, desde que articulem de forma criativa e virtuosa Estado, mercado e família. Para tanto, uma primeira condição fundamental é que não fiquem restritos à questão da necessidade, tão bem exercitada pela econometria, e que reforça exatamente a dimensão do direito individual em detrimento do direito social, mas que sejam regidos por parâmetros de justiça distributiva, transformando-se num sistema de proteção social ativo. Vale dizer, em sistemas ativos de proteção social porque atuam sobre as relações socioeconômicas numa situação em que um dos pilares centrais dos sistemas de proteção social dos Estados de Bem-Estar

[13]Carbonell, M. "Contexto y alternativas del desarrollo social", Comisión de Desarrollo Social, *op. cit.*, p. 63-72.

Social, a sua conformação pela relação de pleno emprego, não está mais presente no cenário das economias capitalistas.

Nesses termos, esses programas terão tanto maior êxito quanto à sua capacidade de atuar sobre a superação da pobreza quanto maior ênfase seja dada às denominadas "portas de saída", isto é, às políticas complementares voltadas ao aumento da habilidade e da capacidade dos indivíduos para aproveitarem possíveis acessos a fontes de renda autônomas e sustentadas, e em conseqüência, contribuindo para a construção de sua autonomia frente ao Estado e aos benefícios sociais vinculados aos programas de transferência de renda. Quanto às condicionalidades, que no geral concentram-se em associar o acesso ao benefício ao cumprimento da freqüência escolar e aos serviços de saúde das crianças e também das gestantes da família, no caso brasileiro em particular essa vinculação ocorre com o acesso a direitos universais inscritos na Constituição de 1988. E se de um lado essa vinculação fortalece o exercício dos mais pobres do direito à saúde e à educação (pelo menos nos níveis básicos), como se verá este processo não está livre de contradições, exatamente no que diz respeito ao ponto que aqui interessa: a valorização da dimensão política da vida cotidiana frente às demais.

PROGRAMAS DE TRANSFERÊNCIA DE RENDA E DESENVOLVIMENTO SOCIAL

Nesse contexto, em que não se trata mais simplesmente da questão da pobreza e sim de uma pobreza extrema massificada, políticas de transferência de renda assumem um lugar de especial importância desde que, já quando da sua formulação e implementação, partam do princípio de que não constituem um fim em si, em que pese seu traço de alívio imediato da pobreza, mas um instrumento valioso, por suas implicações econômicas e sociais, para se enfrentar de forma conseqüente a questão da superação da pobreza. Isto não implica, por outro lado, desconhecer-se a complexidade de transformá-las em políticas matriciais no interior de um conjunto de políticas que envolvem os setores econômicos e sociais de governo, para não falar da própria sociedade.

Nesse sentido, a promoção do desenvolvimento social demanda políticas de inserção social, seja no campo econômico seja no campo social. Exige políticas intersetoriais e a capacidade do Estado, sobretudo nas sociedades latino-americanas e no Brasil em particular, de remodelar seus sistemas de proteção social e sua prática histórica de ação na área social, que se caracteriza por dois traços fundamentais: do ponto de vista da gestão, por ações segmentadas e setorializadas, que tornam as políticas e os programas sociais competitivos entre si, e quase sempre resultam na superposição dos públicos-alvo; e, do ponto de vista político, pelo seu traço clientelista mesmo onde a descentralização das políticas sociais avançou, como é o caso brasileiro, e que promove a reprodução da subordinação dos segmentos pobres da população à vontade das elites e sua dependência com relação ao Estado, na condição de clientes seus.

DA IGUALDADE À EMANCIPAÇÃO

É neste ponto que se torna relevante a *dimensão pública das políticas públicas*. Tomados os programas de transferência de renda com condicionalidades como políticas que devam contemplar tanto a dimensão do alívio imediato da pobreza como da sua superação, trata-se, de um lado, de não concebê-los como um fim em si mas como um instrumento ou uma estratégia que compõe um conjunto de políticas que permitam o enfrentamento conseqüente da questão social da pobreza. E, de outro lado, como programas que têm nas condicionalidades, ou na assim chamada co-responsabilidade, não um fator impositivo e punitivo, mas sim uma oportunidade de vinculá-las, apesar de no fundo serem discricionárias, ao acesso a bens e serviços essenciais de caráter universal, e portanto com o estatuto de direitos da cidadania, permitindo assim que esses segmentos sociais de baixa renda sejam alçados à condição de cidadãos.

Não se trata de conceber as políticas de transferência de renda como panacéia para a questão social da pobreza, da desigualdade e da exclusão sociais, nem muito menos como substituindo o padrão clássico de inserção dos indivíduos na sociedade via trabalho, mas sim assumi-las pelo que são: políticas e programas que, apesar de terem um caráter redistributivo até pelo seu padrão de financiamento — no geral com recursos orçamentários do Estado — trazem consigo a possibilidade de se transformarem em políticas estruturantes de um novo padrão de relações socioeconômicas. É neste ponto específico que ganha especial relevo a sua articulação com um conjunto de programas e políticas das outras esferas do Estado, que respondam ao desafio maior de como incorporar a questão da igualdade para além da justiça distributiva impressa nas políticas sociais até então conformadas pela situação de pleno emprego. É aqui que se frisa a importância do parâmetro que deva reger as políticas e os programas de transferência de renda: não pela *lógica da igualdade*, que não contempla a questão da justiça distributiva, por reduzi-la à questão da necessidade (ou do grau de carência dos indivíduos), mas pela *lógica da emancipação*. Como conseqüência, perde sentido a freqüente dicotomia entre políticas econômicas e políticas sociais, já que estas sempre apresentam um forte componente econômico e aquelas um forte componente social; como também perde sentido, na atual conjuntura, sobretudo em sociedades com os graus de desigualdade como a nossa, entender as políticas sociais como compensatórias das desigualdades geradas pelo mercado. O desafio atual consiste exatamente em como articulá-las, imprimindo às políticas econômicas um novo sentido, devendo elas também ser ditadas pela ótica dos parâmetros dos direitos sociais.

O Programa Bolsa Família: em busca de um novo padrão

O Programa Bolsa Família (PBF), criado em outubro de 2003, unifica os programas não constitucionais de transferência de renda (alguns com condicionalidades, outros não) até então vigentes: Bolsa Escola, Bolsa Alimentação, Auxílio Gás e Cartão Alimentação. É um programa de transferência de renda com condicionalidades (freqüência escolar e cartão de vacinação completo das crianças, nas idades respectivas, e acompanhamento pré-natal das gestantes), e consiste na transferência de um valor fixo de R$ 50,00 e um variável de R$ 15,00 por criança de até 15 anos, num total de até três crianças. As famílias com renda per capita de até R$ 50,00 recebem o valor fixo e o valor variável correspondente; e as famílias com renda per capita entre esse valor e R$ 100,00 recebem somente o valor variável, segundo as mesmas regras.

Nesses pontos o PBF resgata uma das características dos programas anteriores similares, vale dizer, o benefício variável por número de crianças da família, no total de até três. No entanto inova quando elege a *família* como beneficiária, e não cada um de seus membros isoladamente, como nos casos anteriores do Bolsa Escola e do Bolsa Alimentação. E inova também ao não estipular quotas de número de bolsas para cada município, já que é meta do governo atingir até dezembro de 2006 todo o universo dos 11,2 milhões de famílias pobres, segundo a PNAD 2001, revisada pelo Ipea[14].

Para a família ingressar no programa é necessário que esteja cadastrada no Cadúnico, criado em 2001. Mas como o fato de a família estar cadastrada não significa que ela esteja necessariamente no programa, e como cabe ao município a responsabilidade pelo cadastramento das famílias e seu respectivo custo, esse excedente de cadastrados acaba representando um ônus político e financeiro para os governos locais, agravado pelo fato de até há seis meses os municípios não terem acesso a ele. A proposta agora é que o Cadúnico se torne um instrumento efetivo para a formulação e implementação das políticas públicas, passível de ser utilizado pelas distintas esferas de governo. Além disso, nesse banco de dados a cada membro da família é atribuído um número de identificação social (NIS), que permitirá maior discernimento por parte do Estado sobre o público-alvo de suas múltiplas ações e programas, podendo assim identificar duplicidades e buscar convergências entre as políticas implementadas. Mais importante, busca-se com isso infundir-lhes caráter republicano, frente ao traço clientelista que as vêm marcando ao longo da nossa história, em particular quando voltadas para os segmentos mais pobres da população.

Da perspectiva federativa, ao contrário da forma como vem sendo implementado o processo de descentralização na área social, a proposta do PBF apresenta uma característica que favorece a sua possibilidade de se conformar como um programa matricial para a articulação com os demais programas e ações sociais das demais esferas de governo: a denominada *descentralização pactuada*. Isso significa que o governo federal busca realizar pactuações com estados e municípios na implementação do programa de tal forma que estes, uma vez tendo programas próprios de transferência de renda, os articulem com o programa federal para além de promoverem programas complementares, e aqueles que não contam com programas próprios articulem ao programa federal programas e ações complementares. Busca-se uma articulação na área social horizontalizada entre as distintas esferas de governo, sempre com prioridade para o público-alvo dos

[14]Em julho de 2004 o PBF atingiu 41% dessa meta.

programas de transferência como foco de articulação dos programas, independente da origem da iniciativa por esfera da federação. Tal proposta implica, por seu lado, que os governos das distintas esferas da federação promovam simultaneamente um olhar para dentro de si mesmos e para fora, isto é, para os demais entes federados, tidos agora como parceiros de fato num processo maior de se remodelar o padrão clássico de ação do Estado na área social, e historicamente tão criticada. Tarefa por certo nada fácil, mas que se impõe na proposta de se enfrentar de forma conseqüente a questão social da pobreza da perspectiva da sua superação, pois caso contrário se ficará sempre no âmbito restrito da concepção da pobreza na sua dimensão absoluta, vale dizer, na sua dimensão de um mero (embora dramático) conjunto de carências.

Dessa forma, o PBF tem como pressuposto na sua formulação que não se trata de um programa de transferência de renda com condicionalidades como um fim em si, voltado para si mesmo, mas como um programa que, para ter êxito, tem que obedecer a duas premissas básicas: primeiro que, ao responder ao tempo do governo, crie raízes que vinculem a ele as políticas de inserção social, seja no que diz respeito a políticas de geração de ocupação e renda, seja no tocante a políticas setoriais na área social, levando em conta a integração territorial da população; segundo, que seja parceira de um processo mais amplo de tornar as políticas públicas virtuosas entre si, ao contrário do velho padrão de serem competitivas, seja no que diz respeito aos respectivos públicos-alvo, seja no que diz respeito às fontes orçamentárias. Neste ponto o que está em jogo é mais do que um novo padrão de relação entre o Estado e a sociedade na forma da ação estatal, capaz de transformá-la em efetivamente republicana. Trata-se também de traduzir as políticas públicas em mecanismos transformadores e promotores do desenvolvimento social no Brasil a partir da heterogeneidade dos seus problemas e das suas potencialidades.

Construir esse novo espectro de ação pública do Estado não está, no entanto, livre de contradições e ambigüidades, sobretudo quando se toma nossa larga tradição de ação do Estado na área social, marcada não só por uma setorialidade competitiva como por um forte traço clientelista, patrimonialista e corporativista, que a tornou incapaz de enfrentar a dinâmica reprodutiva da pobreza em nosso país num contexto de agudas desigualdades sociais. Tratemos de algumas delas, sem pretender esgotar o tema.

Uma primeira contradição, e a mais óbvia, reside no fato de o ambiente econômico não se constituir num bom parceiro nesse processo, pois, mesmo que se registrem curvas de crescimento da economia, elas não se traduzem na atual conjuntura em geração de emprego e renda nos moldes clássicos da sociedade salarial, constituindo fatores como saúde e educação (sobretudo esta última) em passaporte imediato para a inclusão social. Uma segunda contradição diz respeito à necessidade de se reverter a lógica de articulação das diferentes políticas de seguridade social, no nosso caso com a forte característica de ser composta por uma vertente voltada para o mercado de trabalho (os incluídos) e outra para os excluídos (os pobres), como um espelho do mercado de trabalho, reforçando dessa forma os direitos individuais em detrimento dos direitos sociais, como nos casos clássicos dos Estados de Bem-Estar Social dos países nórdicos, por exemplo. O desafio aqui é como enfrentar esse traço, buscando uma nova articulação entre o sistema de previdência social e de proteção social calcado nos direitos sociais institucionalizado pela Constituição de 1988, e a construção de novos direitos sociais a partir de políticas, como o PBF, que não encontram respaldo imediato no contrato social vigente para se configurarem plenamente como políticas de direitos sociais, questão que vai muito além do seu caráter contributivo ou não.

Uma questão importante suscitada atualmente pela ênfase na implementação de políticas sociais que promovam a construção da autonomia dos sujeitos sociais consiste na tendência hoje na América Latina, e no Brasil em particular, de se construir uma gama de programas sociais que, seja porque fazem a busca ativa da sua clientela (como no caso do Programa Saúde da Família), seja porque associam o acesso ao benefício ao cumprimento de determinadas condicionalidades voltadas para a capacitação social dos beneficiários, e que acabam por borrar a distinção entre as esferas pública e privada da vida social. De fato não é desprezível a capilaridade social de programas como o PSF e o PBF, que exatamente por isso trazem consigo um enorme potencial de levar o poder público a controlar e normatizar a vida privada dos indivíduos, borrando a qualidade da esfera pública enquanto um espaço de construção de identidades autônomas com relação ao Estado. O ponto aqui, portanto, consiste num desafio bem preciso, que se traduz na questão fundamental: *como transformar essas políticas e programas sociais em instrumentos de construção de novas identidades sociais que não comprometam nesse processo a autonomia dos sujeitos sociais*? Assim, ao se considerar a ponderação de Amartya Sen no sentido de que a falta de liberdade econômica na forma da extrema pobreza torna a pessoa presa fácil de outros tipos de violação da sua liberdade, o problema está em como torná-la autônoma na construção de sua identidade frente à capilaridade da presença normatizadora do Estado que essas políticas e programas trazem consigo.

Como se trata de um programa voltado para os segmentos mais pobres da população, na sua maioria absoluta à margem do mercado de trabalho formal ou informal, o PBF, como qualquer programa de transferência de renda, tem como ponto inicial constituir-se em paralelo à sociedade do mercado de trabalho. Torna-se portanto necessário buscar confluências para a construção de mecanismos de inserção desses segmentos sociais a formas de acesso a fontes de renda, remetendo ao desafio de, já que não se configuram como políticas sociais compensatórias das desigualdades sociais promovidas pelo mercado, tal como ocorre nos modelos clássicos dos sistemas de proteção social, promover políticas econômicas ditadas pelos parâmetros dos direitos a um nível de vida digno.

Assim, por exemplo, ao se tomar os dados do PBF do ponto de vista de sua gestão, só a unificação administrativa dos quatro programas anteriormente existentes vem possibilitando uma economia do seu custo operacional de R$ 97 milhões/ano, o que significa uma redução de 34% do custo anterior, e equivale a 3,8% do volume de recursos gastos com a transferência de renda. Por outro lado, tomando-se para o mês de julho do corrente ano o quanto o volume total de transferências realizadas pelo PBF representa em termos percentuais do Fundo de Participação Municipal e cotejado com o IDH municipal, verifica-se — e até certo ponto como era de se esperar — que nas regiões mais pobres do país (Norte e Nordeste) a variação do IDH é praticamente homogênea, sendo que no Nordeste é igual, num patamar acentuadamente inferior ao das demais regiões (Tabela 1).

TABELA 1

PROPORÇÃO DA TRANSFERÊNCIA DO PBF SOBRE O FUNDO DE PARTICIPAÇÃO MUNICIPAL E IDH — JULHO DE 2004

PBF/FPM	Norte		Nordeste		Sudeste		Sul		Centro-Oeste	
	municípios	IDH	municípios	IDH	municípios	IDH	municípios	IDH	municípios	IDH
até 10%	102	0,67	46	0,61	882	0,76	686	0,78	278	0,73
mais de 10% a 30%	251	0,66	686	0,61	688	0,73	463	0,76	165	0,74
mais de 30% a 50%	85	0,66	789	0,61	85	0,68	9	0,78	3	0,77
mais de 50%	10	0,69	258	0,61	11	0,71	1	0,82	0	0
Total	448	0,66	1.779	0,61	1.666	0,74	1.159	0,77	446	0,74

FONTE: SENARC/MDS e Ipea.

Esses dados são interessantes porque evidenciam que, se de uma parte o PBF atinge hoje efetivamente os mais pobres (84% dos benefícios são dirigidos àquelas famílias com renda de até R$ 50,00 per capita), está mais presente nas regiões mais pobres (Tabela 2 e Gráfico 1) e também está distribuído de forma relativamente homogênea em termos do IDHM independentemente da proporção da transferência de recursos que ele representa com relação ao FPM, por outro lado reforçam nosso argumento ao apontar que o programa, de per si, como de resto qualquer programa de transferência de renda, necessariamente não impacta positivamente de forma imediata os indicadores sociais, demandando políticas complementares de inserção social dos indivíduos, vale dizer, políticas de desenvolvimento local com inserção social tendo como base o território[15].

[15]Neste ponto são necessárias duas observações: 1) embora o PBF seja recente, já que completou um ano de existência em outubro de 2004, o fato de abarcar os programas de transferência de renda preexistentes, já que tratou de unificá-los, permite as considerações acima, muito embora elas possam pecar por serem conservadoras por não levarem em consideração o fato de com o PBF o valor do benefício ter sido substancialmente elevado; e 2) vários estudiosos da questão da pobreza e das políticas de combate à pobreza vêm demonstrando que a universalização das políticas de transferência de renda em bases territoriais apresenta um potencial redistributivo muito maior que as políticas focalizadas em grupos de renda. Ver a respeito Boltivinik, J. e Laos, E. H., *Pobreza y distribución del ingreso en México*. México: Siglo Veintiuno Editores, 2001. Medeiros também afirma que os dados da geografia dos ricos no Brasil apontam que medidas redistributivas devem ter também como foco a redução das desigualdades regionais, já que eles evidenciam que a simples redução das desigualdades interpessoais não daria conta da solução dos problemas sociais das regiões mais pobres.

GRÁFICO 1

PORCENTAGEM DE FAMÍLIAS POBRES ATENDIDAS PELO PBF

JULHO DE 2004

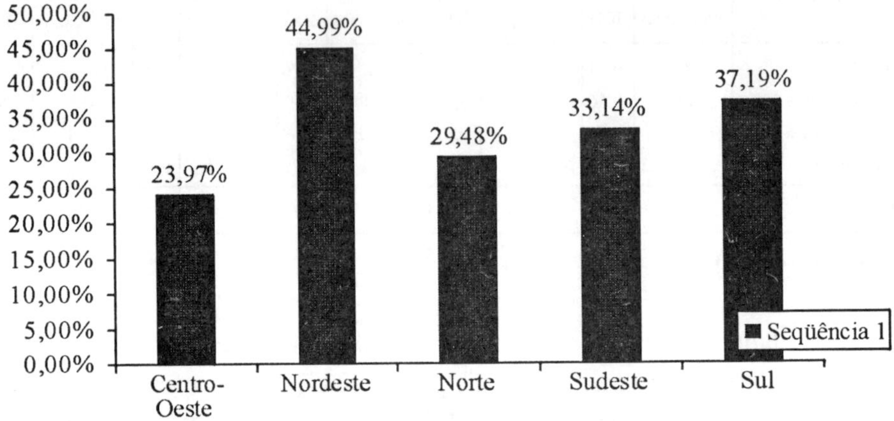

FONTE: SENARC/MDS.

GRÁFICO 2

DISTRIBUIÇÃO DE BENEFICIÁRIOS DO PBF POR CONDIÇÃO DE POBREZA

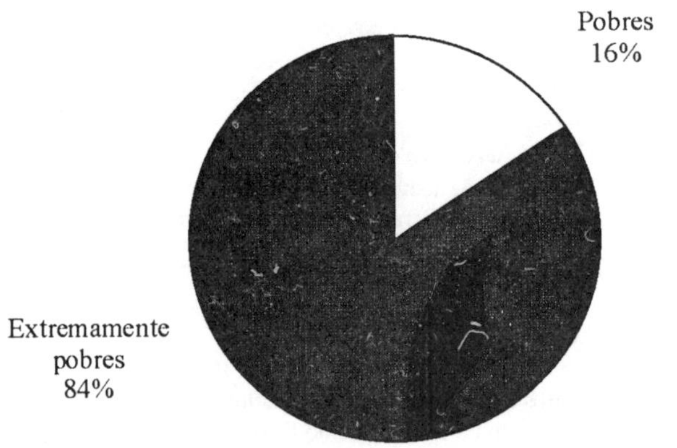

FONTE: SENARC/MDS.

De fato, se para além disso agregarmos que o valor médio do benefício com o PBF mais que dobrou, passando de R$ 31,5 para R$ 70,00 (valores não deflacionados), e que passou inclusive a abranger — a partir do momento em que o foco é a família e não membros isolados dela — famílias sem filhos (9% do total), dado novo já que os programas anteriores só contemplavam as crianças no interior das famílias, do ponto de vista da gerência do programa o quadro pode ser considerado bastante positivo. Não obstante, isso não significa que seja suficiente se fazer um bom programa de transferência de renda do ponto de vista de sua gestão, se o objetivo é o combate à pobreza da perspectiva de sua superação. Essa boa gestão — responsabilidade pública inerente ao Estado — deve necessariamente estar acompanhada da preocupação da construção de uma esfera pública consolidada, favorecendo a criação de espaços de construção de diferentes identidades e redes de solidariedades a partir exatamente da possibilidade que traz consigo do estabelecimento de novos contratos de civilidade[16]. E isso requer que se esteja atento para a configuração da cidadania para além do seu sentido universal e abstrato, buscando desvelar suas possibilidades e ambigüidades inscritas no próprio tecido social.

Não resta dúvida de que a expectativa de todos os beneficiários (com exceção dos mais idosos) é o acesso a uma atividade que lhes garanta uma fonte de renda regular e sustentável, sempre referida como "trabalho". De fato, pesquisa realizada com os beneficiários do Programa Renda Mínima do município de São Paulo[17] revela que para eles o benefício sem dúvida é bem-vindo, porém o ideal mesmo seria uma política que criasse emprego porque: "o trabalho dignifica o homem, e não é porque ele não trabalha que não merece respeito, mas sem trabalho ele fica fora da sociedade". Mas trabalho só não resolve, porque não se trata de qualquer trabalho uma vez que: "é muito diferente uma pessoa que tem carteira assinada e outra que não tem; se você vai fazer uma compra, chega no lugar e não tem carteira assinada já fica difícil, tudo é mais difícil".

Ao mesmo tempo o benefício se configura como um direito desde quando haja a percepção de que é para toda a comunidade de "necessitados": "se a

[16]Zaluar, A. "Exclusão e políticas públicas: dilemas teóricos e alternativas políticas". *Revista Brasileira de Ciências Sociais,* vol. 12, n° 35, 1997.

[17]Cohn, A.; Dias Jr., C. M. e Barbosa, G. C. Por uma etnografia participativa — desafios dos programas redistributivos na periferia paulistana. São Paulo: Cedec, jul. 2003, (mimeo).

Prefeitura fez esse benefício para toda a comunidade eu acho que é um direito do cidadão, desde que ele precise. Todos precisam, mais aqueles que têm a prova de que precisa". E, independentemente do questionamento do valor reduzido do benefício, chama a atenção a importância que o trabalho, a escola e as lides domésticas assumem enquanto ocupação dos indivíduos e enquanto sentimento de ser "socialmente útil". No caso da escola, há a diferenciação entre a necessidade da escolaridade como algo necessário para que "os filhos não tenham o mesmo destino dos pais, e tenham uma vida melhor", mas também como o espaço que protege e livra as crianças dos perigos da rua.

Por fim, merecem destaque as condicionalidades, que se trazem consigo a dimensão da co-responsabilização, também carregam consigo um lado sombrio, que pode reforçar nossa cultura social autoritária e punitiva. São freqüentes exemplos como este, em que a mãe sabendo da obrigatoriedade da freqüência escolar, conta que: "segunda-feira mesmo, ele disse que não ia para a escola. Queria soltar pipa. Foi preciso apanhar para ir à escola...". E na outra ponta, quando se verifica o perigo da extrapolação da presença do Estado no espaço privado da vida social, normatizando-o a partir de uma racionalidade pública em detrimento das estratégias de sobrevivência escolhidas pelos indivíduos, e inclusive de sua rede de solidariedades: a partir de uma *denúncia anônima* (grifo nosso), uma mãe de família recebe a visita de uma assistente social, funcionária municipal, que a obriga a deixar de trabalhar nos finais de semana para não deixar os filhos sozinhos (que segundo a mãe ficavam com uma parente cuidando deles), tendo ela que "escolher entre o trabalho e os filhos". Diante da ameaça da perda da guarda dos filhos, desistiu do trabalho dos finais de semana, perdendo assim a única fonte de renda relativamente estável que a família possuía, porque "então o jeito é eu ficar dentro de casa, enquanto [fulano, o marido] procura serviço para fichar. Porque por enquanto ele não é fichado. Ele trabalha só fazendo bico".

Mas também há a outra face do mesmo processo, quando uma mãe de família de um município pernambucano afirma que com o benefício que recebe do PBF sua vida mudou muito, porque além de ter o cartão que lhe dá acesso ao banco, ele lhe traz a dignidade de poder comprar a comida para sua família, e com isso "não ter que agradecer e dizer 'muito obrigada' por um prato de comida de arroz com palha e feijão bichado". Não é por acaso que se resgatam aqui esses depoimentos: eles permitem trazer para a discussão elementos que traduzem exatamente as implicações na esfera pública que políticas de transferência de renda com condicionalidades envolvem, buscando realçar essa dimensão fundamental na construção de uma sociedade mais justa e democrática, mas que no geral é subsumida pelas dimensões técnico-gerenciais e políticas, e que tendem a impor sua racionalidade frente àquela. Aqui se torna oportuna a análise de Nogueira quando advoga a tese da necessidade do resgate da dimensão política propriamente dita na implementação das políticas públicas, uma vez que a dimensão burocrático-administrativa vem avançando em detrimento daquela, o que faz com que no geral prevaleçam análises e padrões de definição de prioridades pautados por questões operacionais, restringindo-se aos estreitos limites da equação custo/efetividade, em detrimento de negociações entre interesses divergentes ou diferenciados, traduzindo-se assim no que o autor designa como sendo a predominância da "política dos técnicos" em detrimento da "política dos cidadãos"[18].

A favor dos argumentos que vêm sendo aqui desenvolvidos, Sen defende que não se pode desconhecer ou menosprezar a importância que os direitos civis e políticos podem ter na prevenção de catástrofes (sociais) maiores. E assinala que, embora o período recente tenha sido marcado por um intenso debate sobre as vantagens dos incentivos econômicos e do mercado em relação ao fracasso de uma planificação estatal desmedida e da excessiva burocratização das empresas públicas, o mesmo não se deu no que diz respeito aos incentivos políticos, que segundo ele não suscitaram a atenção que merecem. E afirma: "quando tudo vai sobre rodas, o papel incentivador da democracia passa despercebido; mas quando as coisas vão mal, a função corretiva da democracia pode se constituir num fator decisivo"[19].

Associar portanto políticas de transferência de renda com desenvolvimento social, ou se pensar a questão social da pobreza e da desigualdade articulada a um projeto de desenvolvimento social, demanda necessariamente que se pense o desenvolvimento como a ampliação da capacidade dos indivíduos, tal como afirma o próprio Sen, para realizarem atividades livremente eleitas e valorizadas que lhes permitam exercer suas funcionalidades, promovendo-se assim um desenvolvimento social que os torne cidadãos independentes do

[18]Nogueira, M. A. *Em defesa da política.* São Paulo: Senac, 2001.
[19]Sen, A. "Teorías del desarrollo a principios del siglo XXI." BID, 2004 (mimeo).

Estado e não clientes do Estado. Para isso, só buscando-se uma nova equação entre as políticas dos políticos, as políticas dos técnicos e as políticas dos cidadãos. Ou como aponta uma vez mais Sen, tomar como eixo da concepção de desenvolvimento social a interdependência entre qualidade de vida e produtividade econômica para que se supere a dicotomia entre bem-estar e acumulação acelerada. E é neste ponto que o economista lança mão de duas concepções de desenvolvimento: a concepção Gala (getting by with a little assistance) e a concepção Blast (blood, sweat and tears), que defende os sacrifícios necessários, não escondendo sua preferência pela primeira.

Isso não nos exime, no entanto, de apontar os desafios e a complexidade envolvidos na implementação de programas de transferência de renda com condicionalidades, dentre eles destacando-se, sobretudo no caso do Brasil, a questão federativa envolvida sobretudo no que diz respeito às políticas complementares, e principalmente as questões relativas à dimensão da esfera pública. Neste ponto em particular, as tensões e contradições trazidas pelo fato de o país estar experimentando uma série de políticas de enorme capilaridade social, que estendem os tentáculos do Estado para o interior do espaço privado da vida social, com seu potencial normativo e regulatório, podendo ao mesmo tempo que fortalecer a esfera pública, destruí-la ou miná-la, impossibilitando assim a construção de novas identidades e redes de solidariedades sociais que fortaleçam a própria democracia.

Daí por que constitua um desafio formular um projeto de desenvolvimento social que se traduza num sistema e numa rede de proteção social proativa, e que seja capaz de efetivamente enfrentar o conjunto dos problemas sociais que conformam a questão social hoje no país a partir de suas raízes, e não exclusivamente a partir de sua manifestação final, vale dizer, das suas conseqüências. Este projeto, a nosso ver, está ainda no âmbito das intenções, que inspiram várias das políticas e dos programas sociais que vêm sendo implementados, mas certamente demanda que seja enfrentado e formulado com urgência, para que as iniciativas estatais na área social não continuem fortemente demarcadas pelos limites estreitos da racionalização dos gastos estatais. Para tanto, há que permanentemente questionar a racionalização das ações do Estado não como um fim em si, mas como um meio para se atingir um objetivo, o que extrapola em muito os limites da mera busca da racionalidade custo/efetividade impressa na teoria do capital humano. Trata-se de introduzir na agenda pública a dimensão do bem-estar e da justiça social da ótica do acesso a condições concretas que garantam uma efetiva qualidade de vida dos indivíduos, dentre elas sua autonomia enquanto cidadãos portadores de direitos, e por conseqüência sua autonomia frente ao Estado. E, se não será num curto espaço de tempo que as políticas sociais e de transferência de renda serão capazes de enfrentar a questão da desigualdade e da injustiça social, certamente por serem um instrumento fundamental nesse processo não poderão perder de vista essa dimensão. Caso contrário, as políticas sociais ficarão sempre determinadas pelas políticas macroeconômicas, num contexto em que os sistemas de proteção social enquanto mecanismos compensatórios das desigualdades geradas pelo mercado numa sociedade salarial já estão superados pela própria história. Quais os novos modelos, as novas possibilidades e o novo lugar das políticas sociais na promoção da justiça social são os grandes desafios que se colocam na atualidade.

Nota sobre a mobilidade social no Brasil

*José Pastore**
*Nelson do Valle Silva***

*Professor da USP.
**Laboratório Nacional de Computação Científica (LNCC/CNPq).

ESTA PESQUISA EXAMINA A DINÂMICA da mobilidade social no Brasil, comparando dados de 1973 com informações semelhantes de 1996. Através da análise de "coortes de idade" dos informantes (chefes de família, homens, entre 20 e 64 anos de idade), os dados permitem visualizar, na prática, a evolução da estrutura social brasileira ao longo de todo o século XX. Este resumo focaliza apenas a mobilidade social entre gerações[1].

A medida básica para o estudo da mobilidade social é o status socioeconômico que combina educação, ocupação e renda[2]. Para detectar a mobilidade os status dos filhos são comparados com os status de seus respectivos pais.

Os estudos de mobilidade social não são *flashes* de curto prazo e sim "filmes" que procuram captar a evolução social das gerações através do tempo. Desde o início do século XX, a mobilidade social no Brasil foi intensa. Entretanto, o grosso da mobilidade ascendente sempre foi e continua sendo de curta distância. Ou seja, muitos sobem pouco, e poucos sobem muito. Isso provoca um estiramento da estrutura social. Daí a convivência de muita mobilidade com alta desigualdade.

No passado (décadas de 1950 a 1970), a mobilidade social no Brasil foi predominantemente "estrutural", decorrendo de transformações do mercado de trabalho. As pessoas, mesmo sem grande preparo profissional, aproveitaram-se das oportunidades de trabalho que surgiram na indústria, comércio, bancos, empresas estatais, administração direta e outros avanços no emprego que marcaram os anos de 1950-1970. Uma grande parte da ascensão social decorreu da intensa migração rural-urbana.

---

[1]Material completo pode ser encontrado no livro *Mobilidade social no Brasil* (prefácio de Fernando Henrique Cardoso), São Paulo: Editora Makron Books, 2000. O livro citado inclui estudos de mobilidade social inter e intrageracional.

[2]Para detalhes metodológicos, ver o capítulo 2 do livro.

Naquelas décadas, houve pouca mobilidade "por trocas" — também chamada de mobilidade circular — na qual, para uma pessoa subir, outra tem de desocupar a posição (descendo, aposentando ou morrendo). No Brasil atual, a mobilidade circular aumentou mais de seis pontos percentuais (24%). O mercado de trabalho tornou-se mais competitivo. O peso da qualificação, competência e educação é maior hoje do que no passado (Tabela 1).

TABELA 1

MOBILIDADE ESTRUTURAL E CIRCULAR (%)

Tipos	1973	1996	Diferença em p.p.
Total	58,5	63,2	+4,7
Estrutural	32,8	31,4	–1,4
Circular	25,7	31,8	+6,1

A estrutura social brasileira está se abrindo gradualmente. Ao se comparar as duas séries de dados, verifica-se que, no topo da pirâmide, por exemplo, o estrato social mais alto — a elite — passou de 3,5% para quase 5% e o estrato médio-superior — classe média alta — saltou de 6% para quase 7,5%. No caso da elite, o aumento foi de 43% e no do estrato médio superior, 25% (Tabela 2).

TABELA 2

EVOLUÇÃO DA ESTRUTURA SOCIAL (%)

Estratos Sociais	1973	1996	Crescimento
Baixo	**48,0**	**47,5**	**Estável**
Inferior	32,0	24,0	– 25
Superior	16,0	23,0	+ 45
Médio	**48,0**	**47,5**	**Estável**
Inferior	24,0	27,0	+ 12
Média	18,0	13,0	– 27
Superior	6,0	7,5	+ 25
Alto	**3,5**	**5,0**	**+ 43**

NOTA: Exemplos de ocupações dos diversos estratos sociais: Baixo inferior (lavrador, pescador, lenhador etc.); baixo superior (braçal, servente, vigias etc.); médio inferior (pedreiro, eletricista, marceneiro etc.); médio médio (pracistas, viajantes, chefes de nível baixo etc.); médio superior (assessores, gerentes de alto nível, diretores etc.); alto (grandes proprietários, magistrados, pessoal de nível superior etc.).

O fenômeno mais notável foi o encolhimento da base da pirâmide social. Entre os pais dos chefes de família de 1973, 65% pertenciam ao estrato baixo inferior (lavradores, pescadores, braçais do meio rural etc.). Já entre os seus filhos, esse percentual caiu para 32%. No caso de 1996, a queda prosseguiu. Os pais dos chefes de família eram 55% e os filhos, 24% (Tabela 3).

Nota-se ainda a ampliação dos estratos médios — fato já observado nos dados de 1973. Para os dados de 1996, entre pais e filhos, o estrato médio inferior (trabalhadores qualificados e semiqualificados) passou de 16% para 27%; e o estrato médio superior (profissionais de nível médio e médios proprietários) saltou de 3,4% para 7,4%.

Hoje em dia, o topo da estrutura social brasileira (estratos alto e médio superior) engloba 12,3% dos chefes de família; em 1973, englobava 9,8%. Houve um incremento acentuado desse estrato, ou seja, 25%.

TABELA 3

COMPARAÇÃO DAS ESTRUTURAS SOCIAIS (%)

Estratos sociais	Pais			Filhos		
	1973	1996	Diferença	1973	1996	Diferença
Baixo inf.	64,9	55,4	–9,5	32,1	24,0	–8,1
Baixo sup.	6,9	13,1	6,2	16,1	23,5	7,4
Médio inf.	9,3	17,4	7,1	23,7	26,8	3,1
Médio méd.	13,8	8,8	–5,0	18,4	13,3	-5,1
Médio sup.	3,1	3,4	0,3	6,3	7,4	1,1
Alto	2,0	2,8	0,8	3,5	4,9	1,4

No estrato baixo inferior (trabalhadores rurais não-qualificados) a reprodução é grande: 90% dos trabalhadores rurais são filhos de trabalhadores rurais. Mas, no outro extremo da pirâmide social — estrato alto — ela é mínima: 18,4%. Ou seja, menos de 20% dos integrantes da classe alta do Brasil — são filhos da própria classe alta. Mais de 80% chegaram naquela posição, vindos de estratos mais baixos (Tabela 4).

TABELA 4

MOBILIDADE SOCIAL 1996 (%) (DE ONDE VIERAM OS FILHOS?)

STATUS DO FILHO

Status Pai	Baixo inf.	Baixo sup.	Médio inf.	Médio méd.	Médio sup.	Alto
Baixo inf.	90,4	54,5	49,3	34,6	28,4	20,4
Baixo sup.	2,9	17,9	13,4	18,8	17,6	16,3
Médio inf.	2,5	15,7	26,5	20,3	20,3	16,3
Médio méd.	2,5	8,1	7,5	16,5	16,2	18,4
Médio sup.	1,3	2,6	2,2	5,3	9,5	10,2
Alto	0,4	1,3	1,1	4,5	8,1	18,4
Total	**100,0**	**100,0**	**100,0**	**100,0**	**100,0**	**100,0**

Em suma, os brasileiros continuam entrando e saindo em diferentes estratos sociais. Isso sugere que os pobres não permanecem pobres a vida inteira. Nos estratos mais baixos, saem uns, entram outros. Assim como há novos ricos, há também novos pobres.

Entretanto, alguns problemas graves persistem. A precocidade de entrada no mercado de trabalho é um deles. A discriminação racial é outro.

Nos dados de 1973, mais de 70% dos chefes de família homens começaram a trabalhar com menos de 14 anos — a maior parte na zona rural. Nos dados de 1996, esse problema continuou: 70% dos chefes de família começaram a trabalhar antes de 14 anos. A idade média do início do trabalho ficou em 12,5 anos — o que dá a dimensão da precocidade do fenômeno.

Um outro problema que persiste é o da maior dificuldade de ascensão social que afeta os brasileiros negros e pardos.

Entre os brancos, 16,5% estão no estrato mais baixo da estrutura social. Entre os negros, são 25%; e entre os pardos, 30,7%. Inversamente, nos estratos médios, a percentagem de brancos é de 35,7%; entre os pardos, é apenas 18%; e entre negros, 14,2%. A escolaridade média é de 6,6 anos para brancos, 4,2 para pardos e 4,1 para negros. Os dados mostram que as pessoas de cores preta e parda que nascem em famílias de estratos mais altos correm mais risco de descer na estrutura social do que os brancos — independentemente de sua escolaridade.

Enfim, o Brasil mostra sinais de progresso, mas há muitos problemas a resolver. A precocidade de entrada no mercado de trabalho terá de ser combatida com uma maior duração do período escolar. A necessidade de competir no mercado de trabalho terá de ser amparada por uma educação de melhor qualidade. A urgência para se reduzir as discriminações terá de ser trabalhada dentro das teses da democracia racial, como salientou Fernando Henrique Cardoso no prefácio do livro.

O Brasil deve ter entrado no século XXI com um grande volume de mobilidade social ascendente. Mas a crescente racionalização dos processos produtivos, a revolução tecnológica e o aumento da competição exigirão uma substancial melhoria na qualidade do fator trabalho para que a ascensão social prossiga. Continuando a tendência observada (Tabela 5), a mobilidade circular deverá aumentar. Subir na escala social dependerá cada vez mais de competência. Na medida em que poucos têm acesso a uma boa educação, por algum tempo, a desigualdade persistirá e coexistirá com grande mobilidade de curta distância e pouca mobilidade de longa distância.

Meio século de vida social brasileira: uma abordagem geracional

*Marcelo Neri**

*Chefe do Centro de Políticas Sociais, Ibre e EPGE, Fundação Getulio Vargas.

VISÃO GERAL[1]

SE UM MARCIANO CHEGASSE A TERRA para analisar as últimas sucessões presidenciais americana e brasileira, tiraria conclusões curiosas. Os Estados Unidos estariam num regime de baixa mobilidade ocupacional em que a presidência é passada de pai para filho no decurso de alguns anos, uma quase monarquia, diria o alienígena. Ao passo que a trajetória de Lula pode ser considerada o milagre da ascensão social no país que ocupa o pódio mundial da desigualdade há pelo menos quatro décadas.

Mais do que o salto ocupacional de Lula em relação a seus pais, a façanha é ter atingido o ápice profissional brasileiro sem nunca ter ingressado nos bancos universitários conforme atesta a literatura. Ferreira e Velloso (2003) demonstram que o grau de transmissão da desigualdade educacional entre pais e filhos é muito alto no Brasil (68%) se comparado com o dos Estados Unidos (30%). O grau de mobilidade intergeracional de educação no Brasil é menor do que o observado em países desenvolvidos e em nações em desenvolvimento, com exceção da Colômbia (Tabela 1). Outra conclusão da pesquisa mostra que a educação dos pais desempenha papel importante na determinação do grau de escolaridade dos filhos. A probabilidade de um filho continuar sem escolaridade é de 33,85% quando seu pai também não completou um ano de estudo. Já para filhos de pais com ensino superior, este percentual cai para menos de 1%, tendo a maior probabilidade de repetirem o desempenho da geração anterior (60,02%) (Tabela 2).

[1]Agradeço a eficiente assistência de Samanta Reis, Luisa Carvalhaes e Alessandra Pieroni.

TABELA 1

TRANSMISSÃO DA DESIGUALDADE EDUCACIONAL (%)

Malásia	19
Alemanha	20
Estados Unidos	35
México	50
Peru	50
Brasil	68
Colômbia	70

FONTE: Velloso e Ferreira (2003) a partir da PNAD 96/IBGE.

TABELA 2

PROBABILIDADE DA ESCOLARIDADE DO FILHO CONTRA A DOS PAIS (%)

Pai \ Filho	Sem escolaridade	Ensino primário	Ensino fundamental	Ensino médio	Ensino superior
Sem escolaridade	33,85	18,49	5,65	4,20	1,08
Ensino primário	2,78	15,67	15,15	22,00	11,59
Ensino fundamental	1,38	4,07	13,71	28,78	24,44
Ensino médio	0,37	1,76	6,48	32,56	35,8
Ensino superior	0,75	0,90	3,77	16,19	60,02

Pastore e Silva (2000 e neste volume) e Pero (2001) revelam um razoável e crescente nível de mobilidade ocupacional entre gerações no Brasil (ver Tabela 3). Cerca de 70,3% se encontravam em estratos ocupacionais diferentes de seus pais contra 58,3% observado na estatística de 20 anos antes. A mobilidade ocupacional encontrada nestes estudos é alta por construção, sendo 65% determinada apenas por movimentos migratórios do campo para cidade. Além disto, os movimentos ocupacionais são, via de regra, de curta extensão, em que muitos sobem pouco e poucos sobem muito na escala ocupacional. Isso difere muito do padrão de mobilidade dos Estados Unidos embutido no sonho americano, eternizado na novela *The Great Gatsby* de F. Scott Fitzgerald.

TABELA 3

MOBILIDADE OCUPACIONAL ENTRE GERAÇÕES %

	1976	1988	1996
Imobilidade	41,7	30,8	29,7
Descendente	11,5	11,8	14,7
Ascendente	46,9	57,4	55,6
Total	100	100	100

FONTE: Pero (2001) a partir das PNADS 1976, 1988 e 1996/IBGE.

Este artigo responde a um desafio colocado por João Paulo dos Reis Velloso de estudar as mudanças da sociedade brasileira ocorridas nos últimos 50 anos. Desconfio que se fizéssemos uma enquete com economistas de diferentes linhas, fossem eles marxianos, cepalinos, keynesianos ou liberais, seriam eleitas como principais transformações: urbanização, industrialização, provisão de infra-estrutura e escolarização. Fazemos aqui a leitura das trajetórias destes processos ao longo das vidas de diferentes gerações de brasileiros. Daremos destaque às mudanças vivenciadas pela geração que nasceu nos anos 1940 e alcançou os 50 anos em 2000. Esta é a coorte de Lula, um *baby-boomer* de primeira hora, nascido em 1945, meses após o fim da segunda guerra. Para entendermos o feito do filho de analfabetos que sai da pobre Garanhuns até a presidência, captamos o contexto do país e a história de sua geração.

O texto está dividido em partes: na primeira seção introduziremos o conceito da análise de coorte e o aplicaremos na seção seguinte olhando para o processo de urbanização brasileiro. Em seguida, daremos ênfase à questão educacional por ser variável central na determinação do nível e da desigualdade de renda. Analisamos nas três seções seguintes a posse de capitais físicos, tais como automóveis, serviços públicos e moradia. E, por fim, na última seção apresentamos as principais conclusões da análise e à luz delas traçamos algumas perspectivas de desenho de políticas sociais.

METODOLOGIA

Os dados de coorte são substitutos imperfeitos de dados longitudinais, uma vez que não fornecem informações sobre os mesmos indivíduos ao longo do tempo. Na verdade, as informações são de diferentes indivíduos com um certo conjunto de características idênticas, tais como data e local de nascimento, gênero e raça. Por exemplo, aquele que ocupa a posição de chefe nesta década, não necessariamente ocupou a mesma posição nas décadas anteriores.

Esses dados apresentam algumas vantagens sobre os dados de painel. A primeira é que não há problema de atrito na amostra, isto é, em geral se consegue observar indivíduos de uma mesma coorte em anos distintos, o que é mais simples do que observar o mesmo indivíduo ao longo do tempo. O equivalente do problema de atrito amostral no campo das coortes são diferenciais de mortalidade entre as características analisadas, como homens e mulheres, brancos e negros, pobres e não-pobres. Observamos que as mulheres vivem mais do que os homens, que a proporção de negros e pardos diminui com o passar da idade e que o nível de pobreza entre os idosos também é menor do que no restante da população. No lado positivo, como a informação de coorte se refere à média, ou outro momento da distribuição, diminui-se o erro da medida oriundo das informações de um mesmo indivíduo acompanhado em momentos distintos.

URBANIZAÇÃO

Apresentamos no Gráfico 1 uma visão da distribuição etária da população em áreas urbanas em dois pontos no tempo, 1950 e 2000. Esse tipo de gráfico nos permite avaliar o grau de urbanização entre diferentes gerações em um mesmo ano. Neste caso observamos que a taxa de urbanização que em 1950 variava entre 29% para os grupos mais jovens e 42% para os cinqüentões de 1950, esta taxa cresce e se torna mais homogênea variando entre 79% e 82% em 2000. Ou seja, a taxa de urbanização sobe 50 pontos de porcentagem para os mais jovens e 40 pontos de porcentagem entre os cinqüentões. A taxa média da sociedade brasileira sobe 53 pontos de percentagem no período, influenciada não só pelo crescimento nos diversos grupos etários como pelo crescimento da participação dos grupos mais velhos na população.

A análise temporal de uma dada variável pode ser feita de várias formas comparando aqueles com 50 a 59 anos em 2000 e em 1950. A comparação pode ser feita até mesmo a partir de um único corte transversal dos dados. Tipicamente simulamos estaticamente a trajetória de uma dada variável ao longo do ciclo da vida.

Exploramos uma visão alternativa sobre os mesmos dados, que é a de refazer a trajetória de uma mesma geração ao longo dos diferentes anos. Os dados de coorte são substitutos de dados longitudinais, que acompanham os mesmos indivíduos ao longo do tempo. Na verdade, as coortes se referem à média de um conjunto de indivíduos com conjunto idêntico de características. Isto é, explicitamos a trajetória da vida de um dado grupo conectando os dados de um grupo com a mesma década de nascimento, buscando ao longo dos anos a sua respectiva faixa etária. No caso da geração de Lula que nasceu nos anos 1940, em 1970 tinha 20 a 29 anos de idade e que, portanto chegou em 2000 como cinqüentões. Conforme o Gráfico 2 ilustra, a trajetória desta geração, representa bem aquela da taxa de urbanização brasileira de 29% em 1950 para 82% em 2000. O mesmo gráfico apresenta a trajetória das gerações nascidas nas décadas seguintes.

Com o passar de meio século, a população brasileira essencialmente rural foi se tornando cada vez mais urbana, resultado observado em todas idades e gerações. O gráfico demonstra dominância temporal do ano 2000 em todas as faixas etárias. Por exemplo, 83% dos que tinham 50 a 59 anos, nesse ano, residiam em áreas urbanizadas contra 43% em 1950.

GRÁFICO 1

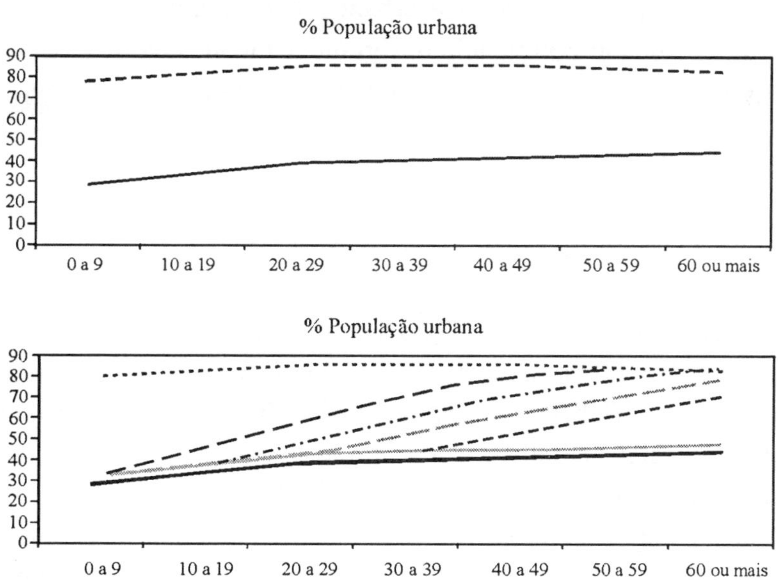

FONTE: CPS/IBRE/FGV processando os microdados do Censo Demográfico/IBGE.

GRÁFICO 2

BRASIL: TAXA DE ALFABETIZAÇÃO

SABEM LER E ESCREVER — POR IDADE — 1950

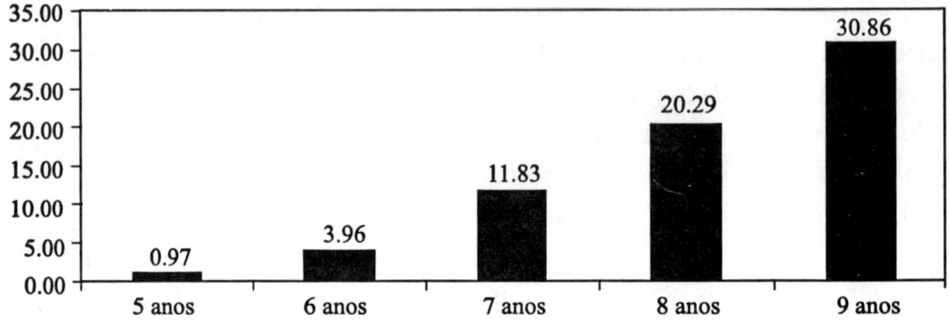

FONTE: CPS/IBRE/FGV a partir do Censo Demográfico 1950/IBGE

Segundo os estudiosos do processo de desenvolvimento, o movimento primordial comum foi a migração rural-urbana. Estamos agora talvez num segundo momento de movimentos migratórios, o agravamento da crise metropolitana, principalmente no final do século passado, uma vez que os habitantes rurais se deslocam em busca de melhores oportunidades, muitas vezes não disponíveis nos centros urbanos. Cresceram o desemprego, pobreza, informalidade e violência nas grandes cidades, enquanto os avanços dos programas sociais se concentraram nas cidades menores e nas áreas rurais.

ESCOLARIZAÇÃO

Se desejarmos captar a evolução da pobreza como insuficiência de um mínimo de cidadania, a variável disponível nos censos antigos mais relevante é a taxa de alfabetização. O próprio direito de voto e acesso ao mercado eleitoral esteve condicionado à alfabetização durante um bom tempo. A alfabetização representa o primeiro passo da jornada de acúmulo de escolaridade, o que os estudiosos de crescimento, hoje, reputam como a principal determinante do crescimento da economia. A taxa de alfabetização de quem tinha entre 50 a 59 anos em 2000 era 78,32% contra 72,58% observado para a mesma geração em 1970 que então tinha 20 a 24 anos. A operação de iniciativas como o Mobral pode ter contribuído para o aumento da taxa de alfabetização entre adultos no período, trazendo ensinamentos para o novo movimento de alfabetização de adultos recém-lançado pelo governo brasileiro.

Em 1950, apenas 13,02% desta geração era alfabetizada, com zero a nove anos de idade. Obviamente, esta taxa é influenciada pelo fato desta geração não ter na época passado da idade de alfabetização. Mas mesmo para aqueles no limiar etário desta geração, isto é, com nove anos de idade em 1950, apenas 31% eram alfabetizados.

A taxa de alfabetização global da área rural em 2000 (60,3%) é ainda inferior àquela observada nas áreas urbanas em 1950 (67,9%). Comparando indivíduos entre 50-59 anos nos dois momentos, estas estatísticas atingem 54,4% e 63,4%, respectivamente, aumentando o hiato observado. Já nas faixas etárias mais novas as taxas de alfabetização rurais em 2000 são maiores do que as urbanas em 1950, o que permite um maior otimismo quanto aos diferenciais de analfabetismo suscitados pelos dados agregados para cada tipo de região.

GRÁFICO 3

EVOLUÇÃO DA EDUCAÇÃO NO BRASIL — 1950 A 2000 UNIVERSO: POPULAÇÃO COM CINCO ANOS OU MAIS % SABEM LER E ESCREVER

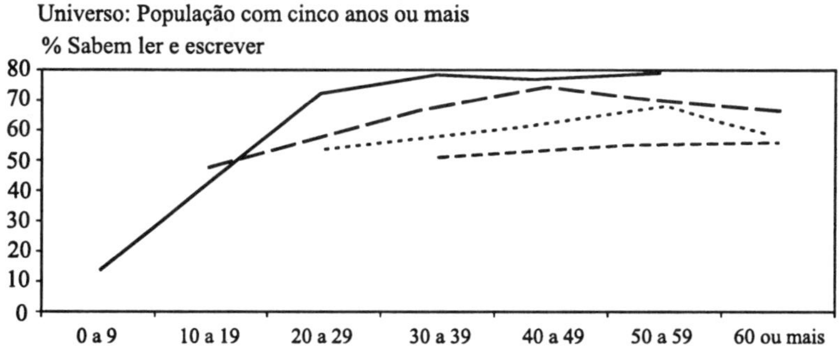

FONTE: CPS/IBRE/FGV processando os microdados do Censo Demográfico/IBGE

A taxa de alfabetização rural de 2000 (87,1%) cerca de nove pontos de porcentagem maiores que as urbanas de 1950 e nove pontos de porcentagem inferiores às taxas urbanas de 2000.

A análise da escolarização por gênero é testemunha viva da maior igualdade dos sexos conquistada nos últimos 50 anos. A taxa de alfabetização masculina de 2000 é 75,4% contra 76,9% da feminina invertendo a desigualdade de gênero antes observada. Em 1950 a taxa de alfabetização de 38,5% dos homens contra 33,1% das mulheres. Cabe ressaltar que a geração com 50 a 59 anos de 2000 guarda reminiscência dos tempos em que a alfabetização dos homens (80,1%) era maior do que a das mulheres (76,7%).

A média dos anos completos de estudo só podem ser calculadas a partir de 1970 quando dispomos de acesso aos microdados censitários. Neste período, a média de anos de estudo da população como um todo cresce de 2,4 para 4,8 anos, quase um ano por década. Observamos no Gráfico 4 que as linhas estão sistematicamente uma acima da outra, o que indica a ocorrência de melhoras paulatinas ao longo do tempo na escolaridade de todos os grupos etários. Voltando neste quesito à geração que tinha 50 a 59 anos em 2000 apresentava 4,86 anos completos de estudo contra 3,5 anos de estudo completos em 1970 quando a mesma tinha 20 a 29 anos. No caso das gerações mais velhas as trajetórias são quase horizontais e indicam que é possível estudar o funcionamento do sistema escolar de períodos passados olhando para dados recentes das gerações mais velhas.

GRÁFICO 4

EDUCAÇÃO MÉDIA — BRASIL

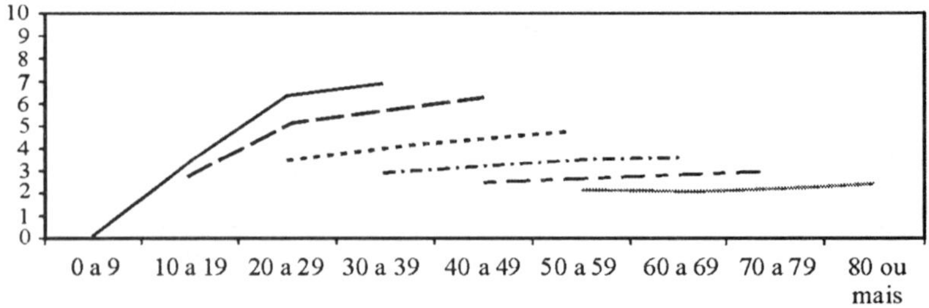

FONTE: CPS/IBRE/FGV a partir dos microdados do Censo 1970, 1980, 1991 e 2000.

Cabe lembrar que a desigualdade educacional explica entre 35% e 45% da nossa desigualdade de renda, segundo a extensa literatura brasileira que nasce a partir do trabalho seminal de Carlos Langoni, da FGV. Neri *et al.* (1999 e 2001) exploram alguns aspectos adicionais da estreita relação existente entre mobilidade educacional e de renda nas metrópoles. As médias de anos completos de estudo dos chefes de famílias pobres e não-pobres correspondem a 4,7 e 6,6 anos respectivamente. Similarmente, as esposas das famílias pobres apresentam também uma média de dois anos a menos de escolaridade do que as esposas na população não-pobre, 4,6 e 6,5 anos, respectivamente. Mesmo quando comparamos famílias cujos chefes possuem a mesma escolaridade, sexo, raça, idade, estrutura familiar entre outras variáveis observáveis, a influência da educação do pai e da mãe dos chefes de domicílio na pobreza permanece altamente significativa.

Educação e renda estão intimamente relacionadas não só nos seus níveis como nos seus movimentos. Em particular, o fato de um indivíduo estar acima da linha de miséria está associado à sua capacidade de superar a educação de seus pais: 45,5% dos chefes não-pobres têm educação maior que a mãe contra 38% dos pobres. Índices similares são encontrados para a educação do pai e da mãe do chefe e do cônjuge. Complementarmente, um indivíduo que se encontra abaixo da linha de miséria também possui maiores chances de sair desta situação com o apoio dos bancos escolares. As probabilidades de saída da pobreza num intervalo de um ano de numa família cujo chefe tem anos completos de estudo acima da mediana é de 28,18% contra 21,51% daquelas com chefes que possuem baixa escolaridade.

AUTOMÓVEL

A industrialização seria a principal força motriz do processo de migração para as cidades e ao mesmo tempo o principal destino do capital humano acumulado. O advento da indústria automobilística é emblemático não só do aumento de produtividade obtido a partir da industrialização, como da entrada em vigor de um novo estilo de consumo e de trabalho no começo do século XX, tal como celebrizado em *Tempos modernos* de Charles Chaplin. No Brasil a indústria automobilística chegou com meio século de atraso durante o mandato do presidente Juscelino Kubitscheck que prometia recuperar o atraso à taxa de 50 anos em cinco. Num certo sentido, Lula, o líder metalúrgico, é filho desta mudança. Apresentamos a seguir o acesso das diversas gerações ao automóvel. Na geração entre 50 e 59 anos em 2000, 38,8% tinham automóvel contra 8,8% da mesma geração entre 20 e 29 anos em 1970. Este crescimento é mais forte nas gerações dos jovens dos anos 1970 do que das gerações mais velhas de então, como a menor inclinação das curvas posteriores indicam.

GRÁFICO 5

PROPORÇÃO DE ACESSO A AUTOMÓVEL — BRASIL

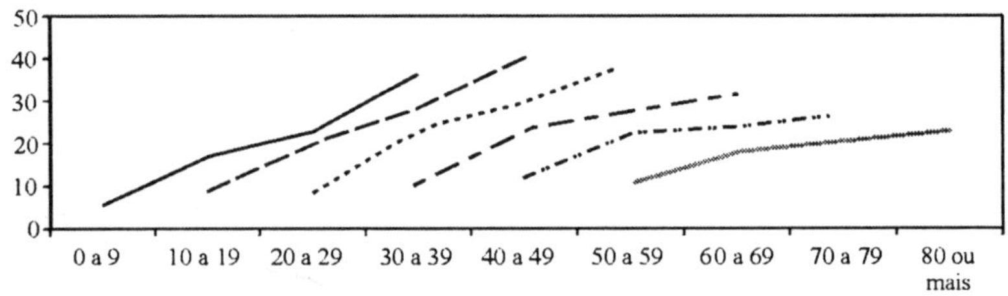

FONTE: CPS/IBRE/FGV processando os microdados do Censo Demográfico/IBGE.

INFRA-ESTRUTURA PÚBLICA

As taxas de acesso a diferentes serviços públicos de infra-estrutura crescem substancial e homogeneamente ao longo do ciclo da vida de diferentes gerações durante o período de 1970 a 2000. Durante esse período, por exemplo, a taxa de acesso à eletricidade para a geração de 50 a 59 anos aumentou de 48,8% em 1970 para mais de 93% em 2000. Se analisarmos um subgrupo específico, como por exemplo, 50 a 59 anos, percebemos que em 2000 esse serviço abrangia 93,4% dessa população, situação muito melhor do que há três décadas, quando a eletricidade só alcançava 44% dessa mesma população com 20 a 29 anos. Outro serviço que merece destaque é o acesso a abastecimento de água, que aumentou de forma significativa entre os anos estudados. Um exemplo disso pode ser visto analisando a geração de 50 a 59 anos em 2000. A sua taxa de acesso foi de 77%, mais do que o dobro da taxa observada quando essa população tinha entre 20 e 29 anos em 1970. Assim como para eletricidade e água, podemos observar comportamentos semelhantes para o acesso a esgoto e coleta de lixo nos gráficos seguintes. Vale ressaltar que dados sobre o acesso à coleta de lixo estão disponíveis apenas para os anos 1990 e 2000. Essas informações evidenciam que houve grande melhora na qualidade de vida da população a partir do maior acesso a serviços públicos, mesmo durante as duas últimas décadas, consideradas perdidas por muitos.

GRÁFICO 6

PROPORÇÃO DE ACESSO A ILUMINAÇÃO ELÉTRICA — BRASIL

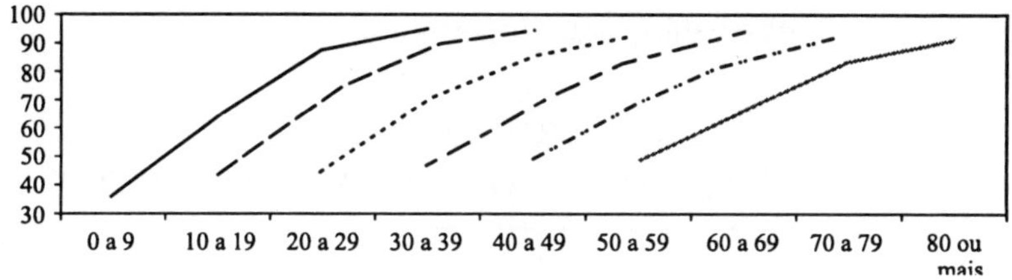

PROPORÇÃO DE ACESSO A REDE DE ESGOTO GERAL - BRASIL

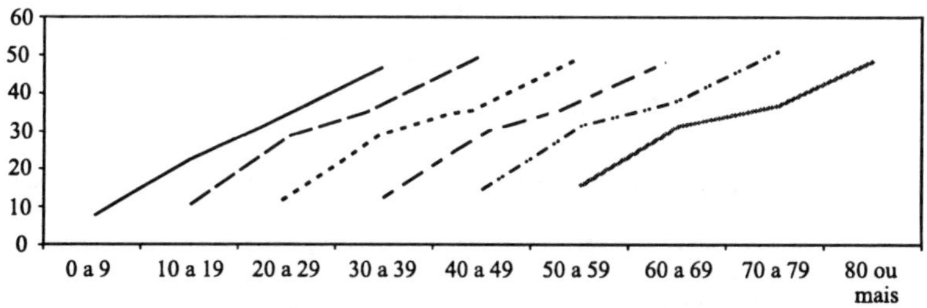

PROPORÇÃO DE ACESSO A ÁGUA REDE GERAL - BRASIL

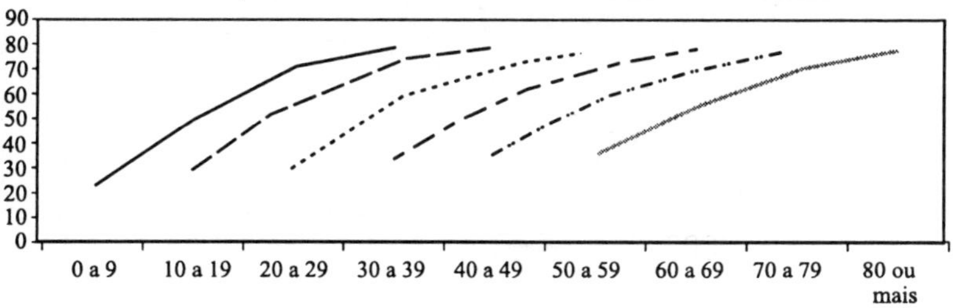

PROPORÇÃO DE ACESSO A COLETA DO LIXO - BRASIL

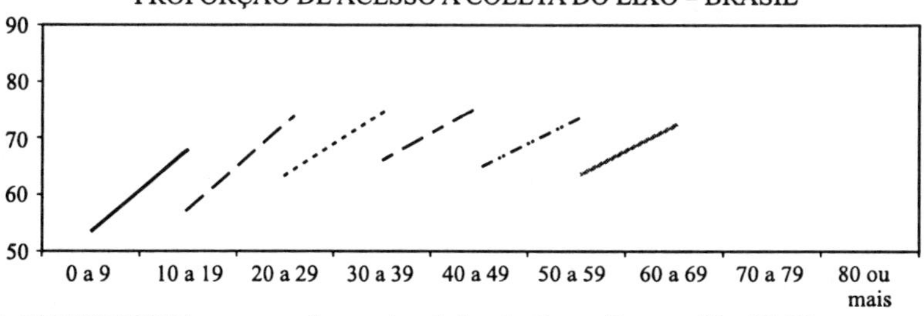

FONTE: CPS/IBRE/FGV processando os microdados do Censo Demográfico/IBGE

MORADIA

O acesso à casa própria quitada aumenta à medida que a população envelhece. As maiores taxas são observadas nas faixas etárias acima de 50 anos. Em contrapartida, as taxas de acesso à casa própria financiada, alugada ou cedida geralmente decrescem ao longo dos grupos etários analisados. Isso pode ser explicado pelo fato de a compra de imóveis geralmente ocorrer quando os indivíduos são jovens e estão constituindo família.

GRÁFICO 7

PROPORÇÃO DE PESSOAS COM ACESSO A DOMICÍLIO PRÓPRIO

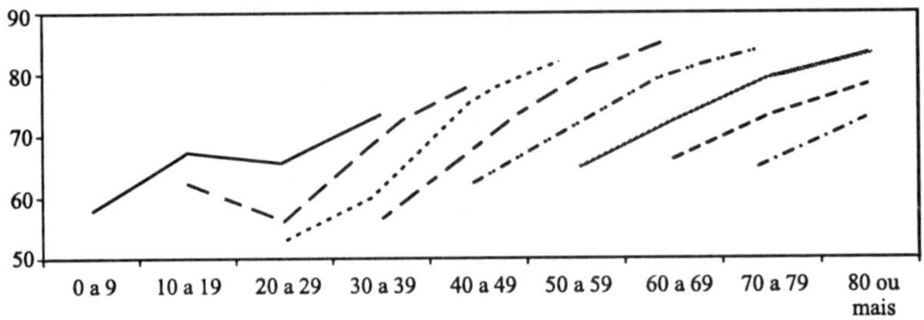

PROPORÇÃO DE PESSOAS COM ACESSO A DOMICÍLIO PRÓPRIO

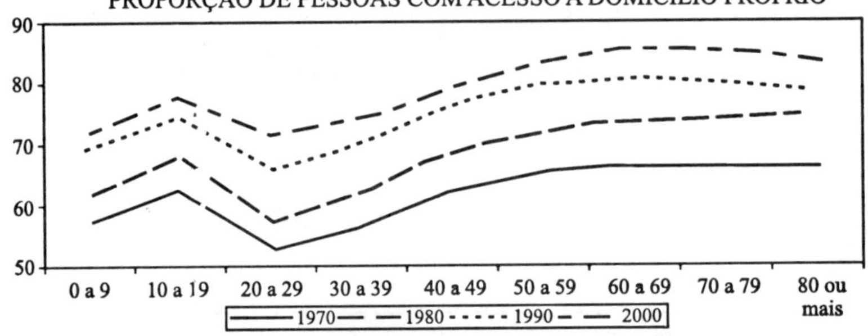

PROPORÇÃO DE PESSOAS COM ACESSO A DOMICÍLIO ALUGADO

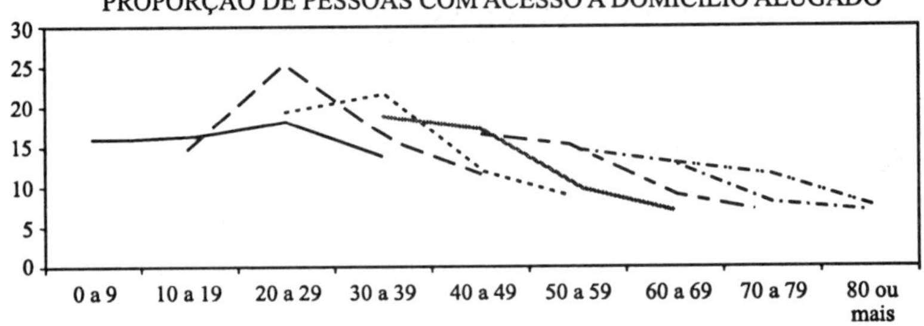

FONTE: CPS/IBRE/FGV processando os microdados do Censo Demográfico/IBGE.

Por exemplo, em 2000, 83,3% da população entre 50 e 59 anos possuíam casa própria. A proporção comparável foi de 53% em 1970 quando a mesma geração estava no grupo etário de 20 a 29 anos de idade. Ao restringirmos a análise à população com casa própria não-quitada (informação não-disponível em 1991), notamos que a evolução da taxa de acesso através de diferentes coortes não é muito definida. De uma forma geral, possui um formato de U invertido, decrescendo nos últimos estágios do ciclo da vida. Em contrapartida, é possível observar que a proporção de acesso à casa alugada cai ao longo dos anos, observando uma queda contínua a partir da faixa etária de 30 a 39 anos. O grupo que tinha entre 20 e 29 anos em 1970 apresentou uma taxa de 19,4%, em 2000 (com 50 a 59 anos) apresentou uma de 8,5,%.

CONCLUSÕES E PERSPECTIVAS

Mal comparando, na análise do perfil etário tiramos retratos de diferentes gerações em anos diferentes, na análise de coorte combinamos estes mesmos retratos de forma a traçar o filme da vida de cada geração. Nas cenas tiradas da geração de Lula vimos uma crescente migração para as cidades e o engajamento no consumo (e produção) de bens industriais e melhoras na provisão de infra-estrutura e das condições de moradia, já o progresso educacional se deu entre gerações.

O combate à pobreza e à desigualdade constitui prioridade inicial do presidente Lula, como fora o Plano Real para seu antecessor. Lula quer dar um choque na miséria, comparável ao dado pelo Plano Real na inflação há quase uma década. A inércia da iniqüidade brasileira é mais forte que a da inflação. A inflação inercial era um fenômeno de bases anuais, enquanto a desigualdade inercial se transmite entre gerações, em particular pela passagem de escolaridade, ou da falta de escolaridade, de pai para filho.

A transmissão da desigualdade de renda ao longo do tempo, depende em última instância da mobilidade na posse de ativos produtivos (educação, terra, crédito etc.). As mudanças necessárias na distribuição de riqueza requerem tempo para operar. Agora, tal como na luta contra a inflação inercial, é preciso acelerar o processo, desindexar a desigualdade, romper com o passado incorporado nos estoques de riqueza presentes. É necessário atuar diretamente nos fluxos de renda dando o peixe e ensinando a pescar simultaneamente. De forma que estoques de riqueza e fluxos de renda caminhem na mesma direção, desde já.

O Fome Zero é uma política de renda com uma grande qualidade e um grande defeito. A qualidade é a capacidade de mobilizar a sociedade, atributo herdado das ações pretéritas de Josué de Castro, autor de *Geografia da fome* nos anos 1940 e de Betinho, criador da Ação Cidadania Contra a Miséria, a Fome e pela Vida. O combate à miséria habita hoje corações e mentes dos brasileiros. Outro feito de Lula.

Mas boas intenções e propaganda não bastam. Mais do que operacionais, os problemas do Fome Zero foram de concepção. Buscou-se um combate literal à fome cerceando a liberdade do pobre escolher o que podia, ou não, consumir. A tentativa era aumentar a produção agrícola e a capacidade de geração de renda locais. O Fome Zero incorreu no pecado original: o de reinventar a roda. A ânsia de mudar desprezou avanços na estrutura de combate à pobreza feitos nos últimos anos. O projeto Alvorada, de FHC, ainda que tardio e mal divulgado, incorporava alguns elementos da melhor tecnologia disponível, algumas já conhecidas pelo PT. Por exemplo, transferências condicionais de renda segundo as quais o pobre deve dar uma contrapartida social aos pagamentos que o tornará menos pobre no futuro. O (programa) Bolsa Escola é um subsídio à educação focado nos pobres, num país onde o Estado acostumou-se a apoiar a acumulação de capital físico das elites através de crédito subsidiado. É certo que o projeto Alvorada continha limitações, mas ao invés de fazer *upgrades* na estrutura anterior, a opção inicial foi mudar o rumo da política social, causando involução nas práticas sociais.

A unificação dos programas sociais representa uma tentativa de retomar o uso de tecnologias sociais de ponta, dar maior consistência e sistematicidade às ações do governo federal. A criação do Bolsa Família, composto de diferentes programas de transferência de renda, busca a convergência de resultados, assim como a formação de cadastro social único, que é uma espécie de censo operacional das políticas sociais.

Mais recentemente, a integração das secretarias do Bolsa Família, do Fome Zero, com o Ministério de Assistência Social no Ministério do Desenvolvimento Humano e de Combate à Fome, sob a regência de Patrus Ananias, revela renovado empenho em unir diferentes práticas presentes e passadas para avançar. O nome do Ministério de Desenvolvimento Humano guarda a promessa da modernização das ações sociais dando continuidade à linha inovadora do Fundo de Erradicação da Pobreza, do Congresso Nacional, do Alvorada de FHC e do Bolsa Família de Lula. Já o sobrenome do novo Ministério: Combate à Fome possui o DNA da mobilização social herdado de Josué de Castro, de Betinho e do próprio Lula, combatendo o principal aliado da desigualdade inercial: a indiferença com a diferença.

REFERÊNCIAS BIBLIOGRÁFICAS

IBGE, Censo Demográfico 1950: série nacional. Rio de Janeiro, IBGE, 1956.

——. Censo Demográfico 1970, 1980, 1991 e 2000: microdados da amostra.

LANGONI, Carlos Geraldo. *Distribuição da renda e desenvolvimento econômico do Brasil*, Rio de Janeiro: Expressão e Cultura, 1973.

NERI, Marcelo, *et alii*. "Los Activos, los Mercados y la Pobreza en Brasil". Em *El Trimestre Económico*, V. LXVI (3), Nº 263, p. 419-458, México, julho-setembro de 1999.

——. AMADEO, E. J., CARVALHO, A.P. "Assets, Markets and Poverty in Brazil". Em *Portrait of the Poor — An Assets-Based Approach*, organizado por Orazio Attanasio e Miguel Székely, IDB, Washington, p. 85-112, 2001.

PASTORE, José & SILVA, Nelson do Valle. *Mobilidade social no Brasil*. São Paulo, Makron Books, 2000.

PERO, Valeria. *Tendências da mobilidade social no Rio de Janeiro*. Tese de doutorado, IE-UFRJ, Rio de Janeiro, 2001.

VELOSO, Fernando, FERREIRA, Sergio. "Mobilidade Intergeracional de Educação no Brasil". Em *Pesquisa e Planejamento Econômico*, 33, 491-513, Ipea, 2003.

ANEXOS

TABELA 1

RETRATO DA POPULAÇÃO BRASILEIRA (%)

	1950	1970	2000
Total*	100,00	100,00	100,00
Sexo			
Masculino	49,83	49,87	49,21
Feminino	50,17	50,13	50,79
Faixa etária			
0 a 9	29,62	29,94	19,40
10 a 19	22,74	23,64	20,78
20 a 29	17,56	15,37	17,65
30 a 39	12,10	11,49	14,89
40 a 49	8,40	8,62	11,35
50 a 59	5,10	5,66	7,37
60 ou mais	4,25	5,13	8,56
Cor ou raça**			
Branca	61,66	0,00	53,74
Negra	10,96	0,00	6,21
Amarela	0,63	0,00	0,45
Parda	26,54	0,00	38,88
Ignorada	0,21	0,00	0,71
Tamanho de cidade			
Urbano	31,30	55,41	82,73
Rural	52,59	44,59	17,27

*Valor absoluto em milhões.

**Dados não disponíveis para o ano de 1970.

FONTE: CPS/IBRE/FGV.

TABELA 2

MIGRAÇÃO NO BRASIL — 1950 A 2000 % POPULAÇÃO URBANA

Idade	1950	1970	1980	1990	2000
0 a 9	29,27	50,45	62,11	72,45	79,24
10 a 19	34,24	54,11	65,77	74,73	80,63
20 a 29	39,74	57,35	72,36	79,28	84,71
30 a 39	40,85	59,95	71,53	80,91	85,51
40 a 49	41,88	60,72	70,54	78,84	85,55
50 a 59	42,69	59,56	70,71	77,76	83,07
60 ou mais	43,81	60,57	69,32	77,34	82,82

FONTE: CPS/IBRE/FGV a partir dos microdados do Censo Demográfico/IBGE.

TABELA 3

EVOLUÇÃO DA EDUCAÇÃO NO BRASIL — 1950 A 2000
% SABEM LER E ESCREVER

Idade	1950	1970	1980	1990	2000
0 a 9	13,02	29,81	27,67	41,17	54,14
10 a 19	47,91	74,17	79,93	86,19	94,93
20 a 29	53,24	72,58	84,13	88,08	93,21
30 a 39	50,23	67,89	78,64	85,31	90,31
40 a 49	46,30	62,33	73,95	76,92	86,87
50 a 59	42,52	55,46	69,41	69,21	78,32
60 ou mais	37,07	47,42	55,38	56,56	65,81

FONTE: CPS/IBRE/FGV a partir dos microdados do Censo Demográfico/IBGE.

TABELA 4

EDUCAÇÃO MÉDIA NO BRASIL — 1970 A 2000

Idade	1970	1980	1990	2000
0 a 9	0,04	0,22	0,08	0,05
10 a 19	2,80	3,39	4,35	5,27
20 a 29	3,50	5,04	6,34	7,37
30 a 39	2,89	4,12	5,82	6,89
40 a 49	2,52	3,23	4,54	6,25
50 a 59	2,13	2,70	3,50	4,86
60 a 69	1,87	2,09	2,78	3,65
70 a 79	1,71	1,74	2,21	3,01
80 ou mais	1,32	1,66	1,89	2,40

FONTE: CPS/IBRE/FGV a partir dos microdados do Censo Demográfico/IBGE.

TABELA 5

TAXA DE ACESSO A AUTOMÓVEL — 1970 A 2000

Idade	1970	1980	1990	2000
0 a 9	6,09	14,17	18,21	25,29
10 a 19	8,71	17,20	20,65	29,49
20 a 29	8,88	19,95	22,60	31,29
30 a 39	10,55	23,24	28,33	36,86
40 a 49	11,66	23,17	29,92	40,54
50 a 59	10,42	22,49	27,76	38,76
60 a 69	8,97	17,68	23,86	32,43
70 a 79	8,46	14,81	19,90	26,87
80 ou mais	7,84	16,52	21,11	23,02

FONTE: CPS/IBRE/FGV a partir dos microdados do Censo Demográfico/IBGE.

SEGUNDA PARTE

OS GRANDES DESAFIOS DO CRESCIMENTO SUSTENTADO — ALÉM DAS AGENDAS MACRO E MICROECONÔMICAS

Os grandes desafios do crescimento sustentado — Indo além da agenda macro e da agenda micro

*João Paulo dos Reis Velloso**

*Coordenador-geral do Fórum Nacional (Inae), Presidente do Ibmec — Mercado de Capitais, professor da EPGE (FGV). Ex-ministro do Planejamento.

"Eu sei que nada não sei. Mas desconfio de muita coisa."

Reflexão de Riobaldo Tatarana,
em *Grande Sertão: Veredas*, de Guimarães Rosa.

COLOCAÇÃO BÁSICA: O "GRANDE ENIGMA"

O "GRANDE ENIGMA" QUE SE COLOCA ao Brasil, neste momento, é: há sinais nítidos de crescimento, em 2004, até mesmo acima das expectativas. A questão é saber: estamos desta vez diante do crescimento sustentado (ou seja, continuado e a uma taxa, digamos, de 4 a 5% ao ano)?

Em resposta, devemos começar reconhecendo que a trajetória para o crescimento sustentado vai ser uma senda estreita. Em termos roseanos, estamos no "Grande Sertão", são "veredas". E teremos de escolher uma delas.

Isso pela necessidade de adotar estratégia capaz de responder a dois importantes desafios. De um lado, concluir a preparação das condições básicas, em termos de "fundamentos".

No tocante a políticas macroeconômicas, principalmente a superação do "bloqueio fiscal", a preparação de uma trajetória sustentável de redução da taxa de juros reais, a manutenção, por certo tempo, de superávits estruturais na balança comercial (em contexto de expansão do fluxo total de comércio). Quanto à agenda microeconômica, notadamente a manutenção de marcos regulatórios adequados nas áreas de infra-estrutura, a desoneração tributária dos Investimentos e a melhoria das condições de financiamento da empresa privada, inclusive com a implementação do Plano Diretor do Mercado de Capitais. Relativamente às condições institucionais, em particular a manutenção de regras do jogo estáveis e a coerência da ação governamental.

E, de outro lado, avançar no tocante às políticas ativas que diretamente impulsionam o crescimento sustentado, passando pelo espaço de transição — a construção de uma infra-estrutura e logística capazes de impulsionar o crescimento, e não apenas funcionar como condição fundamental.

Diante desse reconhecimento, faz sentido a estratégia gradualista adotada pelo atual governo. Estratégia expressa na imagem utilizada pelo presidente Lula (janeiro/2004), considerando as perspectivas do crescimento brasileiro, nos próximos anos, em três passos.

Nossa interpretação dessa imagem é uma seqüência de ações, no tempo. Assim, o primeiro passo corresponde ao trabalho, bem executado em 2003, de reconquista da credibilidade, através de políticas macroeconômicas (ajuste fiscal maior e controle da inflação, resultando na redução considerável do risco Brasil) e início das reformas (Reforma da Previdência e Reforma Tributária). Assim se restabeleceu o equilíbrio interno, incentivaram-se as exportações e deram-se estímulos conjunturais à elevação do nível de atividade econômica.

O segundo passo, concernente ao ano de 2004, está trazendo a volta do crescimento, bastante forte. Segundo os dados do IBGE, no "indicador acumulado janeiro-setembro, a taxa global de 9% resulta de desempenhos positivos em todas as 27 atividades, com exceção da Farmacêutica, que registrou crescimento zero. A principal contribuição positiva no resultado global veio de veículos automotores (30,2%), seguido por máquinas e equipamentos (19%) e material eletrônico e equipamento de comunicações (28,3%)". "Ainda no indicador acumulado do ano, a produção de bens intermediários registrou taxa de 7,4%..." "A indústria de bens de consumo semiduráveis. E não duráveis (3,9%) teve seu resultado influenciado, sobretudo, por alimentos e bebidas..."

Temos tido também um megassuperávit na balança comercial (podendo chegar a US$ 32 bilhões no ano, segundo estimativa da Funcex[1]) e o início da recuperação do emprego e dos salários reais.

Mas é o terceiro passo, referente a 2005 e anos seguintes, que coloca o grande enigma: trata-se, diferentemente das várias tentativas ocorridas nos anos

[1]Ver *Gazeta Mercantil*, 2.9.04, p. A-6.

1990, do crescimento sustentado, com taxas que, por vários anos, se mantenham (pelo menos) na faixa de 4 a 5% ao ano?

Antonio Barros de Castro, em *paper* para este Minifórum[2] volta-se para essa questão, e, em particular, para a ligação entre o segundo e o terceiro passos. Consideremos suas colocações principais.

Primeiro, segundo Castro, existe um forte potencial de crescimento na economia brasileira, bem acima daquele que poderia ser captado apenas com base no nosso desempenho nas "décadas perdidas" — o período de 1980 para cá.

Tal potencial decorre do reposicionamento das estratégias industriais das empresas, como a colocação das exportações, de forma duradoura, nas suas estratégias. E também de outros fatores, resultantes dos ajustamentos realizados nos anos 1990, para fazer face à concorrência das importações e às frustrações de surtos de expansão abortados, a exemplo de investimentos arquivados e capital humano subutilizado.

Tal potencial se beneficia das novas famílias de políticas macroeconômicas estabelecidas a partir de 1999 (nova política cambial, ajuste fiscal) e do reposicionamento do Estado no final do segundo mandato de Fernando Henrique Cardoso e, principalmente, no atual governo: políticas ativas quanto às exportações, nova política industrial, centrada na inovação (em início de implementação), incentivos diretos à elevação do nível de atividade (a partir do ano passado).

O detonador da expansão, no lado da demanda interna, tem sido o crédito, acionado pelas cadeias de varejo, tendo como pano de fundo a revolução do consumo de massa em curso na economia, incorporando as classes C e D.

Em segundo lugar, está havendo em 2004 uma "arrancada consistente e bastante intensa"[3], a despeito dos obstáculos conhecidos (inclusive juros altos). Por isso, a questão que se vai impondo é a que taxa (patamar) e segundo qual caminho ocorrerá o crescimento sustentado. Ou seja: "Caberia discutir a fundo, daqui por diante, as novas tendências e oportunidades...".

---

[2]Ver Antonio Barros, "A hipótese do crescimento rápido e sustentável" (*paper* neste volume).

[3]Ver Antonio Barros de Castro, entrevista a *O Estado de S. Paulo*, 7.11.04, p. B-4, e *O Globo*, mesma data, p. 36 e 37.

O texto que segue é uma tentativa de ensaiar uma resposta, em primeira aproximação, aos dois desafios citados de início, dentro do espírito de reflexão socrática de Riobaldo Tatarana, epígrafe deste trabalho e lema do Fórum Nacional desde 1988. Para isso, tomaremos aqueles desafios ligados à estratégia a ser seguida: o das agendas macro e micro e o da agenda de políticas ativas para impulsionar o crescimento, a serem conduzidas simultaneamente.

Vejamos o primeiro.

QUESTÕES-CHAVE: OS RISCOS MAIORES NA ÁREA DOS FUNDAMENTOS

Diríamos que, notadamente quanto às políticas macroeconômicas — já discutidas no Fórum de maio e que voltaremos a analisar no Fórum de 2005 —, os riscos maiores para o crescimento sustentado são três.

O primeiro é o risco de novas crises financeiras externas, por causa da síndrome Pastore/Raul.

E o que é a síndrome?

A idéia básica é que temos tido um risco-país muito alto, em média (se comparado a outros emergentes), e sujeito a grande volatilidade (amplitude de variação).

Esse quadro se liga à situação de "dominância fiscal" (Pastore) ou ao "drama fiscal brasileiro" (Raul). Isto é: a relação dívida líquida/PIB é muito elevada (58%) e com excessiva proporção atrelada ao dólar e à taxa Selic (taxa básica do BC), tornando-a "altamente sensível a mudanças no quadro macroeconômico" e, em especial, "dependente do câmbio real". Ao mesmo tempo, como a taxa de crescimento vinha sendo baixa, a citada relação (dívida /PIB) declinava lentamente, mesmo com grande esforço fiscal.

Tal quadro envolve "situações de risco, como temos visto em anos recentes" (Pastore). Daí a volatilidade, e particularmente uma seqüência bem conhecida: "Temores sobre a não sustentabilidade da dívida pública levam de um lado a uma maior depreciação cambial, elevando a inflação, ainda que o câmbio real estimule as exportações; e, de outro lado, os juros reais (longos) mais elevados contraem a atividade econômica, desacelerando o crescimento".

Temos, assim, "um canal através do qual as incertezas da Política Fiscal afetam o comportamento do PIB".[4] *Em suma, uma economia sujeita a choques externos.*

Raul acentua o drama do orçamento federal (e dos estados/municípios), que se caracteriza por alto nível de receita (carga tributária) e despesa, assim como por grande rigidez nos dois lados: "A rigidez orçamentária se traduz em despesas rígidas à queda e receitas cuja margem de expansão é, hoje, no conjunto, praticamente inexistente".[5]

Por isso, a contribuição orçamentária direta ao desenvolvimento passou a ser praticamente residual. Lembrando: a participação dos investimentos caiu de 16% da Receita Líquida da União em 1987 *para 2% em 2003*. Enquanto isso, a participação do conjunto representado por Benefícios Previdenciários (propriamente ditos), Inativos e Pensionistas (Previdência Pública) e Benefícios Assistenciais e Subsidiados, se elevou, no mesmo período, *de 25% para 54%.*

Não devemos esquecer a importância das opções feitas pela Constituição de 1988 na área social, e principalmente no tocante a Previdência e Assistência Social. O ponto básico é evitar cair na "armadilha de querer comer o bolo e ficar com ele".

Pela Constituição (louvável sob muitos outros pontos de vista) e leis que a regulamentaram, praticamente se levou o orçamento federal, ao longo dos anos, a aumentar indefinidamente a Despesa Pública (fazendo déficit e, portanto, dívida), para sustentar um nível excessivamente elevado (por que incompatível com nossa condição de país de renda média, ainda em desenvolvimento) de subsídios previdenciários — inclusive a classes de renda média e alta — e de assistência social.

Isso implica, na altura a que chegamos atualmente, ter pequena disponibilidade de recursos para ações de criação de programas de geração de emprego e renda, e reduzir a um simples resíduo (2% da receita líquida, como dito) as despesas de investimento, que também servem à geração de emprego e renda.

---

[4]Ver Affonso Celso Pastore e Maria Cristina Pinotti, "Estabilidade e crescimento", *paper* apresentado ao XVI Fórum e publicado no livro *Economia do conhecimento, crescimento sustentado e inclusão social*, José Olympio Editora, recentemente lançado.

[5]Ver Raul Velloso, "Cortar gastos correntes é a solução" (livro citado).

Tal ocorre com uma carga tributária de 38% do PIB e uma Despesa Pública de cerca de 40% do PIB, o que debilita o setor privado e lhe retira condições de investir muito.

Moral da história: estamos querendo gastar em consumo quase tudo que produzimos (o PIB), quando a melhor forma de tirar o pobre da pobreza e reduzir a desigualdade de renda reside exatamente nos investimentos e outras ações para geração de emprego e renda (com foco nos pobres), dentro de uma estratégia de crescimento com redistribuição. Ou seja, as coisas que estamos inviabilizando, na prática, com as opções citadas.

A esse drama, e sua condição de obstáculo ao crescimento sustentado, é que costumo chamar de *bloqueio fiscal.*

A conclusão de Raul é clara: se não é possível continuar aumentando a carga tributária e reduzindo os investimentos, será preciso "dar um passo adiante, isto é, *começar a cortar gastos correntes*" (grifo nosso). A esse respeito, "o que importa não é ter de fazer isso imediatamente, pois há óbvias restrições políticas, mas consolidar uma tendência nessa direção".

Em suma, tarefa difícil, mas de execução indispensável: sem o avanço fiscal, para superar o bloqueio, não dá nem para começar. Quer dizer, estaríamos, uma vez mais, frustrando um surto de crescimento. Ou fazendo uma variante do "vôo de galinha", a saber: o "vôo de pipa", batizado por Ricardo Amorim (no programa *Manhattan Connection*): o país fica ao sabor das percepções, válidas ou não, do "mercado".

Em segundo lugar, temos o "risco do crescimento autofágico". Isto é, que o crescimento induzido pela expansão da demanda interna (desejável) se faça, excessivamente, à custa do desempenho das exportações (que são, também, fator importante de crescimento).

Sabíamos todos que parte do excepcional desempenho recente das exportações era conjuntural — decorrência da situação recessiva da demanda interna em 2003 e das altamente favoráveis condições externas. Tal parcela conjuntural é natural que seja orientada de volta para o atendimento da demanda no país.

Mas seria autofágico retornar à antiga tradição de comportamento anticíclico da exportação. O Fórum tem insistido na importância de uma política de investimento para exportar (e para substituição competitiva de importações), devidamente instrumentada (e não dependente da criação de uma vaga "cultura exportadora"). Ou seja: exportação como atividade permanente, parte integrante do planejamento estratégico das empresas.

É a estratégia de duplo mercado — mercado interno e externo, simultaneamente —, única que faz sentido, numa economia continental, como a nossa (a exemplo da economia dos Estados Unidos, que adotam essa estratégia).

Em terceiro lugar, há o "risco da opção — na dúvida, contra o réu". De que se trata? Lembremos que, nos anos 1990, em certo período, de ajuste fiscal precário (na verdade, com superávits primários negativos), as ameaças inflacionárias eram tratadas com violentas escaladas dos juros reais.

Não nos parece seja essa a orientação atual do governo (inclusive o BC). A autoridade monetária, em 2003, realizou um excelente trabalho de conter o surto inflacionário que nos ameaçou, em conseqüência principalmente da forte elevação da taxa cambial no ano anterior. Isso foi feito com flexibilidade, mas sem abrir mão do regime de metas de inflação.

A situação agora é mais complexa, com elevação da taxa de crescimento, fatores externos desfavoráveis (exemplo: escalada dos preços do petróleo, risco de elevação da taxa de juros nos Estados Unidos[6]), certo risco na área de inflação interna[7]. Então, novamente, é o caso de não fazer sempre a opção de, na dúvida, contra o réu. Ou seja, recorrer imediatamente a uma brusca elevação da taxa de juros básicos (as taxas de longo prazo já estão subindo).

Claro, o BC é, antes de tudo, o guardião da moeda, e principal responsável pela consecução da meta de inflação (utilizando, quando necessário, a margem de variação prevista). Todavia, sabemos que os melhores bancos centrais, a exemplo do FED de Greenspan, perseguem o objetivo de conter a inflação, mas sempre com um olho voltado para a situação do crescimento.

Falando dos fundamentos em geral, cabe lembrar a dificuldade de sair da "tirania da situação atual", em face, por exemplo, da existência de uma agen-

---

[6]No tocante ao cenário externo para 2005, será preciso considerar que a China tende a desacelerar seu crescimento, os Estados Unidos também, criando o risco de um crescimento mundial menos elevado, com as óbvias conseqüências para a economia brasileira, notadamente quanto às exportações.

[7]A propósito do risco de aceleração dos fatores internos de inflação, importa dar destaque ao problema dos preços administrados, que respondem por cerca de 30% do IPCA (índice oficial de inflação) e que não são afetados diretamente pela política de elevação dos juros: no período 1999/2003, o aumento do IPCA foi de cerca de 53%, enquanto o dos preços administrados (ao nível federal, estadual e municipal) alcançou 93%. Em 2003: 9,3% e 13,2% respectivamente. Notando-se: ainda não havia o problema da elevação do preço internacional do petróleo.

da de reformas realizada parcialmente (Reforma da Previdência, Reforma Tributária) ou não realizada (Reforma Política). Esses temas serão discutidos no Fórum de maio de 2005.

Tomamos a infra-estrutura como espaço de transição pelo fato de poder ela desempenhar mais do que apenas uma função viabilizadora (o que já seria de grande importância). Pode a infra-estrutura exercer um papel de impulsionar o crescimento sustentado. Por exemplo, a superação de pontos de estrangulamento em transportes e logística, trazendo considerável redução de custos e levando estímulo ao espírito empreendedor da iniciativa privada.

Na infra-estrutura econômica, os investimentos prioritários referem-se principalmente às modalidades de transportes mais deterioradas (principalmente rodovias), aos gargalos de transportes e logística (gargalos rodoviários e ferroviários, em particular, além dos portos)[8], às opções na área de energia (relacionadas com energia elétrica e gás), e aos investimentos em energia elétrica necessários para evitar um novo "apagão". De passagem, cabe referência à necessidade de maior sintonia entre os ministérios de Minas e Energia e Meio Ambiente, para superar o problema de existirem cerca de 25 projetos de construção de usinas hidroelétricas, com concessão já autorizada e que estão encontrando dificuldade de obtenção de licenciamento ambiental.

Deve-se lembrar que, em verdade, o país tem estado diante do risco de dois "paradões" (na expressão de José Roberto Mendonça de Barros): em energia elétrica e no transporte de safras agrícolas (neste caso, a despeito do sucesso do Moderfrota).

Na infra-estrutura social, persiste o impasse em relação ao marco regulatório do setor que vinha sendo praticamente abandonado — o saneamento. Faz-se preciso que as lideranças do Congresso Nacional realmente coordenem uma negociação para pôr fim ao impasse que se vem eternizando na regulamentação do setor; divergências entre estados e municípios. No tocante à habitação, a Caixa Econômica Federal tem criado instrumentos novos, para dinamizar o respectivo Sistema Financeiro (SFI). Mas é necessário mobilizar também, para o financiamento do setor, os grandes conglomerados financeiros privados, que

[8]Em transportes, o problema principal refere-se à importância de criar a necessária fluidez nos "Corredores de Exportação".

agora parecem estar querendo apresentar uma proposta concreta ao governo para dinamizar sua participação.

Comunicações constituem caso à parte: o investimento é todo privado (o setor foi privatizado dentro de um bom modelo) e depende, notadamente, de "boas regras do jogo". Em particular, adequado marco regulatório (o que é válido para todos os setores de infra-estrutura) e o necessário apoio ao bom funcionamento da agência reguladora (neste e demais setores).

Cabe, neste ponto, salientar a grande importância que o investimento privado tem hoje para a construção de uma boa, moderna infra-estrutura no Brasil. Importância principalmente porque várias de suas áreas já foram privatizadas, total ou parcialmente (comunicações e energia elétrica, respectivamente), e hoje, com exceção da Petrobras e Eletrobrás, a capacidade de investimento do setor público é residual, mesmo quanto às empresas estatais.

Disso se infere a significação de proporcionar boas condições para o financiamento do investimento privado na infra-estrutura. Segundo mostra Carlos Rocca[9], existe hoje um bom instrumental nessa área. "Podem identificar-se pelo menos três modelos básicos para projetos com participação do setor privado: *Corporate Finance* (projetos "cuja viabilidade se sustenta principalmente nas condições econômicas e financeiras da empresa"); *Project Finance* ("projetos econômica e financeiramente viáveis, cujo fluxo de caixa gerado é suficiente para a amortização e a remuneração dos capitais investidos", permitindo a captação de recursos de múltiplas fontes); e Parcerias Público-Privadas, PPPs.

Nada impede, portanto, que grande número de importantes projetos sejam licitados, para execução, essencialmente, pelo setor privado.

Uma palavra sobre a significação das PPPs.

Há um número muito grande de projetos de infra-estrutura, em áreas como energia elétrica e transportes, principalmente, nos quais a rentabilidade direta do projeto não é suficiente para remunerar adequadamente o investidor ou concessionário privado. Isso acontece principalmente em regiões menos desenvolvidas, ou em áreas pobres de regiões mais desenvolvidas.

De onde, a importância das parcerias, que constituem solução de certa complexidade, principalmente pela necessidade de garantias do setor público,

[9]Ver Carlos A. Rocca, *paper* sobre "Mercado de Capitais e financiamento do investimento privado", apresentado ao XVI Fórum Nacional (livro citado).

para assegurar a complementação da rentabilidade dos projetos. São elas, pois, imprescindíveis.

Na altura em que encerrávamos esse texto, as notícias eram no sentido de que governo e oposição haviam chegado a um acordo, na Comissão de Assuntos Econômicos do Senado (CAE), que permitiu a aprovação do projeto de lei das PPPs. Nesse acordo, alguns pontos se destacam: participação mínima de 30% do setor privado no investimento; contabilização das despesas futuras do setor público nas PPPs como despesa continuada (e não como dívida), mas fazendo-se o registro dos compromissos assumidos pelo setor público "nos anexos de riscos fiscais das legislações orçamentárias anuais".

QUESTÕES-CHAVE: INDO ALÉM DA AGENDA MACRO E DA AGENDA MICRO — AÇÃO PARA IMPULSIONAR O CRESCIMENTO SUSTENTADO

Até aqui discutimos questões-chave relativas à criação das condições básicas para o crescimento sustentado. Isso é extremamente importante, como assinalamos. Sem embargo, ainda estamos no terreno das condições necessárias mas não suficientes. Para que haja um novo ciclo de crescimento sustentado, será preciso dispor de uma estratégia (o plano de vôo de longa distância) que inclua também a agenda relativa ao segundo desafio: o "algo mais" que faz o crescimento sustentado realmente acontecer.

Antes de começar a discutir esse segundo desafio, duas observações:

Primeira: a agenda de resposta ao segundo desafio deverá ser acionada enquanto se procura superar os obstáculos contidos na primeira agenda, principalmente porque se trata de políticas que levam tempo para serem montadas e implementadas (exemplo: política industrial e tecnológica). Mas temos de estar conscientes de que, a qualquer momento, pode surgir a complicação resultante, digamos, da interferência da síndrome Pastore-Raul, que implica possibilidade de crises financeiras externas (embora tenhamos lidado bem com a miniturbulência havida em meados deste ano). É o problema: estamos fortalecendo os fundamentos e desarmando armadilhas, e isso leva tempo. Daí termos falado, de saída: a trajetória a ser seguida é uma senda estreita.

Segunda: nem teórica nem empiricamente faz sentido a hipótese do baixo potencial de crescimento do Brasil (digamos, um patamar de 3 a 3,5% ao ano), baseada nas experiências de surtos de recuperações e abortos da década passada. Nossa posição se baseia principalmente em fatores como as novas famílias de políticas macroeconômicas instaladas de 1999 para cá, a nova atitude que o Estado, crescentemente, passou a assumir, sinalizando estar disposto a adotar políticas ativas de apoio às estratégias empresariais, e as novas atitudes das empresas, saindo de estratégias defensivas para estratégias ofensivas (por exemplo, definindo melhor sua inserção internacional e, em geral, voltando-se mais para a inovação). Outros fatores poderiam ser citados. Todavia, o ponto básico a assinalar é que o futuro não está contido no passado, significando não se poder presumir que "o passado nos condene".

Nada, na experiência do desenvolvimento brasileiro (ou universal), seja no período de crescimento rápido (de 1950 a 1980 — o Antigo Modelo), seja nas duas "décadas perdidas" (com transição para um Novo Modelo, nos anos 1990), autoriza tal conclusão acientífica.

Estamos tratando de *policy*, o que significa: tudo depende das estratégias e políticas adotadas, e do comportamento do Estado, do setor privado, da sociedade. Em cada situação, é preciso interpretar as lições do passado, recente e menos recente, ver a especificidade dos fatores que condicionam o desenvolvimento atual, nos aspectos estruturais e conjunturais, e considerar as estratégias e políticas programadas, para arriscar alguma idéia quanto ao previsível patamar, ou sucessão de patamares, de crescimento potencialmente existente. Assim mesmo, como hipótese. E, claro, mudanças bruscas no cenário externo podem mudar tudo. Então, a verdade é o seguinte: nada está escrito.

Complementando: além dos exemplos dados por Castro sobre a fase 1980/2003, pode-se mencionar, bem a propósito, a situação da economia brasileira no momento imediatamente anterior à fase do "milagre brasileiro" (1968/1973). No segundo trimestre de 1967, a equipe econômica do novo governo (Costa e Silva) fez um diagnóstico da economia. Conclusão: por causa principalmente do enorme aumento da carga tributária e das tarifas da área de infra-estrutura (necessário, à época), havia um debilitamento do setor privado. A partir daí, adotaram-se medidas de alívio ao setor privado e estímulo à demanda, principalmente por bens duráveis de consumo (neste caso, através da expansão do crédito). Iniciou-se a recuperação, inicialmente utilizando capacidade ociosa e depois com aumento dos investimentos. Resultado: a uma fase de baixo crescimento (embora com contenção da inflação), seguiu-se um período de alto crescimento.

Não estamos querendo estabelecer semelhanças que não fazem sentido. Apenas salientar o óbvio: o passado não determina o futuro, embora encerre lições. Mas o essencial é que não há receitas feitas. Depende-se, em última análise, de "engenho e arte". Como sempre, em se tratando de política de desenvolvimento.

Voltando ao segundo desafio, a primeira questão-chave se refere à criação de uma dinâmica econômica favorável ao crescimento sustentado. Trata-se de gerar um tipo de dinamismo que não se esgote no primeiro impulso, mas, ao contrário, se amplie e se realimente, tornando-se continuado e rápido.

Por que foi possível ter o crescimento rápido e continuado, principalmente no período 1950/1980?

Um dos fatores principais foi que as estratégias de desenvolvimento utilizadas davam prioridade ao acionamento de pelo menos duas das três fontes de crescimento industrial (lembrando: Substituição de Importações — SI, Expansão das Exportações — EE e Expansão da Demanda Interna — EDI), complementarmente, em cada uma das principais fases de crescimento rápido, no período. E isso através da geração de um grande Bloco de Investimentos, carregados de interligações setoriais (*linkages à la* Hirschman)[10]. Ou seja, conexões entre setores, na lógica de uma tabela de insumo-produto. Como é sabido, tratava-se de interligações que tinham efeitos para trás e para a frente, dentro da mesma cadeia produtiva, ou em cadeias associadas (ou serviços associados).

No período do Plano de Metas, as fontes foram, essencialmente, a substituição de importações e a expansão da demanda interna. No período do "Milagre", a expansão das exportações e a expansão da demanda interna (a substituição de importações, para a indústria de transformação como um todo, foi negativa, nessa fase). E no período do II PND ("Estratégica de 74") combinaram-se as três fontes — substituição de importações, expansão das exportações e expansão da demanda interna. Os blocos de investimentos compreendiam

[10]Ver o clássico *The Strategy of Economic Development*, de Albert O. Hirschman (principalmente cap. 6), 1958, Yale University Press, New Haven, Connecticut, U.S.A.

sempre as indústrias dinâmicas, a agricultura moderna, os serviços modernos e a infra-estrutura, moderna e em crescimento rápido.

Na criação desse conjunto de investimentos, em setores ricos em conexões (levando a elevada taxa de formação bruta de capital fixo), dava-se ênfase a novos setores dinâmicos, que à época eram notadamente as indústrias de bens de consumo duráveis, bens intermediários e bens de capital. Que, de passagem, tinham menor participação no total da indústria de transformação, por ainda estarem sendo desenvolvidas, no país.

Acontece que, de 1980 para cá, o mundo mudou muito e o Brasil também.

Sem embargo, considerando todas as transformações havidas, principalmente nos anos 1990 (globalização e novo paradigma industrial e tecnológico, abertura às importações, programa de privatizações), parece ainda ser possível criar uma nova dinâmica econômica favorável ao crescimento, e dentro das atuais condições da economia internacional e da economia brasileira.

Como? Através de uma estratégia que, ao lado da recuperação do crescimento (baseada principalmente em maior utilização de capacidade utilizada) estimule um núcleo de investimentos simultâneos, por certo período, de forma a tirar proveito das sinergias resultantes de interligações ao gênero de hoje — *networks*, ou seja, redes de conexões, digamos, *à la* Castels[11], relativas principalmente aos efeitos das TICs (Tecnologias da Informação e Comunicações).

Interligações em nível de setores (a malha industrial brasileira ainda é bastante densa, mesmo após a abertura) e de *clusters* — *clusters* de inovação (os chamados "parques industriais", tipo CTA/ITA/Embraer) e *clusters* regionais (de tecnologias menos avançadas), os APLs — Arranjos Produtivos Locais. E, agora, com o novo paradigma, as interligações a nível de empresas: alianças estratégicas, *subcontracting networks* (no Brasil, terceirização), Internet (*E-business*).

Investimentos que usem estrategicamente as fontes de crescimento mais ligadas à competitividade internacional — expansão das exportações e substituição competitiva de importações —, mas de forma a ser acionada também a terceira fonte, a expansão da demanda interna. Esta última é essencial, se lembrarmos que, numa economia como a nossa, constitui, quantitivamente, a mais

[11]Ver, principalmente, Manuel Castels, "A Sociedade em Rede", vol. I de *A era da informação* (3 vols.), 1999, Ed. Paz e Terra, São Paulo.

importante — respondendo por 70 a 80% do total da demanda da indústria de transformação.

Importante assinalar a necessidade de que tais interligações se verifiquem em três dimensões, sucessivamente: a dimensão da produção, a de emprego e renda, e a de consumo.

O fato de que os investimentos se prolongam por certo período e de que há um segundo efeito sobre o consumo (demanda) traz a realimentação. E o processo se renova. A dinâmica econômica favorável resulta, portanto, de interligações que ampliam os efeitos do investimento e de realimentações que fazem o processo renovar-se.

Como se vê, esse tipo de dinâmica econômica é muito rico em sinergias.

Desta forma, por trás do ciclo de crescimento sustentado, deve haver um ciclo de investimentos orientados para criar a citada rede de conexões e realimentações[12]. E, no estágio atual do Brasil, o enfoque setorial e o enfoque regional (de *clusters*), como proposto, são complementares.

No caso dos Estados Unidos, como mostra Michael Porter, em seu conhecido livro *The Competitive Advantage of Nations* (A vantagem competitiva das Nações)[13], houve, nas últimas décadas do século XX, uma tendência à proliferação dos *clusters*, que hoje são o enfoque dominante. Isso deu origem a uma nova geografia econômica, naquele país. Nos principais países europeus, segue curso semelhante.

No Brasil, ainda predomina a ótica de setores, ou cadeias produtivas, mas existe um certo número de *clusters* de inovação e considerável número de Arranjos Produtivos Locais (APLs), já formados ou em formação. O estudo feito pelo BNDES para dar fundamento ao recente Programa de Geração de Produção e Emprego fornece elementos valiosos a esse respeito.

---

[12]De passagem, o registro: o *paper* de Castro para o Minifórum mostra que, nas arremetidas dos anos 1990 (principalmente a iniciada em 1999), entra sempre como elemento dinâmico a expansão do crédito, permitindo acionar os mecanismos de consumo de massa. E, pois, de expansão da demanda interna.

Na recuperação de 2004, a expansão das exportações (na estratégia de duplo mercado que grande número de empresas passou a adotar, fazendo um reposicionamento) assumiu grande importância. Mas a expansão do crédito (com o benefício do desconto em folha) já permitiu dinamizar o setor de bens duráveis de consumo e tende a alcançar outras áreas da demanda interna.

Isso mostra que, enquanto apenas se inicia um novo surto de investimentos, uma dinâmica econômica favorável já começa a formar-se (expansão de exportações e expansão da demanda interna). É preciso, agora, consolidá-la.

[13]Michael E. Porter, *The Competitive Advantage of Nations*, 1990, *The Free Press*, Nova York.

É relevante desenvolver um programa nacional de consolidação da rede de APLs, pelas três vantagens que isso implica: tirar proveito das sinergias da aglomeração, o enfoque regional, e o desenvolvimento das Micro e Pequenas Empresas (MPEs).

Retomando o fio do raciocínio, para consolidar-se o terceiro passo (da imagem usada pelo presidente Lula), e criar-se o Núcleo de Investimentos, é necessário que, a partir de agora, com o crescimento já havido, se acelerem os investimentos e se eleve, progressivamente, a taxa nacional de investimentos, do nível de 18,5% em 2003, para algo da ordem de 22%, a partir do próximo ano[14].

Aquele núcleo poderia ser formado principalmente por setores próximos à plena utilização de capacidade (em particular, siderurgia, celulose e papel, petroquímica); consolidação do pólo de petróleo e gás natural (inclusive para eliminar o déficit comercial do setor), integrado com o setor de construção naval; manutenção do dinamismo do agronegócio (inclusive com seu poder de estimular Investimentos Industriais) e agroindústria, assim como as indústrias interligadas (máquinas agrícolas, indústrias produtoras de silos e estruturas portuárias); certas linhas de bens de capital (máquinas em geral e bens de capital ligados aos principais programas de investimentos em infra-estrutura); plataformas de exportação (como indústria automobilística e certos equipamentos de comunicações, por exemplo); serviços modernos (ligados ao agronegócio e aos principais setores industriais); carências principais das áreas de infra-estrutura.

A esses candidatos naturais, devem acrescentar-se as linhas de produtos com vantagens comparativas potenciais nas "prioridades estratégicas" da nova política industrial (semicondutores, *software*, fármacos e medicamentos, bens de capital). E alguma coisa dos "setores portadores de futuro": biotecnologia, biomassa, nanotecnologia.

Ponto adicional: se desejarmos ter um ciclo realmente longo de crescimento, será necessário, ao lado da citada geração do núcleo de investimentos e da elevação da Taxa de Investimentos, atuar sobre a Produtividade Total dos Fa-

[14]O *paper* de Francisco Eduardo Pires de Souza, "A retomada do investimento no Brasil: colocando o foco sobre a estrutura e o preço", apresentado ao Minifórum de setembro, discute as condições para que o investimento não venha a constituir limitação ao próximo ciclo de crescimento.

tores (PTF), de modo a elevá-lo continuamente[15]. Isso significa tomá-la como variável de política, o que tem de ser feito através do uso da inovação e do conhecimento (sob todas as formas).

Com isso, estamos passando à segunda questão-chave, no desafio de impulsionar o crescimento sustentado. Agora, no novo contexto, diferentemente da idéia dos novos setores dinâmicos, usada até 1980, devemos falar em nova força dinâmica. E poderíamos defini-la através da idéia da INOVAÇÃO, como centro das políticas de competitividade.

A propósito, em seu *paper* apresentado ao Minifórum de setembro[16], João Furtado assinala que várias pesquisas recentes procuraram aprofundar o estudo da realidade da inovação na indústria brasileira. A conclusão principal é que "a inovação está muito mais difundida entre os setores industriais (do que era a visão antes conhecida), embora longe de abarcar o universo de suas empresas". As conseqüências para as políticas de C, T & I e de desenvolvimento industrial são de grande importância, colocando principalmente a questão de "como fazer das políticas de inovação *um motor do crescimento e do desenvolvimento*" (grifo nosso).

Após destacar a importância que a inovação já assumiu no sistema agroindustrial e no complexo metalmecânico, os dois setores mais competitivos, no país, examina os padrões de inovação nas indústrias que têm apresentado deficiências competitivas e assinala ser a Eletrônica "possivelmente a mais grave das fragilidades da estrutura industrial brasileira". E lembra que "a eletrônica está no centro do sistema industrial, viabilizando soluções impensáveis sem essa ferramenta de progresso e desenvolvimento do conjunto dos sistemas econômico e social".

Suas considerações finais destacam a importância de que a política industrial dê prioridade aos componentes de ciência, tecnologia e inovação, através de políticas genéricas de inovação (muitas delas desejáveis) e, principalmente, de políticas que tenham "uma percepção mais clara do estado da concorrência, do papel que já desempenha o desenvolvimento tecnológico

[15]Conforme assinalado no comentário de Mark Roland Thomas e Vinod Thomas, do Banco Mundial, sob o título "Estratégias de crescimento para o Brasil atual", formulado no Minifórum de setembro de 2004.

[16]Ver o *paper*: João Furtado, "O comportamento inovador das empresas industriais no Brasil", apresentado ao Minifórum Nacional, Painel II, setembro de 2004 (livro em fase de publicação).

e a inovação em cada agrupamento industrial que disputa determinados espaços de mercado".

Como ilustração sobre a importância da inovação, cabe recordar que, em visita ao país (dezembro de 2001), o mesmo Michael Porter disse que, se o Brasil quer tornar-se relevante, como competidor internacional (acrescento: principalmente considerando os seus concorrentes mais próximos, os grandes países emergentes), deve voltar-se para exportar também produtos de maior conteúdo tecnológico e com caráter diferenciado, ao lado da continuação de suas exportações tradicionais de produtos intensivos em recursos naturais, agrícolas e minerais.

Nessa ordem de idéias, Antonio Barros de Castro já havia proposto, no Fórum de maio, uma política de inovação voltada para "apoiar o potencial das empresas".[17]

Em síntese, a proposta de Castro toma como ponto de partida o fato de que a reestruturação por que passaram as empresas industriais brasileiras, em resposta à abertura, nelas deixou rico potencial a ser desenvolvido. Daí a concepção: colocar a política industrial e tecnológica (integradas com a de comércio exterior — tudo isso é hoje uma coisa só) como instrumento de apoio ao desenvolvimento desse potencial, tendo como centro a inovação, inclusive para efeito de sua internacionalização.[18]

Continuando, apresenta ele uma tipologia de empresas industriais brasileiras (por causa da sua heterogeneidade) e sugere uma atuação da política industrial por linhas de ação, utilizando (com as adaptações necessárias) programas já previstos na legislação relativa a incentivos a P&D (Lei 8.661/93), agora com a denominação Programas de Desenvolvimento Industrial (PDI). O objetivo é fazer a ligação entre o potencial (ou as carências) dos diferentes tipos de empresas e os mecanismos ao dispor do governo, capazes de ajudálas a desenvolver tal potencial, inclusive apoiando seu esforço de projeção internacional (criação de *global players*).

Por outro lado, podemos considerar uma ótica complementar e definir como tarefas básicas da política industrial a multiplicação das experiências recentes

[17]Ver Antonio Barros de Castro, *paper*, sobre "Uma política industrial e tecnológica voltada para o potencial das empresas" (livro citado), XVI Fórum Nacional.

[18]Ver o *paper* de Glauco Arbix, Mario Sérgio Salerno e João Alberto de Negri, "Inovação, via internacionalização, faz bem para as exportações brasileiras" (livro citado).

de parcerias entre universidade e indústria; e a construção, no país, de forte base em TICs, pelo seu efeito geral sobre a economia, equilibrando importações e produção interna. Isso abriria a possibilidade de criação de plataformas de exportação, regionais ou globais, de certas linhas de produtos, nessas tecnologias genéricas. Exemplo: desenvolvimento de novas vantagens comparativas (e exportações em certa linha de produtos) nas áreas de *software* e semicondutores.

Para instrumentar tal política, cabe desenvolver um sistema especial de incentivos à inovação, incluindo:

- Utilização dos mecanismos inovadores constantes da nova Lei da Inovação, já aprovada pelo Congresso Nacional (Projeto de Lei da Câmara dos Deputados, nº49/2004). O novo instrumento legal dispõe sobre o "estímulo à construção de ambientes especializados e cooperativos de inovação"; "estímulo à participação das ICTs (Instituições de Ciência e Tecnologia) no processo de inovação"; e "estímulo à inovação nas empresas" (através de financiamentos, participação acionária e fundos de investimento em inovação).
- Manutenção dos incentivos fiscais já existentes, à atividade de P&D em geral e ao setor de informática, especificamente.
- Desenvolvimento de Programa Nacional de Parques Tecnológicos (*Clusters* de inovação), que já somam um total de dez, no país (inclusive, agora, na USP).
- Desenvolvimento de Programa Nacional de Incubadoras de Empresas Emergentes de Base Tecnológica.
- Ampliação da ação do BNDES e da Finep, de apoio à inovação, seja através de *venture capital* (e fundos de *venture capital*), seja através de financiamentos a atividades de P&D das empresas em geral.
- Atuação das novas linhas de crédito abertas pelo BNDES para apoio às prioridades estratégicas da atual política industrial, criadas em março/2004: Profarma (cadeia produtiva farmacêutica), Novo Prosoft (indústria de *software*) e Financiamento a Supridores Nacionais de Equipamentos, Materiais e Serviços Vinculados (além do Modermaq).

A terceira questão-chave, no mesmo desafio citado, refere-se à definição do ESPAÇO INTERNACIONAL do Brasil. Ou seja, o espaço que o país pode ocupar, no comércio mundial, dentro de estratégia que permita, de um lado, fazer o aprofundamento de sua inserção internacional, em três sentidos: aumentar a participação do fluxo de comércio no PIB (mais exportações, mais importações, de forma sustentável). Maior envolvimento nas negociações internacionais — multilaterais e regionais (e bilaterais): e induzir nossa inserção, ao lado das exportações, a refletir mais o novo paradigma de eletrônica/informativa (as TICs), em algumas linhas de novas vantagens comparativas.

E, de outro, manter um olho voltado para o lado da demanda externa e, ao mesmo tempo, para os nossos concorrentes mais próximos, os grandes emergentes (além, claro, dos desenvolvidos).

No lado da demanda, trata-se principalmente de procurar vender aquilo que o resto do mundo mais está querendo comprar.

No lado da concorrência, cabe saber em que áreas países como China, Índia, Rússia, México, estão desenvolvendo sua competitividade. A idéia é evitar o quebra-nozes competitivo (*competitive nutcracker*), a que, por exemplo, estava sujeita a Coréia, no início de 1993, espremida entre a concorrência do Japão, nas altas tecnologias, e da China, nos setores intensivos em mão-de-obra barata.[19]

A preocupação de como definir o nosso espaço significa que nossa estratégia de competição internacional não pode limitar-se à orientação (correta) de só dar estímulo a linhas de produtos em que somos potencialmente competitivos. Isto é necessário, mas não suficiente. Temos também de atentar para a situação da demanda mundial por essas linhas de produtos, segundo sugere Cláudio Frischtak[20] (considerando, particularmente, a lista dos "produtos dinâmicos" no comércio mundial, segundo os estudos da Unctad). E, como dito, para as estratégias dos nossos concorrentes mais próximos, que podem estar voltados exatamente para competir nas linhas de produtos por nós escolhidos.

Lembrar a observação de Eugênio Staub, no seu Comentário Especial no Fórum de maio de 2004: "...nossa indústria eletrônica, principalmente na área de consumo, que é essencialmente de baixa tecnologia, não tem mais condições de competitividade com a China, país que está se tornando rapidamente o centro mundial de produção destes bens".

---

[19]Ver Booz-Allen and Hamilton, Relatório ao governo da Coréia, março de 2003.

[20]Ver Cláudio Frischtak, *paper* sobre "O Mercado Internacional e as Estratégias de Crescimento no Brasil", apresentado ao XVI Fórum Nacional (livro citado).

Em verdade, há evidência de que a China tem dado saltos em competitividade industrial. Isso aconteceu em siderurgia, microcomputadores, eletrônica de consumo, por exemplo. A China é, por excelência, um centro de fabricação altamente competitivo, e já começa a afirmar-se em tecnologias avançadas.[21]

A Índia passou a constituir um grande pólo de serviços, com alta competitividade, principalmente em serviços a empresas e nas Tecnologias de Informação e Comunicações (TICs). E um centro importante de Pesquisa e Desenvolvimento (P&D). Cerca de 500 grandes empresas multinacionais lá instalaram unidades de pesquisa, que não mais se limitam à área de *software* (incluindo indústria farmacêutica, biotecnologia).[22]

Diante disso, podemos falar em *um desafio resultante do avanço da China e Índia*, tema a ser discutido no próximo Fórum Nacional, em maio de 2005.

Após essas considerações, cabe voltar à definição de uma estratégia de competição internacional. Em resumo, tanto quanto possível, temos de evoluir para uma composição de exportações com maior conteúdo de procura dinâmica[23], e evitar concorrer somente nas coisas que os outros emergentes podem fazer igual a nós (ou melhor que nós).

A partir dessa colocação, a sugestão de linhas de ação.

De um lado, no aspecto da demanda, aumentar a nossa participação na referida lista dos 100 principais "produtos dinâmicos" (produtos ou linhas de produtos) no mercado mundial, segundo os estudos da Unctad (e outros trabalhos sobre o tema). Ainda do lado da demanda, conquistar mercados nos grandes emergentes, já citados, procurando ver os setores em que para eles podemos aumentar exportações. Esse potencial pode indicar a conveniência de uma relação de comércio envolvendo mecanismos de preferências.

---

[21]Ver *Estado de S. Paulo*, 14.10.04, p. B12.

[22]Ver *O Globo*, 11.10.04, p. 17 (Economia).

[23]Note-se, a propósito, que a composição das exportações brasileiras não se alterou muito, nos últimos 15 anos (basicamente, com algumas melhorias, é semelhante à que resultou dos programas de investimentos do II PND, na altura de 1984), com a ênfase conhecida em insumos industriais básicos e algumas linhas de bens de capital. No agronegócio, houve toda a transformação ocorrida nos anos 1990. Enquanto isso, a estrutura do comércio mundial (e principalmente a demanda do mundo desenvolvido) mudou substancialmente, em favor dos chamados "produtos dinâmicos", principalmente aqueles com maior conteúdo tecnológico. Embaixador Ricupero, secretário-geral da UNCTAD: "O Brasil precisa ter o que vender" ("Escolhemos a dedo uma pauta [de exportações] problemática").

De outra parte, do lado da concorrência, definir políticas especiais nas áreas de nossas grandes vocações naturais (agronegócio, agroindústria, insumos industriais básicos), objetivando ficar, digamos, entre os três primeiros, no mundo. E também no tocante aos principais setores industriais, em que devemos tentar desenvolver competências diferentes das dos grandes emergentes (ou melhores). Ou competir com produtos/modelos diferenciados. A idéia, pois, é evitar que façamos apenas o que os nossos concorrentes próximos já podem fazer (por serem países em estágio de desenvolvimento semelhante ao nosso e que vêm apresentando resultados excelentes na expansão das exportações).

Nossa relação com os grandes emergentes tem, pois, dois lados. Ao mesmo tempo, eles podem constituir bons mercados para as nossas exportações (e ser nossos aliados contra as barreiras colocadas às exportações pelos desenvolvidos), mas são também potenciais competidores para as linhas novas de exportações que iremos tentar desenvolver (e levam vantagem principalmente, mas não exclusivamente, quanto ao custo da mão-de-obra). No caso da China, o custo da mão-de-obra é algo como 30% do nosso.

Nossa consideração final, no tocante à questão III, será uma palavra a respeito de dois relatórios de grande repercussão (pelo menos na imprensa), divulgados quando estávamos concluindo este texto: o da consultora A. T. Kearney, com o seu Índice de Confiança de Investimentos Diretos Externos; e o do Fórum Econômico Mundial, com o seu Índice de Competitividade Global.

Ambos desfavoráveis ao país. No primeiro, o Brasil caiu do 9º (em 2003) para 17º lugar (2004) na preferência dos Investimentos Diretos Externos. Uma queda abrupta. No outro, caiu do 54º para o 57º lugar no tocante à competitividade internacional, num total de 104 países.

Breve comentário, a propósito.

Em primeiro lugar, impressiona como se supervaloriza, entre nós, esses tipos de indicadores. Seria possível falar em sua fragilidade técnica e metodológica, no caso do índice de competitividade (fatores conjunturais e estruturais são misturados para compor uma média) ou completa subjetividade (simples consulta a executivos de empresas, que às vezes conhecem mal o Brasil, no tocante ao índice de confiança do IDE).

Os resultados mostram tais debilidades: quanto ao indicador de confiança do IDE, o que mudou no Brasil, de 2003 para 2004, para explicar queda tão violenta? Nada. Talvez apenas coisas favoráveis. Com relação ao indicador de competitividade, o resultado tem coisas muito estranhas: o Brasil está pior, na classificação, que El Salvador, Marrocos, Botswana e Namíbia.

Sem embargo, a atitude prudente nos parece ser de tomar essas classificações (particularmente a de confiança do IDE) como uma advertência: não apenas existe ainda uma agenda de problemas a resolver e reformas a realizar, mas, principalmente, deve estar ocorrendo uma perda de posição relativa do país. Isto é, os nossos principais concorrentes estão fazendo muito mais que nós. Basta lembrar que China e Índia absorvem 50% do IDE programado.

CONCLUSÕES: DIMENSÃO SOCIAL E LADO DINÂMICO DO DESAFIO

Analisadas as questões-chave, ressalto a importância de entender a complexidade do desafio. É o que abordaremos, brevemente, em dois aspectos.

Inicialmente, a sua dimensão social (ou econômico-social).

Faz-se necessário entender o fato de o Brasil, que era um grande gerador de empregos (e bons empregos: nos anos 1970, o emprego na indústria de transformação cresceu a taxas de quase 7% a.a.), passou a ter problema nessa área. Embora sendo país que está ainda saindo da categoria de médio conteúdo de capital humano, teve, nos anos 1990, subutilização desse importante fator de desenvolvimento.

Segundo o *paper* de Roberto Cavalcanti (no painel I deste Minifórum), nosso Índice de Capital Humano (ICH), na última década, continuou melhorando, apesar do "crescimento rastejante" do PIB (BNDES). Mas a utilização do componente trabalho, no Índice de Desenvolvimento Social (IDS), foi bastante fraca.

Resultado: viramos geradores de informalidade, e mesmo assim os índices de desemprego aberto têm sido anormalmente elevados. Estamos sofrendo as conseqüências das "décadas perdidas" e das mudanças estruturais da década de 1990 — em especial o novo paradigma industrial e tecnológico, que reduziu substancialmente a elasticidade do aumento do emprego em relação principalmente ao crescimento do produto industrial, embora todos os setores tenham experimentado o mesmo problema. Isso significa: caiu bastante a elasticidade do crescimento do emprego (ocupação) em relação ao aumento do

PIB. E mais, grande parte do emprego criado é informal e de baixa produtividade/remuneração — maus empregos.

Vivemos, então, num novo mundo. Não o mundo do "fim do emprego", dos apocalípticos. Mas uma situação em que se tem de reconhecer que o simples crescimento do PIB, mesmo a 4 ou 5% a.a., provavelmente não trará suficiente expansão do emprego (ocupação). Suficiente, no sentido de permitir a absorção da mão-de-obra adicional que se incorpora anualmente ao mercado de trabalho, e a redução do índice atual de desemprego (aberto) e de alto subemprego. Isto é, do "emprego" no mercado informal (ou dos que se encontram no mundo "Sem": sem carteira assinada, sem Previdência, sem direitos trabalhistas, sem FGTS).

Propõe-se, então, como foi feito em painel especial no Fórum de maio, que o país tenha políticas especiais de emprego e inclusão social, tanto em nível nacional como em nível regional e local, mobilizando o governo federal, governos estaduais, municípios, empresas e sociedade civil.

Esse objetivo é parte integrante do crescimento sustentado, tanto quanto o de crescimento do PIB. Do contrário, a sustentação do crescimento será ilusória.

Daí o novo programa (temporário): "Nesse sentido, propõe-se a criação de um programa de fortalecimento financeiro das empresas e de geração de emprego e renda em setores e/ou municípios selecionados (APLs), que tenha por objetivo a elevação da produção, do emprego e da massa salarial."

As políticas especiais de emprego voltar-se-iam principalmente para o estímulo à demanda por mão-de-obra, através de ações como: na estratégia de crescimento, atenção especial para setores com maior capacidade de absorção de mão-de-obra[24] (a exemplo de agropecuária, madeira e mobiliário, fabricação de calçados, agroindústria, artigos de vestuário, comércio, serviços prestados a empresas, construção civil, transportes, indústria extrativa mineral, indústria têxtil, celulose, papel e gráfica); expansão de setores de serviços como educação, saúde, lazer, turismo, que hoje são grandes "indústrias" (negócios), verdadeiras cadeias produtivas, abrangendo também as atividades a eles ligadas, como fornecedores; dinamização do papel da Micro e Pequena Empresa

---

[24]Apesar das dificuldades metodológicas, ver indicações do trabalho de Sheila Najberg e Marcelo Ikeda (Texto para Discussão nº 72, do BNDES).

(MPE), com aprovação da sua Lei Geral (que deve consagrar a política de diferenciação, nos termos da Constituição, no tocante à Legislação Tributária, Trabalhista, da Previdência) e concessão de nova dimensão ao microcrédito, como está fazendo o Banco do Brasil; revisão da CLT, para facilitar a negociação entre sindicatos de trabalhadores e sindicatos patronais, particularmente em duas situações: conjunturas nacionais adversas e situação difícil da empresa empregadora.

Referência especial cabe a dois tipos de iniciativa de criação de programas de emprego e renda. De um lado, entidades como o Coep (Comitê de Entidades no combate à Fome e pela Vida), que tem desenvolvido projetos pioneiros nessa área (como o do Complexo de Manguinhos, 11 favelas) e a sua multiplicação, através do Programa Nacional de Incubadoras de Cooperativas Populares, desenvolvido em parceria com a Coppe/UFRJ.

De outro, o município de Toritama, em Pernambuco, que criou com municípios vizinhos um pólo de vestuário e confecções, com poder de competição, reduzindo a um mínimo o desemprego na área.

Evidentemente, as Políticas de Emprego se voltariam também para o lado da qualificação de mão-de-obra: nova meta educacional, agora para universalização do ensino médio, como novo requisito mínimo para atuar dentro do atual Paradigma Industrial e Tecnológico; e universalização das linguagens das TICs (saber ler e escrever bem, conhecimento básico da aritmética, uso do computador e da internet, acesso às comunicações).

A segunda conclusão destas notas diz respeito ao lado dinâmico do desafio do crescimento sustentado.

O ponto básico refere-se à importância das opções quanto às vantagens comparativas do país, que se baseiam em diversos fatores: intensidade em recursos naturais (agronegócio, insumos industriais básicos), pesquisa aplicada (agronegócio), idade tecnológica das plantas e atualização tecnológica (siderurgia, celulose-papel), escala econômica de produção (insumos industriais básicos). Além disso, em menor escala, capacitação em P&D (Embraer) e avanço na fronteira tecnológica (tecnologia de exploração e produção de petróleo em águas profundas).

Nessa ordem de idéias, o desafio recente, segundo mencionado anteriormente, refere-se ao fato de que, no comércio internacional das décadas recentes, os melhores mercados estão em produtos diferenciados e com médio e alto conteúdos tecnológicos[25]. E isso se liga à conhecida característica do novo paradigma, de serem as vantagens comparativas, em grande medida, *criadas*.

Assim, se desejamos fazer face à competição mesmo dos grandes emergentes (para não falar dos desenvolvidos), temos de preocupar-nos, na hora das opções, principalmente com vantagens comparativas potenciais (ou dinâmicas). Isto é, não apenas com as linhas de produtos em que já somos competitivos (e que, de preferência, devem ter demanda dinâmica no mercado mundial), mas também, e em particular, com as linhas de produtos em que nos podemos tornar competitivos. A questão de escolha de vantagens comparativas a desenvolver, é, pois, eminentemente dinâmica.

E, para complementar os elementos a serem levados em consideração, deve-se referir que, não obstante ser o Brasil uma economia continental (com abundância de recursos naturais e mão-de-obra, considerável mercado interno etc. etc.), afigura-se de grande relevância continuar aprofundando a nossa inserção externa, consoante já mencionado. Apesar da grande expansão recente das exportações (em parte por motivos conjunturais) e do baixo crescimento do PIB, a participação das exportações no PIB não tem passado de 15 a 20%. O que é baixo, mesmo em comparação com outros países continentais (como os Estados Unidos).

Então, o que estamos dizendo é que, em benefício de melhores opções quanto às vantagens comparativas dinâmicas, devemos aumentar a participação, no PIB, tanto das exportações como das importações, de forma sustentável (isto é, sem criação de vulnerabilidade externa). As razões são conhecidas[26]: absorção de tecnologia e novos métodos de *management*, maior capacidade de inovação e diferenciação de produto. Em suma, melhor preparo para a competição internacional, num mundo que tende a manter tarifas (e, talvez, outras barreiras) baixas e decrescentes — porque isso, além do mais, convém aos Estados Unidos e outros desenvolvidos, que têm hoje uma *competitive edge* (vantagem competitiva).

[25]Ver, por exemplo, o *paper* de Santaya Lal, da Universidade de Oxford, apresentado ao Seminário "BNDES/50 anos — Desenvolvimento em debate" (mimeo): no período 1985-2000, o crescimento das exportações mundiais de produtos primários foi de 3,75% a.a.; o dos produtos industriais de médio conteúdo tecnológico foi de 8,5% a.a., e o das de alto conteúdo tecnológico, 13,1% a.a.

[26]Sem falar, obviamente, nos benefícios diretos para o consumo interno, p. 27.

Cabe encerrar este comentário sobre o lado dinâmico do desafio lembrando que, no fundo, nos países em que já prevalece a economia do conhecimento (como os desenvolvidos e quase desenvolvidos, a exemplo da Coréia), a grande fonte de vantagens comparativas é o *conhecimento*. Conhecimento sob todas as formas (educação, pesquisa e desenvolvimento, tecnologias genéricas e tecnologias setoriais, engenharia de produto e processo, *design, marketing*, marca, informação de diferentes tipos).

Isso é que está por trás da prioridade conferida pelo Fórum Nacional à economia do conhecimento, que tem uma grande mensagem econômica e uma grande mensagem social.

Econômica: Pode-se converter o Brasil, de uma economia baseada em setores intensivos em recursos naturais e em mão-de-obra sem qualificação (com nichos em outras áreas), em uma economia baseada em conhecimento, tecnologia e capital humano (sem negligenciar os setores intensivos em recursos naturais — pelo contrário, dando-lhes um *upgrading*).

Social: A cidadania econômico-social — todo brasileiro com direito a um mínimo de conhecimento, qualificação e oportunidade.

A retomada do investimento: estrutura e preços relativos

*Francisco Eduardo Pires de Souza**

*Professor do Instituto de Economia da UFRJ.

INTRODUÇÃO

OS TEMAS RELACIONADOS AO PROCESSO de crescimento sustentado ganharam relevo na agenda do debate econômico brasileiro em 2004. Entre eles, a retomada do investimento tornou-se um dos tópicos mais em destaque, sobretudo a partir do momento em que foram divulgadas informações sobre um rápido esgotamento da capacidade ociosa em diversos setores da indústria antes mesmo que a recuperação da economia ingressasse no seu segundo ano.

Olhando para trás, o desempenho do investimento nos últimos 25 anos revela um quadro a princípio desolador. Como se pode observar no Gráfico 1 a seguir, a formação bruta de capital fixo encontra-se presentemente num nível real absoluto inferior ao de 1980. E desde o início da década de 1990, o investimento em capital fixo tem oscilado em torno a uma média de 19,2% do PIB, tendo alcançado um máximo de 20,7% em 1994, no auge do Plano Real. Ou seja, nos últimos 15 anos, mesmo nos momentos em que o investimento respondeu mais rapidamente a processos (efêmeros) de expansão da demanda, não chegou a atingir taxas consistentes com um ritmo de crescimento elevado para a economia.

Daí a atribuir ao baixo investimento a responsabilidade pelo reduzido crescimento da economia brasileira no último quarto de século vai uma grande distância. Se fosse assim, as sucessivas recessões ocorridas desde o início dos anos 1980 teriam sido provocadas por fatores associados à insuficiência de oferta (resultante de uma baixa expansão da capacidade instalada). Os fatos entretanto parecem sugerir que o sentido da causalidade foi o inverso: do baixo crescimento para as reduzidas taxa de investimento. De fato, ao

GRÁFICO 1

ÍNDICE REAL DA FBCF (MÉDIA DE 1980 = 100)

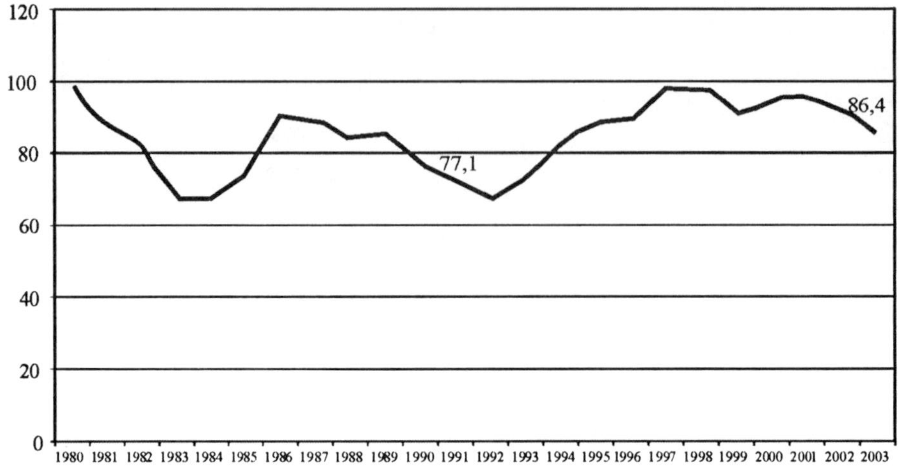

FONTE: Ipeadata/IBGE.

longo dos últimos 25 anos, os fortes cortes de demanda que precipitaram processos recessivos, provocados por desequilíbrios externos e alta da inflação, ocorreram, na maior parte dos casos, sem que a economia estivesse padecendo de um problema de insuficiência de oferta frente ao crescimento da demanda. Em suma, tendo passado por processos de altíssima inflação e por sucessivos choques externos e de política econômica, a economia do país cresceu muito pouco, o que levou a que o investimento se situasse também em níveis muito baixos — como conseqüência e não causa do baixo dinamismo.

Consistentemente com a sugestão do parágrafo anterior, nos ciclos expansivos dos últimos 15 anos, o investimento sempre cresceu em resposta ao incremento da demanda — nas fases de recuperação do crescimento — e sempre caiu quando a demanda se contraiu — e a expansão cedeu lugar à recessão. Isto pode ser observado no Gráfico 2, a seguir, que representa a variação real do PIB e do investimento (em taxas anualizadas) ao longo de cinco ciclos econômicos verificados no período. Ali pode-se ver também que, em geral, a trajetória de expansão do investimento se deu por cima do crescimento do PIB, implicando taxas de investimento crescentes[1]. Este padrão só é quebrado nas primeiras duas recuperações ocorridas depois da crise cambial de 1998-1999 (as retomadas de I/99 a I/01 e a de I/02 a IV/02) quando o investimento se expande a taxas iguais ou inferiores à do produto. Possivelmente isto pode ser atribuído ao elevado grau de incerteza derivado da mudança do regime de política econômica, das bruscas alterações de preços relativos e do conturbado ambiente internacional que prevaleceu nos primeiros anos da presente década — todos eles fatores que inibem decisões cujo sucesso depende das circunstâncias do futuro, muitas vezes bastante distante. Num contexto já bem menos incerto, o investimento vem alcançando uma expansão razoavelmente vigorosa no atual processo de recuperação do crescimento iniciado em meados de 2003 (a expansão mais acentuada desde a do início do Plano Real, mesmo quando se tem em conta apenas o primeiro ano de cada recuperação).

Em suma, se o investimento reagiu ao crescimento em todas as retomadas, mas nunca chegou a alcançar taxas compatíveis com um ritmo de crescimento elevado, isto se deve a que o comportamento da economia brasileira nos últimos 15 anos foi caracterizado por ciclos do tipo *stop and go*, de curta duração. Os processos de expansão foram sempre breves: o mais longo, iniciado no quarto trimestre de 1992, teve duração de dois anos e meio.

A questão que persiste, então, é a de saber se, no caso de um ciclo de expansão prolongada, a taxa de investimento prosseguiria aumentando para darlhe sustentação ou se esbarraria em obstáculos, interrompendo o processo de crescimento ou pelo menos limitando seu ritmo. A este propósito, cabe acrescentar que nos processos de elevação da formação bruta de capital fixo durante as retomadas do crescimento aqui referidas, o investimento tendeu a se concentrar em modernização do parque produtivo, com trocas de equipamentos e a diversificação da linha de produtos etc.[2], o que certamente contribui para uma relação capital/produto mais baixa do que aquela que verificar-se-ia caso o processo de investimento passasse a se caracterizar mais pela implantação de novas unidades produtivas, à medida que a expansão se estendesse por um período prolongado. Qual seria o requisito de capital por unidade de pro-

[1]Estas, porém, em nenhum ano chegaram a ultrapassar a marca de 20,7% do PIB, como referido anteriormente.

[2]Vide a respeito Castro (2001), p. 12-15.

duto neste caso? A quanto teria que se elevar a taxa de investimento para a economia poder crescer a um ritmo elevado?

GRÁFICO 2

CICLOS ECONÔMICOS 1991-2004 (TAXAS ANUALIZADAS DE VARIAÇÕES DO PIB E DO INVESTIMENTO EM RECESSÕES E RECUPERAÇÕES

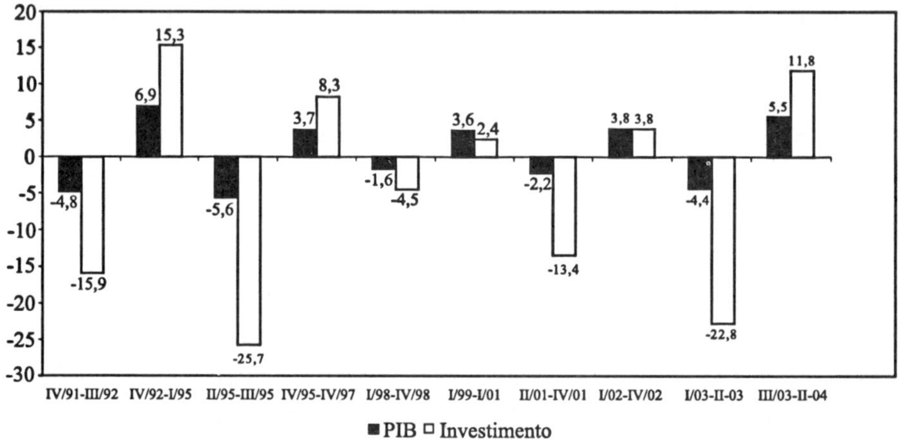

FONTE: IBGE, elaboração do autor.

Esta é uma questão de difícil resposta. Sabemos apenas que, apesar da rápida recuperação recente, o investimento ainda se situa em níveis muito baixos (18% em 2003 e 19,3% no primeiro semestre de 2004, para a formação bruta de capital fixo/PIB) seja por comparação com as taxas de investimento passadas, seja por comparação internacional. A este respeito cabe assinalar que em 2000, quando a taxa de investimento a preços correntes situava-se em 19,3%, seu valor medido em termos da paridade do poder de compra da moeda era de 16,3% contra uma média de 20,2% para uma amostra de 25 países extraída da Penn World Tables (Heston, A., Summers, R. e Aten, B., 2002).

As avaliações feitas nos últimos anos[3] a respeito da questão acima tem resultado em diagnósticos relativamente pessimistas. Concretamente, as elevadas taxas de investimento total (independente do setor) requeridas para obter um ritmo

[3]Vide por exemplo Silva Filho (2001), Bacha, E. e Bonelli, R. (2001) e Pinheiro (2002).

de crescimento elevado, seriam incompatíveis com a disponibilidade de poupança interna e externa, de acordo com essas avaliações. Silva Filho (2001), por exemplo, concluiu que seria possível crescer entre 3,2% e 4,5%[4] — neste último caso a taxa de investimento teria que se elevar a 24%. Há entretanto uma dificuldade básica para se avaliar os requisitos de investimento para crescer nos próximos anos: como a economia brasileira cresce muito pouco há mais de duas décadas, e neste período verificaram-se profundas transformações tecnológicas e organizacionais, a extrapolação de tendências do passado pode ser enganosa. Não é fácil também chegar a uma conclusão sobre a resultante de inúmeros processos que tendem a afetar — em alguns casos negativamente, em alguns casos positivamente — a relação incremental capital/produto. No restante deste texto exploraremos basicamente dois fatores que podem afetar o investimento requerido nos próximos anos: os preços relativos do investimento e a composição da formação bruta de capital fixo na economia. Para tanto, além de examinarmos detalhadamente os dados disponíveis para a economia brasileira, recorreremos a dados internacionais, particularmente para a economia americana, que sirvam como referência e ajudem a pensar as tendências do investimento no contexto tecnológico e organizacional da atualidade.

REQUISITO DE INVESTIMENTO E PREÇOS RELATIVOS

Um fenômeno que tem sido destacado por aqueles que tratam da questão do investimento no Brasil é o aumento do preço dos bens de investimento desde 1980. O Gráfico 3, a seguir, mostra a relação entre o deflator implícito da formação bruta de capital e o deflator implícito do PIB. Nele se pode perceber que todo o aumento do custo relativo do investimento (frente ao preço do conjunto de bens e serviços produzidos no país, representado pelo deflator do PIB) se deu na década de 1980. A partir do início dos anos 1990 o custo do investimento oscilou em torno a um patamar cerca de 40% superior ao do ano de 1980. Comparações com outros índices de preços, sobretudo com o IPA industrial e com o IGP-DI, mostram um quadro um pouco menos desfavorável à evolução dos preços do investimento (Gráficos GA1 a GA6 em anexo).

[4]Estimativa que foi reavaliada para baixo, segundo matéria da *Folha de S. Paulo* de 29/06/2003.

GRÁFICO 3

ÍNDICE DE PREÇOS RELATIVOS: DEFLATOR IMPLÍCITO DA FBCF/DEFLATOR IMPLÍCITO DO PIB

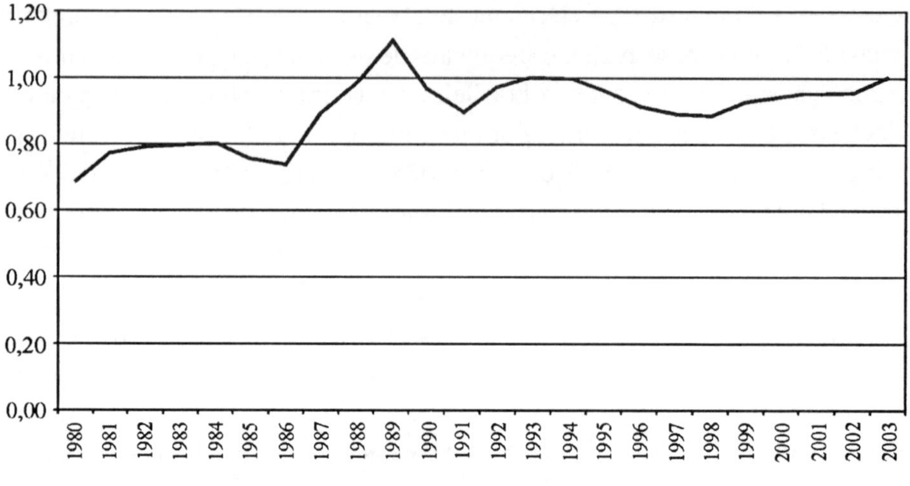

FONTE: IBGE, Contas Nacionais e Contas Trimestrais.

Esta tendência de longo prazo é contudo muito mais explicada pelo custo da construção civil do que pelo de máquinas e equipamentos. Para examinar este ponto, na falta de uma série contínua do deflator da formação bruta de capital por categoria, empregaram-se como *proxy* para os deflatores de máquinas e equipamentos e da construção civil, o índice de máquinas, equipamentos e veículos do IPA-DI e o índice nacional da construção civil, respectivamente. Os Gráficos 4 e 5 mostram o relativo entre cada um desses índices e o deflator implícito do PIB. No primeiro deles pode-se perceber que depois de subir bastante na década de 1980 o custo relativo dos bens de capital declina, também significativamente, no período seguinte, chegando em 2003 a um nível 22% abaixo do verificado em 1990, embora ainda 10,5% acima do ponto em que se encontrava em 1980. É preciso ter cuidado, contudo, em relação ao uso deste último ano como base de comparação, por se tratar de um período de câmbio real muito apreciado em função da política de prefixação cambial adotada naquele ano (e depois abandonada). Aliás, excluindo-se também a baixa associada à apreciação real da moeda durante o Plano Cruzado (1986), a tendência de leve declínio viria desde a década de 1980. Por outro lado, quanto ao custo da construção civil verifica-se que a alta dos preços relativos ocorrida nos anos 1990 não foi revertida na década seguinte. E, em 2003, o custo relativo da construção civil permanecia num nível 14,5% acima do de 1990 e 30% superior ao de 1980.

GRÁFICO 4

ÍNDICE DE PREÇOS RELATIVOS: MÁQUINAS E EQUIPAMENTOS (IPA)/DEFLATOR IMPLÍCITO DO PIB

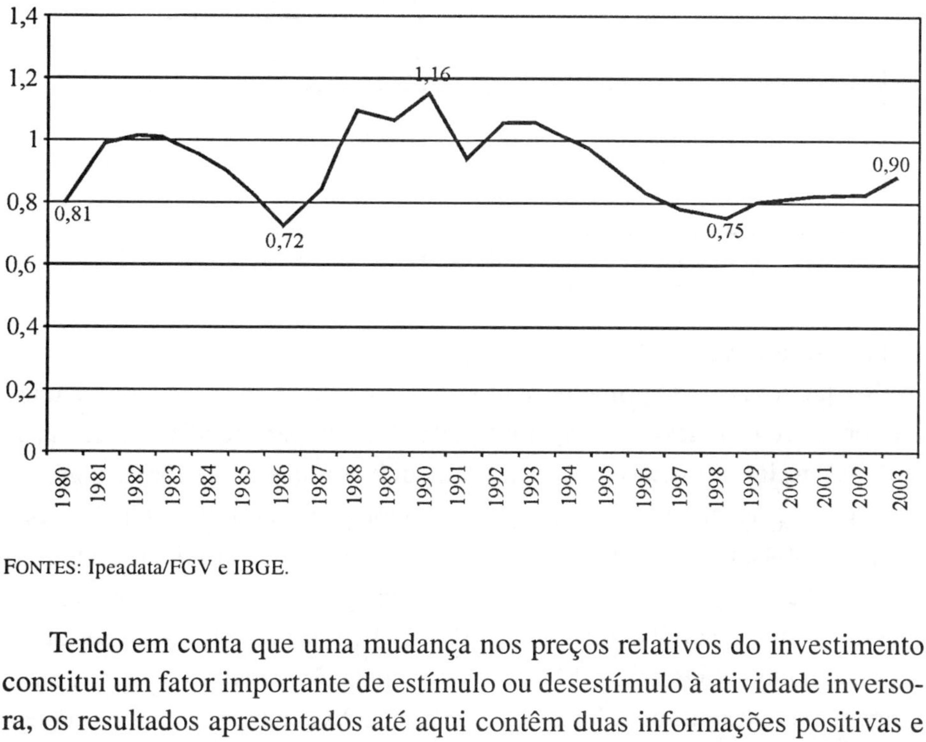

FONTES: Ipeadata/FGV e IBGE.

Tendo em conta que uma mudança nos preços relativos do investimento constitui um fator importante de estímulo ou desestímulo à atividade inversora, os resultados apresentados até aqui contêm duas informações positivas e uma negativa. Os pontos positivos são: a) o componente que efetivamente se encareceu é o que tende a perder importância relativa no processo de investimento a longo prazo; b) o investimento em máquinas e equipamentos, que é o que barateou relativamente a partir de 1990 é aquele que está mais diretamente ligado ao aumento da produtividade e ao crescimento. Quanto ao lado negativo, cabe destacar que a trajetória do preço do investimento no Brasil é menos favorável que a internacional. Examinemos brevemente cada um destes três pontos.

GRÁFICO 5
ÍNDICE DE PREÇOS RELATIVOS:
CONSTRUÇÃO CIVIL (INCC)/DEFLATOR IMPLÍCITO DO PIB

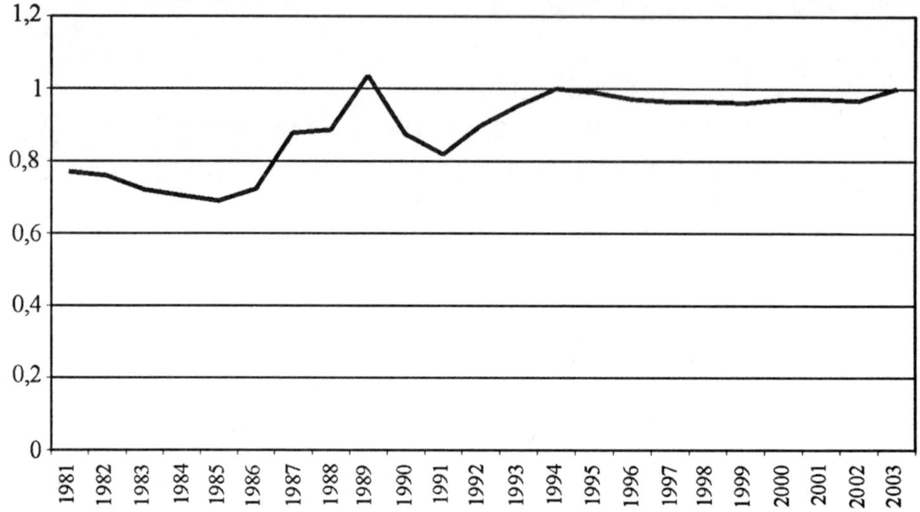

FONTES: Ipeadata/FGV e IBGE.

No que se refere ao primeiro ponto, se tomarmos a experiência internacional por referência, devemos esperar um declínio do peso relativo da construção civil no investimento no Brasil na medida em que a economia ingresse num ciclo de crescimento sustentado por um longo período. Burstein, Neves e Rebelo (2004), usando uma amostra de países da OECD, inclusive México e Coréia, e acrescentando Brasil e Argentina, chegaram a um investimento médio em construção civil equivalente a 51% do PIB, sendo o limite superior do intervalo dado pelo Brasil (67%) e o inferior pela Noruega (35%). Os autores também encontraram uma forte correlação negativa entre nível de renda per capita e peso relativo da construção civil no investimento. Os dados de série histórica que apresentaremos adiante para a economia norte-americana também confirmam uma tendência pronunciada de queda da participação relativa da construção civil no investimento ao longo do tempo.

À luz do que foi dito no parágrafo anterior, cabe entretanto uma observação sobre o fato do peso da construção civil no investimento no Brasil ter aumentado nos últimos 25 anos, contrariando o comportamento previsto. Como mostrado na Tabela TA2 em anexo, sua participação na formação bruta de capital fixo (exclusive outros componentes) sobe de 64,4% em 1980 para 68,2% em 2002. Provavelmente isto resulta de uma combinação do baixo crescimento da renda com um encarecimento excepcionalmente acentuado da construção civil nas décadas de 1980 e 1990.

De fato, como se pode observar nos Gráficos 6 e 7, a seguir, a perda de participação relativa de máquinas e equipamentos se deve à queda relativa de seus preços e não ao volume. É verdade que as sucessivas rodadas de depreciação da taxa de câmbio a partir de 1999 fizeram com que os preços relativos dos bens de capital (tipicamente comercializáveis) subissem nos últimos anos, embora ainda se mantivessem, em 2002, num nível inferior ao do início da década de 1990. Quanto à variação real (em volume), os dados mostram uma evolução bastante vigorosa dos bens de capital, quando comparados à construção civil, embora a tendência se enfraqueça a partir do final da década de 1990[5].

GRÁFICO 6

ÍNDICE DE PREÇOS RELATIVOS M&E/CONST. CIVIL (DEFLATORES)

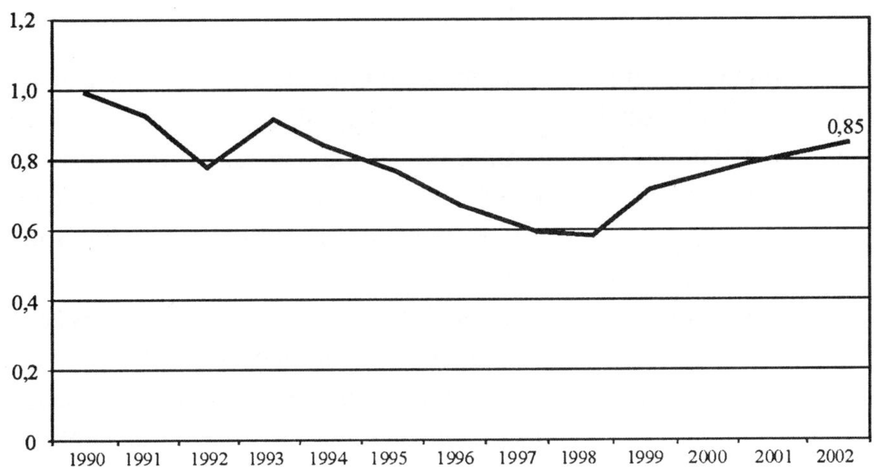

FONTE: IBGE, Contas Nacionais, 2002.

[5]Os dados do Ipeadata para o índice real da formação bruta de capital fixo em máquinas mostram valores um pouco mais altos do que os aqui apresentados — calculados a partir dos resultados divulgados para as contas nacionais em 2002. Entretanto, como a tendência é a mesma, preferiu-se usar os dados apresentados no Gráfico 3, apesar da série terminar em 2002, porque são coerentes com os dados de preços e valor usados em outros gráficos e tabelas do texto.

GRÁFICO 7

FORMAÇÃO BRUTA DE CAPITAL FIXO POR COMPONENTES:

ÍNDICE DE VOLUME

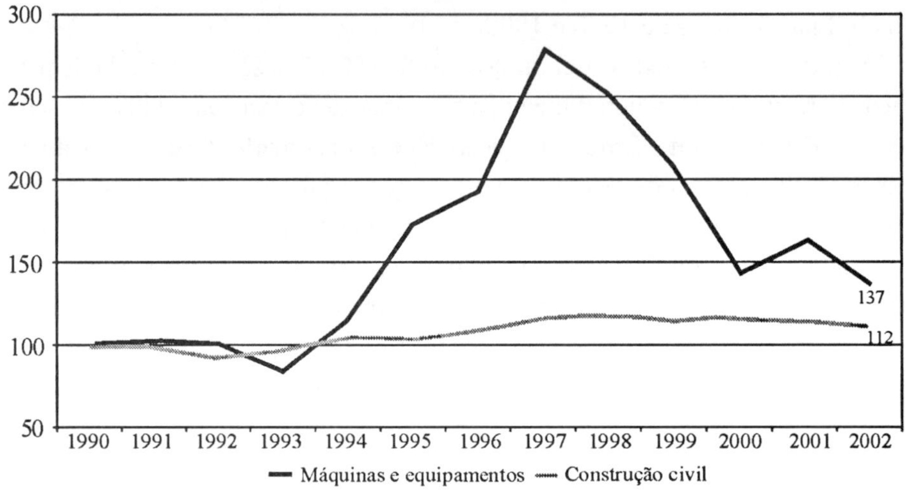

FONTE: IBGE, Contas Nacionais, 2002.

Tanto a queda dos preços relativos quanto o crescimento superior do quantum de bens de capital constituem tendências internacionais associadas ao progresso técnico no setor produtor de bens de capital e a mudanças na composição do investimento, como veremos adiante. Cabe observar que no Brasil, até agora, essa tendência foi menos acentuada do que no exterior, o que sugere que ela poderá ser fortalecida.

Quanto ao segundo ponto acima, isto é, ao barateamento relativo dos bens de capital, trata-se de um ingrediente crucial para alavancar o aumento da produtividade e o dinamismo econômico, de acordo com uma linha de pesquisa que vem se desenvolvendo na área da teoria do crescimento. Dentro desta linha, o trabalho de Long e Summers (1992) mostrou uma forte correlação entre investimento em equipamentos, aumento da produtividade e crescimento econômico. Fazendo regressões, para uma amostra de 61 países (posteriormente ampliada), para diversas variáveis explicativas, incluindo investimento em construções, crescimento da força de trabalho, hiato de produtividade — e controlando por educação e região — os autores encontraram sempre uma relação muito mais forte para a variável investimento em equipamentos (elasticidade em torno de 0,3) do que para as demais, nos mais diversos tipos de teste.

Admitida a existência de um elo forte entre investimento em equipamentos e crescimento da produtividade e, portanto, da economia, surge a questão de saber que fatores explicariam o tamanho do investimento em equipamentos. De Long e Summers (1992), por exemplo, destacam o viés da política econômica ao compararem os casos do Japão e da Argentina. Em particular, destacam os preços de máquinas e equipamentos, que apresentam uma forte correlação negativa tanto com o investimento em máquinas e equipamentos como com a taxa de crescimento da produtividade. Os preços dos bens de capital constituem um fator importante por, pelo menos, duas razões. A primeira é que, quanto mais baixos, menor o esforço de investimento, isto é, menor a abstenção de consumo requerida para um mesmo investimento. Em outras palavras, torna mais fácil equacionar o problema da restrição de poupança. Em segundo lugar, porque preços baixos do investimento aumentam o retorno privado do investimento em máquinas e equipamentos, funcionando assim como um indutor deste investimento (este sendo provavelmente o fator determinante dos resultados encontrados por de Long e Summers).

Adotando-se o argumento anterior, cabe entretanto reconhecer — e este é o terceiro ponto a ser comentado — que o desempenho do Brasil, do ponto de vista comparativo internacional, não foi nada bom nos últimos 25 anos. A queda moderada dos preços relativos dos bens de capital verificada no Brasil parece ter sido bastante inferior à verificada internacionalmente. De fato, o Brasil se beneficiou da queda dos preços internacionais de máquinas e equipamentos, o que se reflete no fato de que os bens de capital importados apresentaram uma tendência de queda mais pronunciada do que os bens de capital domésticos desde a segunda metade da década de 1980, apesar da depreciação real do câmbio verificada sobretudo depois de 1999 (Gráfico GA7 em anexo). Mas não apenas a queda dos preços dos bens de capital parece ter sido inferior à verificada internacionalmente, como também a forte alta dos preços da construção civil acabou por resultar numa evolução bastante desvaforável do custo do investimento no Brasil desde 1980. A Tabela 1, a seguir, construída com dados das Penn World Tables, mostra a relação entre os preços do investimento e a totalidade dos preços da economia, para uma amostra de 24 economias, de renda alta e média, incluindo o Brasil. A variável *P* representa o nível de preços do país em relação ao internacional, enquanto a variável *Pi* representa o nível dos preços do investimento no país em relação aos preços do investimento no mundo.

TABELA 1

PREÇO DO INVESTIMENTO (PI) E PREÇO DO PIB (P)

Ano	Média de 23 economias[1]	Brasil		
	Pi/P (Índice, 1980=100)	Pi/P (Índice, 1980-100)	P	Pi
1980	100,0	100,0	52,3	43,9
1990	99,7	137,4	57,3	66,2
2000	97,9	155,8	45,1	59,1

[1]Conjunto de economias de renda alta e renda média. Foram excluídas economias de renda baixa e aquelas para as quais faltavam um ou mais dos dados usados.

FONTE: Alan Heston, Robert Summers and Bettina Aten, Penn World Table Version 6.1, Center of International Comparisons at the University of Pennsylvania (CICUP), outubro de 2002.

Os indicadores da tabela mostram que o preço relativo do investimento caiu para a média da amostra entre 1980 e 2000, enquanto no Brasil ele subiu acentuadamente. Isto se deveu a uma combinação de redução dos preços do PIB brasileiro em relação aos preços internacionais, com uma alta dos preços dos bens de capital brasileiros em relação aos internacionais (duas últimas colunas da tabela). É provável que estes dados estejam sobreestimados para o caso do Brasil, mas de todo modo apontam uma tendência consistente com a que mostramos anteriormente usando a relação entre o deflator da formação bruta de capital fixo e o deflator implícito do PIB (um aumento de 45% desde 1980, ou de 33%, se tomarmos como base o primeiro triênio da década de 1980).

Apesar da evolução desfavorável da relação *Pi/P* mostrada na Tabela 1, há um aspecto positivo a ser destacado. Observando-se a última coluna, verifica-se que os preços do investimento no Brasil, apesar da alta verificada, ainda se encontram num nível relativamente baixo quando comparados ao resto do mundo. Note-se que os dados são construídos de tal forma que os preços para o PIB dos Estados Unidos são a referência internacional, com valor 100 (o que significa, por exemplo, que os preços do PIB brasileiro estão 55% abaixo dos americanos). O Gráfico 8, a seguir, mostra o custo do investimento no Brasil em 2000 por comparação com outros 24 países da amostra.

GRÁFICO 8
PREÇO DO INVESTIMENTO EM DÓLARES
INTERNACIONAIS, EM 2000

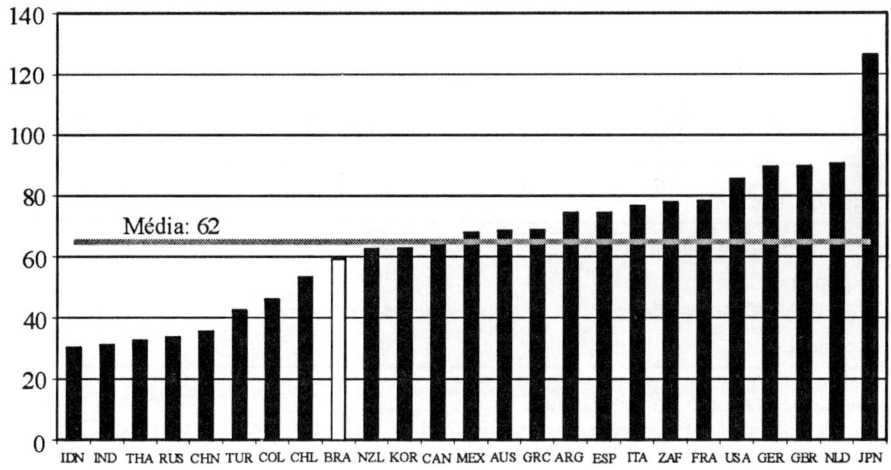

O *BENCHMARK* AMERICANO

Seria interessante estender a análise comparativa, recorrendo a uma amostra ampla de economias, através de análises *cross-section* e de séries temporais. No presente texto, entretanto, nos limitaremos a usar as séries históricas americanas, que pela sua qualidade e acessibilidade permitiram traçar um perfil das tendências do investimento naquele país. Estas séries, obtidas do Bureau of Economic Analysis (BEA) do Departamento do Comércio americano, serão aqui utilizadas com o objetivo, bastante simples, de estimular a reflexão sobre possíveis tendências internacionais, com repercussões sobre (e possivelmente também como antecipação das tendências para) os investimentos em outros países, e em particular no Brasil. Apesar de todas as limitações a que estariam sujeitas quaisquer inferências a partir da experiência de um único país, o exame da experiência norte-americana parece relevante não apenas pelo peso econômico do país, mas também porque foi uma economia que cresceu muito e investiu também bastante nos anos 1990, num período de grandes mudanças tecnológicas e organizacionais.

Começando pela composição do investimento, as séries do BEA mostram aquilo que já havíamos comentado anteriormente: a construção civil perde participação relativa ao longo das últimas seis décadas, explicável pela queda da importância relativa das construções não residenciais, até alcançar o nível de 50% na atualidade (Tabela 2 e Gráfico GA8 em anexo).

TABELA 2

INVESTIMENTO[1] NOS EUA POR PRINCIPAIS TIPOS, EM % DO PIB

Tipo de investimento	1937-1941	1999-2003
Total (privado + público)	100	100
Equipamentos e *software*	37	50
Construções não-residenciais	44	25
Residencial	19	25

[1]No conceito de Formação Bruta de Capital Fixo.

FONTE: US Department of Commerce, Bureau of Economic Analysis (revisto em agosto de 2004). Elaboração do autor.

O interessante é que esta perda de participação relativa ocorre a despeito de um forte aumento dos preços da construção civil relativamente aos demais componentes da formação bruta de capital fixo. Como se pode observar no Gráfico 9, a seguir, os preços da construção civil nos Estados Unidos sofreram uma alta (relativamente ao índice de preços ao consumidor — CPI) de cerca de 10% desde o início da década de 1970 — um fenômeno semelhante ao que ocorreu no Brasil, porém em escala reduzida. Este comportamento contrasta com a drástica queda dos preços do conjunto "equipamentos e *software*" (ES), e sobretudo com o subconjunto "equipamento de processamento de informações e *software*" (Epis), cujos preços (deflacionados pelo CPI) baixaram em 2003 a 8% do seu valor em 1970! Esta queda espetacular dos preços dos bens de capital muito mais do que compensaram o comportamento desfavorável dos preços da construção civil, levando a que o preço do investimento caísse bastante, sobretudo a partir de 1980, situando-se em 2003 num nível 40% inferior ao verificado naquele ano (Gráfico 10). Esta evolução contrasta fortemente com o ocorrido no Brasil e oferece pistas para explicar a divergência assinalada na Tabela 1, entre o comportamento dos preços do investimento no Brasil e numa amostra de 24 países.

GRÁFICO 9

ÍNDICES DE PREÇOS DO INVESTIMENTO
PRIVADO NOS EUA, DEFLACIONADOS PELO CPI (1º TRIM. 1970 = 100)

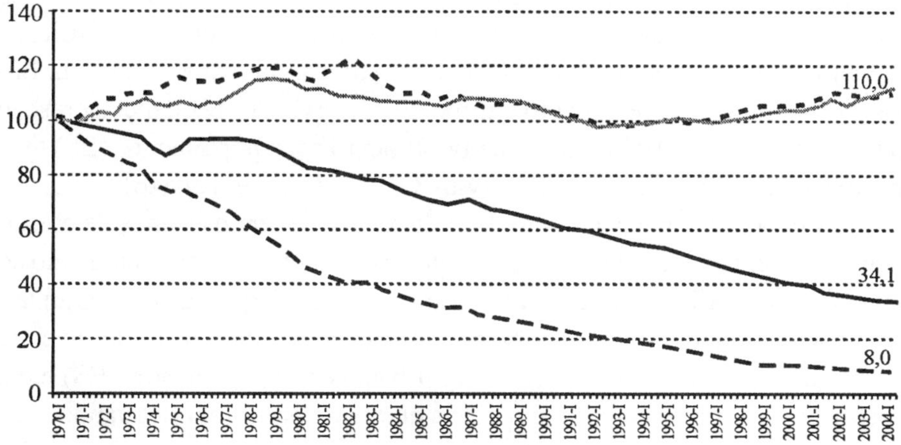

- - - Estruturas — — Equipamento de processamento de informação

—— Equipamento e *software* ~~~ Residencial e *software*

GRÁFICO 10

ÍNDICE DE PREÇOS DO INVESTIMENTO PRIVADO
NOS EUA, DEFLACIONADO PELO CPI (1º TRIM. 1970 = 100)

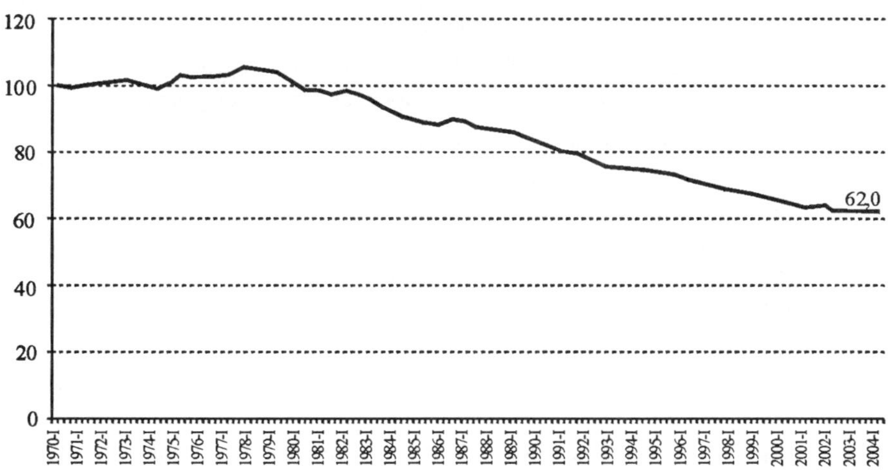

Pode-se questionar, a esta altura, a consistência de duas das informações anteriores. Se o preço da construção civil subiu tanto quando comparado ao das máquinas e equipamentos, como é possível que o peso daquele setor tenha se retraído no total da formação bruta de capital fixo nos Estados Unidos. Isto só seria possível se o diferencial entre as taxas de crescimento do volume de inversão entre as duas categorias fosse ainda mais divergente do que a verificada no plano dos preços. E, por inverossímel que pareça, foi o que aconteceu. Enquanto o volume do investimento em construção civil não-residencial cresceu 25% (acumulado) de 1970 a 2003, o investimento em equipamentos (ES) teve uma expansão acumulada de 625% (vide Gráfico GA9, em anexo).

Mais importante ainda é o fato de, a disparidade entre os ritmos de crescimento dos componentes da formação bruta de capital fixo ter-se acentuando ao longo do tempo. A Tabela 3, a seguir, mostra as taxas de expansão médias anuais para três subperíodos desde 1946. Na penúltima linha é mostrada a relação entre as taxas de crescimento do investimento privado em equipamentos (ES) e em construção não residencial. Aí se percebe que as empresas vêm gastando cada vez mais com equipamentos e *softwares* e cada vez menos com estruturas. Enquanto em 1946-1970 a expansão anual do investimento em ES era um ponto percentual superior ao ritmo de crescimento do investimento em construção civil não-residencial, esta diferença passou para 3,5% na década de 1980 e 7,7% desde 1990. Se de Long e Summers (1992) estiverem corretos, pode estar aí uma importante causa do crescimento da produtividade e do desempenho excepcionalmente favorável da economia americana desde o início dos anos 1990.

TABELA 3

TAXAS MÉDIAS ANUAIS DE CRESCIMENTO EM QUANTIDADES DO INVESTIMENTO PRIVADO[1], POR CATEGORIAS, NOS EUA

Investimento por categoria	1946-1979	1980-1989	1990-2003
Investimento privado total (1)	7,3	2,5	4,1
Construção não-residencial (2)	5,4	0,8	–0,9
Equipamentos e *software* (3)	6,5	4,3	6,7
Construção residencial(4)	8,7	0,7	3,2
Crescimento relativo			
(3)/(2)	1,1	3,5	7,7
(3)/(4)	–2,1	3,6	3,3

[1]O investimento privado representou, em média, 82% do investimento total nos últimos 20 anos.
FONTE: US Department of Commerce, Bureau of Economic Analysis. Elaboração do autor.

As tendências anteriormente identicadas no que se refere ao investimento em equipamentos e *software* (ES) ocultam uma importante diferença entre os comportamentos de seus diferentes componentes. De fato, ao longo do período mostrado na Tabela 3, ocorreu uma profunda mudança na composição desta categoria de investimento. O Gráfico 11, a seguir, mostra as participações relativas de quatro subconjuntos de ES: equipamento de processamento de informação e *softwares* (Epis), equipamento industrial (EI), equipamento de transporte (ET) e outros equipamentos (OE). O gráfico revela um contraste acentuado entre o primeiro subconjunto (Epis) e os demais. O investimento em Epis evoluiu, ao longo do período 1946-2003, de cerca de 10% para pouco mais de 50% do total do investimento em equipamentos.

GRÁFICO 11
COMPONENTES DO INVESTIMENTO DOS EUA EM EQUIPAMENTOS E SOFTWARE (PART. % NO VALOR TOTAL EM DÓLARES CORRENTES)

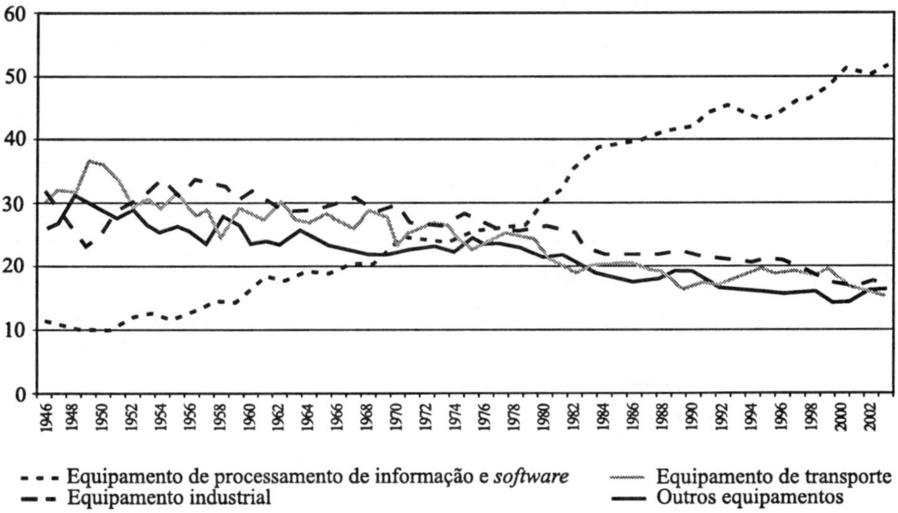

A abertura do subconjunto Epis em três componentes — "computadores e periféricos", "*software*" (que exlui os *softwares* embutidos nos computadores e periféricos) e "equipamento de comunicações e outros" — mostra uma dimensão adicional da mudança na estrutura do investimento nos Estados Unidos. Como se pode ver no Gráfico 12, a seguir, os componentes "computadores e periféricos" e "*software*" aumentam acentuadamente sua participação, em detrimento dos "equipamentos de comunicações e outros". Mas o que chama mais a atenção é o aumento da participação do componente "*software*", que passa de um valor desprezível no início da década de 1960 para 40% do total em 2003. Note-se que, depois de emparelhar com "computadores e periféricos" na entrada da década de 1990, os *softwares* praticamente elevaram sua participação ao dobro daquele componente no início da presente década. Registre-se por fim que, à medida que representa 40% do investimento em Epis, os *softwares* constituem presentemente 20% do total do investimento em equipamentos (ES) nos Estados Unidos.

GRÁFICO 12

COMPOSIÇÃO % DO INVESTIMENTO EM EQUIPAMENTOS
DE PROCESSAMENTOS DE INFORMAÇÃO
E SOFTWARES NOS EUA: 1959-2003

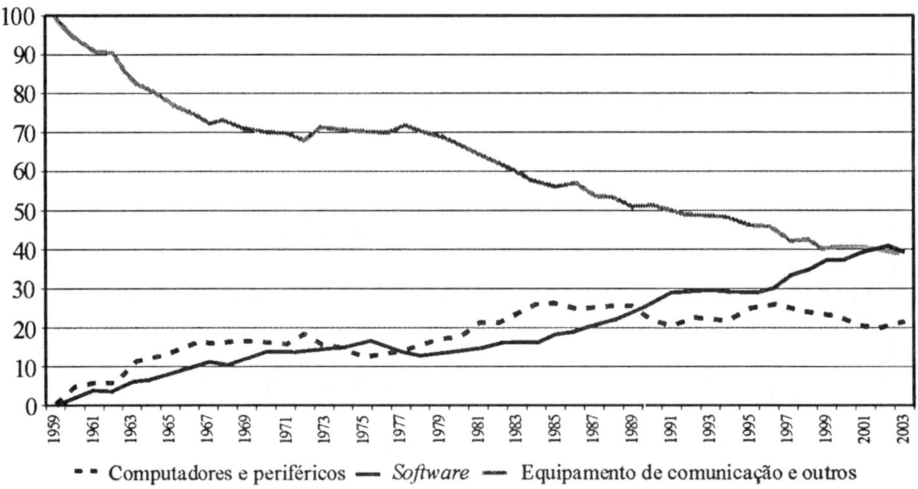

As mudanças estruturais acima descritas têm evidentemente implicações importantes para a análise do investimento — de sua composição, preço, produtividade e relação incremental capital/produto. Não são objetos do presente texto questões como a flexibilização do capital e dos processos de produção, bem como a produtividade associada às novas tecnologias, associadas por sua vez ao crescimento do investimento nos componentes anteriormente destacados. Mas certamente não se pode deixar de destacar aqui, como implicações prováveis, a continuidade do barateamento do investimento — dado que o componente mais dinâmico, que mais ganha peso relativo, é ao mesmo tempo o que mais apresenta redução de preços relativos — e a redução dos requisitos de espaço físico e portanto de estruturas associados à nova estrutura do investimento.

Por quanto tempo e em que intensidade as tendências anteriormente mensuradas ainda prosseguirão é algo desconhecido. Mas é certo que para um grande número de países, e para o Brasil em particular, guardadas as diferenças derivadas das especificidades do país, ainda há um espaço grande a avançar em termos de mudanças de estrutura do investimento que permitam gerar aqueles impactos em termos de redução de custos relativos e mudança de composição.

CONCLUSÕES

No momento em que a economia brasileira retoma um processo de crescimento, que se espera seja sustentável e a taxas elevadas, é hora de se analisar os possíveis obstáculos associados ao investimento requerido para viabilizar este processo. No presente texto colocou-se o foco na questão dos preços e da estrutura do investimento.

Partindo da constatação, feita já por diversos analistas, de que o custo do investimento subiu muito no Brasil desde 1980, e que isto pode vir a ser um eventual obstáculo para uma elevação dos níveis reais de formação de capital fixo, verificamos, primeiramente, que a principal causa foi o encarecimento da construção civil. Mas constatamos também que o preço relativo dos bens de capital, embora cadente a partir do pico do final dos anos 1980, baixou bem menos do que se poderia esperar com base na comparação internacional. De tudo isso resultou uma evolução desfavorável do preço relativo do investimento no Brasil quando comparado aos padrões internacionais, nas últimas duas décadas, muito embora, apesar de tudo, este custo ainda seja relativamente baixo.

Se a experiência dos Estados Unidos, no que se refere ao custo e estrutura do investimento, contiver informação sobre tendências gerais, que se apliquem também ao Brasil, na medida em que se amplie a atividade inversora em resposta ao crescimento da demanda, podemos esperar dois movimentos benignos do ponto de vista dos problemas aqui discutidos: um aumento da participação de máquinas e equipamentos na formação de capital pelas empresas e uma redução do custo do investimento.

Evidentemente existem muitos dos fatores idiossincráticos associados à evolução do custo do investimento no Brasil e que poderão ser objeto de política econômica. Entre os fatores referidos por diferentes analistas do tema, pode-se citar o encarecimento da construção civil derivado do alto peso do chamado "consumo formiga" — e outros custos derivados da legislação que conduzem a opções econômicas irracionais —, a falta de competição em alguns setores importantes, especialmente os produtores de insumos da construção civil (vide o impressionante crescimento dos preços de materiais de construção comparados ao INCC no Gráfico GA10 em anexo), o alto custo do crédito, os rendimentos decrescentes no caso de alguns setores de infra-estrutura e, por fim, a depreciação real da taxa de câmbio, que encarece o componente comercializável da formação bruta de capital fixo, em particular os bens de capital.

Diversas iniciativas no que se refere a mudanças legais e a medidas de política econômica podem ser tomadas — e vêm sendo tomadas — no sentido de incentivar a competição, racionalizar os incentivos, reduzir os custos e ampliar o crédito de longo prazo etc., para baratear o investimento.

No que se refere à questão cambial, entretanto, cabe ponderar cuidadosamente as opções. Vimos no Gráfico 6, no início deste trabalho, que os preços relativos dos bens de capital apresentam quedas fortes em três momentos associados a fortes valorizações reais do câmbio: em 1980, com a política de prefixação cambial; em 1986, com o Plano Cruzado e durante o Plano Real, particularmente em 1998. Nunca é demais lembrar que estes três momentos de grande apreciação real do câmbio foram seguidos pelas três maiores crises cambiais e de balanço de pagamentos que o país enfrentou nos últimos 25 anos. Além disso, como mostraram em trabalho recente Hausmann, Pritchett e Rodrik (2004), processos de aceleração do crescimento tendem a estar associados a depreciação real da taxa de câmbio. Por todas essas razões, e para evitar que se reverta o processo de redução da vulnerabilidade externa ora em curso, não seria aconselhável adotar o caminho da apreciação do câmbio (por exemplo, através de uma política de "negligência benigna" frente aos efeitos cambiais de um eventual aumento do ingresso de capitais na economia) como método para baratear e estimular o investimento. Possivelmente, um caminho bem mais profícuo seria o de avançar na direção que já vem sendo seguida, de desonerar o investimento em máquinas e equipamentos, através da redução de impostos, e de reduzir seu custo total, via barateamento do crédito para a inversão.

REFERÊNCIAS BIBLIOGRÁFICAS

BACHA, E. & BONELLI, R. "Crescimento e produtividade no Brasil: o que nos diz o registro de longo prazo." maio de 2001.

BURSTEIN, A.; NEVES, J. C.; REBELO, S. "Investment prices and exchange rates: some basic facts." National Bureau of Economic Research, janeiro de 2004 (Working Paper 10238). Disponível em http://www.nber.org/papers/w10238.

CASTRO, A. B. "A reestruturação industrial brasileira nos anos 90. Uma interpretação." *Revista de Economia Política*, São Paulo, v .21, n. 3, p. 3 - 26, jul./set. 2001.

DE LONG, J. B.; SUMMERS, L. H. "Equipment Investment and Economic Growth: how Strong is the Nexus?" *Brookings Papers on Economic Activity*, 2, p. 157-211, 1992.

HAUSMANN, R., PRITCHETT, L. e RODRIK, D. "Growth Accelerations." *National Bureau of Economic Research*, junho de 2004 (Working Paper 10566). Disponível em http://www.nber.org/papers/w10566

HESTON, A.; SUMMERS, R.; ATEN, B. "Penn World Table Version 6.1," Center for International Comparisons at the University of Pennsylvania (CICUP), outubro de 2002. Disponível em http://pwt.econ.upenn.edu.

PINHEIRO, A. C. "Em busca de um consenso pós-liberal," dezembro de 2001.

SILVA FILHO, T. N. T. da. "Estimando o produto potencial brasileiro: uma abordagem de função de produção." Brasília: Banco Central do Brasil, abril/2001 (Trabalhos para Discussão nº 17).

ANEXOS

TA 1

COMPONENTES DA FORMAÇÃO BRUTA DE CAPITAL
A PREÇOS CORRENTES — 1990-2002

Especificação	Participação %		
	1980	1990	2002
Formação bruta de capital fixo	100,0	100,0	100,0
Construção	62,0	64,2	64,4
Máquinas e equipamentos	34,3	33,2	30,0
Outros	3,7	2,6	5,5

FONTE: IBGE, Diretoria de Pesquisas, Coordenação de Contas Nacionais.

TA 2

COMPONENTES DA FORMAÇÃO BRUTA DE CAPITAL A PREÇOS
CORRENTES, EXCLUSIVE OUTROS COMPONENTES — 1990-2002

Especificação	Participação %		
	1980	1990	2002
Formação bruta de capital fixo	100,0	100,0	100,0
Construção	64,4	65,9	68,2
Máquinas e equipamentos	35,6	34,1	31,8

FONTE: IBGE, Diretoria de Pesquisas, Coordenação de Contas Nacionais.

TA 3

TAXA DE INVESTIMENTO A PREÇOS CORRENTES (%)

Ano	FBCF/PIB	Variação de estoque/PIB	FBC/PIB
1991	18,1	1,7	19,8
1992	18,4	0,5	18,9
1993	19,3	1,6	20,8
1994	20,7	1,4	22,1
1995	20,5	1,7	22,3
1996	19,3	1,7	20,9
1997	19,9	1,6	21,5
1998	19,7	1,4	21,1
1999	18,9	1,3	20,2
2000	19,3	2,3	21,5
2001	19,5	1,7	21,2
2002	18,3	1,4	19,8
2003	18,0	2,0	20,1
2004-I sem.[1]	19,3	2,2	21,5

[1]Estimativa, tomando por base o dado em valor para o primeiro trimestre, a expansão em volume para o segundo, supondo preços relativos constantes e variação de estoque igual à média dos últimos quatro trimestres.

FONTE: IBGE, Contas Trimestrais, 2004 primeiro e segundo trimestres.

GA 1

ÍNDICE DE PREÇOS RELATIVOS:

MÁQUINAS E EQUIPAMENTOS/IPA-IND

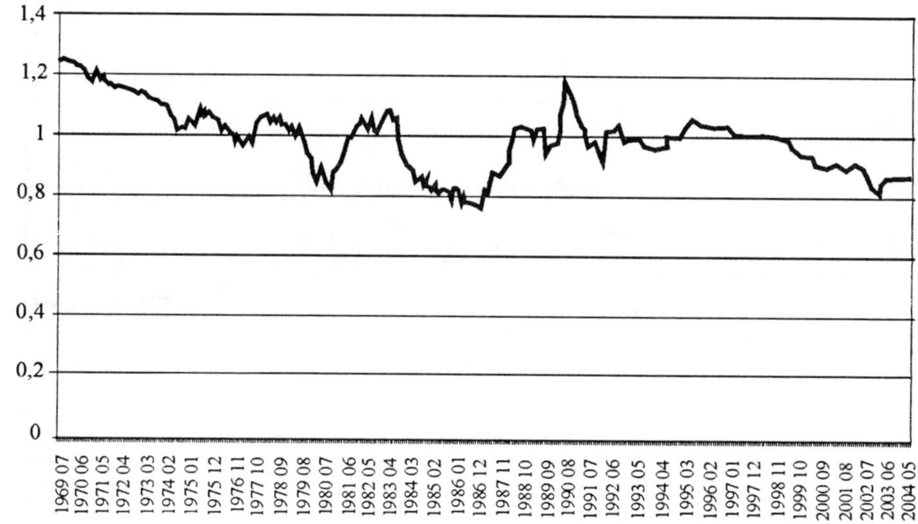

GA 2

ÍNDICE DE PREÇOS RELATIVOS:

CONSTRUÇÃO CIVIL (INCC)/IPA-IND

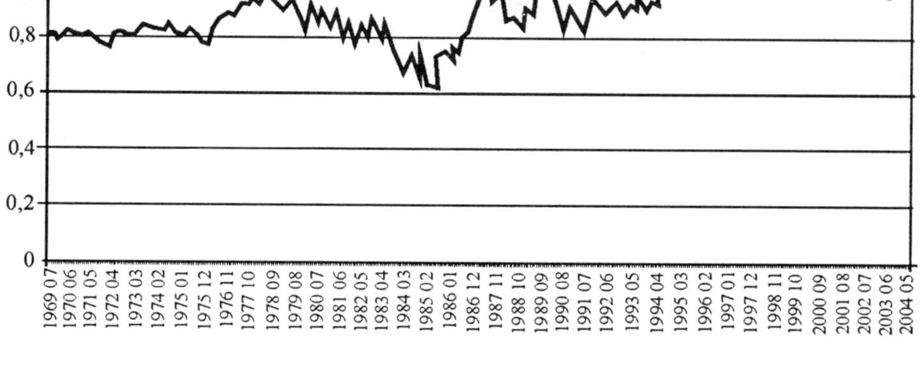

GA 3

ÍNDICE DE PREÇOS RELATIVOS:
MÁQUINAS E EQUIPAMENTOS/IGP-DI

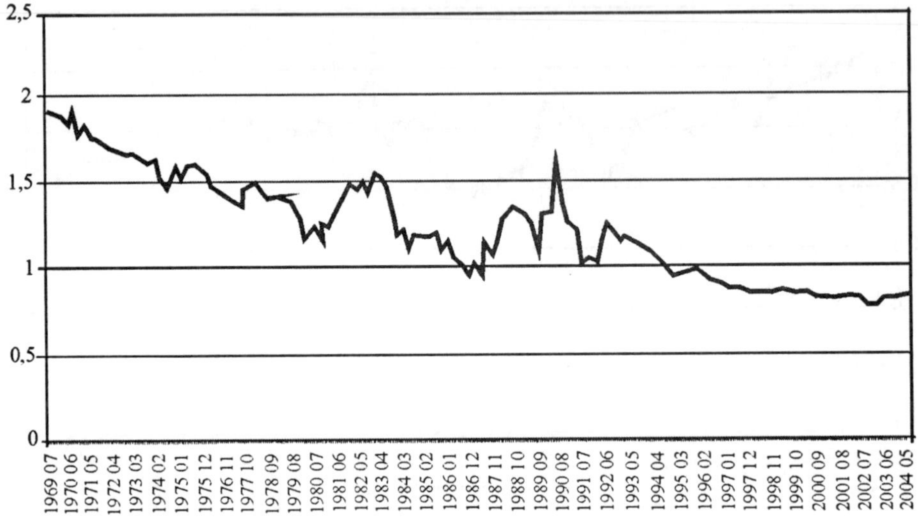

GA 4

ÍNDICE DE PREÇOS RELATIVOS:
CONSTRUÇÃO CIVIL (INCC)/IGP-DI

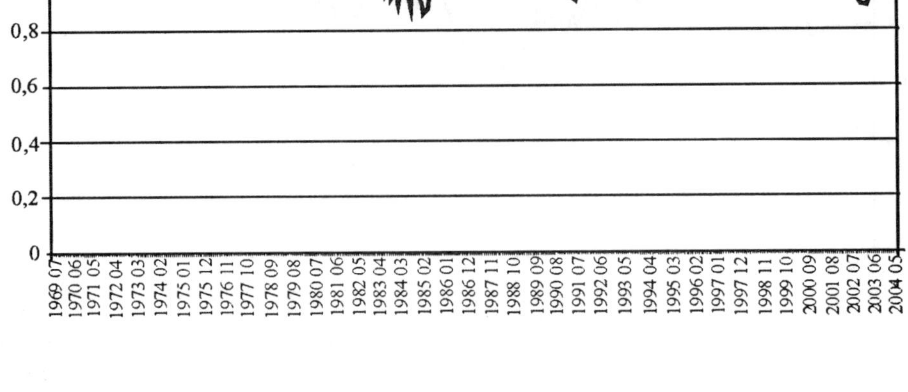

GA 5

ÍNDICE DE PREÇOS RELATIVOS: INCC/IPCA

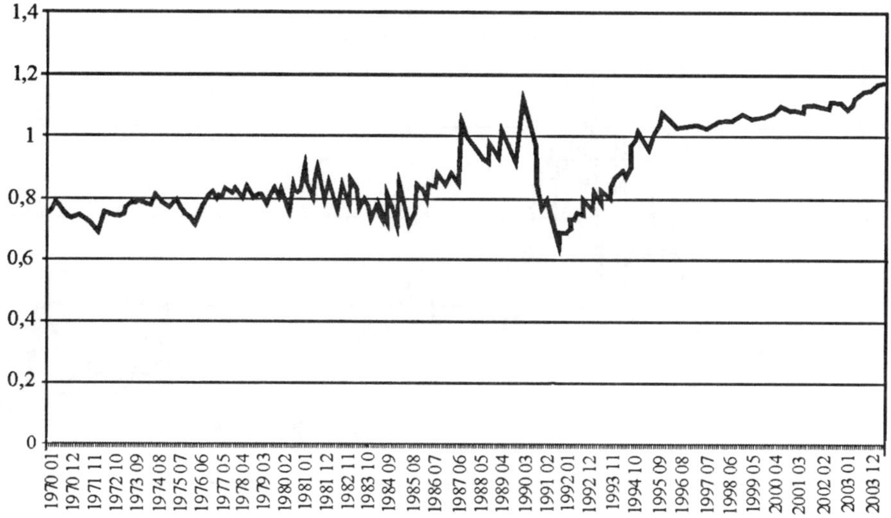

GA 6

ÍNDICE DE PREÇOS RELATIVOS:

MÁQUINAS DE EQUIPAMENTOS/IPCA

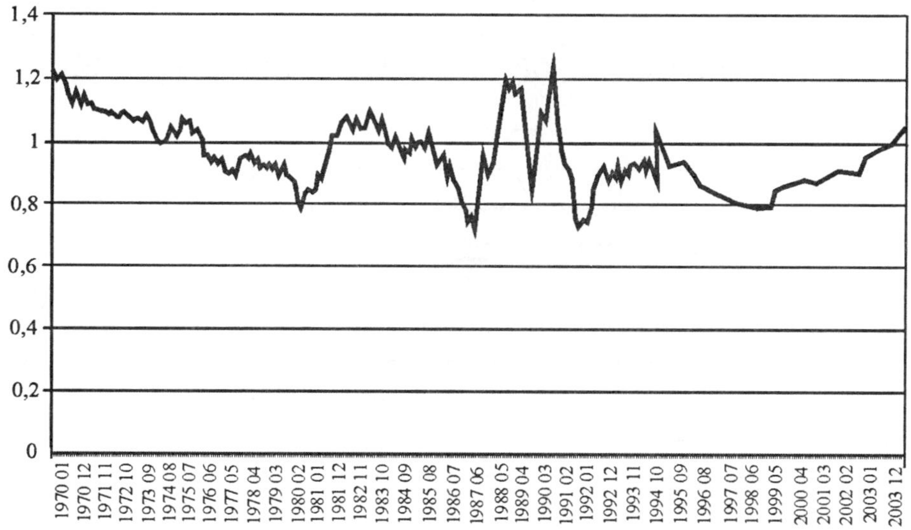

GA 7

ÍNDICE DE PREÇOS RELATIVOS:
BK IMPORTADOS (FUNCEX)/BK TOTAL (IPA, M&E)

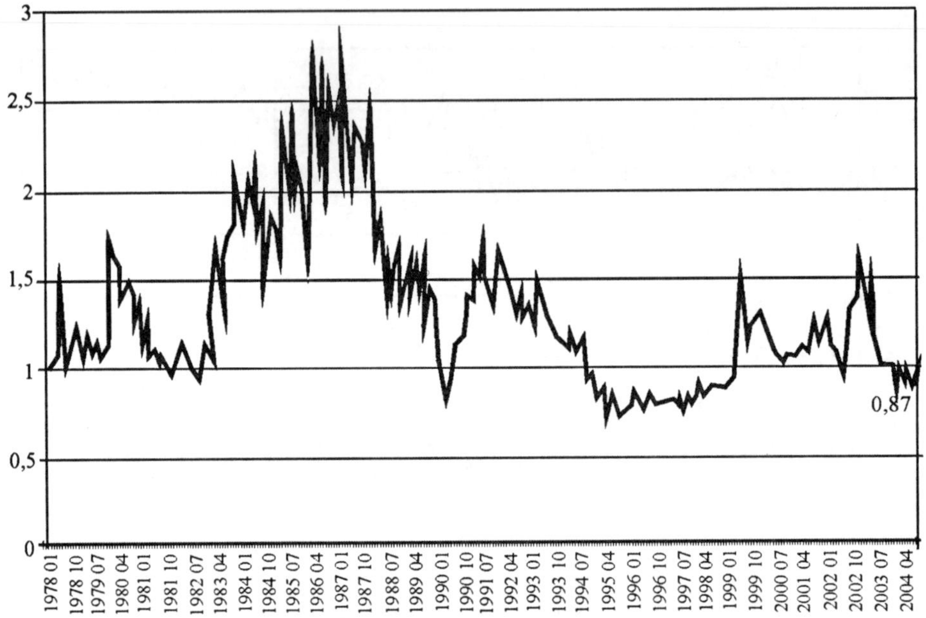

GA 8

EUA: INVESTIMENTO POR COMPONENTE (PARTICIPAÇÃO %)

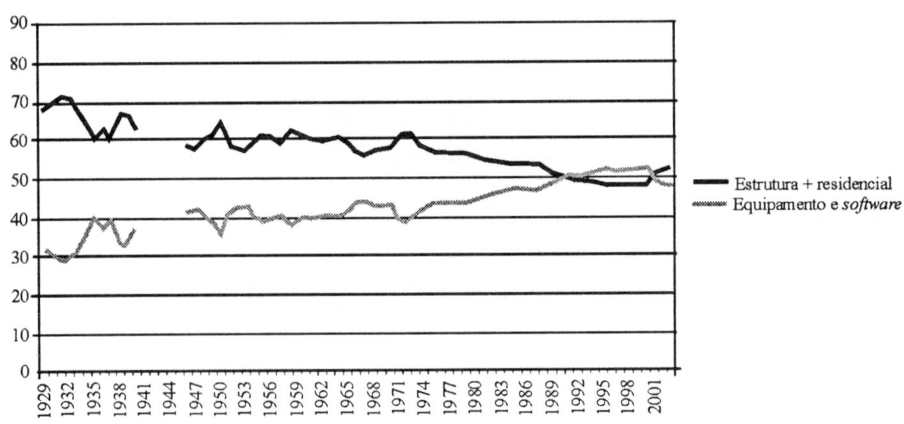

GA 9

ÍNDICES DE QUANTUM DO INVESTIMENTO PRIVADO POR CATEGORIAS NOS EUA (1946 = 100)

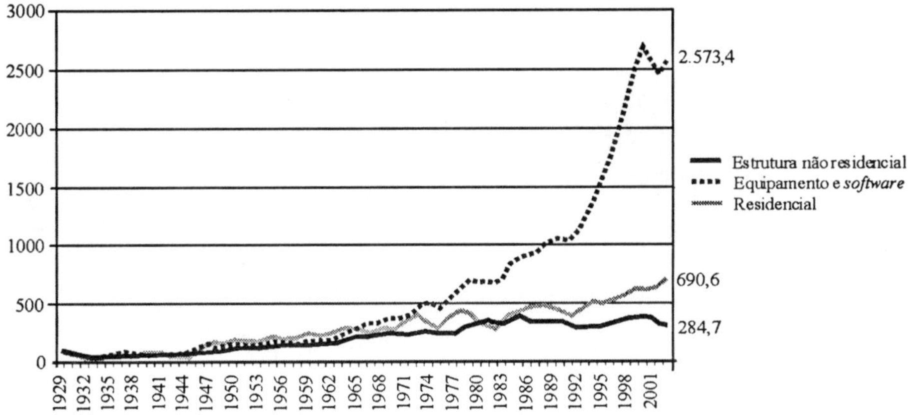

GA 10

ÍNDICE DE PREÇOS RELATIVOS MATERIAL DE CONSTRUÇÃO/INCC

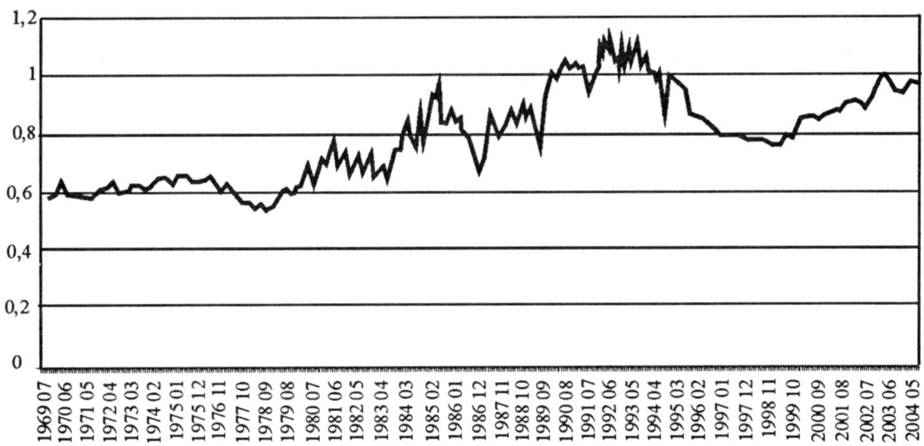

O comportamento inovador das empresas industriais

*João Furtado**

*Professor da Escola Politécnica da USP.

INTRODUÇÃO

A INOVAÇÃO E O DESENVOLVIMENTO TECNOLÓGICO foram habitualmente considerados fenômenos dos setores tecnologicamente avançados, um avanço que estava associado à fronteira tecnológica e guardaria relação direta com o desenvolvimento científico. Esta assimilação da inovação à tecnologia e à ciência, que ocorreu de formas explícitas ou veladas, teve conseqüências importantes.

Elas recaem de forma muito evidente sobre as políticas de desenvolvimento, mas também sobre os comportamentos das empresas. Sempre que eles são vistos como menos avançados em termos tecnológicos, eles são imediatamente considerados menos inovadores. Este fator retarda de forma significativa o seu desenvolvimento em geral e tecnológico em particular, tanto das empresas destes setores quanto do sistema industrial.

Várias pesquisas recentes procuraram esmiuçar a realidade da inovação e contribuíram para qualificar a visão tão difundida. Ao lado da Pintec, pesquisa do IBGE, a Finep promoveu uma série de estudos setoriais sobre o fenômeno da inovação na economia brasileira, com destaque para os setores industriais. Esse conjunto de estudos, agrupados sob o Diretório da Pesquisa Privada e do Diretório de Estratégias para a Inovação, revela que a inovação está muito mais difundida entre os setores industriais, embora longe de abarcar o universo de suas empresas. Sobretudo, esta difusão assume contornos que estão diretamente relacionados com a estrutura industrial brasileira e com as características institucionais do Sistema de Ciência, Tecnologia e Inovação.

As conseqüências para as políticas de C,T&I e de desenvolvimento industrial são de grande importância. Como tornar irreversível este movimento ainda incipiente? Como dar-lhe maior amplitude e vigor? Como concatená-lo de forma efetiva com as peças do Sistema Nacional de C,T&I? Como desdobrá-lo para as políticas comerciais (exportação, substituição competitiva de importações) e para a correção dos desequilíbrios regionais? Sobretudo, como fazer das políticas de inovação um motor do crescimento e do desenvolvimento? Eis algumas das questões de que o texto procura tratar, a partir das pesquisas desenvolvidas, pelo DPP e pelo OEI.

O COMPORTAMENTO INOVADOR DAS EMPRESAS INDUSTRIAIS NO BRASIL

PADRÕES SETORIAIS DE INOVAÇÃO NA INDÚSTRIA BRASILEIRA

As transformações que conheceu a indústria brasileira ao longo dos anos de 1990 foram descritas por expressões que vão do empobrecimento industrial, regressão e desindustrialização, num extremo, ao alcance de hiper-eficiência operacional e de alto grau de especialização competitiva, no outro extremo. Colocados de forma generalizadora, nenhuma destas descrições faz jus à complexidade dos fenômenos — uma expressão em que o importante a ressaltar é o plural do substantivo.

Houve desindustrialização? Poder-se-ia considerar que sim, como atesta, no exemplo mais conhecido, o setor de componentes eletrônicos (semicondutores, mas não apenas), um campo industrial de extrema importância no qual o Brasil perdeu capacidade de produção (e que hoje, mais de um decênio depois, procura recuperar a duras penas e a custos elevados). Mas neste ponto do sistema industrial, o processo está longe de ter sido brasileiro[1].

[1]"The point is that the national industries that invented the infrastructure for the Industrial Century did not compete, conquer, or die in the manner of the national industries that created the infrastructure of the Electronic Century. The underlying reason for these differences is clear. The creation of the infrastructure for the Industrial Century rested on a broad variety of technological innovations. The unique epic story of the consumer electronics and computer industries was based on the invention of four small, closely related electronic devices — the vacuum tube, the transistor, the integrated circuit, and the microprocessor." Al Chandler, Jr, *Inventing the Electronic Century — The Epic Story of the Consumer Electronics and Computer, Industries*. Um resumo de capítulo está disponível em http://www.simonsays.com/content/content.cfm?sid=33&pid=405669&agid=2

Mas esta perda de "setores" ou "segmentos" foi muito mais limitada do que a expressão desindustrialização ou regressão sugere. É evidente que a macroeconomia e o ambiente desfavorável dos anos de 1980 e 1990 estão associados a um crescimento pífio e a um conjunto de dificuldades que impediram a indústria de prosseguir em sua trajetória de constituição dos alicerces de uma estrutura e uma dinâmica mais contemporâneas. Eles significariam um peso mais elevado dos setores portadores de progresso técnico e de um fortalecimento do padrão competitivo baseado na criação e incorporação de conhecimento, de tecnologias, e de novos produtos e processos. Por certo, um pouco mais de eletrônica e de equipamentos e projetos de eletrônica; o que não se reduz a e nem necessariamente demanda uma matriz industrial eletrônica. Esta revelou-se internacional, integrada neste plano — transnacional, portanto.

A eliminação de seções da produção de uma empresa resulta na redução do escopo das suas atividades, mas não necessariamente das atividades industriais realizadas pelo conjunto da indústria brasileira. Na maior parte dos casos, esta perda não compromete o tecido industrial ou a sua capacidade de funcionar como um sistema integrado.

Em muitos casos, a supressão de uma atividade industrial por uma ou por diversas empresas pode resultar na consolidação de um fornecedor especializado, operando com escala eficiente e desenvolvendo — a partir de capacitações técnicas concentradas — soluções diferenciadas para os seus vários clientes. Este caso típico de dupla especialização possui efeitos extremamente positivos. O ex-produtor diversificado e verticalmente integrado concentra-se agora na sua atividade central e o seu fornecedor possui agora escala para construir eficiência, tanto operacional quanto técnica, oferecendo oportunidades para a dimensão tecnológica. O empobrecimento do leque de atividades de uma, várias ou muitas empresas pode resultar no enriquecimento das capacidades coletivas. Pode resultar, mas nem sempre resulta e não resulta em todas as grandes áreas industriais (complexos, macrossetores).

Esse processo está associado a notáveis avanços sobretudo na metalmecânica, a área que constitui, ao lado da agroindústria, aquilo que podemos designar como a *fortaleza industrial brasileira*. Tanto a agroindústria quanto a metalmecânica estão associadas a notáveis avanços competitivos e encontram-se num momento muito fértil do seu desenvolvimento, incorporando crescentemente capacidades tecnológicas, bem como esforços e resultados em termos de inovação. Mas enquanto a metalmecânica constitui de fato um setor industrial (no sentido de indústria de transformação), a agroindústria possui elementos híbridos — uma base agrícola, uma etapa industrial.

RECURSOS NATURAIS E SISTEMA INDUSTRIAL

É freqüente ver a competitividade da indústria brasileira associada à base de recursos naturais. Agroindústria, celulose e papel, mineração e siderurgia ganham assim afinidades e praticamente uma identidade comum. Com isso, o mesmo fator — recursos naturais — torna-se, sem demonstração, quase de forma natural e automática, o elemento explicativo dessa competitividade.

Numa outra classificação, aqui adotada, o sistema agroindustrial possui uma identidade e o complexo metalmecânico possui outra. São dois conjuntos de atividades muito distintos e os seus fatores competitivos, assim como as suas dinâmicas de desenvolvimento tecnológico e de inovação, diferenciam-se enormemente.

Qual a razão desse agrupamento? Se o Brasil fosse competitivo apenas ou principalmente na agroindústria, na mineração e na siderurgia, o agrupamento consolidado "indústrias intensivas em recursos naturais" faria grande sentido. A despeito das diferenças entre — digamos, para efeitos de exemplo — aço e suco de laranja, ambos teriam no elemento comum recursos naturais a explicação predominante da sua competitividade. Seria ainda uma simplificação bastante infiel às realidades dessas atividades, pois umas são dependentes de elevada intensidade de capital, outras foram desenvolvidas com o suporte efetivo de um sistema público-privado de investimentos e desenvolvimentos; mas seria mais aceitável, pois o recurso natural representa uma parcela importante do valor final dos produtos.

Mas esta simplificação descritiva empobrece e deturpa a realidade industrial brasileira e as suas forças competitivas. Ela fica patente quando se reconhece que logo adiante da siderurgia existe a mecânica e nela se identificam inúmeros segmentos industriais dotados de grande vigor competitivo. Um leitor atento saberá, sem esforço, identificar algumas das jóias deste sistema industrial; mas as pepitas contam-se em centenas[2].

A *fortaleza industrial brasileira*, pode-se afirmar (adiando a demonstração), está na metalmecânica, que vai dos recursos naturais (mineração) à siderurgia (recursos naturais e escala), para depois alcançar a mecânica (e um amplo leque de equipamentos elétricos que podem muito bem ser classificados dentro dessa categoria), em que se entrelaçam vários processos industriais. Neles, o Brasil construiu posições sólidas. Elas vêm sendo reforçadas, em alguns casos, ou recuperadas, em outros. A resistência às agruras de tantos anos de instabilidade, seguidos de uma estabilização que introjetou competição externa a preços subsidiados pela taxa cambial e pelo endividamento externo, teria sido impossível se esta indústria não fosse, de fato, extremamente vigorosa.

Diferentemente do que ocorreu em muitos países que sofreram os desajustes da crise do endividamento a partir dos anos 1980, a degradação das condições macroeconômicas e o atraso em relação à fronteira tecnológica dos setores mais avançados não ameaçaram a base metalmecânica. Pelo menos três fatores ajudam a explicar esta notável resistência, que desautorizou os prognósticos alarmistas. O primeiro está associado à vastidão da base metalmecânica e ao seu peso elevado na estrutura industrial. O segundo prende-se à quantidade de empresas de todos os tamanhos (das muito grandes às muito pequenas) e origens (nacionais e estrangeiras, estas de múltiplas procedências). O terceiro é a existência de diversas políticas que, em vários momentos, impediram uma degradação mais pronunciada das condições de mercado (o caso da indústria automobilística constitui o melhor exemplo, mas não é o único[3]).

---

[2]Uma consulta rápida à lista das maiores exportadoras mostra um número elevado de empresas metalmecânicas: Agco, Alstom, BSH Continental, Caterpillar, Confab, Cummins, Daimlerchrysler, Delphi, Eaton, Electrolux, Embraco, Embraer, Fiat, FMC, General Motors, International Engines, John Deere, Komatsu, Mahle Componentes de Motores Mahle, Metal Leve, Marcopolo, Meritor, Moto Honda, Multibras, Prensas Schuler, Renault, Scania, Singer, Springer, Tecsis Wind, Tecumseh, Thyssenkrupp, Toyota, Tritec Motors, Trw, Tupy Fundicoes, Valtra, Visteon, Volkswagen, Volvo, Weg.

[3]Lembrar, por exemplo, que o programa do álcool criou um mercado para determinados equipamentos, assim como o programa elétrico deixou uma herança importante. E quando a indústria automobilística pareceu seduzida por desinvestimentos ou transplantes para outras bases, a política respondeu com medidas que se mostraram eficazes nas suas ações.

FIGURA 1 — A E B
EXPORTAÇÕES BRASILEIRAS — GRANDES AGRUPAMENTOS

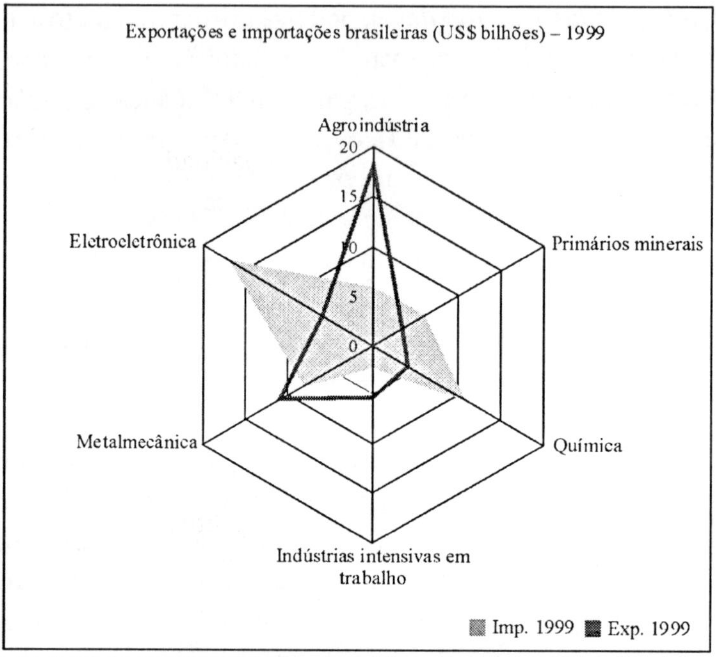

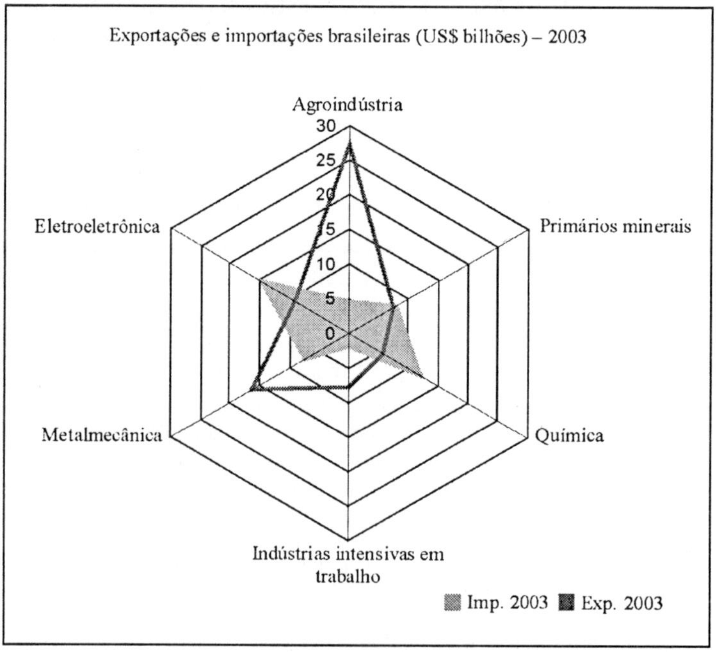

Uma das características importantes da metalmecânica brasileira, numa comparação com outros agrupamentos industriais, é o seu grau elevado de desenvolvimento técnico. É praticamente impossível a existência de uma grande empresa metalmecânica sem um corpo técnico. Ele pode ser incipiente e tímido, ou vigoroso e sólido; mas ele tem que existir, se a empresa está no mercado de forma durável.

Os recursos humanos associados a esta capacidade técnica constituem, mesmo quando as suas dimensões são diminutas, pelo menos um embrião de capacidade tecnológica e inovativa. Ele representa um vetor para o desenvolvimento da empresa, para a diferenciação e o aperfeiçoamento de produtos, para os novos processos, para a capacidade de viabilizar oportunidades de inovar. Assim como o desenvolvimento recente da metalmecânica não apresentou grandes descontinuidades tecnológicas ou industriais, também as próprias naturezas das atividades técnicas rotineiras e das atividades tecnológicas de maior densidade propiciam elementos de continuidade.

Em vários setores industriais a dinâmica competitiva é tal que esta capacidade mínima tem necessariamente que se apresentar num patamar elevado. Na indústria automobilística as empresas que pretenderam combinar posições sólidas e dinâmicas no mercado recorrendo exclusiva ou principalmente aos fluxos externos de tecnologia sofreram grandes reveses e viram-se obrigadas a retroceder. Também na indústria automobilística, e aqui muito mais do que em tantos outros binômios mercado-indústria, a sintonia entre as percepções do mercado local e as capacidades industriais, tecnológicas e inovativas revela-se um fator determinante do sucesso das estratégias empresariais. E à medida que algumas empresas, por estratégia deliberada ou por força de circunstâncias criadas pelo ambiente e pelas institucionalidades, sejam levadas a ações mais consistentes no sentido de promoverem formas mais dinâmicas de inserção local, os espaços das demais empresas estarão necessariamente condicionados e elas terão que responder em termos competitivos levando em conta este enraizamento.

Formado por etapas concatenadas e processos industriais complementares, este vasto território industrial brasileiro que é a metalmecânica beneficiou-se de inúmeros mecanismos de difusão de capacitações, conhecimentos, aptidões, práticas, desenvolvimentos tecnológicos e oportunidades inovativas. Na contribuição de Victor Prochnik ao livro sobre inovação que a rede de pesquisa do DPP está ultimando encontra-se um mecanismo "lateral" de transmissão destes conhecimentos: um processo industrial metalmecânico possui grandes afinidades produtivas com vários outros, apesar de atenderem mercados inteiramente diferentes. Neste sentido, a metalmecânica pode ser considerada um sistema industrial em que vicejam as condições para mecanismos informais de cooperação: as empresas partilham a mesma base industrial, mas são, em termos de mercado, relativamente independentes. Por isso, o binômio competição-cooperação pende, neste caso, para o segundo termo. Ele pode ser tácito, informal, pode nem mesmo ser reconhecido como fator relevante, mas uma metalmecânica dotada de diversidade e de densidade como a brasileira, possui uma importante cultura técnica.

FIGURA 2

Produção	Fabricação	Montagem
Produção: • Fundição • Forjaria	Fabricação: • Usinagem • Moldagem	Montagem: • Em série • Por lote • Encomenda

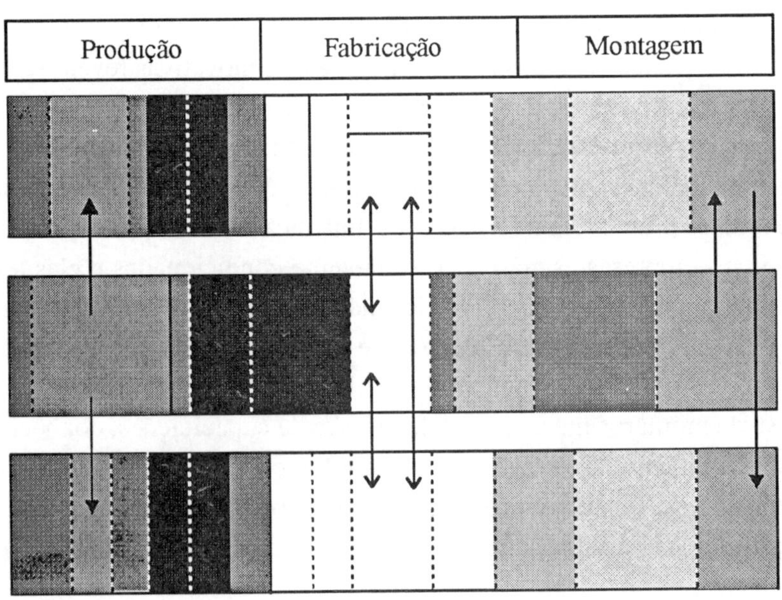

FIGURA 3-A

INOVAÇÃO NO SISTEMA AGROINDUSTRIAL

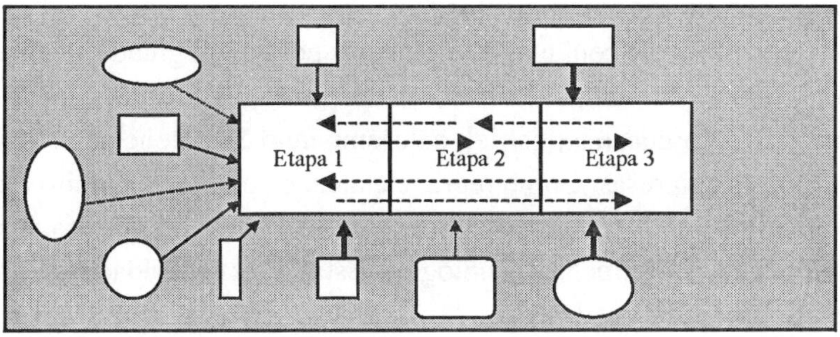

FIGURA 3-B

INOVAÇÃO NA INDÚSTRIA METALMECÂNICA

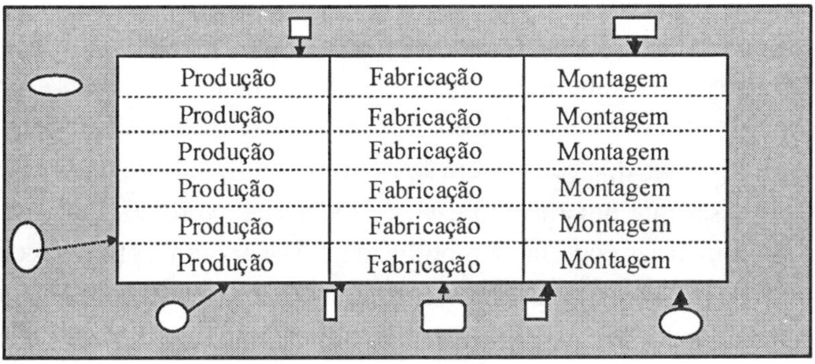

A inovação no sistema agroindustrial e na metalmecânica apresenta diferenças notáveis. Destaquem-se duas: 1) a importância das instituições extra-empresariais na cadeia agroindustrial; e 2) a existência de mecanismos de difusão extremamente dinâmicos e eficazes no caso do sistema industrial metalmecânico.

Uma empresa de caminhões e ônibus, ou de turbinas, ou de máquinas-ferramenta pode desenvolver processos industriais de fundição, de usinagem ou mesmo de montagem que serão aproveitados, com adaptações e aperfeiçoamentos, em outras indústrias — por exemplo, de equipamentos agrícolas ou máquinas de terraplenagem. Dadas as dimensões e a variedade de protagonistas da indústria metalmecânica brasileira, desenvolvimentos pontuais em inúmeros pontos do sistema industrial puderam ser disseminados, com reaproveitamento em muitos outros pontos.

O significado deste conjunto de elementos possui um grande alcance. A indústria brasileira está longe de ser excelente em todos os campos. Mesmo na metalmecânica, fortaleza industrial, o desempenho é diferenciado segundo os segmentos e as empresas. Como regra, ele alcança patamares muito mais elevados em termos de produção, com qualidade e custos, do que em termos de inovação ou desenvolvimento tecnológico. Estas duas capacidades não devem, no entanto, ser subestimadas.

O desenvolvimento de capacidades industriais e a formação de competências técnico-produtivas segundo estas linhas propiciaram condições para o estabelecimento de processos de diversificação que apresentam características novas e possuem potencial inovador. Dois exemplos podem ajudar a visualizar este processo.

Uma grande empresa metalmecânica (bens de capital sob encomenda), com capacidade produtiva subutilizada, possui competências industriais em vários processos constituintes da sua base industrial. À exceção dos componentes e sistemas eletrônicos, que constituem a principal fragilidade do tecido brasileiro, a empresa ostenta um elevado grau de integração vertical. Cada uma das competências internas poderia, se mobilizada, fabricar outros produtos ou prestar serviços de produção industrial em regime de subcontratação. Foi isto que fez a empresa, que se tornou, aproveitando competências industriais e capacidade ociosa, produtora e exportadora de componentes pesados para equipamentos de geração de energia (eólica). A base industrial desdobrou suas competências ocupando ou criando um mercado que não se relaciona ao original nem mesmo remotamente.

Uma outra empresa metalmecânica nasceu — com dimensões muito pequenas — a partir de competências desenvolvidas no âmbito do sistema industrial aeronáutico. Neste caso, nem mesmo "base industrial" existia; a empresa era só leque de competências. Muito além dos sempre mencionados aviões, tão facilmente identificáveis, este núcleo industrial foi também um embrião de várias capacidades e excelências industriais que o Brasil teve que formar para alcançar os resultados que ostenta hoje na aeronáutica. Esta competência metalmecânica desdobrou-se no desenvolvimento de hélices para sistemas de geração de energia elétrica de base eólica. As suas exportações alcançam dezenas de milhões de dólares e são o resultado de uma recombinação de competências industriais de um sistema complexo, que reúne capacidades industriais muito variadas, mas integradas, com capacidade de articulação sistêmica.

É impossível caracterizar estes dois casos como decorrentes da base de recursos naturais. Os equipamentos são de base metálica e utilizam grandes quantidades de insumos siderúrgicos; mas eles estão longe de terem valores comparáveis aos recursos naturais que contêm.

Uma das maiores fragilidades do sistema industrial brasileiro decorre da debilidade das suas equipes de P&D. Esta fragilidade aparece com a maior gravidade nos setores intensivos em tecnologia ou naqueles em que a fronteira tecnológica e os padrões de produção sofrem periódicas descontinuidades. Mas este não é o caso da metalmecânica. Por isso mesmo, a ausência de equipes de pesquisa pode ser considerada uma limitação importante, mas os profissionais de engenharia e as equipes de desenvolvimento estão à altura das tarefas e das responsabilidades mais imprescindíveis. Elas não resolvem as questões da inovação ambiciosa, mas estão perfeitamente dotadas de capacidade e muitas vezes também de mandato para encaminhar a solução dos problemas técnicos rotineiros, do desenvolvimento tecnológico incremental, bem como da viabilização de soluções para as novas demandas dos clientes, inclusive quando elas exigem mudanças nos processos de produção.

Nem sempre esses mandatos são automáticos — uma decorrência natural das competências — ou facilmente atribuíveis — a partir das relações matriz-filial. Eles envolvem muitas vezes um processo de longas e trabalhosas negociações entre a filial e matriz. Uma das características mais marcantes que o contato com as empresas deste agrupamento industrial e desta configuração patrimonial revela é a existência de identidades próprias das filiais, identidades construídas, resultado de longos processos de acumulação de competências[4].

[4]Nem sempre o sistema institucional está apto a apoiar a afirmação dos mandatos da filial e, com ela, do seu sistema de fornecedores. Esta fragilidade das políticas domésticas representa um ônus sobre o sistema industrial e o desenvolvimento tecnológico.

Grosso modo, é possível afirmar que as filiais de muitas empresas estrangeiras deste amplo complexo metalmecânico se vêem — de forma resumida e simplificada — portadoras da seguinte identidade: capazes de produzir a baixos custos, produtos confiáveis (robustos, seguros), com poucas quebras e baixos custos de manutenção. Elas não pretendem competir no binômio sofisticação e desempenho; aliás, nem poderiam. A sua estratégia de competição e de inserção na rede de unidades empresariais e competências industriais da corporação é por meio de capacidades que contornam os parâmetros tecnologicamente sofisticados da matriz e dos seus produtos.

A existência de grandes empresas nacionais (ou que se desenvolveram sob controle nacional antes de serem adquiridas por empresas ou grupos estrangeiros), ao lado de grandes empresas genuinamente estrangeiras nestes setores, deveria servir de fonte de reflexão com relação à importância destas áreas.

Algumas ilustrações: o Brasil possui competitividade provada em segmentos de equipamentos mecânicos e elétricos, sejam eles de larga escala, de lotes pequenos ou fabricados sob encomenda. Muitas destas empresas exportam fatias de produção superiores às de empresas líderes do complexo agroindustrial. O mesmo ocorre em alguns segmentos de autopeças. E já existe na metalmecânica brasileira uma figura que era desconhecida nestas atividades e na maior parte da indústria: a planta dedicada à exportação[5].

Como foi que estas empresas conquistaram estas posições? Por certo não foi com base na competitividade conferida pelos recursos naturais. Na metalmecânica, o recurso natural brasileiro que é realmente abundante é o minério de ferro — exportado a menos de US$ 20 dólares por tonelada. O valor médio das exportações brasileiras do capítulo 84, que inclui uma boa parcela dos produtos metalmecânicos mais complexos, alcança várias vezes esse valor médio. Transformação industrial muito substancial foi agregada antes destes produtos alcançarem os valores médios que apresentam.

[5]Ver o exemplo recente de uma filial de um grande fabricante estadunidense de equipamentos elétricos de base mecânica. Esta empresa norte-americana, de compressores, possui uma unidade no interior de São Paulo, onde emprega alguns milhares de pessoas. Acaba de instalar no Paraná uma unidade de motores, dedicada à exportação: 50% para a América do Norte, 35% para a Europa, 15% para a América Latina. Entrevistas recentes com empresas mostram que elas, a despeito de uma freqüentemente esperada valorização cambial, têm projetos de expansão em que o peso das exportações é superior à média das suas atividades.

Não se trata de exemplos pontuais; trata-se antes de capacidades industriais múltiplas, sustentadas por fatores diversos, que arrancam da dotação de fatores, com peso reduzido, e são alavancados por fatores construídos ao longo do processo de montagem da matriz industrial, em que a mecânica teve sempre uma importância destacada. Na maior parte dos casos, a máxima eficiência operacional foi conseguida com esforços industriais intensos e dedicados. As capacidades de desenvolver tecnologias num leque mais amplo de oportunidades receberam sempre muito menos atenção e recursos, mas isso não significa que tenham sido ignoradas.

Este é um conjunto de atividades onde o deslocamento da fronteira tecnológica ocorreu de forma menos acelerada e — sobretudo — não disruptiva. Muitos dos produtos desta vasta área industrial são "complexos", formados por um conjunto de etapas concatenadas. Elas integram, em proporções muito variáveis, processos e procedimentos industriais

As lições desse processo de desenvolvimento tecnológico para a política industrial e tecnológica e para o desenvolvimento inovativo são merecedoras de uma reflexão mais apurada, que não cabe neste espaço. Apenas para adiantar uma idéia para debate (que será aprofundada no livro de inovação que está sendo finalizado a partir dos resultados da pesquisa de campo do Diretório da pesquisa Privada), o sistema industrial metalmecânico — diferentemente do que ocorre no sistema agroindustrial — está bastante contido nas empresas. Apesar de estar contido nas empresas, ele pode ser caracterizado como um sistema, e foi este sistema que propiciou ao conjunto de empresas constituintes dos múltiplos setores ou segmentos que formam esse vasto território industrial, as condições para que a resistência individual pudesse ocorrer sem empobrecimento coletivo.

Muitas empresas encolheram o seu leque de atividades, mas o sistema industrial metalmecânico preservou a maior parte das suas atividades. O encolhimento individual no caso da metalmecânica propiciou expansão e desenvolvimentos, com características individuais e coletivas que formam uma base sistêmica. Ao longo do processo, não apenas várias competências se viram preservadas e reforçadas, muitas outras surgiram, e não foram raros os casos em que este surgimento ocorreu de forma genuinamente inovadora.

As inovações radicais na metalmecânica brasileira podem ser consideradas raras, se é que existem realmente[6]. Por paradoxal que possa parecer, a importância disso é limitada. Estes avanços têm sido mais consistentes nas áreas mais estáveis do desenvolvimento tecnológico, em que as descontinuidades das trajetórias e as rupturas dos padrões são raras, o que parece inteiramente consistente com um sistema de inovação em que os recursos de todos os tipos são ainda escassos e as empresas têm que privilegiar os resultados mais imediatos. O importante a reter, aqui, é que a inovação tem sido um processo levado a cabo pelas empresas como parte integrante das suas estratégias competitivas e de desenvolvimento empresarial. Este processo tem vinculado avanços industriais — sejam eles da empresa individual ou do sistema em seu conjunto — com novos posicionamentos nos mercados. A redução de custos, a busca de eficiência, a promoção da qualidade, a diversificação dos mercados, a capacitação tecnológica, o desenvolvimento inovativo são ingredientes constitutivos deste sistema industrial (metalmecânico) e estão integrados na sua dinâmica competitiva. Mudar a proporção destes ingredientes afigura-se muito mais fácil do que começar de um patamar nulo. A política industrial deve partir deste reconhecimento. A sua tarefa não é a de tornar o deserto fértil ou descobrir os seus raros oásis; a política industrial, com ênfase na dimensão tecnológica e inovativa, poderá apresentar os melhores resultados se conseguir irrigar este sistema tão fértil[7].

AGROINDÚSTRIA

A agroindústria é habitualmente considerada — quase sem necessidade de qualquer pausa para evidências ou demonstração — a força mais competitiva da indústria e da economia brasileira. Vários dos resultados que a agroindústria vem obtendo são extremamente relevantes e expressivos. Taxas de crescimento da produção muito elevados, ganhos importantes nos mercados interno e

[6]Vários dos colaboradores da pesquisa do DPP estimam ter encontrado exemplos importantes de inovações radicais desenvolvidas no Brasil. Essa discussão será adiada para um outro momento. Aqui, ela é secundária.

[7]Neste sentido, os Fundos Setoriais deveriam sofrer uma reformulação tão simples quanto radical: se o que se deseja é fomentar o desenvolvimento de tecnologia nas empresas, que elas possam captar diretamente os recursos, na condição de proponentes de projetos. Mais ainda, que elas possam fazê-lo e prestar conta dos recursos *a posteriori*.

externos, acirramento do protecionismo dos "países avançados" — eis aí algumas evidências que parecem ostentar a força de uma demonstração.

A percepção que vem sendo construída por estudos e informações públicas produziu recentemente um grande avanço em relação a esta questão: a compreensão do papel que as instituições extra-empresariais desempenham no processo de desenvolvimento do sistema agroindustrial, sobretudo em termos tecnológicos. Nem sempre, no entanto, o horizonte temporal é levado em conta na perspectiva adequada, contabilizando-se as decisões (públicas) sobre este ou aquele investimento e os seus resultados tal como são percebidos e apropriados pelos agentes diretamente envolvidos nas atividades produtoras e comercializadoras.

Quando se compara a agenda de pesquisa e as estratégias de inovação das empresas diretamente implicadas na cadeia agroindustrial com o dinamismo do sistema agroindustrial, constata-se que as empresas genuinamente agroindustriais são, de fato, apenas uma fração; e uma fração limitada, possivelmente, minoritária. Institutos públicos (e secundariamente, privados) de pesquisa, extensionismo rural, infra-estruturas de armazenagem, transporte, beneficiamento, sistemas de proteção da propriedade intelectual (cultivares) — eis uma lista breve de fatores que ajudaram as empresas da cadeia agroindustrial no seu desenvolvimento[8].

Mas existe também o outro lado, o de fragilidades que não têm talvez recebido a devida atenção por parte do grande público, mas preocupam enormemente empresas e organismos públicos. O caso recente do embargo às exportações de soja apenas sinalizou, com a eloqüência de um peso enorme, os problemas de sanidade que ameaçam efetivamente ou rondam, como tempestades, as exportações agroindustriais brasileiras. Ao lado destas fragilidades, outras devem merecer registro: a forte dependência de pelo menos dois segmentos do sistema em relação a fontes externas de insumos (defensivos e insumos para animais).

As empresas têm cuidado da sua expansão e do seu desenvolvimento, incluindo aí a dimensão inovativa. Mas as fragilidades do sistema agroindustrial

[8]Apenas a título de ilustração, pelos efeitos didáticos pedagógicos: os cadernos de agricultura dos grandes jornais, assim como os programas televisivos sobre o mundo rural, prestaram ao desenvolvimento tecnológico e à inovação no campo serviços muito mais relevantes do que os do caderno ciência. O principal programa televisivo nesta área possui uma equipe estável e confiável aos olhos do seu especialíssimo público, um fato que por certo ajuda a quebrar as resistências culturais dos "homens do campo" ao experimentalismo bem-sucedido que demonstra semanalmente os seus resultados.

não são as das principais empresas ou dos seus pontos avançados. As fragilidades do sistema agroindustrial são as dos seus pontos mais débeis. Por mais vigoroso e dinâmico que seja, ele depende de capacidades que têm necessariamente que ser gerais, comuns a todas as empresas, formando um patamar mínimo que assegura padrões aceitáveis.

A estratégia de algumas das empresas líderes do complexo agroindustrial, no sentido de buscarem uma diferenciação de produtos nos mercados finais, de agregarem valor invadindo novos segmentos de produção e de mercado, pode ser extremamente interessante de um ponto de vista privado, mas introduz elementos de preocupação numa perspectiva de ação pública. Afinal, a concentração de esforços na dimensão mercadológica, da diferenciação de produtos, nos produtos prontos, agrega valor à produção final e ao faturamento da empresa, mas não agrega valor às etapas da cadeia básica. Neste sentido, existe uma diferença radical entre a estratégia de várias empresas dos segmentos de carnes em relação às do segmento de café. Enquanto aquelas buscam mais etapas, estas buscam principalmente melhorar o seu desempenho nas etapas que realizam. Num caso, a diferenciação por busca de novos produtos a jusante da cadeia contribui para a hipercomoditização a montante; e no outro, a permanência na área básica faz-se acompanhar de um alargamento da base de criação de valor.

PADRÕES DE INOVAÇÃO NAS INDÚSTRIAS QUE TÊM APRESENTADO DEFICIÊNCIAS COMPETITIVAS

Existem dois grupos de atividades que costumam, sem discussão, ser considerados os principais perdedores do processo de reestruturação e aqueles que possuem as maiores fragilidades: químico-farmacêutico e eletrônico.

FARMACÊUTICA

A indústria farmacêutica brasileira representa uma das principais fragilidades do nosso sistema industrial. Ela é formada por empresas com características muito diferentes daquelas que definem o padrão internacional dessa indústria. A simples comparação das características básicas de umas e outras basta para mostrar as desproporções que as diferenciam e a distância que as separa.

INFORMAÇÕES SOBRE P&D EM EMPRESAS MULTINACIONAIS FARMACÊUTICAS NO BRASIL

Empresas farmacêuticas multinacionais	Página Brasil	Centros de pesquisa obtidos na página da matriz	Páginas da matriz descrevem pesquisas no Brasil?
Abbot	N	EUA, Alemanha, Japão	N
Akzo Nobel	S	Holanda, Escócia, França	N
Allergan	N	Não cita	N
Asta Medica	S	Alemanha	N
Astrazeneca	S	EUA, Inglaterra, Suíça	N
Aventis Pharma	S	EUA, Canadá, França	N
Baldacci	S	Não cita	N
Bayer	S	EUA, Alemanha, Japão, Itália, Inglaterra	N
Boehringer	S	Alemanha, EUA, Áustria, Canadá, Japão, Itália, Argentina	N
Bristol-Meyers	S	EUA, Índia	N
BYK	S	Alemanha	N
Daudt	S	Não cita	N
Farmalab-Chiesi	S	Itália, França, EUA	N
Glaxo	N	Japão, Canadá, USA, Espanha,	N
INC	N	Não cita	N
Janssen-Cilag	S	Bélgica, EUA, Japão, Alemanha, França, Espanha	N
Libbs	S	Alemanha	N
Lilly	N	Austrália, Inglaterra, Bélgica, Canadá, Alemanha, Espanha, EUA	N
Medley	S	EUA	N
Merck	S	Itália, Espanha, França, Japão, EUA, Canadá, Inglaterra	N
Miillet Roux	S	Não cita	N
Novartis	S	EUA, Áustria, Japão, Inglaterra, Suíça	N
Pfizer	S	EUA, Inglaterra, França e Japão	N
Roche	S	EUA, Suíça, Japão, Inglaterra,	N
Sanofi-Synthebolo	S	Europa, EUA	N
Serono	construção	Suíça, EUA, Itália	N
Schering-plough	S	EUA, França, Alemanha, Itália	N
Wyeth	N	EUA, França, Alemanha, Inglaterra, Japão	N
Zambon	S	Itália	N

FONTE: Pinto, M. (2003).

Quer isto dizer que a indústria brasileira de fármacos e medicamentos não possui qualquer possibilidade de inovar ou desenvolver-se com elementos diferenciados? A despeito das grandes fragilidades que esta indústria apresenta no seu desempenho conjunto, existem capacidades de produção relevantes e, mais importante, as empresas desenvolveram ao longo dos anos estratégias de inovação pertinentes.

É evidente que uma grande empresa farmacêutica brasileira não possui — até aqui — estratégias de pesquisa e desenvolvimento análogas às grandes empresas farmacêuticas internacionais. Apesar de superestimados, os investimentos em P&D destas empresas são excessivamente grandes e remetidos a um intervalo de tempo desproporcionalmente largo para o tamanho e o horizonte de todas as empresas nacionais, sem exceção.

Ocorre que inovação é muito diferente de P&D — é mais e é menos, ao mesmo tempo. Por um lado, não basta ter uma estratégia em termos de P&D, com investimentos volumosos e direcionados para áreas promissoras. A estratégia de inovação está necessariamente integrada à estratégia comercial, à proteção da propriedade intelectual, aos marcos legais e regulatórios, às capacidades de produzir. Por outro lado, é possível ter uma estratégia inovadora sem ter necessariamente uma predominância do vetor tecnológico. Existem mesmo inovações — pontuais, certamente; às vezes encadeadas — que prescindem de um peso relevante da dimensão tecnológica.

Na indústria farmacêutica brasileira existem estratégias de inovação que permitem às empresas diferenciar-se e conquistar posições relevantes no mercado, apesar das suas visíveis fragilidades tecnológicas. Uma dessas estratégias consiste precisamente no recurso ao mais indispensável dos ingredientes do processo de inovação, mesmo quando as capacidades científicas e tecnológicas são relativamente abundantes: o mercado[9].

Uma das fontes de informação que os laboratórios farmacêuticos utilizam é o conhecimento médico, que se traduz nas práticas rotineiras dos seus profissionais. Uma das estratégias de inovação das empresas farmacêuticas brasileiras consiste em identificar, nessas práticas, combinações com potencial clínico e comercial, desenvolvendo pesquisas clínicas que permitam identifi-

[9]O refrigerante mais vendido do mundo, que é também a marca mais valiosa, não lançou uma variedade de produto diferenciado que "imita" o hábito que há muito tempo era praticado pelos consumidores?

car de forma consistente as melhores combinações e as suas características. Um dos principais laboratórios farmacêuticos nacionais alcançou um resultado inovador muito relevante por intermédio deste procedimento, que lhe permitiu uma patente e um mercado relevante[10].

Uma segunda estratégia consiste no aproveitamento dos chamados conhecimentos *populares*. Pelo menos uma empresa farmacêutica brasileira alcançou um estágio relativamente avançado de pesquisas com base numa aposta feita sobre estes conhecimentos. Estas pesquisas mostraram, posteriormente, que as substâncias contidas no medicamento em estudo possuíam grande potencial para uma doença associada à idade e para a qual não existe cura. O processo de pesquisa foi posteriormente abortado em função de problemas inesperados e para os quais a empresa não possui, dentro dela ou na sua rede de instituições associadas, os recursos necessários. A onda fitoterápica deveria reter deste fato um sinal de advertência. Extratos são catálogos de moléculas, boas e más, saudáveis e nocivas. Identificá-las, conhecê-las, separá-las envolve uma gama imensa de conhecimentos e capacidades[11]. Mas as lições deste exemplo vão além: um inimigo relevante de uma política industrial voltada para a inovação vem das iniciativas voluntaristas que têm que ser abortadas em meio do caminho por resultados decepcionantes, escassez de recursos e insuficiência de apoio. Quando isto ocorre, o balanço de poder, dentro da empresa, oscila de forma súbita no sentido oposto e os aliados da tecnologia e da inovação vêem-se relegados a uma posição secundária, subalterna.

A montagem da estratégia de inovação desta empresa revela — ao lado do fracasso momentâneo — uma característica muito importante de algumas empresas brasileiras em *setores difíceis*: a sua capacidade de mobilização de competências externas. É possível identificar — nesta empresa e em várias outras de setores semelhantes — uma estratégia de fazer face às necessidades de criar áreas diferenciadas a partir de recursos inexistentes internamente. Assim, a empresa conseguiu mobilizar competências em diversas instituições, montando de forma gradual uma rede de pesquisa cuja

[10]A combinação de uma substância antagonista de cálcio (amlodipina) com um inibidor da enzima conversora de angiotensina (Enalapril), utilizado no tratamento da hipertensão arterial.

[11]O esclarecimento deste ponto contou com a ajuda do professor Gilberto de Nucci.

capacidade vai muito além daquela que seria possível internamente ou numa única instituição[12].

Eletrônica

A eletroeletrônica é possivelmente a mais grave das fragilidades da estrutura industrial brasileira. Ela envolve pelo menos duas dimensões relevantes. Foi neste conjunto de atividades que o Brasil se afastou mais das tendências internacionais. Além disso, a eletrônica está no centro do sistema industrial, viabilizando soluções impensáveis sem essa ferramenta de progresso e desenvolvimento do conjunto dos sistemas econômico e social.

O atraso eletrônico do sistema industrial brasileiro suscita respostas que vão da aposta na impossibilidade de recuperar o atraso e superar as deficiências às apostas ousadas, passando pela timidez que mimetiza o caminho clássico da substituição de importações.

As estratégias e as apostas empresariais com relação a várias diretrizes de política, mesmo aquelas ainda incipientes, mostram um leque bastante amplo de possibilidades, lastreadas, em muitos casos, numa aposta com relação ao potencial que pode ser desempenhado pelo desenvolvimento tecnológico e pela inovação.

O exemplo mais forte dessa aposta está no sistema de televisão digital, um tema polêmico com relação ao qual o debate deveria ser ampliado e ter as suas informações mais difundidas. Lembremos, apenas, que mesmo escolhendo uma solução existente é possível alcançar contrapartidas em várias áreas, ligadas ao sistema escolhido ou em outras do complexo eletrônico.

Mas o elemento mais importante — porque revelador de possibilidades de mercado, dos agentes empresariais, das suas percepções e estratégias — consiste nas estratégias inovadoras de algumas das principais empresas — nacionais e estrangeiras. As nacionais vêm buscando um papel mais ativo da dimensão tecnológica, para a qual estabeleceram institutos de pesquisa. Os resultados desses investimentos estão longe de poderem ser adequadamente

[12]Num certo sentido, esta empresa é precursora dos mecanismos dos fundos setoriais. A comparação entre os mecanismos de operação dos fundos e aqueles que ela utiliza ajudaria a compreender as dificuldades de operação e os limites dos fundos oficiais.

apreciados, mas é notável que a paisagem do setor tem agora outras cores e novos contornos.

Pelo menos uma estratégia de empresa estrangeira deve ser destacada, pela sua diferenciação com respeito às tendências estabelecidas, pelo alcance potencial dos seus resultados. Na divisão habitual de tarefas entre matriz e filial, cabem, a esta última, papéis que vão da irrelevância à participação qualificada em projetos definidos e comandados pela matriz. Raramente se vai além, é normal que assim seja.

A estratégia identificada rompe com estas limitações. A filial não se insere num projeto específico desenvolvendo uma tarefa específica e claramente delimitada. Ela assume a responsabilidade por um projeto, e assume-a de forma exclusiva.

Os efeitos deste processo são extremamente importantes. Ele envolve o reconhecimento de capacidades tecnológicas existentes e da possibilidade de desenvolver e mobilizar novas. Muito embora a decisão inicial esteja de alguma forma relacionada com políticas públicas e com incentivos governamentais, ela cria uma irreversibilidade, ao dar densidade e proeminência a uma unidade periférica da rede corporativa.

É possível imaginar que esta decisão coloque em marcha um processo de competição com outras empresas, que suscite decisões análogas. É desejável que as políticas públicas possam auxiliar neste processo, induzindo-as, apressando-as, dando-lhes volume e contornos adequados.

CONSIDERAÇÕES FINAIS

Existem duas balizas que devem nortear uma política de inovação. Ela deve criar as condições para que a inovação e a sua difusão ocorram em ritmo suficientemente veloz para que os benefícios possam espraiar-se, sobretudo, nas circunstâncias brasileiras, sob a forma de consumo ampliado. Mas ela deve impedir que esta difusão ocorra de forma a serem minados os estímulos do processo, quer dizer, evitando que os frutos privados da inovação sejam tão modestos que não cumpram o seu duplo papel: alimentar, com lucros, os investimentos futuros; e estimular, pela cobiça e pela emulação, a adoção de trajetórias análogas por parte de outras empresas.

Para que isto ocorra, as políticas de inovação devem ser capazes de oferecer às empresas os estímulos adequados para que elas reforcem gradativamente os elementos tecnológicos e inovadores presentes em suas estratégias competitivas. Não se trata meramente de pagar pela inovação e pelos seus insumos tecnológicos, quando eles existem. Trata-se, sim, de compreender que a dinâmica da inovação, uma vez assimilada, torna-se cumulativa, e o processo ganha elementos de irreversibilidade.

Para isto, é necessário mergulhar nas dimensões estruturais e nas dinâmicas competitivas. É possível fazer políticas genéricas de inovação. Aliás, muitas delas são desejáveis. Mas as ações mais consistentes podem ser feitas com uma percepção mais clara do estado da concorrência, do papel que já desempenha o desenvolvimento tecnológico e a inovação em cada agrupamento industrial que disputa determinados espaços de mercado. É graças a esse esforço analítico e de monitoramento que é possível regar o terreno fértil e evitar a semeadura no deserto. É por meio dele que a política industrial e os seus componentes de Ciência, Tecnologia e Inovação poderão fazer o seu papel. Em muitos casos, ele significará deixar que as forças de mercado e os estímulos competitivos cumpram o seu papel. Em outros, ela terá que ajudar a criar as condições para a emergência e consolidação deste padrão.

Em todos os casos, incluindo aqueles em que a inovação já cumpre o seu papel com grande destaque, é necessário reconhecer que os termos do binômio pesquisa e desenvolvimento têm desempenhado funções muito desiguais na promoção da inovação. Desde pelo menos o final dos anos 1950 que a academia e as políticas públicas aceitaram, nos países mais avançados em termos tecnológicos, todas as implicações da tendência ao subinvestimento privado em pesquisa e desenvolvimento. Entre elas estão necessariamente incluídos os custos fiscais e financeiros das compensações. Em qualquer horizonte que não seja o do orçamento anual, estes custos são amplamente superados pelos benefícios, pois o fluxo futuro das riquezas e dos rendimentos criados excede largamente os avanços que são necessários. Isso vale mesmo quando as taxas de desconto são elevadas.

REFERÊNCIAS BIBLIOGRÁFICAS

AMADEO, Edward. "Política industrial: historiografia e condicionantes de seu sucesso". Em "Seminário: 50 anos do BNDES — Desenvolvimento em Debate". Rio de Janeiro, 2002.

AVELLAR, Ana Paula. "Inovação no setor de Bens de Capital", Relatório do projeto do Diretório da Pesquisa Privada, Convênio Fundunesp / Finep, 2003.

BAPTISTA, Margarida A.C. "A indústria eletrônica de consumo a nível internacional e no Brasil: padrões de concorrência, inovação, tecnologia e caráter da intervenção do Estado". Campinas: IE/Unicamp, 1987. Dissertação de Mestrado em Economia — Universidade de Campinas, Campinas, 1987.

BAUMANN, R. & FRANCO, A. M. "O Nafta e a participação do Brasil na Alca". *Revista Brasileira de Comércio Exterior*, 2002. Disponível na internet. http://www.funcex.com.br/bases/69-Nafta-RBAMF.pdf> em junho de 2003.

BAUMANN, R. *A Alca e o Brasil*, Brasília, Ipea-Cepal, 2003.

BIELSCHOWSKI, R. *Investimento na indústria brasileira depois da abertura e do Real: o miniciclo de modernizações*, 1995-97, Rio de Janeiro, 1998.

—— & STUMPO, Giovanni. "A internacionalização da indústria brasileira: Números e reflexões depois de alguns anos de abertura". Em: BAUMANN, Renato (org). *O Brasil e a economia global*. Rio de Janeiro, Campus: Sobeet, 1996.

CASTRO, A. B. "O Plano Real e o reposicionamento das empresas". Em: VELLOSO, J.P.R.(org.), *Brasil: desafios de um país em transformação*, Rio de Janeiro, Editora José Olympio, 1997.

——. "Indústria: o crescimento fácil e a inflexão possível". Em: XI Fórum Nacional, Rio de Janeiro, 1999.

——. "A indústria brasileira às vésperas da desvalorização". Em: XI Fórum Nacional, Rio de Janeiro, 1999.

CASTRO, A.C. (org.), *Desenvolvimento em debate* (vol. II), Rio de Janeiro, BNDES/MAUAD, 2002.

CONSONI, Flávia. "Inovação no Setor de Automóveis", Relatório do projeto do Diretório da Pesquisa Privada, Convênio Fundunesp / Finep, 2003.

COUTINHO, L.G. "A especialização regressiva: um balanço do desempenho industrial pós-estabilização". Em VELLOSO, J.P.R. (org.), *Brasil: desafios de um país em transformação*, Rio de Janeiro, José Olympio, 1997.

——. "A fragilidade do Brasil em face da globalização." Em BAUMANN, Renato (org). *O Brasil e a economia global*. Rio de Janeiro, Campus: SOBEET, 1996.

——. "Marcos e desafios de uma política industrial contemporânea". Em Seminário: 50 anos do BNDES — Desenvolvimento em Debate. Rio de Janeiro, 2002

DIAS, Ana Valéria Carneiro. "Inovação no setor de autopeças", Relatório do projeto do Diretório da Pesquisa Privada, Convênio Fundunesp / Finep, 2003.

ERBER, F. S. "Reformas estruturais e comércio externo: desenvolvendo a capacidade de inovação." *Revista Brasileira de Comércio Exterior (RBCE)*. Rio de Janeiro, Funcex, julho/setembro de 2002.

FLEURY, A. *et alii*. *A competitividade das cadeias produtivas da indústria têxtil baseadas em fibras químicas*, BNDES, novembro de 2001.

—— & FLEURY, M. T. L. *Estratégias empresariais e formação de competências*, São Paulo, Atlas, 2001.

FURTADO, J. "Mundialização, reestruturação e competitividade: a emergência de um novo regime econômico e as barreiras às economias periféricas". Em *Novos Estudos Cebrap*. São Paulo, nº 53, 1999.

——. "Globalização das empresas e desnacionalização." Em LACERDA, A. C. *Desnacionalização. mitos, riscos e desafios*. São Paulo: Contexto, 2000. p. 13-42.

——. "Globalização, estabilização e o colapso da empresa nacional", *Economia e sociedade*, Campinas, n. 16, junho/2001, p. 83-104.

——, *et alii*. "Balanço de pagamentos tecnológico e propriedade intelectual". Em LANDI, F. R. (coord.) *Indicadores de Ciência e Tecnologia e Inovação — 2001*. São Paulo, Fapesp, 2002.

——. "Análise dos efeitos das cadeias de comercialização nos Estados Unidos para a competitividade das exportações brasileiras". Em BAUMANN, R., *A Alca e o Brasil — uma contribuição ao debate*, Brasília, Ipea-Cepal, 2003, p. 257-304.

GALINA, Simone V. R. "O envolvimento do Brasil no desenvolvimento tecnológico do setor de telecomunicações medido através de indicadores quantitativos — concessão de patentes e dados bibliométricos". Em 3º Congresso Brasileiro de Gestão de Desenvolvimento de Produto. Florianópolis, 2001.

GARCIA, Renato. "Inovação no setor de calçados e insumos", Relatório do projeto do Diretório da Pesquisa Privada, Convênio Fundunesp / Finep, 2003.

——; SALOMÃO, Susana. "Inovação no Setor de Cosméticos", Relatório do projeto do Diretório da Pesquisa Privada, Convênio Fundunesp / Finep, 2003.

——; SILVA, Gabriela Scur e. "Inovação no Setor de Cerâmica - Revestimentos", Relatório do projeto do Diretório da Pesquisa Privada, Convênio Fundunesp / Finep, 2003.

GOMES, Rogério. *A internacionalização das atividades tecnológicas pelas empresas transnacionais: elementos de organiza-*

ção industrial da economia da inovação. Campinas: IE-Unicamp, 2003. Tese (Doutorado em Economia); Universidade de Campinas, Campinas, 2003.

GOUVEIA, Flávia. "Inovação no setor de eletrônicos de consumo", Relatório do projeto do Diretório da Pesquisa Privada, Convênio Fundunesp / Finep, 2003.

HAGUENAUER, L. *et alii*. "Evolução das cadeias produtivas brasileiras na década de 90", Texto para Discussão n.786, Ipea, abril de 2001 (análise aprofundada nos setores têxtil e automotivo).

LALL, S. "Selective Industrial and Trade Policies in Developing Countries: Theoretical and Empirical Issues". Em *QEH Working Paper*, n. 48, August/2000.

LAPLANE, M; SARTI, F. "Investimento direto estrangeiro e a retomada do crescimento sustentado nos anos 90", *Economia e sociedade* (8), Campinas, jun, p. 143-81, 1997.

LUPATINI, Márcio. "Inovação no setor de têxtil e vestuário", Relatório do projeto do Diretório da Pesquisa Privada, Convênio Fundunesp / Finep, 2003.

MARKWALD, Ricardo A. "O impacto da abertura comercial sobre a indústria brasileira". Estudos e Pesquisas nº11, em XII Fórum Nacional, Rio de Janeiro, 2001.

MARTINELLI, Orlando. "Inovação no Setor de Agroquímicos", Relatório do projeto do Diretório da Pesquisa Privada, Convênio Fundunesp / Finep, 2003.

——; MOURA, Débora de. "Inovação no setor de sementes", Relatório do projeto do Diretório da Pesquisa Privada, Convênio Fundunesp / Finep, 2003.

——; SOUZA, João Marcos de. "Inovação no Setor de Carnes de Aves", Relatório do projeto do Diretório da Pesquisa Privada, Convênio Fundunesp / Finep, 2003.

MENDONÇA de BARROS, L. C. & GOLDENSTEIN, L. "Avaliação do processo de reestruturação industrial brasileiro", *Revista Economia Política*, 17(2), abr-jun, p. 11-31, 1997.

MOREIRA, M. M. "Estrangeiros em uma economia aberta: impactos recentes sobre produtividade, concentração e comércio exterior", Texto para Discussão BNDES/Depec n° 67, março de 1999.

——, & CORREA, P. G. "Abertura comercial e indústria: o que se pode esperar e o que se vem obtendo", *Revista de Economia Política*, vol. 17, nº 2(66), abr-jun, p. 61-91, 1997.

NAKANO, Davi. "Inovação no setor de petroquímica", Relatório do projeto do Diretório da Pesquisa Privada, Convênio Fundunesp / Finep, 2003.

PARREIRAS, Vanessa. "Inovação no Setor de Siderurgia", Relatório do projeto do Diretório da Pesquisa Privada, Convênio Fundunesp / Finep, 2003.

PEREIRA, Wellington da Silva. "As mudanças no padrão de comércio exterior brasileiro e seus vínculos com a estrutura produtiva: uma análise das mudanças ocorridas na década de 90." I e II Relatórios à Fapesp. Araraquara, 2002. Disponível em http://geein.fclar.unesp.br.

PINTO, Mara Cristina. "Inovação no setor de farmacêutica — Laboratórios Nacionais", Relatório do projeto do Diretório da Pesquisa Privada, Convênio Fundunesp / Finep, 2003.

PROCHNIK, Victor. "Estudo da competitividade de cadeias integradas no Brasil: impactos das zonas de livre comércio — cadeia têxtil e confecções" (Nota Técnica Final), dezembro de 2002.

RESENDE, M. F. & ANDERSON, P. "Mudanças estruturais na indústria brasileira de bens de capital". Em *Anais do XXVII Encontro Nacional de Economia*, vol. II, p. 885/900, dezembro de 1999.

RODRIGUES, R. I. "Empresas estrangeiras e fusões e aquisições: os casos dos ramos de autopeças e de alimentação/bebidas em meados dos anos 90", Texto para Discussão n° 622, Brasília, Ipea, 1999.

ROSELINO, José Eduardo. "Inovação no setor de software", Relatório do projeto do Diretório da Pesquisa Privada, Convênio Fundunesp / Finep, 2003.

RUIGROK, Winfried & TULDER, Rob Van. *The Logic of Industrial Restructuring*, Routledge, London, 1995.

SANTINI, Giuliana. "Inovação no setor de carnes", Relatório do projeto do Diretório da Pesquisa Privada, Convênio Fundunesp / Finep, 2003.

——. "Inovação no setor de insumos e aves", Relatório do projeto do Diretório da Pesquisa Privada, Convênio Fundunesp / Finep, 2003.

——. "Inovação no setor de insumos e suínos", Relatório do projeto do Diretório da Pesquisa Privada, Convênio Fundunesp / Finep, 2003.

SCHIAVI, Sandra. "Inovação no setor de café", Relatório do projeto do Diretório da Pesquisa Privada, Convênio Fundunesp / Finep, 2003.

SILVEIRA, José Maria da. "Inovação no setor de biotecnologia", Relatório do projeto do Diretório da Pesquisa Privada, Convênio Fundunesp / Finep, 2003.

SOUZA, João Marcos de. "Inovação no setor de armazenagem agrícola", Relatório do projeto do Diretório da Pesquisa Privada, Convênio Fundunesp / Finep, 2003.

STRACHMAN, Eduardo. "Inovação no setor de bens de capital elétricos sob encomenda", Relatório do projeto do Diretório da Pesquisa Privada, Convênio Fundunesp / Finep, 2003.

STURGEON, T. "Turnkey Production Networks: A New American Model of Industrial Organization?", BRIE Working Paper 92A, Berkeley, CA: Berkeley Roundtable on the International Economy, agosto-1997b.

SUZIGAN, W. & VILLELA, A. V. *Industrial Policy in Brasil*, Campinas, Unicamp, 1997.

——; GARCIA, R.; FURTADO, J. "Clusters ou sistemas locais de produção e inovação: identificação, caracterização e medidas de apoio". "Texto elaborado para o IEDI — Instituto de Estudos para o Desenvolvimento Industrial. Campinas, março de 2003. Disponível no site www.iedi.org.br.

VEIGA, Pedro Motta. "Política comercial, indústria e exportações: vamos voltar a falar de produtividade e competitividade?" Em *Seminário:* 50 anos do BNDES — Desenvolvimento em Debate. Rio de Janeiro, 2002(a) (mimeo).

VERMULM, R e ERBER, F. "Estudo da competitividade de cadeias integradas no Brasil: impactos das zonas de livre comércio. Cadeia: Bens de Capital." Nota Técnica Final. MDIC, MCT, Finep, NEIT-Unicamp, Campinas, 2002.

A hipótese do crescimento rápido e sustentável

*Antonio Barros de Castro**

*Assessor do ministro do Planejamento, Orçamento e Gestão e professor licenciado do Instituto de Economia da UFRJ.

INTRODUÇÃO

A ECONOMIA BRASILEIRA, que no passado figurava entre as que mais rapidamente se expandiam no mundo, passou a crescer algo como 2% ao ano, em média, nos últimos 23 anos. Em diversos momentos, durante esta longa quase-estagnação, o tema do crescimento voltou a ser objeto de discussões, bem como de apaixonadas tomadas de posição. O ministro Funaro, tendo por base a arrancada que se seguiu ao lançamento do Plano Cruzado (1986), afirmou que teríamos, dali para frente, um crescimento "japonês" — o que à época significava expansão rápida e sustentada. Anos mais tarde, após o lançamento do Plano Real, e face à vibrante resposta inicial da economia, mais uma vez se apostou na retomada — sobre novas bases — do dinamismo desta economia. Alguns grandes investimentos na área dos duráveis foram inclusive levados a efeito, tendo por referência avaliações do mercado doméstico que se revelariam, mais adiante, flagrantemente sobreestimadas. O surpreendente êxito alcançado pela megadesvalorização do real nos primeiros meses de 1999, por fim, colocou mais uma vez em pauta a questão do crescimento sustentado. Nesse caso — que neste estudo receberá atenção muito especial — o ressurgimento do tema veio a dar-se em duas etapas.

Num primeiro momento, discutia-se, unicamente, se a economia seria capaz não apenas de reaquecer-se, como de ir além, sustentando o movimento de expansão. Mais recentemente uma outra questão vai se impondo: a que taxa pode, afinal, expandir essa economia, caso logre ingressar numa rota de crescimento sustentado? Trata-se de saber a que ritmo pode crescer, sem colocar em risco os seus equilíbrios macroeconômicos. E o pressuposto aqui é que qualquer sinal de ameaça aos equilíbrios macroeconômicos deve ser respondido com medidas preventivas e corretivas. Presume-se que, através delas, a demanda efetiva voltará a se alinhar com a oferta potencial.

Por outro lado, a questão do crescimento tornou-se, no caso brasileiro, particularmente relevante, pela freqüência com que os analistas se equivocam nas suas projeções acerca do desempenho (esperado) da economia. O ano de 2004 é um caso particularmente interessante a esse respeito. Nele, apesar da compressão dos rendimentos das famílias herdada de 2003, de uma política fiscal particularmente severa, e de uma política monetária, talvez, excessivamente cautelosa, deveremos fechar o ano — contra a grande maioria das previsões — com uma expansão superior à dos últimos dez anos.

Alguns, preocupados com a impulsão recentemente adquirida pela economia, concluem que os cuidados devem ser redobrados, para que os equilíbrios macroeconômicos sejam preservados — e, muito particularmente, para que as metas previstas para a inflação sejam cumpridas. Assim, o Banco Central do Brasil, em relatório datado de setembro de 2004, declara: "toda evidência atual para o Brasil indica uma tendência inequívoca de fechamento do hiato de produto[1]. Em outras palavras, a economia estaria crescendo mais do que pode crescer sustentadamente, consumindo com isto, rapidamente, a folga herdada de 2003. Outros, discordando frontalmente da abordagem do Banco Central, tendem a negar ou ignorar a importância do crescimento verificado em 2004 — como se ele fosse fruto de acaso e/ou destinado a rapidamente desaparecer. Voltaremos a focalizar este desencontro, bem como a intrigante questão do desempenho de 2004, que nos parece encerrar diversas lições.

Retomando a apresentação do trabalho, caberia advertir que o seu objeto não é a taxa (um determinado número) a que pode crescer, sustentadamente, a economia. Estamos, sim, interessados em mostrar que faz pouco ou nenhum sentido supor que a economia não deverá crescer mais do que a tendência implícita no desempenho passado — referimo-nos, sobretudo, aos 3 a 3,5% ao ano, em torno dos quais se situam as estimativas de crescimento obtidas por métodos estatísticos. Estaremos, em particular, empenhados em introdu-

[1]Relatório de Inflação. "PIB potencial e hiato do produto: atualização e novas estimações". Banco Central do Brasil, setembro de 2004. Deve ser acrescentado que os analistas do BC acertaram, ao anunciar no início do ano que a economia tendia a apresentar um forte desempenho em 2004.

zir no debate a hipótese de que a longa quase-estagnação, por maiores que sejam os problemas dela herdados, afeta, também, positivamente, o desempenho que pode ser alcançado pela economia daqui para a frente.

Em certos momentos o texto alcança algum grau de abstração. Em regra, no entanto, o foco do trabalho está situado na experiência brasileira. Há diversas razões para que assim seja, e algumas delas ficarão claras ao longo do trabalho. Parece-nos dispensável insistir que se trata de um estudo de caráter exploratório. As hipóteses aqui sugeridas precisam ser discutidas, e o embasamento empírico deve, a bem dizer, ser construído. Na versão atual este é, pois, um trabalho assumidamente destinado a provocar debates.

O CRESCIMENTO RÁPIDO COMO ALGO INALCANÇÁVEL

Um bom número de razões e obstáculos pode ser evocado para justificar as dificuldades que a economia brasileira teria de superar, para alcançar um alto ritmo de crescimento. No fundamental, contudo, parece-nos que existem três maneiras de se negar a possibilidade do crescimento rápido desta economia.

Uma corrente acredita que a economia brasileira está, aos poucos, retomando o caminho do crescimento sustentável. De acordo com esta corrente, já seria mesmo possível crescer de forma sustentada — sendo, no entanto, crucialmente importante não exceder certos limites, inferidos através das informações disponíveis acerca do crescimento observado no passado. Caso tais limites sejam excedidos, com já foi anteriormente assinalado, os equilíbrios macroeconômicos — que tanto custaram à economia e à sociedade — voltam a ser ameaçados.

Os métodos utilizados no Brasil para estimar o produto potencial não discrepam, no fundamental, daqueles utilizados internacionalmente. Admite-se que o crescimento verificado no passado permite conhecer o ritmo sustentável de crescimento no futuro. Mais concretamente, se o crescimento exceder este ritmo, ingressa-se na situação sugerida pelo relatório do Banco Central acima citado: o hiato de produto tende a desaparecer, e tensões inflacionárias surgirão (ou serão reforçadas). O fato de que a barreira inflacionária reside, nas economias desenvolvidas, no mercado de trabalho, enquanto aqui se situa no coeficiente de utilização da capacidade instalada, não teria, supostamente, maiores conseqüências. Ou seja, assim como o desemprego, lá, não deve ficar abaixo de uma determinada taxa, o uso da capacidade, aqui, não deve ultrapassar um certo limite. E a economia só estará desperdiçando crescimento se o uso da capacidade estiver situado abaixo desse limite. Além disto, a flagrante quebra de tendência ocorrida em 1980 — bem como a que pode estar ocorrendo agora — não teriam maiores conseqüências.

Uma outra corrente parte da convicção de que as reformas estruturais introduzidas no país nos últimos 15 anos apontavam na direção certa, mas não teriam sido suficientes para implantar neste país uma verdadeira economia de mercado. Nestas perspectivas caberia, pois, retomar e aprofundar as reformas. Este grupo tende ainda a colocar num primeiro plano a abertura financeira, vista como condição para o rebaixamento das taxas reais de juros — sem o que não seria supostamente possível retomar o crescimento.

A terceira corrente se caracteriza por colocar e manter no centro da discussão a fragilidade (e a instabilidade) tantas vezes demonstrada por esta economia. Nesta perspectiva, para a economia voltar a crescer sustentadamente, acredita-se que o regime de políticas macro deve ser alterado, e algum tipo de controle deve ser exercido sobre os fluxos internacionais de capital. Alguns acrescentariam que outras políticas, como, destacadamente, as políticas industriais e tecnológicas, teriam, também, que voltar a ser implementadas. Antes disto não se colocaria, sequer, a possibilidade do crescimento rápido e sustentado.

DA ESTAGNAÇÃO AO CRESCIMENTO RÁPIDO NO PLANO INTERNACIONAL. O QUE DIZEM OS DADOS

Usando informações disponíveis na Penn World Tables, o estudo recentemente realizado por Ricardo Hausman, Lant Prichett e Dani Rodrik[2] revela que, de 1950 para cá, numerosas economias transitaram de situações de baixo ou nulo crescimento para a expansão rápida e sustentada (mantida durante pelo menos oito anos, segundo o critério arbitrado pelos autores).

---

[2]Growth Accelerations. NBER Working Papers Series. Junho de 2004.

A primeira conclusão a que chega o estudo é que a passagem de uma situação de não crescimento para outra de rápida expansão é uma experiência freqüente, tendo ocorrido 83 vezes no período sob análise!

Uma outra grande conclusão consiste em que "os pacotes de reformas do tipo *standard* têm efeitos marginais na probabilidade de que uma transição para o crescimento se inicie"[3]. Assim, como mostra o estudo, dos que transitaram (para o crescimento rápido) poucos passaram previamente pelas chamadas reformas de estrutura, e dos que fizeram reformas poucos alcançaram o crescimento rápido. Concretamente, somente em 9% dos casos (menos do que um em cada dez ocorrências), as reformas foram acompanhadas de transição para o crescimento firme e rápido.

Saltando para um outro fator candidato a explicar a transição para a expansão rápida, assinalemos que a desvalorização cambial apresenta uma boa relação com o fenômeno estudado. Depreende-se, no entanto, do texto em foco (que não pretende ir muito além dos testes estatísticos), que, tomada isoladamente, a taxa de câmbio teria um poder explicativo, ainda quando não desprezível, modesto.

Convém, por outro lado, chamar a atenção para um ponto de especial interesse no caso brasileiro: a transição para a democracia não se associa ao ingresso no crescimento rápido — pelo menos no curto prazo. Mas a relação democracia-crescimento melhora, significativamente, quando se sai do prazo de oito anos para um período bem mais extenso.

E quanto à conclusão maior deste amplo levantamento dos fatores que se associam com o crescimento rápido, consiste em algo que já vinha sendo anunciado em trabalhos de Rodrik, bem como, entre outros, de Stiglitz. Trata-se da idéia de que o crescimento rápido, tornado tão freqüente nos últimos decênios, deve ser entendido a partir de características próprias de cada caso. Vale dizer — e nas palavras dos autores do estudo aqui referido — as transições devem ser entendidas a partir de fatores explicativos "idiossincráticos". A importância da conclusão dificilmente poderia ser exagerada, e ela será aqui fundamentalmente acatada. Parece-nos, no entanto, conveniente, acrescentar um breve esclarecimento a este respeito.

[3]Ob. cit., p. 16.

Existe abundante e rica literatura sobre como se passa, com relativa rapidez, do atraso e estagnação, para a expansão firme, duradoura — e transformadora. Trata-se da literatura sobre *catch up* (emparelhamento). Nela, em vez de particularidades ou idiossincrasias, são colocados em evidência grandes traços histórico-institucionais que dominam, ou mesmo definem, a especificidade de cada experiência. Nesta perspectiva ganham especial destaque as condições em que se dá a ruptura ou mudança inicial, bem como a capacitação (*social capability*) dos grupos que lideram o processo, tirando proveito das possibilidades contidas no passado, ou inerentes à nova rota evolutiva[4].

Vistos de perto, os casos de *catch up* diferem enormemente entre si. Mas enquanto algumas diferenças mostram-se acidentais — ou, talvez, "idiossincráticas" — outras revelam-se fundamentais para que se possa entender a experiência em questão, já que delas derivam numerosas conseqüências. Além disto, postas as experiências em perspectiva, importantes aspectos comuns podem ser percebidos. É também importante frisar que no processo de emparelhamento histórico podem ocorrer "substituições" através das quais atores e instituições marcadamente diferentes promovem transformações bastante semelhantes. É, por fim, ainda típico dos estudos de *catch up*, a descoberta e valorização das "vantagens do atraso"[5]. No nosso caso, este princípio aparece, como verá o leitor, através do que poderíamos denominar "vantagens da estagnação".

Ao valorizar a longa quase-estagnação pretendemos colocar em destaque possibilidades nela contidas — e não realizadas. O procedimento parece plenamente justificar-se, na medida em que se admita que no período que estamos

---

[4]O termo *social capability* vem de uma das referências obrigatórias nos estudos sobre *catch up*: Abramovitz, Moses. Veja-se "Catching up, Forging Ahead and Falling Behind", *Journal of Economic History*, junho de 1986. Os traços maiores do enfoque histórico-institucional empregado em diferentes estudos de casos de *catch up* são comentados, por vários autores, na coletânea organizada por Woo-Cummings, The Developmental State, Cornell University Press, 1999.

[5]Encontram-se em Gerschenkron, Alexander, as idéias de "vantagens do atraso" bem como de "substituição" histórica. Vide "Economic Backwardness in Historical Perspective", Harvard University Press, 1966. Para uma visão ampla e diversificada do tema da aceleração do crescimento e da "convergência" veja-se Baumol, William, Nelson, Richard e Wolf, Edward, "Convergence of Productivity, Oxford" University Press, 1994.

(possivelmente) deixando para trás — e que se estende de 1980 a 2003 — muitas decisões foram bloqueadas, muitas oportunidades foram, quando muito, semi-exploradas. Se assim é, o futuro não deve ser pensado como projeção mecânica (e repetitiva) do passado: ele deverá combinar a exploração de oportunidades represadas, com o desenvolvimento de oportunidades inteiramente novas.

A ESPECIFICIDADE BRASILEIRA VISTA PELA ÓTICA DO CRESCIMENTO

PERIODIZAÇÃO

Chamemos primeiramente a atenção para o fato maior de que os últimos 23 anos estão muito longe de apresentar o marasmo usualmente associado a estagnações duradouras. O período é caracterizado, antes de mais nada, por uma marcante sucessão de arrancadas e tombos. Este é, pois, um caso em que a média pouco representa — estando o crescimento, a qualquer momento, mais uma vez desfazendo-se (e a economia caminhando para a recessão), ou, mais uma vez, em franca recuperação.

Por outro lado, na forma como no conteúdo, a instabilidade e seus mecanismos foram mudando ao longo do tempo.

Por fim, seja pelo prisma das grandes instituições, das práticas de política econômica, ou do ocorrido com o tecido empresarial, a longa estagnação deve ser tida como um período de intensas mudanças. Estamos assim diante de uma curiosa mescla de baixo dinamismo e alta mudança — o que não pode ser omitido ao se tentar avaliar o potencial de crescimento da economia.

Três fases, nitidamente distinguíveis, integram o longo período de que estamos tratando.

Uma primeira fase, que se estende de 1980 a 1994, é dominada pela crise da dívida e suas seqüelas, bem como pela quase hiperinflação e as tentativas, mais ou menos dramáticas, de evitá-la. Durante este período, nas ocasiões em que se logrou obter um relativo controle sobre a macroeconomia, afastando-se com isto a ameaça da insolvência externa e o espectro da hiperinflação, verificaram-se episódios de crescimento. O mais notável deles, que já foi anteriormente referido, ocorreu após o pleno amadurecimento dos grandes projetos integrantes do II PND, e o brutal esforço de ajustamento levado a efeito por Delfim de 1981 a 1983. O surto inclui o breve episódio do Plano Cruzado e nele a economia cresceu, em média, e durante três anos (de 1984 a 1986), 7% ao ano. A ilusão do crescimento vigoroso e sustentado desfez–se, no entanto, por completo, com o colapso do Cruzado, a moratória e o retorno da economia, nos primeiros meses de 1987, ao limiar da hiperinflação. Segue-se a instável e estéril fase final dos anos 1980, que já foi referida como os anos verdadeiramente perdidos da década perdida, e na qual o grande mérito da política econômica foi não permitir que a economia se lançasse no precipício da hiperinflação.

O segundo período surge com o êxito extraordinário do Plano Real, no que toca a estabilização monetária. A impulsão com que se afirma o crescimento é notável. Mas o descompasso entre a altíssima propensão a importar e o medíocre desempenho das exportações (reflexo da sobrevalorização cambial), o desequilíbrio fiscal crescente, a sucessão de crises internacionais (México, Ásia, Rússia) e a virulência das respostas dadas pelos gestores da política macro (via taxas de juros) à erosão da confiança, manteriam a economia submetida a uma forte instabilidade. Esta, que abandonara a esfera dos preços, recrudescia no âmbito das atividades produtivas. Ainda assim é importante chamar a atenção para a intensa reestruturação microeconômica observada neste segundo período, em resposta ao acicate da abertura e em decorrência da miragem de um amplo mercado de massa, surgida na euforia pós-estabilização.

A terceira fase, que se estende de 1999 ao presente, está inequivocamente associada à exitosa desvalorização de 1999. Convém frisar que à desvalorização combinou-se pelo menos uma mudança de fundamental importância: a adoção, da segunda metade de 1998 até o presente, de uma política fiscal crescentemente severa. Além disto, o novo quadro traria consigo a adoção do chamado regime de metas inflacionárias.

Livre do desestabilizador endógeno (cambial) imperante de 1994 a janeiro de 1999, provido de um novo regime de políticas macroeconômicas (percebido por muitos como consistente e alinhado com o estado das artes internacional), seria lícito pensar que o novo quadro daria por fim lugar à retomada do crescimento sustentado. Dificilmente as novas condições seriam capazes de engendrar um crescimento a altas taxas. Mas, a bem dizer, disto nem sequer se cogitava, até muito recentemente.

A retomada do crescimento sustentável, aguardada por alguns para este terceiro período, mostrou-se, contudo, mais uma vez, uma hipótese equivocada[6]. Flagrantemente não havíamos nos livrado das asfixias de demanda agregada, detonadas pelo volátil estado de confiança dos mercados, e executadas, em regra, mediante severas medidas de política monetária. Em suma, em março/abril de 2001, o nada desprezível surto de crescimento iniciado no segundo trimestre de 1999 ruiu como um castelo de cartas. Um novo mergulho viria ainda a ocorrer em 2002, cortando o fôlego de uma curta retomada iniciada poucos meses antes.

BREVE REFLEXÃO SOBRE OS CICLOS E OS PONTOS DE INFLEXÃO

Durante o longo período de quase-estagnação, englobando, como vimos, três fases, diversos surtos de reaquecimento e expansão, alcançando, no máximo, a duração de 22 meses (de maio de 1999 a março de 2001), foram abortados. À primeira vista, pelo menos, fica assim sugerida a existência de um teto no qual bate a expansão — que é então revertida. É importante sublinhar, porém, que o limite da expansão não se mostra diretamente relacionado com o crescimento, como usualmente ocorre nos ciclos econômicos. As evidências parecem sugerir que as ordens de produção dadas em resposta à expansão da demanda (de início, sobretudo, via crédito) aumentam as horas de trabalho contratadas, e que a renda assim gerada retorna ao consumo — enquanto pequenos investimentos começam a ser feitos. Em outras palavras, vistos a partir de si mesmos, os movimentos de expansão teriam tudo para prosseguir. Mas, subitamente, um terceiro fator intercepta a evolução, quebrando a circularidade ou retroalimentação. O ciclo é assim prematuramente desfeito — ficando claro que sua reversão não decorre ou deriva da própria expansão. Em outras palavras, se as ordens de produção que estão sendo dadas se frustram, e se a incipiente formação de capacidade produtiva adicional não encontra uso, isto não deriva de problemas surgidos do próprio crescimento. Neste sentido, não estamos diante de ciclos no sentido usual do termo, e os limites ou tetos da expansão devem ser explicadas por algo — o terceiro fator acima aludido —

[6]Incluo-me entre os que se equivocaram a este propósito — ainda quando sempre tive claro que o prosseguimento da expansão estava condicionado à não ocorrência de severas crises externas.

que nada tem de "cíclico". É ele que interrompe o funcionamento da mais relevante relação macroeconômica: o crescente uso da capacidade produtiva (aí incluídos os seus acréscimos), em resposta ao aumento da demanda efetiva.

Uma boa ilustração do que acaba de ser dito pode ser encontrada na recuperação subitamente interrompida nos primeiros meses de 2001. Em janeiro deste último ano o índice de confiança publicado pela CNI atingia o seu valor máximo em toda a série publicada até o presente — sugerindo que o movimento de expansão, transcorridos vinte meses do seu início, continuava ganhando força. Estávamos, no entanto, há apenas dois/três meses de sua drástica reversão.

Algumas conclusões emergem do que acaba de ser dito. Primeiramente, os picos de atividade significam a súbita interrupção de um movimento, por algo que lhe é alheio. A ameaça de uma crise cambial e, através dela (via depreciação da moeda), o ressurgimento de pressões inflacionárias, são os vilões imediatos deste enredo, nos últimos dez anos. Por trás deles encontra-se, porém, a volatilidade da confiança na solvência das dívidas interna e externa. Convém recordar, no entanto, que no período 1980-1994, a iminência da chegada da hiperinflação era, de forma direta e inequívoca, a principal razão das freadas intempestivas da economia.

O anterior deixa também claro que, no passado, pelo menos, a interrupção do crescimento vinha sempre de um golpe de demanda — que de forma alguma poderia ser previsto a partir de elementos tais como: dotação de fatores, uso de capacidade, ou evolução da produtividade. Fica também evidente que os bloqueios do crescimento podem ocorrer em qualquer fase ou etapa da retomada expansiva. E, claro, ao chegar, introduzem uma autêntica descontinuidade. Não deve, pois, surpreender que os agentes econômicos embarcados nessa experiência, frente a qualquer distúrbio, sintam-se à borda de um precipício.

Uma segunda característica no tocante a reversões refere-se ao vigor com que a expansão é retomada após um período relativamente breve de cessação do crescimento e possível recessão. Ela sugere a existência, nesta economia, de impulsos expansivos que vêm à tona tão logo o governo sinalize (em regra mediante redução da taxa de juros) suavização ou superação das dificuldades.

Revertidos os sinais — e as expectativas — o vigor da retomada costuma surpreender. O detonador da recuperação é o crédito, e a zona inicialmente favorecida da economia é a produção de duráveis. A energia da retomada é seguramente ajudada pela existência de um aparelho de crédito prontamente acionável pelas cadeias de varejo. A existência, desde a segunda metade dos anos 1990, de ampla capacidade ociosa na esfera dos duráveis — é outro fator que predispõe a uma rápida reação. Mas é evidente que, como pano de fundo da pronta e ampla reação, reside o fato de que a revolução do consumo de massa encontra-se, ainda, em pleno curso nesta economia — e as classes C e D revelam-se, a cada oportunidade, ávidas por ingressar em mercados que, para elas, significam não apenas satisfação como, também, *status*. Resumidamente, estamos diante de uma situação em que o reaquecimento da demanda é facilmente acionável — o que não deixa de ser verdade, ainda quando a massa salarial se encontre excepcionalmente retraída, como no início da retomada presentemente em curso[7].

O que acaba de ser assinalado significa, enfim, que com certa freqüência pequenas mudanças acarretam grandes alterações no estado da economia. Além disto, se o possivelmente abrupto e precoce fim das expansões recomenda grande cautela no tocante a assumir compromissos de médio e longo prazos, não é menos verdade que convém às empresas manter a capacidade produtiva em forma, para que as retomadas possam ser devidamente aproveitadas. Formada a visão empresarial neste meio ambiente, não deve surpreender o seu temperamento mercurial — que confirma e realimenta a instabilidade da economia.

Contrariamente ao verificado na Argentina, o agravamento extremo das dificuldades desta economia, ocorrido em 1998, encontrou firme e ampla — ainda quando não prevista — resposta por parte dos gestores da política macroeconômica. Este é um ponto nevrálgico no tocante à especificidade do caso brasileiro. Quando as dificuldades chegaram ao máximo (a economia praticamente quebrou no segundo semestre de 1998) em vez do país ser levado ao imobilismo, por razões as mais variadas, houve ampla resposta por parte das autoridades públicas. Como veremos a seguir, este era apenas o início de um conjunto ou cadeia de reações.

---

[7]A não compreensão deste ponto levou numerosos analistas a previsões equivocadamente pessimistas, no presente surto de crescimento.

CONSIDERAÇÕES ADICIONAIS SOBRE A ESPECIFICIDADE DO CASO BRASILEIRO

O primeiro argumento que pretendemos aqui introduzir é de natureza empírica. Simplesmente não é válido concluir, com base no colapso de março/abril de 2001, que a hipótese da retomada do crescimento a partir dos ajustes fiscal e externo iniciados em fins de 1998, nada mais fosse que um equívoco. Aliás, apesar das aparências, também não é verdade que a economia ruiu como um castelo de cartas nos primeiros meses de 2001. A economia brasileira estava sendo, naquele momento, frontalmente atingida pelo colapso argentino e pela crise da Bolsa de Valores norte-americana. A isso se somou o devastador impacto sobre as expectativas, decorrente do anúncio (espetaculoso) da crise energética[8]. Face a tamanhas adversidades, é verdadeiramente impensável que o impulso expansivo da economia pudesse ser sustentado. Aliás, como mostrou a crise asiática do final do século XX, até mesmo economias referidas como exemplos de solidez rapidamente podem sucumbir, sob o contágio de crises originadas em seus vizinhos.

Tendo por pano de fundo o que acaba de ser dito, o abrupto término da promissora expansão iniciada em maio de 1999 adquire uma excepcional importância — e aqui reside o segundo aspecto que busco neste momento ressaltar. O recado deixado pelo colapso do crescimento nos primeiros meses de 2001 tornava-se claro para muitos: mesmo que se tenha êxito na redefinição do regime de políticas macroeconômicas (em contraste com o ocorrido na Argentina); e ainda quando o crescimento se mostre bastante saudável — como já foi dito, as expectativas empresariais se mantinham altamente otimistas em janeiro de 2001 —, não se escapa ao súbito e imprevisível bloqueio do crescimento.

Essa percepção levaria muitos a aceitar uma fácil e tentadora visão da situação econômica do país, compartilhada, aliás, por analistas de posição, para outros efeitos, antagônicas. Segundo ela os indicadores dívida pública/PIB (que ultrapassou 50% em 2001) e dívida externa/exportações (que excedeu quatro em 1998 e cinco em 1999) teriam ultrapassado "pontos de não retorno". Em tais condições, a certeza de que por uma ou por outra razão se chegaria ao

[8]Especialistas em energia chegaram a anunciar, no início do episódio, que o país teria que ser submetido a cortes de energia elétrica de até três horas por dia.

colapso — sendo de pouca importância a natureza do "detonante" — parecia inescapável.

O anterior significa, pois, que a crise de 2001 confirmou e radicalizou uma percepção altamente pessimista do quadro econômico brasileiro. Não há, contudo, que perder de vista a especificidade do ambiente local. Com efeito, conhecedoras do vigor das (breves) retomadas, e ainda quando contidas por denso pessimismo quanto às perspectivas da economia, as empresas buscariam manter-se capazes (inclusive mediante pequenos investimentos) de aproveitar os bons momentos da economia. Transposto o raciocínio para um plano mais amplo, é lícito concluir que a evolução da oferta tornava-se altamente condicionada pelas expectativas (moldadas neste singular contexto) acerca do caprichoso comportamento característico da demanda efetiva doméstica. Salvo, evidentemente, se o negócio for voltado para exportações — hipótese mais adiante referida.

HISTÉRESE OU REPOSICIONAMENTO?

Difundido o pessimismo quanto às perspectivas de médio e longo prazos da economia, um possível padrão reativo por parte das empresas, bem como dos gestores das políticas públicas, consistiria em adaptar-se às modestas perspectivas da economia local. Este posicionamento, caracterizado pela aversão ao risco, a acomodação, e a ausência de iniciativas inovadoras, seria consistente com um prudente aproveitamento das retomadas e a antecipação das dificuldades (auto-refreamento) diante do ressurgimento de dificuldades para a economia como um todo. Mais precisamente implica reagir pouco aos estímulos, e retroceder, relativamente, também pouco, face ao retorno das dificuldades. As autoridades públicas, em particular, na medida em que assimilassem esse tipo de atitude, adotariam como grande objetivo evitar o pior — e buscariam fazer com que o mercado também contivesse suas reações. A mola das decisões privadas e públicas, cansada de distensões e retrações, a bem dizer, quase não mais reagiria (histérese). E caminha-se, com isto, da estagnação para o imobilismo, não faltando argumentos a quem queira argumentar que não existem alternativas.

Com os indicadores de endividamento tendo alcançado altos níveis — e ultrapassando, para muitos, o ponto de não retorno — o embotamento das reações significava, tanto a aceitação do que poderíamos denominar "dominância da dívida", quanto, em última análise, a espera do colapso. Inegavelmente, esta era, até muito recentemente, uma das possibilidades contidas no quadro econômico brasileiro.

Não faltavam, em suma, argumentos aos que previam ruptura ou colapso — podendo, aliás, combinar-se ambos os desfechos. Existe, porém, um sério problema nesta interpretação. Ela tende a ignorar ou, pelo menos, subestimar as possibilidades de reposicionamento dos atores. Refiro-me, essencialmente, a reações em maior ou menor medida inovadoras, face a este estressante quadro. Ou seja, não se tem em conta a possível emergência de novos padrões de conduta — o que equivale a dizer, insisto, autênticos reposicionamentos. No caso da economia brasileira nos mais recentes anos, contudo, isto parece-nos não apenas ter ocorrido, como, de fato prevalecido. Trato, pois, no que segue, de sumariar dois grandes reposicionamentos verificados nos últimos anos — sem preocupações com a sua genealogia e especificações. Eles conformam um segundo padrão geral de reações, contrastante com o anterior. Nele, o estresse acentuado pelo tombo de 2001 tem papel de destaque. Mas a reação ao turbulento e ameaçador quadro é, sobretudo, buscar novas saídas, pôr em prática conhecimentos desenvolvidos ao longo da sucessão de crises.

O mais importante reposicionamento ocorrido em meio às frustrações verificadas de 2001 a 2003 foi a incorporação das exportações na estratégia de empresas industriais que, até então, pouca atenção davam à construção de posições no exterior.[9] Esta reorientação em direção ao mercado externo, obviamente facilitada por sucessivas desvalorizações (e pela reanimação do mercado internacional), veio a ser um dos fatores que mais contribuíram para a explosão exportadora dos anos 2003 e 2004. Sua mais imediata conseqüência é o fortalecimento da posição de um crescente número de empresas — havendo que ter em conta, aqui, não apenas aquelas que exportam, como seus supridores domésticos. Obviamente, também se fortalece com isto a economia do país — que em seis anos vê o seu fluxo de comércio saltar de 15% do PIB,

[9]Indagado sobre o que lhe parecia estar ocorrendo de novo com o banco e a economia, o então vice-presidente do BNDES declarou (em 2002) que chamava a sua atenção, olhando a economia a partir do BNDES, o surgimento de demanda de recursos para investimento, procedente de empresas que não eram as clássicas exportadoras brasileiras. Pesquisa da CNI e da Cepal já havia detectado prenúncios desta tendência, em 2001.

para os 27,5% previstos para 2004. Dados a respeito deste fenômeno estão amplamente disponíveis e não serão aqui reproduzidos.

O segundo grande reposicionamento é de natureza mais difusa, e teve início antes do crítico período que vai de 2001 a 2003. O objeto aqui é o Estado, o que dele se espera, e o desenvolvimento de novas competências na esfera pública.

As mudanças começam, no caso, com o importante anúncio da Reforma do Estado, em 1995. Daí por diante facilmente se percebe o recuo e, em determinadas áreas, o desaparecimento do furor antiestado, característico da primeira metade dos anos 1990. Um crescente número de vozes volta a cobrar eficiência dos serviços públicos, o que no contexto atual significa, simplificadamente: agilidade, flexibilidade, descentralização e transparência. Novos concursos, treinamento, planos de carreira etc., tornam-se, em tais circunstâncias, mais uma vez, necessários.

Combinava-se com o anterior a progressiva adoção, em determinados ministérios, de atitudes mais pragmáticas e proativas na condução das políticas públicas. Genericamente, este conjunto de mudanças pode ser indiretamente posto em evidência através do seguinte contraste.

Na fase inicial do primeiro governo FHC, influentes economistas propunham que se pusesse a economia no "piloto automático", enquanto o combativo formulador Gustavo Franco defendia, frente à ameaçadora apreciação cambial em curso, que o preço do câmbio deveria ser tão livremente determinado quanto o da banana.[10] Já no segundo mandato, adquirem força e abrangência os esforços no sentido da promoção das exportações, cresce o apoio ao agronegócio, surgem programas como o exitoso Moderfrota (1997), e começam-se a lançar, na fase final do governo, e através dos chamados Fundos Setoriais, as bases de uma possível retomada da política industrial e tecnológica. Acrescente-se, ainda, a estas iniciativas (indubitavelmente localizadas), um grande avanço na prestação de certos serviços modernos. A este propósito ficam aqui mencionados a Infraero, responsável pelo salto na qualidade dos serviços prestados nos aeroportos do país (entre os quais, pelo menos 20, passaram por profundas reformas), e o Governo Eletrônico — campo em que o Brasil vem assumindo posições de destaque, e até mesmo liderança, no plano internacional.

[10]É de se destacar, a este propósito, que G. Franco *certamente não é o mais "automaticista" dentre os economistas que participavam do debate acerca de como levar adiante as reformas da economia.*

O NOVO GOVERNO E O CRESCIMENTO RÁPIDO E SUSTENTÁVEL

Três mudanças, comentadas ao longo deste trabalho, modificaram a capacidade da economia de voltar a crescer, sustentadamente.

O câmbio flexível e a correção do crescente desequilíbrio fiscal tiraram a economia da rota suicida em que ela se encontrava no primeiro governo FHC.

A atitude mais pragmática do governo, na fase final do segundo mandato de FHC, começou a passar para as empresas a idéia de que, respeitados os limites impostos pela gestão macroeconômica, elas podem voltar a contar, como no passado (e nas economias capitalistas bem-sucedidas), com o empenho dos órgãos públicos em buscar soluções para as suas dificuldades. O ingresso do governo na produção de alguns modernos serviços e o surgimento, em determinadas áreas, de exitosas parcerias com o setor privado, viriam também contribuir para a recuperação, ainda que parcial, da imagem dos poderes públicos — tão degradada durante a sucessão de crises que assolou esta economia de 1979/1980 a 2003. Esta recuperação pode vir a se revelar de crítica importância, para que o país logre levar adiante novos tipos de políticas públicas, que supõem intensa colaboração entre atores integrantes de diferentes esferas. A Política Industrial, Tecnológica e de Comércio Exterior, anunciada em março de 2004, e que começa, apenas, a ser implementada, é um tipo de iniciativa que requer parcerias da mais variada natureza.

Como fica, à luz das últimas considerações — e sempre numa perspectiva centrada no crescimento — o atual governo?

Tanto os que aplaudem quanto os que criticam as políticas do atual governo tendem a centrar as atenções nas políticas macroeconômicas. Ao fazê-lo, omitem, em regra, questões de grande importância.

Primeiramente, as políticas macroeconômicas a que este governo deu continuidade não são as que levaram à fragilização galopante da economia (até 1998), e sim as que iniciaram a virada para uma nova e promissora situação — cujo símbolo máximo é, reconhecidamente, o novo regime cambial.

A segunda ponderação é, também importante. Sem relaxar minimamente no tocante às políticas macroeconômicas, o atual governo se caracteriza pela atitude assumida ou mesmo ostensivamente negociadora, frente ao Congresso, dentro dos vários colegiados ou Câmaras, e junto aos movimentos sociais.

No âmbito dos colegiados, em particular, parece haver se estabelecido um clima de cooperação com o setor privado (especialmente com a indústria e o agronegócio), impensável no primeiro governo FHC, e que seguramente ultrapassa o alcançado no final do segundo FHC. Não se trata aqui, ao que parece, de uma opção consciente, e sim do resultado imprevisto da combinação de uma cultura marcadamente negociadora (característica de alguns dos mais influentes membros do governo), com a ampliação do campo de visão de certas lideranças empresariais. Não é demais lembrar que as empresas que aí estão sobreviveram a numerosas crises e aprenderam a suportar pressão competitiva desconhecida no passado, e se encontram hoje diante de muitas opções, antevistas, não raro, no passado, mas repetidamente abafadas.

Convém acrescentar, ainda, que o reposicionamento estratégico de numerosas empresas em direção aos mercados externos, tão importante na redefinição das possibilidades de crescimento, veio a ser duplamente favorecida pelo novo governo. Num primeiro momento, o próprio medo diante da nova experiência teria ajudado a intensificar os nexos das empresas com o exterior. A seguir, a confiança inspirada pela descoberta do quanto este governo ouve as empresas teria reforçado o impulso em direção aos arriscados, porém, lucrativos mercados externos. E aqui há que mencionar um aspecto que pode se revelar decisivo para que a retomada e possível aceleração do crescimento não venham a ser comprometidas.

A permissividade no tocante à valorização cambial tem se repetido, monotonamente, na América Latina e na África, sempre e quando as economias voltam, por algum tempo, "a dar certo". Para que isto se reproduza presentemente neste país seria necessário não apenas um substancial aumento do afluxo de capital, como a indiferença por parte da gestão macroeconômica diante das dificuldades da indústria (a única que permaneceu de pé na América Latina) e o emudecimento, tanto da própria indústria, quanto dos sindicatos. Mais que isto, seria também necessário um novo fervor doutrinário, capaz de abafar o renovado pragmatismo. Nada disto parece inscrito nas atuais tendências.

Se este governo efetivamente passar a imagem de que não mais haverá *stops*, estará dando uma contribuição decisiva para o crescimento. E quanto à sua aceleração, é importante lembrar que se discutiu exaustivamente, neste país, nos últimos anos, inflexões — para baixo e para cima. Caberia discutir a fundo, daqui por diante, as novas tendências e oportunidades — de cujo aproveitamento pode resultar a aceleração do crescimento. Como vimos, não faltam experiências exitosas a este respeito.

Visto em perspectiva, o conjunto das mais recentes transformações pode ter assumido, neste país, a função da "reforma da reforma", a que se atribui, usualmente, o retorno ao crescimento no Chile, após o mergulho iniciado no governo Allende, e agravado, dramaticamente, nos primeiros anos da ditadura [11]. O movimento teve início naquele país nos anos finais da ditadura — e se tornaria muito mais consistente no regime democrático. Observe-se que lá, como aqui, a renovação do tecido de empresas e o comprometimento ou sensibilidade das autoridades públicas com aspectos, digamos, idiossincráticos, da experiência histórica em questão, encontram-se no centro das mudanças.

Caberia talvez finalizar lembrando que posicionamentos doutrinários do tipo "colocar a economia no piloto automático", ou o preço do câmbio e da banana são (ou deveriam ser) formados de idêntica maneira, sempre tenderam a ser rejeitados neste país, onde os políticos e a burocracia, ao contrário do ocorrido em outras nações latino-americanas, jamais foram dados a arroubos de inspiração ideológica[12]. Por outro lado, é bastante plausível supor que a longa quase-estagnação que atravessamos já deu grande parte do que podia dar de negativo. Do ponto em que nos encontramos, para a frente, há vantagens da estagnação a serem colhidas.[13]

---

[11]Veja-se a propósito, *Entre el neoliberalismo y el crecimiento com equidad. Tres décadas de política economica en Chile*, de French-Davis, Ricardo. J.C.SAÉZ, editor, Chile, 2003.

[12]Vide a propósito, *Ideas and Institutions. Developmentalism in Brazil and Argentina*, de Kathryn Sikkink, Cornell University Press, 1991.

[13]Roberto Cavalcanti de Albuquerque (no artigo publicado neste volume) mostrou, que enquanto na década de 1970 o PIB crescia muito mais rápido que o capital humano disponível no país, o inverso passou a ocorrer, de 1980 em diante. Este é um (poderoso) argumento a mais, em favor da hipótese, diversas vezes explorada neste texto, de que há, também, "vantagens da estagnação".

Estratégias de crescimento para o Brasil de hoje

*Mark Roland Thomas**
*Vinod Thomas***

*Economista principal para o Brasil, Banco Mundial.
**Vice-presidente e diretor para o Brasil, Banco Mundial.

ABORDA-SE AQUI O CRESCIMENTO ECONÔMICO do Brasil indo além das exigências imediatas em termos de estabilidade macroeconômica e da agenda microeconômica da governança, da regulamentação e do clima vigente em relação ao empreendedorismo. São esses desafios profundos a serem enfrentados pelo Brasil em seu retorno a uma trajetória de altas taxas de crescimento, desafios que o país pode superar.

Em um trabalho recente, três economistas[1] analisaram diversos episódios de crescimento econômico sustentado em países em todo o mundo. Suas constatações são relevantes para o Brasil e gostaríamos de emprestar um pouco suas idéias na parte inicial de nossas observações.

Um aspecto que gostaríamos de mencionar é que é muito mais fácil *dar a partida* em uma breve arrancada para o crescimento econômico do que *sustentar* um período de crescimento de, digamos, dez anos. Para acender a chama do crescimento, basta acertar alguns poucos elementos básicos — baixa inflação, equilíbrio fiscal e direito de propriedade — e então gerar um clima de otimismo entre os investidores do setor privado. Os investimentos são o ponto-chave para dar esta partida.[2] Este parece ser o processo em meio ao qual o Brasil se encontra no momento. A gestão macroeconômica e as reformas microeconômicas estão criando confiança o suficiente para as empresas in-

[1]Ver Rodrik, Dani, abril 2003, "Growth Strategies", documento de trabalho apresentado ao Banco Mundial, Kennedy School of Government, Harvard University, e Hausmann, Ricardo, Lant Pritchett e Dani Rodrik, 2004 "Growth Transitions", documento de trabalho, Kennedy School of Government, Harvard University.
[2]Ver também World Bank, 2002, "Brasil: a nova agenda do crescimento", que estabelece a mesma distinção entre dar a partida no crescimento, o que depende de investimentos físicos, e o crescimento sustentado, que depende de aumentos contínuos na produtividade total dos fatores.

vestirem em fábricas e contratarem funcionários em quantidades razoáveis: as previsões de crescimento para este ano estão em alta, porém ainda persistem dúvidas em relação ao longo prazo.

As exigências para o crescimento de longo prazo são mais difíceis de serem claramente definidas, além de serem mais específicas para cada país. A principal constatação é que as listas pré-definidas mais comuns das políticas de crescimento parecem não ser necessárias para — ou até mesmo relacionadas a — períodos de crescimento sustentado. Há princípios que todas as economias bem-sucedidas observam — direito de propriedade, uma moeda saudável, solvência fiscal, incentivos de mercado — mas estes princípios podem ser adotados sob regimes pouco ortodoxos. Pode haver uma política industrial (Taiwan, década de 1960) ou não (Chile, anos 1980). As empresas públicas podem desempenhar papel de liderança (Brasil, anos 1960) ou ser praticamente inexistentes (Japão, anos 1960). Os investimentos estrangeiros diretos podem ser um elemento propulsor (Maurício, anos 1980) ou não (Coréia do Sul, anos 1980). O mercado de trabalho pode ser regulado (Jordânia, anos 1970) ou desregulado (Malásia, anos 1980). Parece que encontrar histórias de sucesso que contradizem as "boas práticas" é tão fácil quanto encontrar as que as apóiam.

Portanto, o desafio é definir uma *estratégia de crescimento* para o Brasil moderno que obedeça aos *princípios centrais* mencionados acima, mas que se baseie nos pontos fortes do Brasil, em sua história e suas instituições. Nós certamente não diríamos que se trata de tarefa fácil, porém gostaríamos de convidá-los a refletirem conosco sobre algumas considerações que poderiam integrar uma tal estratégia de crescimento para o Brasil.

Nosso raciocínio baseia-se em três observações sobre o Brasil, em comparação com outros países de renda média:

- O Brasil tem uma economia diversificada e uma população empreendedora.
- O Brasil conta com significativo patrimônio em termos de recursos naturais, muitos dos quais geram externalidades internacionais (em especial a Amazônia).
- O Brasil historicamente teve instituições governamentais federais sólidas em planejamento e finanças (por ex., Ministério da Fazenda — MF, Ministério do Planejamento, Orçamento e Gestão — MPOG, e BNDES).

Tais observações podem parecer óbvias e a maioria das pessoas não as questionaria — na verdade, parece que não avançamos muito ao fazê-las — mas gostaríamos de argumentar que elas são suficientes para definirmos alguns dos passos iniciais para uma estratégia brasileira de crescimento.

Em primeiro lugar, a economia diversificada do Brasil e sua população empreendedora implicam em que não há falta nem de investimentos de retorno elevado para serem encontrados aqui, nem de pessoas para encontrá-los. Contudo, as taxas de juros reais são altas e os investimentos em bens de capital no Brasil continuam baixos. Isto implica em que a restrição fundamental ao crescimento do Brasil é a poupança. Este fenômeno está relacionado às condições fiscais atuais, mas distinto destas: trata-se de uma declaração de longo prazo sobre o Brasil, desde a década de 1970. E como o governo somente pode realmente influenciar a poupança do *governo* (não há realmente políticas eficazes para aumentar a poupança privada), vem daí a ênfase já familiar na reforma da previdência, um dos maiores pesos sobre as finanças públicas brasileiras. (Não há dúvidas de que uma reforma adicional da previdência será o principal elemento de apoio para qualquer estratégia de crescimento para o Brasil; mas isto faz parte da "macroagenda" — portanto, vamos deixá-lo de lado nesta discussão.)

Mas vejam quão difícil tem sido qualquer tipo de reforma. Aqui temos uma reforma que praticamente todos no Brasil concordam ser necessária, mas no que se refere ao processo legislativo, até mesmo um governo popular, em seu primeiro ano de mandato, tem dificuldades para conseguir sua aprovação. Isto sugere que algum tipo de *reforma política* — e não propomos discutir os detalhes de quaisquer propostas existentes neste sentido — provavelmente é um ingrediente importante de uma eventual moderna estratégia de crescimento para o Brasil. A "tirania da situação atual" não é um problema exclusivamente brasileiro. Porém, a situação atual pode ser mais danosa ao crescimento econômico aqui do que em outros países.

Qualquer discussão sobre a reforma política no Brasil não pode fugir do assunto do *federalismo* brasileiro. Não conhecemos a história moderna do Brasil o suficiente para compreender as forças atuantes por trás da descentralização incorporada pela constituição, e não pretendemos comentar este aspecto em detalhe. O que é certo é que os três episódios brasileiros de altas taxas de crescimento econômico no século XX (o Estado Novo, o Plano de Metas e os anos do "milagre" de 1966-1976), todos ocorreram sob regimes centralizados.

Como atingir resultados semelhantes sob um regime descentralizado? A economia política afirma que, para que sistemas descentralizados funcionem com eficiência, o poder de taxar e a responsabilidade de gastar deveriam ser equilibradas em cada nível do sistema. Muitos analistas identificaram o sistema brasileiro de impostos como sendo um obstáculo ao crescimento. Mas uma reforma do sistema brasileiro de impostos parece ser ainda mais difícil do que a dos gastos. A experiência internacional sugere que reformá-lo pode significar ter que aumentar o poder dos estados para taxar, reduzindo sua dependência de transferências provenientes do centro: tais transferências poderiam ser usadas basicamente para fins distributivos.

A segunda observação dentre as três mencionadas — a de que o Brasil é rico em recursos naturais e biodiversidade — sugere um componente internacional para sua estratégia de crescimento. Primeiro, como estamos vendo, o Brasil é líder na exportação de produtos agrícolas. O país pode ir ainda mais além. Seus centros de excelência em pesquisa agrícola e genética representam uma oportunidade bastante real de liderança em indústrias de altas taxas de crescimento, adicionando valor às suas abundantes exportações primárias. Organizações como Embrapa e Genoma detêm uma verdadeira posição de liderança de nível mundial e deveriam fazer parte da estratégia de crescimento do Brasil moderno.

A biodiversidade brasileira lhe propicia mais uma oportunidade de crescimento. O Mecanismo de Desenvolvimento Limpo do Protocolo de Kioto estabelece o comércio de créditos de carbono para reflorestamento. O Brasil deveria continuar buscando alianças internacionais, visando mecanismos similares que paguem pela proteção e pelo uso sustentável de sua riqueza ecológica. Os avanços registrados até o momento no desenvolvimento de tais mecanismos têm sido lentos, mas isto não significa que tenham que continuar assim.

A especificidade do patrimônio natural brasileiro implica em que o debate a respeito da proteção ambiental não deveria posicionar o desenvolvimento e a conservação como forças antagônicas. Uma tal visão pode ter alguma validade no curto prazo. No longo prazo, se o Brasil continuar a destruir sua herança amazônica nas taxas atuais, estará danificando suas próprias perspectivas de crescimento econômico. (Mais de 15% da Amazônia brasileira já foi desmatada, e em 2003 foi registrada a segunda maior taxa histórica de desmatamento.) Deste ponto de vista, a chave não está em simplesmente criar unidades de conservação cada vez maiores, mas sim investir em pesquisa e desenvolvimento que visem maximizar o uso sustentável dos recursos brasileiros para a criação de riqueza no longo prazo, inclusive através de transferências internacionais, refletindo bens públicos mundiais.

O descuido com a questão ambiental pode ser especialmente nocivo para os pobres. No Brasil, a maior parte da renda das camadas mais carentes da população deriva do uso do solo, de florestas e água. O desmatamento descontrolado, a erosão de solos e a poluição das águas privam os pobres de uma fonte de renda. O uso sustentável dos recursos naturais se transforma, então, numa questão tanto social quanto ambiental.

A terceira observação da lista — de que o Brasil tem uma herança de sólida capacidade de planejamento — sugere um corolário simples: qualquer estratégia de crescimento para o Brasil deveria fazer o melhor uso possível desta capacidade como ingrediente para o sucesso. Trabalhamos com parceiros em vários ministérios e no Banco Central, bem como no BNDES, e podemos confirmar por nossa experiência pessoal que estas instituições possuem uma capacidade muito além da encontrada na maioria dos países em posição comparável. Contudo, sempre sentimos que o papel do setor financeiro público no Brasil nunca foi plenamente debatido.

Tal debate não deveria simplesmente acontecer entre um maior ou menor planejamento, sobre subsídios adequados às taxas de juros, ou sobre para onde o crédito deveria ser direcionado, mas sim sobre como melhor aproveitar o capital humano destas instituições. O setor financeiro público no Brasil é a soma de um conjunto complicado de taxas especiais (algumas das quais, ineficientes), dotações orçamentárias, crédito direcionado (para, por exemplo, moradia e agricultura) e preços não estabelecidos pelo mercado. Tais arranjos foram surgindo gradualmente e de forma cumulativa ao longo do tempo. A lógica sugere que é quase certo que eles venham sendo não-ideais do ponto de vista do crescimento econômico. Sugerimos que uma estratégia de crescimento moderna para o Brasil reconsidere a vocação das grandes instituições financeiras do setor público e, em especial, devido à sua enorme importância, a do BNDES.

Agora que a estabilidade econômica foi conquistada e reforçada — e deveríamos sempre de novo reconhecer a magnitude desta realização — e que o crescimento cíclico retornou, talvez o Brasil tenha agora a oportunidade de debater sua estratégia de crescimento de longo prazo dentro de uma perspectiva internacional. Tal debate abarcaria muitos fatores, e temos nos detido somente em três deles.

Quando analisamos "para além das micro e macroagendas" (ou talvez por que as micro e macroagendas não avançaram mais rapidamente), temas tão controversos podem vir a ser inevitáveis. Esperemos que, ao assumirmos uma perspectiva internacional — analisando o que efetivamente torna a economia brasileira diferente da de outros países — fique evidente que tais perguntas mais profundas podem, de fato, representar os obstáculos, bem como as maiores oportunidades de que o país dispõe.

O sistema político brasileiro, altamente evoluído e democrático, pode, em certas ocasiões, restringir a velocidade das reformas possíveis em relação aos gastos. O contrato federal do Brasil, uma realização importante na história do país, pode, em última instância, restringir as possibilidades disponíveis para que estados e municípios efetivamente cumpram suas responsabilidades constitucionais. O patrimônio natural do Brasil muitas vezes é identificado como uma limitação: ele deveria ser visto como um bem, um ativo, ou, melhor, uma coleção de ativos e possibilidades. E por fim, as grandes instituições federais brasileiras, especialmente seus maiores bancos, poderiam ser vistos em termos de seus ativos humanos e de seu potencial para o crescimento, e não meramente em termos de seus papéis financeiros.

Precondições para o crescimento econômico de longo prazo

*Renato Fragelli Cardoso**

*Diretor da EPGE, Fundação Getulio Vargas.

O NOTÁVEL ANO DE 2004

EM 2004, A ECONOMIA BRASILEIRA passará por uma experiência inédita nas quatro últimas décadas: a combinação de crescimento do PIB, inflação controlada e equilíbrio em conta corrente. No longo período que vai do milagre econômico dos anos 1970 até 2003, houve anos em que se observaram combinações de dois desses elementos, mas nunca dos três simultaneamente. Na década de 1970, a economia cresceu em ritmo que hoje seria de tigre asiático, e a inflação manteve-se razoavelmente controlada. Mas a dependência da poupança externa levou à crise do endividamento deflagrada no início da década de 1980. Entre 1980 e 1994, ocorreram anos de equilíbrio em conta corrente com crescimento positivo em alguns anos — 1984-1985 — e também com recessão em outros — 1988-1989 e 1992-1993. Mas em todo o período a inflação era galopante, ainda que por breves períodos os planos heterodoxos a tenham amordaçado artificialmente. Entre 1995 e 2002, a inflação foi debelada e o crescimento, embora medíocre, foi positivo. No entanto, esse aparente sucesso deu-se à custa de imensa dependência de poupança externa que culminou nas crises cambiais de 1999 e 2002. Em 2003, a inflação continuou contida e alcançou-se superávit em conta corrente, mas o crescimento do PIB foi negativo em 0,22%.

Em 2004, o PIB deverá crescer acima de 4%, a inflação ao consumidor ficará abaixo de 8% e o superávit em conta corrente poderá alcançar 1,5% do PIB. Diante de dados tão alvissareiros, a pergunta imediata é: o que mudou? Teria o Brasil rompido o ciclo vicioso de crescimento, seguido de pressão inflacionária e/ou crise do balanço de pagamentos? Teria o Brasil redefinido seu padrão de crescimento? Ou os números de 2004 estariam refletindo apenas uma situação transitória insustentável?

DESENVOLVIMENTISMO À BRASILEIRA

Por décadas, o típico ciclo de crescimento vivenciado pela economia brasileira começava com crescimento estimulado por políticas fiscais ou monetárias expansivas. Em seguida apareciam os sinais de pressão inflacionária. Para contê-la, lançava-se mão do irrealismo cambial e/ou do controle de preços administrados. O irrealismo cambial vinha acompanhado por controles de capitais destinados a impedir a saída de divisas, mas que tinham como resultado a redução da entrada delas. Inexoravelmente, o ciclo culminava em uma crise do balanço de pagamentos, com a explosão da inflação e o aborto do crescimento.

Para romper o ciclo vicioso, nossos economistas desenvolvimentistas propuseram diversas receitas. As mais moderadas consistiam na proteção à indústria substitutiva de importações. No caso da indústria estatal, o financiamento gerou endividamento público e subinvestimento em áreas de grande alcance social; no caso da indústria privada, os recursos vieram de generosos créditos dos bancos oficiais de fomento, muitos deles responsáveis pelos esqueletos recentemente reconhecidos. Iniciativas criativas mais extremadas levaram à adoção da Lei de Similaridade Nacional que enriqueceu alguns privilegiados grupos e tanto inibiu a absorção de tecnologia moderna por muitos setores.

Alguns casos de políticas industriais desastradas constituem exemplos patéticos de quão nefasto pode se tornar o intervencionismo demasiado. O programa conjunto de estímulo à Marinha Mercante e à Construção Naval, baseado na equivocada visão autárquica de que esses dois setores são mutuamente dependentes, idealizou um casamento forçado que inviabilizou ambos. A Construção Naval não tinha o menor incentivo econômico a reduzir custos, pois além de gozar de mercado cativo, não podia almejar ganhos de escala, visto que a Marinha Mercante demandava diversidade no suprimento de navios. A Marinha Mercante, forçada a comprar navios inadequados, sobreviveu enquanto as Conferências de Fretes lhe asseguraram elevadas margens. Após a redução da imensa proteção aos dois setores, ambos degringolaram juntos.

Outro exemplo de fracasso retumbante foi o programa de informática. A reserva de mercado, ao ambicionar a implantação simultânea de duas indústrias — de *hardware* e de *software* —, inviabilizou ambas. Se tivesse sido adotada uma política mais modesta, visando o desenvolvimento e absorção de tecnologia apenas para a indústria de *software*, o Brasil poderia estar no nível da Índia nesse mercado.

As duas infelizes experiências de políticas industriais descritas contrastam com outras bem-sucedidas. Exemplo feliz é o da indústria aeronáutica. Neste caso, o realismo e a modéstia se fizeram presentes no nascedouro, com a criação do Instituto de Tecnologia Aeronáutica destinado a formar a mão-de-obra qualificada necessária para a expansão do setor. Em vez de se procurar um alto grau de nacionalização do produto, preferiu-se o realismo da opção por fornecedores de aeropeças internacionais.

Em seu máximo paroxismo, a criatividade de nossos desenvolvimentistas levou o Brasil até a moratória internacional. Esta deveria punir os mercados internacionais, fragilizando-os com uma suposta hecatombe causada pelo calote de um gigantesco país do Extremo Ocidente — na expressão de Alain Rouquier — cuja participação no comércio internacional limitava-se a apenas 1% das trocas mundiais. Os mercados internacionais sobreviveram incólumes, e o Brasil amargou uma profunda recessão devido à moratória. Até hoje o país ainda paga um prêmio de risco substancial devido àquela aventura.

A RESTRIÇÃO EXTERNA

Consultando-se a literatura sobre história econômica brasileira, encontra-se, com freqüência, a grandiloqüente expressão "restrição externa". Apresentada por muitos autores como a nefasta causa do aborto de muitos surtos de crescimento por que passou a economia nacional, a restrição externa encarnaria a ditadura dos mercados internacionais, o execrável jugo imposto pelos mais fortes sobre os mais fracos, a abominável insistência em exigir que dívidas sejam pagas.

Embora variassem de intensidade de um autor para outro, as idéias criativas para eliminar a restrição externa tinham em comum o remédio proposto: a redução da dependência de importações, menosprezando a importância do aumento das exportações. O diagnóstico era que, sendo uma economia fraca, o Brasil deveria se fechar para não ser escravizado pelos grandes. Acreditava-se que a auto-suficiência insularia o país das crises internacionais. A estratégia acabou por estimular opções que desconsideraram critérios básicos de eficiência econômica e vantagens comparativas.

Diante da crônica insuficiência de poupança interna — principalmente a pública —, em vez de se atacar a causa — o permanente gasto público corrente primário além das receitas, decorrente do atávico repúdio nacional à disciplina orçamentária — o desenvolvimentismo a qualquer custo justificou a tributação inflacionária para financiar a acumulação de capital pelo Estado. Não podendo flexibilizar a restrição externa, a restrição interna era contornada por meio da inflação, com graves conseqüências sobre a eficiência econômica e a distribuição de renda.

A MUDANÇA DE RUMO APÓS 1999

O que teria mudado recentemente? A reeleição do presidente Fernando Henrique Cardoso em ambiente recessivo — o PIB cresceu apenas 0,13% em 1998 — foi o primeiro sinal de que a sociedade brasileira já estava farta da inflação. Apesar do pleito ter se realizado sob forte desemprego, o espectro da volta do pesadelo inflacionário deu a FHC novo mandato em primeiro turno. Após a inevitável maxidesvalorização de 1999, a opção política pelo controle inflacionário permitiu a aprovação da até então inimaginável Lei de Responsabilidade Fiscal. A adoção do regime de câmbio flexível forneceu o alarme automático encarregado de apitar estridentemente quando as coisas fossem mal, forçando a tomada de decisões politicamente difíceis. Por fim, o regime monetário de metas de inflação, ao obrigar o governo a definir às claras a alíquota de imposto inflacionário que corroeria o poder de compra dos assalariados, estabeleceu um enorme custo político para as opções inflacionárias fáceis. A transparência na divulgação de dados relativos às contas públicas foi outro fator importante para a melhoria do debate econômico.

Em 2002, diante da ameaça da ruptura com um padrão monetário ainda infante, o câmbio flexível entrou em ação, tocando o alarme caracterizado pelo dólar a R$ 4,00 O novo governo não cedeu à tentação do calote, pois sendo

80% da dívida contratada internamente, e apenas 20% no exterior, mudanças unilaterais nas condições de pagamento da dívida teriam trazido mais problemas do que soluções. No caso da dívida interna, o calote teria atingido, direta ou indiretamente, os eleitores de centro recentemente conquistados pelo partido vitorioso, após três derrotas sucessivas em eleições presidenciais. No caso da dívida externa, havia dois tipos de credores: organismos internacionais cujos financiamentos se dão a taxas de juros confortáveis, e investidores privados que detinham títulos de longo prazo. Uma análise racional do problema do endividamento deixou claro que não havia ganho de curto prazo numa moratória externa.

O mérito do sucesso colhido em 2004 não pode ser atribuído apenas ao governo passado, que iniciou a política macroeconômica atual — ainda que tardiamente, somente no segundo mandato presidencial quando secou o Pactolo da abundante liquidez internacional. Também não é exclusivo do atual governo, que manteve o rumo, a despeito das pressões enfrentadas em suas próprias hostes. O mérito é da sociedade brasileira que, por intermédio do voto, soube dizer a seus governantes para onde desejava ir.

EM DEFESA DA POLÍTICA MACROECONÔMICA ATUAL

É importante sublinhar, exaustivamente, que a notável combinação de três resultados alvissareiros em 2004 — crescimento, inflação contida e equilíbrio externo — é conseqüência direta de três políticas responsáveis — superávit primário elevado, metas para a inflação, e câmbio flexível — por décadas adiadas. Em 2004 está-se colhendo os frutos plantados por esse tripé desde 1999. É importante explicar ao público o papel de cada um de seus três alicerces.

Tome-se o superávit primário, tão irresponsavelmente criticado pelos imediatistas de sempre. A teoria monetária moderna ensina que, diante de um alto endividamento público, a política monetária pode perder sua eficácia no controle da inflação. Isto ocorrerá se prevalecer a percepção de que a monetização — ainda que parcial — da dívida pública é a única forma de honrá-la. Neste caso, a parcela do estoque de títulos em circulação a ser monetizada torna-se, juntamente com a base monetária, o agregado nominal que determina o nível de preços. Em outras palavras: se a dívida pública é considerada impagável, não há política monetária contracionista que possa conter a inflação. O papel do superávit primário na atual política macroeconômica é o de reduzir gradualmente a relação dívida/PIB, aumentando a confiança do mercado na solvência do Estado. A queda da relação dívida/PIB é crucial para devolver à política monetária o poder de controlar a inflação. A política fiscal austera de hoje criará as precondições para o bom funcionamento da política monetária. Além disso, permitirá a prática futura de juros reais civilizados que liberarão recursos para outras prioridades fiscais.

O segundo membro do tripé da política macroeconômica em vigor é o regime de metas para a inflação. Tendo a política fiscal viabilizado o uso da política monetária, cabe a esta determinar o nível de preços por meio do regime de metas para a inflação. Neste regime, a regra de política monetária coordena as expectativas dos agentes formadores de preços, desestimulando remarcações preventivas. Além disso, o regime estabelece um elevado custo político para as soluções fáceis de curto prazo, pois obriga o governo a definir qual será a taxa de inflação que corroerá os salários de seus eleitores.

O terceiro membro do tripé, o câmbio flexível, tem a tarefa de ajustar sem traumas o lado externo da economia. A experiência brasileira e de muitos países demonstrou que não cabe à taxa nominal de câmbio o papel de fixar o nível de preços; mas sim o de determinar o preço dos bens domésticos relativamente aos bens comercializáveis. Este preço relativo é uma variável real cujo valor de equilíbrio oscila em função de fatores exógenos à economia nacional. Qualquer tentativa de fixar esse preço relativo estará fadada ao fracasso. A evidência empírica mostra que a volatilidade do produto é menor nos países que adotam o câmbio flutuante. Isto ocorre porque, diante de reviravoltas na conjuntura econômica internacional, o ajuste se faz via preço, e não via quantidades. O câmbio flexível é um poderoso amortecedor de choques externos.

A combinação de regime de metas para inflação com taxa de câmbio flexível permite que se atinja, simultaneamente, ajuste externo com estabilidade de preços. Mas esta combinação tornar-se-ia ineficaz se fosse solapada por uma política fiscal inconsistente.

REFORMAS MICROECONÔMICAS: PRÉ-REQUISITO DO CRESCIMENTO SUSTENTÁVEL

Tendo explicado o funcionamento do tripé da política macroeconômica que reduzirá as oscilações de curto prazo, o próximo passo consiste em responder à pergunta: como gerar crescimento sustentável de longo prazo? É importante compreender que crescimento de longo prazo é o resultado da acumulação de fatores de produção — em quantidade e qualidade — aliada à eficiente combinação dos mesmos. Trata-se de um processo contínuo a ser guiado por incentivos econômicos corretos que estimulem a poupança, o aprimoramento tecnológico, e o empreendedorismo. Aqui está o maior desafio da economia brasileira atual.

Os livros de Introdução à Economia apresentam logo nas primeiras páginas o conhecido Fluxo Circular da Renda. No alto estão as famílias, no centro os três mercados — trabalho, capital e produto — e em baixo as empresas. Nos dois primeiros mercados, as famílias são vendedoras de fatores de produção e as empresas compradoras; no terceiro mercado, as famílias tornam-se compradoras de bens e serviços e as empresas vendedoras. O desenvolvimento sustentado requer o bom funcionamento desses mercados. No caso do Brasil, há problemas estruturais em cada um dos três.

Tome-se o mercado do fator trabalho. Por décadas, o investimento público brasileiro em educação ficou em segundo plano, quando comparado a outros investimentos. Além disso, a educação pública menosprezou a educação básica destinada a muitos, priorizando a educação superior voltada a poucos. O resultado foi uma crônica deficiência na oferta de trabalho, em que a grande quantidade não pode compensar a baixa qualidade. Do lado da demanda por trabalho, os problemas decorrem do irrealismo da legislação trabalhista e dos elevados custos sociais — causados por generosas obrigações previdenciárias do Estado. O resultado são as relações informais que hoje representam mais da metade do mercado. O mau funcionamento do mercado de trabalho, além de ser um dos empecilhos ao crescimento na renda nacional, contribui diretamente para a péssima distribuição da limitada renda existente.

No caso do mercado do fator capital, os problemas são também gigantescos. No mercado de crédito, a tributação reduz a rentabilidade do poupador e aumenta o custo do investidor, a legislação protege o inadimplente, e a lentidão e imprevisibilidade da Justiça introduzem riscos gigantescos ao intermediário financeiro. O resultado são *spreads* bancários obscenos, apesar da livre entrada assegurar razoável concorrência entre as empresas do setor. O mercado acionário eternamente embrionário só constitui uma fonte de poupança, embora de limitada magnitude, para poucas grandes empresas já consolidadas. Embora já tenham ocorrido avanços, a proteção ao pequeno acionista continua insuficiente. A melhoria nos mercados de crédito e acionário exigirá gigantescos avanços institucionais de ordem microeconômica.

Mas não são apenas de ordem microeconômica as mazelas que atrofiam os mercados de crédito e de ações. O crônico desajuste fiscal brasileiro é uma das causas da atrofia de ambos os mercados. A elevada dívida pública interna, financiada com títulos de prazo curto e alto retorno, transforma o Estado num concorrente desleal na disputa pela poupança privada. A inexistência de um mercado de títulos públicos de longo prazo — decorrente das incertezas que ainda cercam a dívida pública — impede a formação de uma estrutura a termo de juros básicos que poderia servir de referencial para a ampliação de emissões privadas. Se for mantida a atual política fiscal destinada à redução da relação dívida/PIB, os fundos mútuos terão que procurar títulos privados para substituir os públicos em suas carteiras, canalizando recursos para investimentos de longo prazo de empresas privadas.

A estratégia de desenvolvimento brasileira nunca encarou de frente as causas da atrofia dos mercados de crédito e de ações anteriormente descritas. A expansão de uma economia capitalista exige que os pequenos empreendedores tenham acesso a fontes de financiamento. A ausência desses dois mercados cristaliza a estrutura empresarial, inibindo vocações empreendedoras, com graves conseqüências sobre a geração de emprego e a distribuição de renda.

Este BNDES que carinhosamente nos acolhe neste Minifórum constitui, praticamente, a única fonte atual de financiamento de longo prazo no Brasil. Trata-se de um paliativo que alivia alguns gargalos, mas não pode ser considerado uma solução permanente. A função de um banco de desenvolvimento como o BNDES é o de viabilizar investimentos privados com retorno social superior ao retorno privado. A atrofia dos mercados de crédito e de ações forçou o BNDES a desviar-se de sua função. Sintoma eloqüente disso é a recente decisão de financiar capital de giro de empresas. Esta tarefa deveria ser do mercado de crédito, mas ele está paralisado. Não se pode esperar que uma retomada do crescimento sustentado a taxas satisfatórias possa ser alcançada sem a solução dos entraves aos mercados de crédito e de ações.

Voltando-se ao diagrama do Fluxo Circular da Renda, também no mercado de produto se observam muitas deficiências. A gigantesca voracidade tributária criou dois tipos de empresas. De um lado está a pequena empresa competitiva que buscou a sobrevivência na informalidade, ou na semiformalidade. Ela está condenada a permanecer pequena, pois não tem acesso a crédito, e se crescer tornar-se-á visível ao fisco. De outro lado está a grande empresa que permaneceu na economia formalizada, apesar da exação tributária, por beneficiar-se de algum poder de mercado. Esta tem acesso ao pouco crédito de longo prazo disponível. Ambas são empresas ineficientes: a empresa pequena porque atua sob imensas restrições; a grande porque não sofre o acicate da competição. Não se pode acreditar em crescimento sustentado num ambiente institucional desse tipo.

Quando assisto a muitos economistas de outras tendências criticarem a atual política macroeconômica, defendendo a redução do superávit primário, a redução artificial da taxa de juros, e a adoção do câmbio controlado, fico perplexo. A meu ver, não cabe à política macroeconômica — representada pelo tripé superávit primário, metas para a inflação e câmbio flexível — a tarefa de gerar crescimento de longo prazo. Este exigirá reformas institucionais, conforme procurei apresentar.

Embora a semente para o crescimento estável tenha sido plantada a partir de 1999, infelizmente ainda falta muito para que o ritmo atual de 4% ao ano possa se tornar os 7% que recolocariam o Brasil na galeria dos tigres de crescimento. A experiência internacional mostra que estabilidade macroeconômica, embora seja condição necessária para o crescimento sustentado, não é condição suficiente. A Índia, por exemplo, desde sua independência em 1947, manteve a inflação sob controle e logrou equilíbrio externo por 40 anos, mas alcançou crescimento pífio. O atual crescimento acelerado indiano decorre de reformas microeconômicas longamente adiadas. Outras experiências — Paraguai e Colômbia — corroboram a visão de que estabilidade macroeconômica não é condição suficiente para o crescimento. Crescimento sustentado é um fenômeno microeconômico, ligado aos incentivos econômicos que estimulam o trabalho, a acumulação de fatores de produção e o empreendedorismo.

A PESADA HERANÇA DA CONSTITUIÇÃO DE 1988

Os constituintes de 1988 criaram uma série de gastos correntes inéditos, e transferiram da União para os estados boa parte da receita fiscal federal. Isto ocorreu sem a transferência, na mesma proporção, das responsabilidades por muitos gastos que continuaram com o Governo Federal. A prodigalidade da Constituição de 1988 comprometeu dramaticamente a capacidade de poupar do setor público.

Após 1988, no que concerne ao financiamento dos gastos da Constituição, a economia brasileira passou por quatro fases. A primeira fase vai de 1988 até 1994, ao longo da qual a generosidade de nossos constituintes foi custeada por imposto inflacionário. Na segunda, de 1995 a 1998, à falta de imposto inflacionário, os gastos foram financiados por endividamento galopante. Na terceira, que vai de 1999 a 2002, diante da retração dos financiadores, os gastos foram cobertos em parte por endividamento adicional e, principalmente, por aumento vertiginoso da carga tributária. A quarta fase começa em 2003, com a dívida estabilizada, mas à custa de uma tributação escorchante que tende a limitar o crescimento à taxa anual de 3%.

A estabilidade alcançada na macroeconomia, infelizmente, deu-se à custa de um retrocesso na área microeconômica. O ajuste fiscal atual não se alcançou por intermédio do sadio corte de despesas correntes primárias, pois estas continuam rigidamente engessadas pela onírica Constituição de 1988. O ajuste fiscal obteve-se pela nefasta exação tributária que elevou a carga de impostos a 36% do PIB. A caótica estrutura tributária brasileira, com seu cipoal de impostos e contribuições sobre as mais criativas bases de incidência, inviabiliza hoje incontáveis empreendimentos. Ela é responsável pelo crescimento da economia informal, que desestimula os ganhos de produtividade, inibindo o aumento real de salários.

Na década de 1970, quando o país crescia vigorosamente, a profissão mais valorizada no país era a engenharia, pois se valorizava a produção. Na década de 1980, devido à explosão inflacionária, a prioridade em cada empresa passou a ser a gestão financeira: adiantar recebimentos, adiar pagamentos, e otimizar a aplicação das sobras de caixa. O engenheiro perdeu sua posição para o economista. Na década de 1990, diante da voracidade tributária e da balbúrdia legal que cerca uma legislação fiscal em contínua mutação, o advogado assume a posição de destaque. Hoje, diferentemente dos anos 1970, o importante não é aumentar o bolo produzido, mas impedir que o bolo existente seja levado pelo fisco. Está-se, cada vez mais, alocando capital humano às atividades não produtivas, com graves reflexos sobre a eficiência econômica e, conseqüentemente, sobre o salário real.

Mas como reduzir o insaciável apetite fiscal diante da incompressibilidade dos gastos correntes fixados em 1988? Este é o nó górdio a ser desatado pela sociedade brasileira. Embora tenham ocorrido avanços, eles foram tímidos. O crescimento contínuo dos gastos previdenciários a cargo do Estado — a principal fonte de desequilíbrio orçamentário — só poderá começar a ser estancado quando se tomar a corajosa decisão de fixar em 65 anos a idade mínima para a aposentadoria. Esta é a regra adotada pelos países que atacaram o problema de frente. No Brasil, apesar da rápida mudança da pirâmide etária da população, e do fato de que a maioria dos pobres se aposenta por idade aos 65 anos, esta corajosa medida continua um tabu.

As reformas microeconômicas necessárias para que o país eleve sua taxa de crescimento para 7% não se limitam à contenção das despesas primárias, com conseqüente redução de impostos que desestimulam o empreendedor formalizado. Além das já mencionadas mudanças institucionais que atrofiam os mercados de crédito, de ações e de trabalho, é preciso também reduzir as incertezas regulatórias que inibem o investimento privado em muitos setores. Mais especificamente, os setores de infra-estrutura precisam, com urgência, de pesados aportes de capital, os quais só virão por intermédio do setor privado.

Mas diante da atual voracidade fiscal decorrente da tergiversação de nossas elites políticas em relação ao aprofundamento da reforma constitucional — em particular no que tange aos direitos previdenciários —, é improvável que as mudanças institucionais mencionadas sejam, per se, suficientes para elevar o medíocre ritmo de crescimento de longo prazo das últimas duas décadas. A retomada do crescimento sustentado exigirá um aumento substancial da poupança pública, só alcançável após uma profunda revisão dos direitos previdenciários definidos em 1988.

CONCLUSÃO

Neste arrazoado, procurei resumir o que, na minha visão, constituem os erros e acertos de políticas econômicas implantadas no Brasil ao longo das últimas décadas. Defendi a atual política macroeconômica formada pelo tripé superávit primário elevado, metas para a inflação e câmbio flexível. Por fim, procurei explicar por que acredito que a retomada do crescimento sustentado dependa de mudanças institucionais, e não das políticas fiscal, monetária e cambial. Espero ter conseguido contribuir para este Minifórum. Obrigado a todos.

Investimento, poupança, inovação: breves comentários

*Paulo Mansur Levy**

*Diretor de Estudos Macroeconômicos do Ipea.

AS OUTRAS APRESENTAÇÕES NA segunda parte deste livro trazem à tona questões fundamentais para compreender a dinâmica do crescimento. No trabalho de Pires de Souza, o aspecto central é a composição e o custo do investimento requerido para garantir a sustentação da atual retomada. Nesse particular, o autor levanta um problema que tem afetado o investimento no período recente: o aumento no preço dos bens de investimento, influenciado por questões conjunturais — por exemplo, relacionadas à desvalorização cambial — e de caráter mais estrutural — por exemplo, estruturas de mercado concentradas na produção de insumos para a construção civil.

Qualquer que seja a causa, esse aumento do preço dos bens de investimento tem uma conseqüência importante do ponto de vista macroeconômico: a necessidade de aumentar a poupança para se atingir um determinado nível de investimento. Não há uma fórmula fixa para determinar o volume de investimento necessário para sustentar uma determinada taxa de crescimento, mas há um certo consenso de que o investimento caiu muito no Brasil nos últimos anos, e de que é preciso que ele aumente para poder acelerar o crescimento do PIB. O último Boletim de Conjuntura do Ipea estima que a taxa de investimento necessária para sustentar um crescimento anual de 5% seria da ordem de 25% do PIB. Hoje a taxa de investimento é da ordem de 19,3% do PIB. Para que o aumento do investimento ocorra sem gerar desequilíbrios macroeconômicos é preciso que a poupança aumente ao mesmo tempo, o que de certa forma nos remete uma vez mais à "síndrome Pastore/Raul" — numa referência às freqüentes análises feitas neste Fórum por Afonso Pastore e Raul Velloso sobre os *trade offs* relacionados às questões externa e fiscal, respectivamente.

A questão da poupança foi enfatizada na apresentação de Mark Thomas, que a coloca com a restrição fundamental ao crescimento sustentado numa perspectiva de longo prazo. Ainda que uma economia como a brasileira, com enorme potencial de crescimento, seja uma receptora natural de poupança externa, no curto prazo é importante manter os déficits em conta corrente relativamente sob controle de modo a reduzir ainda mais o endividamento externo. Os indicadores de dívida externa para o Brasil — por exemplo, dívida externa em relação às exportações — vêm caindo, mas ainda são elevados comparativamente a outros países emergentes. A continuidade do crescimento das exportações permitiria num primeiro momento reduzir esses indicadores para então, num instante posterior, abrir espaço para a volta de algum déficit em conta corrente (principalmente se associado a um aumento do investimento estrangeiro direto) sem que isso se traduza em trajetórias insustentáveis para o passivo externo. Mais importante, talvez, é o fato de que com a eliminação dos "artificialismos" na condução da política econômica, há uma tendência de os investimentos direcionarem-se efetivamente para os setores de bens comercializáveis, garantindo assim o equilíbrio externo de longo prazo.

Nesse sentido, as observações do prof. Antonio Barros de Castro sobre o potencial de expansão e inovação que hoje se observa em nível de empresas como herança das sucessivas crises — nas suas palavras, a transformação de "derrotas em vitórias" — tende a se materializar somente porque houve uma forte depreciação cambial que aumentou a rentabilidade dos setores comercializáveis relativamente aos não-comercializáveis. A continuidade dessa situação, por seu turno, depende da consistência da política econômica, em especial da política fiscal. Por outro lado, é importante destacar que a adaptação aos sucessivos choques acabou por resultar em fortes aumentos de produtividade, via modernização, adaptação de produtos e processos etc., mas que agora o fundamental é a ampliação da capacidade produtiva.

Se o recurso à poupança externa é limitado no curto prazo, é preciso fazer a poupança doméstica crescer mais rapidamente. Entra aqui então a dimensão "bloqueio fiscal" da "síndrome Pastore/Raul", associada à rigidez do gasto público: o aumento da poupança pública pode ser alcançado tanto por meio de uma elevação do superávit operacional (isto é, o superávit primário menos os juros reais pagos sobre a dívida pública) quanto pela elevação do investimento público, dado um determinado resultado operacional.

Como apontado na introdução desta seção pelo ministro Reis Velloso, os investimentos em infra-estrutura são uma etapa crucial, que ele caracteriza como de transição, para a consolidação do crescimento sustentado. Parte desses investimentos deveria ter origem no orçamento público, que no entanto esbarra num conjunto imenso de vinculações de receita a gastos correntes específicos que tornam praticamente impossível combinar austeridade fiscal com aumento da parcela dos gastos de capital no gasto total. Essa restrição torna imperativo o desenho de marcos regulatórios capazes de atrair o investimento privado para esses setores, eliminando assim gargalos potenciais à continuação do crescimento e à própria retomada do investimento.

Este livro foi impresso nas oficinas da
DISTRIBUIDORA RECORD DE SERVIÇOS DE IMPRENSA S.A.
Rua Argentina, 171 – Rio de Janeiro, RJ
para a
EDITORA JOSÉ OLYMPIO LTDA.
em fevereiro de 2005

*

73º aniversário desta Casa de livros, fundada em 29.11.1931